Wenn das Leben religiös macht

Daniel Lois

Wenn das Leben religiös macht

Altersabhängige Veränderungen
der kirchlichen Religiosität
im Lebensverlauf

PD Dr. Daniel Lois
Universität Tübingen, Deutschland

ISBN 978-3-658-02635-6　　　　　　ISBN 978-3-658-02636-3 (eBook)
DOI 10.1007/978-3-658-02636-3

Die Deutsche Nationalbibliothek verzeichnet diese Publikation in der Deutschen Nationalbibliografie; detaillierte bibliografische Daten sind im Internet über http://dnb.d-nb.de abrufbar.

Springer VS
© Springer Fachmedien Wiesbaden 2013
Das Werk einschließlich aller seiner Teile ist urheberrechtlich geschützt. Jede Verwertung, die nicht ausdrücklich vom Urheberrechtsgesetz zugelassen ist, bedarf der vorherigen Zustimmung des Verlags. Das gilt insbesondere für Vervielfältigungen, Bearbeitungen, Übersetzungen, Mikroverfilmungen und die Einspeicherung und Verarbeitung in elektronischen Systemen.

Die Wiedergabe von Gebrauchsnamen, Handelsnamen, Warenbezeichnungen usw. in diesem Werk berechtigt auch ohne besondere Kennzeichnung nicht zu der Annahme, dass solche Namen im Sinne der Warenzeichen- und Markenschutz-Gesetzgebung als frei zu betrachten wären und daher von jedermann benutzt werden dürften.

Lektorat: Dr. Cori Antonia Mackrodt, Katharina Gonsior

Gedruckt auf säurefreiem und chlorfrei gebleichtem Papier

Springer VS ist eine Marke von Springer DE. Springer DE ist Teil der Fachverlagsgruppe Springer Science+Business Media.
www.springer-vs.de

Inhalt

Vorwort 7

1. Einleitung 9

2. Theoretische Ansätze zur Lebensverlaufsdynamik
   der Religiosität 15
   2.1 Zum Religionsbegriff 15
   2.2 Veränderungen der Religiosität im Zeitverlauf: Alters-,
       Perioden- und Kohorteneffekte 17
   2.3 „Explaining religiosity": Das theoretische Rahmenmodell 23
   2.4 Die Erweiterung des Rahmenmodells um die
       Lebensverlaufsperspektive 35
       2.4.1 Ein Stufenmodell der Glaubensentwicklung 35
       2.4.2 Veränderungen der kirchlichen Religiosität im
             Erwerbszyklus: Gilt die „Low-Cost-Hypothese"? 43
       2.4.3 Hypothesen zu Veränderungen der Religiosität im
             Familienzyklus 47
       2.4.4 Die Anpassung der Religiosität in Partnerschaften oder
             die Frage nach den Ursachen religiöser Homogamie 51
       2.4.5 Ost-West-Binnenmigration, Veränderungen der
             Religiosität und die Bedeutsamkeit der regional
             verankerten religiösen Kultur 57
       2.4.6 Todesfurcht, Glaube an das Jenseits und Investitionen
             in religiöses Kapital 61

3. Datensatz, Methode und Operationalisierungen ... 67

3.1 Die Datengrundlage: Vor- und Nachteile des Sozio-oekonomischen Panels ... 67

3.2 Eingesetzte Analyseverfahren: Der Fixed-Effects-Ansatz oder die Logik des Quasi-Experimentes ... 71

3.3 Operationalisierung der abhängigen und unabhängigen Variablen ... 85

4. Empirische Ergebnisse ... 95

4.1 Existiert ein eigenständiger Alterseffekt auf die Entwicklung der Kirchenmitgliedschaft und die religiöse Praxis? ... 95

4.2 Religiöse Sozialisation und Lebensverlaufsdynamik der kirchlichen Religiosität ... 120

4.3 Veränderungen der kirchlichen Religiosität im Erwerbszyklus ... 135

4.4 Veränderungen der kirchlichen Religiosität im Familienzyklus ... 146

4.5 Exkurs: Wie nachhaltig sind Veränderungen der religiösen Praxis? Ein Blick auf die mittelfristigen Verläufe ... 162

4.6 Veränderungen der kirchlichen Religiosität im Zuge einer Ost-West-Binnenmigration ... 166

4.7 Determinanten und Konsequenzen religiöser Anpassung in Paarbeziehungen ... 184

4.8 Kritische Lebensereignisse, Gesundheitssituation und religiöse Praxis ... 210

5. Zusammenfassung und Diskussion ... 217

Tabellenanhang ... 233

Verzeichnis der Tabellen und Abbildungen ... 235

Literaturverzeichnis ... 239

Vorwort

Die vorliegende Arbeit wurde im Januar 2013 von der Wirtschafts- und Sozialwissenschaftlichen Fakultät der Universität Tübingen als Habilitation angenommen. Meinen persönlichen Zugang zur Religionssoziologie habe ich schon einige Jahre früher gefunden. In meiner Dissertationsarbeit zählte die Religiosität zu den Lebensstilmerkmalen, die vorhersagen können, welche Entwicklungspfade Nichteheliche Lebensgemeinschaften einschlagen. In der Fortsetzung dieser familiensoziologischen Forschung galt mein Interesse, zusammen mit meinem Kollegen und Freund Oliver Arránz Becker, den Ost-West-Unterschieden im Heirats- und Fertilitätsverhalten. Die gravierenden Divergenzen in der Verbreitung der kirchlichen Religiosität, die auch mehr als zwei Jahrzehnte nach der Wiedervereinigung zwischen den neuen und alten Bundesländern bestehen, erwiesen sich hierbei erneut als fruchtbarer Erklärungsfaktor. Im Jahr 2010 standen wir dann vor der Aufgabe, Masterstudenten die Logik der Panelanalyse und des Quasi-Experimentes zu vermitteln und waren auf der Suche nach geeigneten Beispielen aus der Forschung. Dabei wurde ich auf einige nordamerikanische Panelstudien aufmerksam, die sich mit Veränderungen der Religiosität im Lebensverlauf beschäftigen. Diese Beiträge weckten mein Interesse und veranlassten mich gleichzeitig, selbst in diesem Bereich aktiv zu werden. Bei genauerer Betrachtung war mir aufgefallen, dass bisher kaum Studien vorliegen, die das Potential von Paneldaten, dieselbe Person wiederholt mit sich selbst zu vergleichen, voll ausnutzen. So entstand das Vorhaben, eine Monographie zu erstellen, die dieses Forschungsdesign konsequent verfolgt und damit im Sinne des Kritischen Rationalismus verschiedene Hypothesen einem strengeren Test unterzieht, als dies bis zu diesem Zeitpunkt in der religionssoziologischen Forschung der Fall war.

Der geschilderte Entstehungskontext verdeutlicht, dass die vorliegende Arbeit einen empirischen Schwerpunkt hat. Ich will gleich zu Beginn darauf hinweisen, dass auch eine stärker theoretisch ausgerichtete Aufarbeitung des Themenfeldes eine lohnenswerte Aufgabe wäre. In vielen Gesprächen mit meinem gut belesenen Schwiegervater habe ich erfahren, dass insbesondere die Zusammenhänge zwischen Alter, Todesfurcht und Religiosität von den verschiedensten klassischen Denkern aufgegriffen wurden. Als Beispiele seien Konfuzius („Analects, 2.4"), Heinrich Heine („Zur Geschichte der Religion und Philosophie in Deutschland") und Sigmund Freud („Die Zukunft einer Illusion") genannt. Dennoch wird die Aufgabe der Theorie im Folgenden auf ihre wesentliche Aufgabe beschränkt, Hypothesen zu generieren und auf diese Weise die empirische Auswertung der Daten zu steuern. Wer also ausführliche Querverweise und Exkurse zu den (soziologischen) Klassikern erwartet, wie dies für Habilitationsschriften nicht untypisch ist, wird möglicherweise enttäuscht werden. Die Idee war von Anfang an, einen stringenten, kompakten und gut lesbaren Text zu verfassen, in dem die empirischen Analysen und auch die ausführliche Aufarbeitung des Forschungsstandes vergleichsweise viel Raum einnehmen.

Die Entstehung dieser Arbeit wäre ohne die Unterstützung einiger Menschen nicht möglich gewesen. Zunächst gilt mein Dank den Gutachtern, Steffen Hillmert, Johannes Kopp und Gert Pickel, deren konstruktive Hinweise es ermöglicht haben, die Ursprungsfassung des Manuskriptes noch einmal gewinnbringend zu überarbeiten. Ebenfalls bedanken möchte ich mich beim Dekan der Wirtschafts- und Sozialwissenschaftlichen Fakultät, Josef Schmid, für seine Unterstützung, bei meinen Kollegen und Freunden für den fruchtbaren wissenschaftlichen Austausch sowie für viele schöne Stunden in der Freizeit, die mir dabei geholfen haben, auch mal abzuschalten sowie bei Wolfram und Annette Rost für das Durchsehen des Manuskriptes. Nicht vergessen möchte ich schließlich einen herzlichen Dank an meine Frau Nadia, die mir Kraft gibt, mich immer unterstützt und sich auch nicht beschwert hat, als sie in der Fertigstellungsphase dieser Schrift viele Stunden auf mich verzichten musste.

Tübingen, im Mai 2013
Daniel Lois

1. Einleitung

„Mit fünfzig kannte ich den Willen des Himmels"
(Konfuzius, Analects, 2.4)

Die Entwicklung der traditionalen Kirchlichkeit in den letzten fünf Jahrzehnten zeigt, dass sich die beiden großen bundesdeutschen christlichen Kirchen in der Defensive befinden. Dies kommt durch steigende Kirchenaustrittsraten, den Rückgang der Kirchgangshäufigkeit und die Bedeutungsabnahme zentraler christlicher Glaubensinhalte, wie etwa den Glauben an Gott oder an ein Leben nach dem Tode, zum Ausdruck (Pollack und Pickel 2003). Die Abnahme des Stellenwertes der traditionellen christlichen Religionsformen, die sinkende Akzeptanz der Kirchen und ihrer Lehren und die schwächer werdende Bereitschaft zur Teilnahme am kirchlichen Leben werden unter dem Oberbegriff der Säkularisierung zusammengefasst (Berger 1973; Bruce 2002; Pickel 2011, S. 137-177; Wilson 1982).

Obwohl die kirchlich institutionalisierte Religion zu den Verlierern des gesellschaftlichen Modernisierungsprozesses gehört, muss diese Entwicklung nicht zwangsläufig mit einer Erosion der Religion an sich einhergehen. Dem Säkularisierungsparadigma steht die Auffassung entgegen, dass traditionelle Ausdrucksformen und Inhalte durch neue Formen der Religiosität ersetzt werden können und sich die Religion infolgedessen im Hinblick auf ihre Inhalte, Funktionen und Sozialformen gewandelt hat. Diese Annahme firmiert in der deutschsprachigen Religionssoziologie unter dem Konzept der „Individualisierung" des Religiösen, das seinen Ursprung in der Arbeit von Thomas Luckmann (1963) hat. Die empirische Forschung (Pollack und Pickel 1999, 2003) zeigt jedoch, dass die sogenannte außerkirchliche Religiosität keine echte Alternative zur traditionellen Kirchlichkeit darstellt. Dies liegt vor allem darin begründet, dass eine zahlenmäßig relevante Verbreitung von alternativen Formen, hierzu zählen zum Beispiel Astrologie, Zen-Meditation oder New-Age-Bewegung, bisher eher ausgeblieben ist und zudem festgestellt werden kann, dass sich in erster Linie die kirchlich gebundenen Bevölkerungsgruppen durch eine größere Offenheit gegenüber dieser nicht-institutionalisierten Religion auszeichnen (vgl. für einen Überblick: Pickel 2011, S. 191f).

Die vorliegende Arbeit beschäftigt sich nicht mit der „Individualisierung" des Religiösen, stellt jedoch ebenfalls eine Betrachtungsweise in den Mittelpunkt, die dem Säkularisierungsparadigma, zumindest auf den ersten Blick, zu widersprechen scheint. Bereits die Alltagsbeobachtung zeigt, dass die Kirchen nicht nur immer seltener besucht werden, sondern dass unter den Kirchgängern ältere Menschen überwiegen (Birkelbach 2001). Diese positive Korrelation zwischen Alter und traditioneller christlicher Religiosität ist potentiell auf zwei wesentliche Ursachen zurückzuführen, die sich allerdings nicht gegenseitig ausschließen. Zum einen kann davon ausgegangen werden, dass ältere Menschen noch in verstärktem Maße religiös erzogen wurden (Vaskovics 1970; Wolf 1995) und sich diese Sozialisationseinflüsse in einer religiösen Prägung niederschlagen, die bis ins höhere Alter stabil bleibt. Zum anderen ist jedoch auch denkbar, dass Personen im Laufe ihres Lebens zunehmend dazu tendieren, einer Glaubensgemeinschaft anzugehören bzw. den Gottesdienst zu besuchen und es insofern einen eigenständigen positiven Alterseffekt auf die kirchliche Religiosität gibt. Wird demnach der Säkularisierungsprozess, der sich in erster Linie als *intergenerationaler* Wandel begreifen lässt, fortlaufend durch den *intrapersonalen* Wandel in der individuellen Biografie überlagert? Kann erst das Leben religiös ‚machen', selbst wenn eine entsprechende Sozialisation im Kindes- und Jugendalter fehlt? Haben sich die Richtung und die Stärke potentieller positiver Alterseffekte im Zeitverlauf verändert? Die vorliegende Arbeit will sich diesen Fragestellungen widmen. Neben der Möglichkeit eines religiösen Wachstums im Lebensverlauf sind dabei jedoch auch negative Entwicklungen in der individuellen Biografie zu untersuchen, die mit dem zeithistorischen Säkularisierungstrend gewissermaßen synchron verlaufen.

Der Forschungsstand zu den beiden genannten Betrachtungsweisen – Primärsozialisation versus Lebensverlaufsdynamik – kann wie folgt zusammengefasst werden: Nordamerikanische Autoren ziehen beide Perspektiven, schon seit der klassischen Arbeit von Bahr (1970), nicht nur in Erwägung, sondern untersuchen auch empirisch, wie sich die Religiosität in der individuellen Biografie verändert (z.B. Argue et al. 1999; Ingersoll-Dayton et al. 2002; Stolzenberg et al. 1995). In Deutschland und Europa scheint dagegen eher die Sichtweise zu dominieren, dass kein kausaler Alterseffekt existiert. So schreiben Jagodzinski und Dobbelaere (1993, S. 82) im Rahmen einer Kohortenanalyse zur kirchlichen Religiosität: „Wir können nicht ausschließen, dass religiöse Partizipation mit dem Alter zunimmt, obwohl wir die These in dieser Allgemeinheit nicht für sehr plausibel halten." Wolf (1995, S. 345) bezieht sich auf diese Studie und schreibt in einer Arbeit zu Einflüssen der religiösen Sozialisation: „Wie die Analysen von Jagodzinski und Dobbelaere (1993) zeigen, handelt es sich bei der in allen westeuropäischen Ländern mit dem Lebensalter zunehmenden Religiosität und Kirchlichkeit wahr-

1. Einleitung

scheinlich nicht um Lebenszyklus-, sondern im wesentlichen um einen Generationeneffekt". Schließlich stellt der britische Religionssoziologie David Voas (2008, S. 27) in einer jüngeren Arbeit fest: „The suggestion that the higher religiosity of earlier birth cohorts merely reflect an age-related return to faith can be rejected." Kritisch ist an dieser Stelle anzumerken, dass in der Forschung zur Entwicklung der Religion in Deutschland und Europa bisher keine Studien vorliegen, die methodisch zur Beantwortung der Frage geeignet wären, ob ein eigenständiger Einfluss des Lebensalters auf die religiöse Entwicklung nachweisbar ist. Jagodzinski und Dobbelaere (1993), Wolf (1995) und Voas (2008) schließen somit Alterseffekte vorschnell aus, obwohl eine entsprechende empirische Grundlage fehlt. Auch die Frage, inwieweit sich die Religiosität im Zuge von verschiedenen biografischen Übergängen wie Erwerbseinstieg und Familiengründung verändert, ist bislang, für die Bundesrepublik, lediglich in den Studien von Birkelbach (1999, 2001) untersucht worden, die zudem nur auf einer vergleichsweise eingeschränkten Studie von ehemaligen Gymnasial-Schülern aus Nordrhein-Westfalen basieren. Die vorliegende Arbeit will diese Forschungslücken schließen. Ob die durchaus zahlreichen Ergebnisse aus der einschlägigen US-Forschung dabei unmittelbar auf den deutschen Kontext übertragbar sind, ist fraglich. Dies liegt vor allem darin begründet, dass religiöse Organisationen und Konfessionen in den USA ethnisch stärker segregiert sind (Stolzenberg et al. 1995) und zudem innerhalb Deutschlands, wie noch ausführlicher darzulegen sein wird, von Unterschieden zwischen den neuen und alten Bundesländern auszugehen ist, die sich im Hinblick auf die Verankerung einer religiöse Kultur stark unterscheiden.

Bei der Beschäftigung mit der Lebensverlaufsdynamik der Religiosität wird zunächst im Mittelpunkt stehen, inwieweit sich Merkmale wie die Kirchenmitgliedschaft und die religiöse Praxis in Abhängigkeit von den typischen Statuspassagen verändern, durch die individuelle Biografien gekennzeichnet sind. Führt etwa der Auszug aus dem Elternhaus, der mit anderen Ereignissen den Übergang vom Jugend- ins Erwachsenenalter markiert, zu einem Rückgang der Religiosität, da sich Sozialisationseinflüsse, die von den Eltern ausgehen, abschwächen? Ist die mit dem Erwerbseinstieg verbundene Pflicht zur Kirchensteuer mit Kirchenaustritten verbunden, die rationalen Kosten-Nutzen-Abwägungen folgen? Kehren viele Menschen, die sich im jungen Erwachsenenalter von der Religion und der Kirche distanziert haben, wieder zu ihren ‚Wurzeln' zurück, indem sie im Zuge von Heirat und Familiengründung erneut in die Kirche eintreten beziehungsweise den Gottesdienst wieder häufiger besuchen? Initiiert die Scheidung vom Ehepartner als Wendepunkt eine negative Verlaufskurve in der religiösen Entwicklung, da es vermehrt zu moralischen Konflikten mit den normativen Vorgaben der christlichen Kirchen kommt? Trägt der Übergang in den Ruhestand (erneut) zu einem religiösen ‚Wachstum' bei, da nach dem Austritt aus dem Erwerbsleben mehr Zeit und Energie vorhanden sind, um sich aktiv religiös zu betätigen und über Sinnfragen nachzudenken? Verstärkt sich die individuelle Religiosität schließlich im höheren Alter, weil der Glaube und die Hinwendung zu Gott dabei helfen, kritische Lebensereignisse wie den Verlust des Ehepartners zu bewältigen oder Hoffnung und Trost zu spenden, wenn sich die eigene Gesundheitssituation zunehmend verschlechtert?

Neben einer Beschäftigung mit Statuspassagen, die sich im Lebenszyklus eines Menschen mit vorhersagbarer Regelmäßigkeit ereignen, befasst sich die vorliegende Arbeit auch mit Übergängen, die eher außergewöhnlich sind, den Widerstreit zwischen den entgegengesetzten Erklärungsansätzen – frühe Sozialisation versus Veränderungen im weiteren Lebensverlauf – jedoch sehr pointiert zuspitzen. So besteht eine interessante Frage darin, welche Entwicklung für Personen beobachtet werden kann, die in der ehemaligen DDR aufgewachsen sind, nicht religiös sozialisiert wurden und nach 1990 ihren Wohnort von Ost- nach Westdeutschland verlegen. Werden diese Binnenmigranten, im Sinne einer Adaption an den neuen sozialen Kontext, religiöser oder sind die Prägungen der Sozialisation insofern dauerhaft stabil, als es auch im Zuge des Wohnortwechsels kurz- und mittelfristig nicht zu Veränderungen der Religiosität kommt? Eine mit dieser Migrationsthematik korrespondierende Frage besteht darin, ob der Akteur in der Lage ist, sich an Interaktionspartner anzupassen, die eine andere religiöse Prägung aufweisen als er selbst. Aus diesem Grund wird sich das Augenmerk der folgenden Untersuchung auch darauf richten, inwieweit Merkmale wie die Konfessionszugehörigkeit und die Kirchgangshäufigkeit innerhalb von intimen Partnerschaften, in denen sich die Ehe- oder Lebenspartner ursprünglich unähnlich sind, über die Zeit konvergieren. Ließe sich hier ein Adaptionseffekt nachweisen, wäre dies ein weiterer Beleg für die biografische Überformbarkeit von Sozialisationseinflüssen, die in frühen Phasen des Lebenslaufs zu verorten sind.

Der Anspruch der vorliegenden Arbeit beschränkt sich nicht darauf, eine Reihe von bereits gut abgesicherten Forschungsbefunden lediglich auf Deutschland zu übertragen, ohne dabei eigene signifikante Beiträge zur Thematik leisten zu können. Neben der Bearbeitung von bisher weitgehend unerforschten Fragestellungen, wie den Auswirkungen einer Ost-West-Binnenmigration oder Anpassungen der Religiosität in Partnerschaften, wird angestrebt, methodisch stärker belastbare Ergebnisse zur Entwicklung der Religiosität im Lebensverlauf vorzulegen. Die Frage, ob ein eigenständiger Alterseffekt auf Merkmale wie die Kirchgangshäufigkeit existiert oder ob sich biografische Übergänge wie die Familien-

1. Einleitung

gründung kausal auf die Religiosität auswirken, kann mit den in der bisherigen Forschung verwendeten Untersuchungsdesigns und Auswertungsverfahren häufig nicht zuverlässig beurteilt werden. So stützt sich ein Großteil der – nationalen wie internationalen – Studien zur Bestimmung von Alterseffekten auf Trenddaten, bei denen die Werte der gleichen Variablen zu mehreren Zeitpunkten mit jeweils unterschiedlichen Stichproben erhoben werden. Dadurch besteht nicht die Möglichkeit, dieselbe Person im Zuge ihres Alterungsprozesses wiederholt zu beobachten. Der Vergleich verschiedener Befragter zu unterschiedlichen Zeitpunkten impliziert jedoch, dass sich diese Personen lediglich in ihrem Alter, nicht aber im Hinblick auf weitere Merkmale, die nicht beobachtet werden, unterscheiden. Inwieweit ein eigenständiger Alterseffekt existiert, ist infolgedessen im Trenddesign nicht eindeutig zu beantworten. Das vierte Kapitel dieser Arbeit enthält einen ausführlichen Überblick über den diesbezüglichen Forschungsstand.

Hinsichtlich der Auswirkungen von biografischen Übergängen auf die Religiosität besteht das Problem häufig darin, dass die verwendeten Auswertungsverfahren nicht gegenüber Verzerrungen robust sind, die durch eine Selbstselektion entstehen. So zeigt die Forschung, dass sich die Wahrscheinlichkeit, verschiedene biografische Übergänge zu erleben, in Abhängigkeit von der Religiosität einer Person unterscheidet. Im familiensoziologischen Bereich kann hier als Beispiel darauf hingewiesen werden, dass religiöse Personen verstärkt zur Ehe neigen, kinderreichere Familien aufweisen und sich seltener scheiden lassen (Brose 2006; Thornton et al. 1992; Wagner und Weiß 2003). Werden nun Merkmale wie die Kirchenmitgliedschaft oder die Häufigkeit von Gottesdienstbesuchen als abhängige Variable untersucht, ist die Kausalrichtung, die den gefundenen Effekten zugrunde liegt, häufig unklar. Hat die Heirat religiös ‚gemacht' oder heiraten religiöse Personen häufiger? Verstärken sich der religiöse Glaube und die religiöse Praxis im Zuge der Familiengründung oder sind religiöse Familien kinderreicher? Ist die Scheidung mit Rückgängen der Religiosität verbunden oder werden die Ehen gläubiger Menschen seltener geschieden? Um derartige Interpretationsprobleme zu vermeiden, basieren die empirischen Analysen der vorliegenden Arbeit überwiegend auf Paneldaten, welche die Umsetzung eines quasi-experimentellen Forschungsdesigns erlauben, in dem Verzerrungen infolge einer Selbstselektion weitgehend auszuschließen sind.

Neben methodischen Verbesserungen will die vorliegende Arbeit auch theoretische Lücken schließen, die in der bisherigen Forschung zur Lebensverlaufsdynamik der Religiosität auszumachen sind. Insbesondere die in nordamerikanischen Fachzeitschriften erschienen Studien sind häufig durch ein Theoriedefizit gekennzeichnet. Nach der knappen Skizzierung der Forschungsfrage folgt meist ein Überblick über den Forschungsstand, bevor relativ unvermittelt zu den empirischen Analysen übergegangen wird. Dies hat zur Folge, dass es den Auswertungen gelegentlich an Systematik fehlt und die theoretische Begründung für die Aufnahme der einen oder anderen unabhängigen Variablen in das Modell fehlt. Das zweite Kapitel dieser Arbeit soll dieser Problematik vorbeugen. Der Anspruch besteht nicht darin, eine in sich geschlossene ‚Theorie der religiösen Entwicklung' vorzulegen, wie dies etwa James Fowler (1991) im Rahmen seiner „Stufen des Glaubens" beabsichtigt hat. Mit der Integration von Ansätzen aus der soziologischen Lebensverlaufsforschung, der ökonomischen Theorie der Religion und der Entwicklungspsychologie in ein gemeinsames theoretisches Rahmenmodell soll jedoch zumindest ein Schritt in diese Richtung unternommen werden.

Die Gliederung der vorliegenden Arbeit ist weitgehend ‚klassisch': Im zweiten Kapitel werden zunächst verschiedene Begriffe definiert, bevor die theoretischen Ansätze zur Lebensverlaufsdynamik der Religiosität vorgestellt werden. Das dritte Kapitel widmet sich den methodischen Problemen, die im Zusammenhang mit der empirischen Analyse bestehen. Zudem können im dritten Kapitel die Einzelheiten zu der Operationalisierung der abhängigen und unabhängigen Variablen nachgelesen werden. Im vierten Kapitel werden die empirischen Ergebnisse in verschiedenen thematisch geordneten Unterkapiteln vorgestellt, die auch einen Forschungsüberblick zu der jeweiligen Fragestellung enthalten. Die Arbeit schließt mit einer Zusammenfassung und Diskussion der Befunde im fünften Kapitel.

2. Theoretische Ansätze zur Lebensverlaufsdynamik der Religiosität

Das folgende Kapitel widmet sich der Entwicklung von Hypothesen zu der Frage, wie sich die Religiosität, insbesondere im Hinblick auf die Kirchgangshäufigkeit und Kirchenmitgliedschaft, im Lebensverlauf verändert. Zunächst werden der verwendete Religionsbegriff (Abschnitt 2.1) sowie Alters-, Perioden- und Kohorteneffekte definiert (Abschnitt 2.2). In Abschnitt 2.3 wird ein integratives Rahmenmodell zur mikrosoziologischen Erklärung der Religiosität vorgestellt, das von Stolz (2009) entwickelt wurde. Die daran anschließenden Abschnitte (2.4.1 bis 2.4.6) beschäftigen sich damit, dieses – in seiner ursprünglichen Konzeption statische – Modell um eine Lebensverlaufsperspektive zu erweitern.

Zum Aufbau des Kapitels seien dem Leser noch einige Hinweise mit auf den Weg gegeben. Theorie und Forschungsstand werden überwiegend in getrennten Abschnitten behandelt. Eine Ausnahme von dieser Regel stellen qualitative Studien dar, deren Ergebnisse, ihrem Anspruch gemäß, direkt in die Theoriegenerierung einfließen. Die Zusammenfassung des Forschungsstandes erfolgt bei Hypothesen, die in dieser Arbeit empirisch getestet werden, erst in Kapitel 4. Dabei besteht das Ziel darin, die Lesbarkeit zu verbessern und den roten Faden besser erkennbar zu machen.

2.1 Zum Religionsbegriff

Die Definition ihres Gegenstandsbereichs gehört zu den zentralen Problemen der Religionssoziologie und insbesondere für empirisch ausgerichtete Beiträge ist eine klare Begriffsdefinition wichtig, um die Messbarkeit der Phänomene Religion und Religiosität zu gewährleisten (Pickel 2011, S. 16-24). Das Ziel der Begriffsbestimmung besteht dabei nicht darin, das Wesen oder die Wahrhaftigkeit einer Religion zu erfassen, sondern die Religion als sozialen Tatbestand auf eine Weise zu definieren, dass sie mit wissenschaftlichen Methoden analysierbar wird. Im Folgenden werden einige wichtige Elemente von Religionsdefinitionen vorgestellt, bevor versucht wird, den dieser Arbeit zugrundeliegenden Religionsbegriff einzugrenzen.

Pickel (2011, S. 18f) fasst vier Basiselemente soziologischer Religionsdefinitionen zusammen: Hierzu zählen erstens individuelle Überzeugungen, die sich auf eine transzendente Macht, das Heilige oder, wie im Christentum, auf einen persönlichen Gott beziehen. Zweitens können auch religiöse Praktiken, die sich vor allem in Ritualen und Zeremonien wie Taufe, Trauung oder Gottesdienst äußern, zu den zentralen Bestandteilen vieler Definitionen gezählt werden. Drittens wird in der Regel die Existenz einer moralischen Gemeinschaft angenommen, die Identität stiftet und durch Verpflichtungen und Normen sozial integrierend wirkt. Derartige Gemeinschaften haben viertens häufig den Status einer gesellschaftlichen Organisation, das heißt einer Kirche, die Religion institutionalisiert und normative Vorgaben für die Mitglieder erarbeitet.

Diese vier Grundelemente ergeben zwar noch keine analytisch verwendbare soziologische Definition, geben aber bereits Anhaltspunkte für die empirische Messung des Phänomens. Innerhalb konkreter Religionsdefinitionen lassen sich nun zwei Grundrichtungen unterscheiden: der substantielle und der funktionale Religionsbegriff. Der substantielle Begriff konzentriert sich auf einen möglichst fest umrissenen Inhalt und Sozialgehalt von Religion und ist die Grundlage für die Untersuchung von auf Transzendenz bezogenen Erfahrungen, Glaubensinhalten und Praktiken unterschiedlicher konkreter Religionen. Die am substantiellen Religionsbegriff geäußerte Kritik bezieht sich auf eine zu enge Fixierung auf bestimmte messbare Elemente der Religion und eine zu starke Konzentration auf das Christentum (vgl. Pickel 2011, S. 19f).

Der funktionale Religionsbegriff stellt dagegen stärker auf die gesellschaftliche Leistung der Religion ab, die, wie etwa Émile Durkheim (2005) betont hat, zu sozialer Integration beitragen kann oder dem Individuum im Sinne einer Kontingenzbewältigung dabei hilft, mit kritischen lebensweltlichen Erfahrungen wie einer Krankheit oder dem Verlust eines Angehörigen umzugehen (Pargament 1990). Zu diesem Ansatz wird kritisch eingewendet, dass Religion zu weit und unbestimmt gefasst werde (vgl. Pickel 2011, S. 20). So können Überzeugungssysteme, die auf übernatürliche Mächte rekurrieren (Religion im engeren Sinne; Stark und Bainbridge 1987, S. 39) prinzipiell genauso unter den funktionalen Religionsbegriff subsummiert werden wie andere ideologische Systeme, etwa der Marxismus, die keinen transzendentalen Bezug haben (Kecskes und Wolf 1993).

Neuere religionssoziologische Arbeiten stützen sich zudem auf Religionsdefinitionen, die substantielle und funktionale Elemente kombinieren. So sieht Pollack (2003, S. 52) die zentrale Funktion der Religion in der Kontingenzbewältigung. Gleichzeitig benötigt Religion jedoch auch feste Elemente wie Überzeugungen, Praktiken und Organisationsformen, die das Transzendente gewissermaßen ins

2.2 Veränderungen der Religiosität im Zeitverlauf

Diesseits holen, erfahrbar machen und auf diese Weise die individuelle religiöse ‚Nachfrage', etwa die Suche nach Sinn, mit konkret verfügbaren Bewältigungsstrategien verknüpfen (vgl. Pickel 2011, S. 22). Obwohl im theoretischen Teil (Kapitel 2) Autoren mit zum Teil unterschiedlichen Religionsbegriffen besprochen werden, liegt den Hypothesen und den empirischen Analysen dieser Arbeit ein substantieller Religionsbegriff zugrunde. Wenn hier von „Religion" die Rede ist, ist das christliche Symbolsystem auf der Makroebene gemeint, während die „Religiosität" die christlichen Glaubenselemente, vorwiegend jedoch die kirchliche religiöse Praxis, des individuellen Akteurs auf der Mikroebene umfasst (vgl. auch Stolz 2009). Diese Eingrenzung liegt zum einen darin begründet, dass in der verwendeten Datengrundlage, dem Soziooekonomischen Panel, vorwiegend Indikatoren wie die Kirchgangshäufigkeit und die Kirchenmitgliedschaft verfügbar sind, die sich der sogenannten kirchlich-rituellen Dimension der Religiosität zuordnen lassen.[1] Die Beschränkung auf diese Variablen ist, verglichen mit komplexeren religiösen Überzeugungen und Glaubenssystemen, sicherlich mit einer Reduzierung von Messproblemen verbunden (Pickel 2011, S. 23), schränkt jedoch auch die Reichweite der Ergebnisse ein, da zum Beispiel die bereits erwähnten ‚individualisierten' Formen von Religiosität ausgeblendet bleiben. Zum anderen ist zu berücksichtigen, dass die hier untersuchte Gesellschaft der Bundesrepublik Deutschland durch eine weite Verbreitung des Christentums gekennzeichnet ist.

Die empirische Beschränkung auf die christliche Kirchlichkeit soll aber nicht dahingehend missverstanden werden, dass funktionale Elemente der Religion theoretisch vernachlässigt werden. Im Gegenteil wird in den folgenden Abschnitten ausführlich diskutiert werden, welche Funktion die Kirchenmitgliedschaft und auch die kirchliche religiöse Praxis für den Akteur in verschiedenen Abschnitten seines Lebens übernehmen können und wie sich dadurch altersspezifische Veränderungen der Religiosität erklären lassen.

2.2 Veränderungen der Religiosität im Zeitverlauf: Alters-, Perioden- und Kohorteneffekte

Zu Beginn einer Lebensverlaufsstudie ist es weiterhin ratsam, drei wesentliche zeitliche Dimensionen zu definieren: Alters-, Perioden- und Kohorteneffekte. *Kohorteneffekte* sind als Unterschiede zwischen Personen zu interpretieren, die sig-

---
[1] Punktuell wird auch die Wichtigkeit der Religion für die Zufriedenheit des Akteurs als subjektiver Indikator mit einbezogen. Eine detaillierte Methodendiskussion zu den verschiedenen Dimensionen der Religiosität findet sich im dritten Kapitel.

nifikante Lebensereignisse oder prägende historische Phasen innerhalb eines gegebenen Zeitintervalls erlebt haben (Ryder 1965). Die erste Möglichkeit besteht darin, Kohorten auf der Basis von bestimmten individuellen Ereignissen abzugrenzen, die in dasselbe historische Zeitintervall fallen. Wenn Kohorten über das Geburtsereignis definiert werden, ist von Geburtskohorten die Rede. Je nach Fragestellung können aber auch Eheschließungs- oder Berufseinstiegskohorten gebildet werden. Zweitens werden Kohorten durch historische Ereignisse konstituiert, die von einer Bevölkerungsgruppe in ähnlichen Altersbereichen erlebt werden. Beispielsweise könnten alle Personen, die zwischen 1961 und 1974 geboren wurden, als Kohorte definiert werden, welche die Phase der Auflösung der DDR in ihrer prägenden Sozialisationsphase erlebt haben (Meulemann 2003, 2004). Für auf diese Weise konstruierte Kohorten wird häufig, in der Tradition von Karl Mannheim (1928), von Generationen gesprochen. Damit ist eine etwa gleichaltrige Bevölkerungsgrupe gemeint, die in ihrer Jugendphase durch spezifische historische Umstände geprägt wurde und insofern, in Bezug auf Lebenschancen oder Werte und Einstellungen, dauerhaft homogen ist. Da nicht jede Geburtskohorte in diesem Sinne den Status einer Generation erlangt, handelt es sich bei den Begriffen Kohorte und Generation nicht um Synonyme (vgl. Wagner 2001, S. 2-12). In gewisser Weise ist der Kohortenbegriff eher bezogen auf statistische Aggregate, während der Generationenbegriff stärker auf eine gemeinsame Mentalität, ein ‚Generationenbewusstsein', abstellt.

Die soziologische Lebensverlaufsforschung ist stark vom Kohortenbegriff beeinflusst worden. Eine Grundannahme besteht darin, dass die Lebensgeschichte von Individuen durch Merkmale des vorangegangenen Lebenslaufs geprägt wird:

> "The cohort approach to social analysis derives strong support from the continuity of individual life, from time-specific and thus historically located initiation. A person's past affects his present, and his present affects his future" (Ryder 1965: S. 856).

In den Sozialwissenschaften finden sich zahlreiche Annahmen darüber, wie sich die frühe Sozialisation und kritische Lebensereignisse auf den späteren Lebensverlauf auswirken (Elder 1995; Elder 2009; Heinz et al. 2009). Im vorliegenden Kontext kann dies an einigen Beispielen verdeutlicht werden. So sind die Geburtsjahrgänge 1922-1934, die als Kriegs- bzw. Nachkriegsgeneration bezeichnet werden können, unter den Bedingungen materieller Not aufgewachsen. Gleichzeitig lautet eine zentrale Annahme der Religionssoziologie, dass der religiöse Glaube und die religiöse Praxis dabei helfen, kritische Lebensphasen zu bewältigen (Norris und Inglehart 2004). Folglich kann davon ausgegangen werden, dass sich die Kohorte 1922-1934 dauerhaft durch ein höheres Niveau der religiösen Zugehörigkeit bzw. religiösen Praxis auszeichnet. Die zwischen 1946 und 1953 geborenen Menschen

2.2 Veränderungen der Religiosität im Zeitverlauf 19

werden dagegen in Studien zum Wertewandel als Kohorte angesehen, die maßgeblich durch die Studentenbewegung und die Ereignisse im Umfeld des Jahres 1968 geprägt wurde (Klein und Pötschke 2004). Diese sogenannte „APO-Generation" sollte sich in verstärktem Maße durch eine Emanzipation von der Kirche, die als Träger der herrschenden Pflicht- und Akzeptanzwerte galt, auszeichnen (vgl. Lois 2011b). Signifikante historische Phasen und Ereignisse haben aus dieser Perspektive einen prägenden Einfluss auf den weiteren Lebensverlauf, da sie zu dauerhaften Unterschieden im Niveau der Religiosität beitragen.

Heinz (2009, S. 476) benennt zusammenfassend drei zentrale Annahmen, die Kohortenstudien kennzeichnen:

> "First, adolescence and young adulthood determine the life perspective because this formative period is crucial for preparing the individual for multiple responsibilities in adult life. Second, period effects result from relative scarcity of resources which depends on the size of a birth cohort and the state of economy. They create different constraints and opportunities […]. Third, the older the cohort gets, the less its members are generally open to social and political changes."

Anhand dieses Zitates lässt sich gut darlegen, aus welchen Gründen in der vorliegenden Arbeit kein Schwerpunkt auf Kohorteneffekte gelegt wird. Zunächst handelt es sich nicht um eine Untersuchung zur religiösen Sozialisation im Kindes- und Jugendalter. Altersgrenzen der Jugendphase sind umstritten und haben sich nach hinten verlagert (Scherr 2009, S. 17-29). Die nachfolgend behandelten Übergänge im Erwerbs- und Familienzyklus beziehen sich jedoch auf Personen mit einem Mindestalter von 17 Jahren und markieren somit Übergänge von der Jugendphase im engeren Sinne (12-18 Jahre) zur Postadoleszenz (19–29 Jahre) sowie vom mittleren in das höhere Erwachsenenalter.

Darüber hinaus basiert die vorliegende Studie – aus Gründen, die im späteren Verlauf erläutert werden – durchgängig auf einem quasi-experimentellen Forschungsdesign. Veränderungen der Religiosität durch Ereignisse, die sich im Lebensverlauf ereignen, setzen dabei mindestens eine Messung vor und nach dem Ereigniseintritt voraus. Da der Beobachtungszeitraum mit dem Jahr 1990 beginnt, sind die Effekte von historischen Zeitperioden, wie die materiellen Entbehrungen der Nachkriegszeit oder die Studentenproteste der 1960er Jahre, innerhalb dieses Designs nicht analysierbar. Es fehlt eine Vorhermessung. Kohorteneffekte werden daher als zeitkonstante Unterschiede zwischen Personen, die aus früheren Phasen des Lebensverlaufs stammen, statistisch effektiv kontrolliert, aber nicht vertiefend analysiert.

Diese methodisch-statistische Vorgehensweise ist auch theoretisch mit weitreichenden Konsequenzen verbunden. Die vorliegende Arbeit kann in ihrer Gesamtheit als Versuch angesehen werden, am Beispiel der Religiosität die dritte Grundannahme aus dem oben dargestellten Zitat von Heinz (2009) in Frage zu stellen. Es wird nicht davon ausgegangen, dass ein ähnliches Religiositäts-Niveau in einzelnen Bevölkerungsgruppen allein bzw. in erster Linie durch ihre religiöse Sozialisation im Kindes- und Jugendalter bedingt ist. Anstelle von einer biografischen Schließung auszugehen, die sich mit steigendem Alter verstärkt, wird eine biografische Offenheit für möglich gehalten, welche selbst beim Fehlen einer religiösen Sozialisation die Möglichkeit mit einschließt, dass erst ‚das Leben religiös macht'. Diese Forschungsperspektive lässt sich mit einem weiteren Zitat verdeutlichen:

> "However, these assumptions [s.o.] are insufficient for linking the micro and macro level because the modern life course has its own socialization dynamic when people move through multiple status passages and transitions, overlapping status configurations which create different biographies instead of homogeneous life courses" (Heinz 2009, S. 476).

Das Anliegen der vorliegenden Arbeit besteht folglich darin, die angesprochene ‚Sozialisationsdynamik des modernen Lebenslaufs' zu untersuchen. Damit richtet sich der Blickwinkel auf die zweite wesentliche Zeitdimension, die *Alters- bzw. Lebenszykluseffekte*. Diese umschreiben Veränderungen innerhalb von Kohorten, die auf die Stellung einer Person im Lebensverlauf zurückzuführen sind. Das chronologische Altern, das heißt das Voranschreiten der Zeit nach der Geburt, kann dabei in das biologische Altern (physiologische Veränderungen des Körpers), das soziale Altern (Veränderungen der sozialen Beziehungen) und das psychologische Altern (Veränderungen von Einstellungen, Werten und Dispositionen) unterteilt werden (Glenn 2005). Während sich der Prozess der Säkularisierung primär als intergenerationaler Wandel begreifen lässt, umfassen Alters- und Lebenszykluseffekte folglich die Bedingungen, die in der jeweiligen Lebensphase das Ausmaß der Religiosität bestimmen.

Bislang liegt keine ausgearbeitete Theorie vor, auf deren Basis sich vorhersagen lässt, wie sich die Religiosität im Lebenszyklus typischerweise entwickelt. Die klassische Arbeit von Bahr (1970) enthält jedoch immerhin einige Modellvorstellungen zu altersspezifischen Veränderungen der Kirchgangshäufigkeit, die hier nun kurz vorgestellt werden.

- Nach dem ersten Verlaufsmuster, dem Stabilitätsmodell, gibt es keinen eigenständigen Alterseffekt. Bei der positiven Korrelation zwischen Alter und Kirchgangshäufigkeit handelt es sich aus dieser Perspektive um ein Artefakt, das auf Kohorteneffekte zurückführbar ist. Ältere Menschen gehen also nicht häufiger in die Kirche, da sie in ihrem Lebensverlauf zunehmend religiös geworden sind, sondern weil sie religiös erzogen wurden und diese Sozialisationseinflüsse im Lebensverlauf stabil geblieben sind. Wie weiter

2.2 Veränderungen der Religiosität im Zeitverlauf

unten noch zu sehen sein wird, gibt es auch in der jüngeren Literatur noch Vertreter des Stabilitätsmodells und die Frage, ob tatsächlich ein Alterseffekt auf die Religiosität existiert, ist immer noch umstritten.

- Das zweite Verlaufsmuster, das Bahr (1970) als traditionelles Modell bezeichnet, sagt einen Rückgang der religiösen Praxis zwischen dem 18. und 30. Lebensjahr und einen darauffolgenden Wiederanstieg vorher. Auf die hiermit verbundene Annahme, dass sich die Religiosität insbesondere beim Übergang von der Adoleszenz zur Postadoleszenz abschwächt, wird an verschiedenen Stellen zurückzukommen sein. Ein Argument für den erneuten Anstieg der Religiosität im höheren Lebensalter, das in Abschnitt 2.4.6 ausgeführt werden wird, besteht darin, dass der Glauben dabei hilft, die zunehmende Angst vor dem Tod zu bewältigen.

- Auch im Rahmen des Familienzyklus-Modells, dem dritten Verlaufsmuster, wird ein nichtlinearer Verlauf angenommen. Die Kirchgangshäufigkeit steigt hiernach nach dem Übergang in die Ehe an, erreicht ihren Höhepunkt, wenn Kinder im Alter von fünf Jahren vorhanden sind und reduziert sich wieder, nachdem alle Kinder das Elternhaus verlassen haben (‚empty nest'). Familienzyklische Veränderungen der religiösen Praxis, etwa im Zuge der Aufnahme einer Partnerschaft, der ersten Heirat oder der Familiengründung, werden im Folgenden ausführlich untersucht.

- Schließlich unterstellt das ‚Disengagement-Modell' eine Abnahme der Kirchgangshäufigkeit im fortgeschrittenen Alter. Dieses Verlaufsmuster bezieht sich auf die gleichnamige Disengagement-Theorie (Cumming und Henry 1961). Da Krankheit und Tod mit zunehmendem Alter immer wahrscheinlicher werden, reduziert sich hiernach die Bereitschaft zum Engagement des Akteurs und auch das ‚reibungslose Funktionieren' der Gesellschaft ist bedroht. Altern ist daher von einem „Disengagement" geprägt, das heißt dem Rückzug aus sozialen Rollen und Aufgaben durch gesellschaftlich institutionalisierte Ruhestandsmechanismen und den freiwilligen Rückzug des Akteurs aus sozialen Verpflichtungen. Die Disengagement-Theorie wird zwar heute, in ihrer ursprünglichen Form, nicht mehr vertreten (Voges 2008) und spielt daher für die folgenden Ausführungen keine Rolle; es bleibt jedoch zu beachten, dass sich die Kirchgangshäufigkeit alter Menschen möglicherweise infolge von körperlichen Beeinträchtigungen reduziert, während dies für den religiösen Glauben nicht gelten muss.

Auch in einer jüngeren qualitativen Studie von Ingersoll-Dayton et al. (2002) werden verschiedene Verlaufsmuster, genauer gesagt eine Typologie von Trajektorien, identifiziert, die durchaus Ähnlichkeiten mit der Studie von Bahr (1970) aufweist. Die empirische Grundlage sind 129 narrative Interviews mit zufällig ausgewählten Befragten aus dem mittleren Westen der USA, die durchschnittlich 75 Jahre alt sind, einer christlichen Konfession angehören und dem Lebensbereich Religion und Kirche zumindest eine geringe Bedeutung für das eigene Leben beimessen. Berücksichtigt werden verschiedene Religiositätsdimensionen: Kirchenmitgliedschaft und ehrenamtliches Engagement in religiösen Organisationen, religiöse Praxis (Kirchgang, Gebetshäufigkeit) und religiöser Glaube sowie die Salienz der Religion, gemessen an der Wichtigkeit für das eigene Leben. Die Datenauswertung erfolgt auf der Basis der *grounded theory*. Folgende Hauptergebnisse lassen sich festhalten:

- Das erste von den Autoren identifizierte Muster zeichnet sich durch eine kontinuierliche Verstärkung der Religiosität im Lebensverlauf aus. Befragte, die diesem Typ zuzuordnen sind, berichten häufig, dass ihre Bindung zu Gott infolge von kritischen Lebensereignissen (Verlust eines Angehörigen, Krankheit) enger geworden ist. Phasen des Leidens führen hier jedoch nicht zu einer Abwendung von Gott, sondern verstärken das Vertrauen in eine Vorhersehung, die zwar als unausweichlich, gleichzeitig jedoch als sinnhaft wahrgenommenen wird. Im Zuge einer Selbstreflexion wird zudem das nahende Lebensende eher hoffnungsvoll gedeutet. Dies kommt anschaulich durch die Metapher des Sonnenuntergangs zum Ausdruck, die ein Befragter verwendet: „The older I get, I have learned how to lean and depend on the Lord more than when I was in my younger years. I know the sun is going down".

- Neben dem Verlaufsmuster, das durch Wachstum gekennzeichnet ist, identifizieren die Autoren drei weitere Trajektorien. Die Religion und der Glaube bieten einigen Befragten in ihrem gesamten Leben entweder einen stabilen Rückhalt, oder sind altersübergreifend von eher geringer Bedeutung. In beiden Fällen ist, ähnlich wie beim Stabilitätsmodell von Bahr (1970), das kennzeichnende Merkmal, dass es nicht zu wesentlichen Veränderungen kommt. Zudem kann der Lebensverlauf durch einen beständigen Bedeutungsverlust der Religion gekennzeichnet sein. Dieses Verlaufsmuster wird von den Befragten häufig mit der abnehmenden Relevanz normativer Vorgaben in Verbindung gebracht und ist somit anschlussfähig an die Säkularisierungstheorien. Schließlich berichten die interviewten Personen auch von nichtlinearen Veränderungen. Diese zeichnen sich, ähnlich wie es Bahr (1970) mit seinem traditionellen Modell beschreibt, häufig dadurch aus, dass die Religiosität beim Übergang ins Erwachsenenalter zunächst abnimmt und sich anschließend im Zuge einer kirchlichen Heirat, der Taufe der Kinder oder, im höheren Alter, infolge einer Verwitwung wieder verstärkt.

Die skizzierten Verlaufsmuster stellen insgesamt keine ausgearbeitete Theorie dar. Dies gilt insbesondere für Bahr (1970), der seine Trajektorien in empiristischer Art und Weise aus einer Evaluation früher Studien zur Altersabhängigkeit der religiösen Praxis gewinnt. Die in beiden Studien identifizierten Verlaufskurven können jedoch als heuristischer Ausgangspunkt für vertiefende Überlegungen dienen.

Zuvor ist die Aufzählung der hier behandelten Zeitdimensionen jedoch zu vervollständigen. Im Rahmen der *Periodeneffekte* wird die Tatsache angesprochen, dass die Mitglieder einer Kohorte in einem spezifischen historischen und gesellschaftlichen Kontext ‚altern', der individuelle Verläufe prägt. Einflüsse der historischen Zeit können folglich als Unterschiede zwischen verschiedenen Kalenderzeitpunkten definiert werden, die alle Kohorten und Altersgruppen gleichermaßen betreffen. Diese Periodeneinflüsse umfassen etwa einen typischen Zeitgeist oder sozialstrukturelle Veränderungen, die auf Individuen wirken. Im Zusammenhang mit der Kirchenmitgliedschaft lässt sich als Beispiel darauf verweisen, dass es nach den Ergebnissen von Eicken und Schmitz-Veltin (2010) in jüngerer Zeit insbesondere in den Jahren zu signifikanten Austrittswellen aus den christlichen Kirchen in der Bundesrepublik gekommen ist, in denen sich die individuelle steuerliche Belastung durch Sonderabgaben deutlich erhöht hat. Dies scheint insbesondere für das Jahr 1991 zuzutreffen, in dem der Solidaritätszuschlag eingeführt wurde.

Selbst bei Konstanthaltung von Kohorten- bzw. Sozialisationseinflüssen unterliegen die Akteure demnach im Zeitablauf alters- *und* zeithistorischen Einflüssen. ‚Reine' Alterseffekte liegen nur in dem unwahrscheinlichen Fall vor, dass Periodeneffekte zu vernachlässigen sind (vgl. Wagner 2001, S. 2-12). Für die vorliegende Arbeit ergibt sich dadurch in theoretischer und auch statistischer Hinsicht das Problem, die im Mittelpunkt stehenden Alterseffekte von den Periodeneffekten, die hier eher den Status von ‚Störgrößen' haben, zu differenzieren.

2.3 „Explaining religiosity": Das theoretische Rahmenmodell

Im vorangehenden Abschnitt wurde die Zielsetzung der vorliegenden Arbeit insoweit eingegrenzt, als es vorwiegend um altersabhängige Veränderungen der Religiosität geht und weniger um Kohorten- und Periodeneffekte. Einen geeigneten Ansatzpunkt, um die Lebensverlaufsdynamik der religiösen Mitgliedschaft und religiösen Praxis vorherzusagen, stellt das von Jörg Stolz (2009) entwickelte Rahmenmodell zur mikrosoziologischen Erklärung der Religiosität dar. Dieser Ansatz wird nun zunächst vorgestellt, bevor der Versuch unternommen wird, die Lebensverlaufsperspektive in das Modell einzubringen.

Stolz weist darauf hin, dass in der Literatur sehr verschiedene Antworten auf die Frage, wie sich die Religiosität soziologisch erklären lässt, formuliert werden. So vertreten Anhänger des Modernisierungsparadigmas die Ansicht, die individuelle Religiosität hänge in erster Linie vom Ausmaß der Rationalisierung und Differenzierung einer Gesellschaft ab (Dobbelaere 2002). Vertreter des sogenannten religiösen Marktmodells gehen dagegen davon aus, dass allein die Regulation des religiösen Marktes dafür verantwortlich ist, ob die suchenden Gläubigen ein ihren Präferenzen entsprechendes religiöses Angebot vorfinden (Stark und Iannaccone 1994). Andere Autoren betonen die Bedeutung der religiösen Sozialisation (Kelley und De Graaf 1997; Vaskovics 1970; Voas 2003; Wolf 1995) und Norris und Inglehart (2004) haben unlängst die Hypothese aufgestellt, dass die Religiosität allein durch zwei Faktoren determiniert werde: existenzielle Unsicherheit (Deprivation) sowie religiöse Kultur (vgl. Stolz 2009, S. 345f).

Stolz hält vor dem Hintergrund der lebhaften Diskussion zwischen den verschiedenen Paradigmen einfache bzw. monokausale Erklärungsansätze zwar für theoretisch elegant, aber unrealistisch: „The nature of social and historical reality is such that many different economical, social, technical, and historical mechanisms are at work in different times and places" (Stolz 2009, S. 346). Stolz versucht daher, die wichtigsten theoretischen Perspektiven in einen gemeinsamen Rahmen zu integrieren, bei dem es sich um das bekannte ‚Badewannenmodell' der soziologischen Erklärung handelt, das von Colemann (1990) und Esser (1999, 2000a) entwickelt wurde.[2]

Zunächst ist dabei zu klären, wie Stolz zentrale Begriffe wie Religion, Religiosität und soziologische Erklärung definiert:

> "I define *religiosity* as *individual* preferences, emotions, beliefs, and actions that refer to an existing (or self-made) religion. 'Religion' than denotes the whole cultural symbol-system that respond to problems of meaning and contingency by alluding to a transcendent reality which influences everyday live but cannot be directly controlled. Religious symbol-systems incorporate mythical, ethical and ritual elements as well as 'salvation goods'" (Stolz 2009: S. 347; Hervorhebungen im Original).

Gemäß dieser Definition handelt es sich bei der Religiosität um ein individuelles Phänomen, während die Religion als kultureller Tatbestand auf der Makroebene angesiedelt ist. Stolz (2009: S. 347) bezieht zudem neben der christlichen Re-

---

2   Im Folgenden werden lediglich die Grundannahmen des Modells der soziologischen Erklärung skizziert. Ausführliche Darstellungen finden sich in Esser (1999, 2000b, 2000a) oder Maurer und Schmid (2010). Eine kritische Auseinandersetzung mit einigen zentralen Prämissen zu menschlichen Grundbedürfnissen und zum Verständnis von ‚Nutzen' findet sich in Kelle und Lüdemann (1995).

2.3 „Explaining religiosity": Das theoretische Rahmenmodell

ligiosität auch ‚individualisierte' Formen wie ‚New Age' oder ‚alternative Spiritualität' mit ein.

Das Ziel von soziologischen Erklärungen im deduktiv-nomologischen Sinne besteht in der Beantwortung von Warum-Fragen. Generell gilt ein soziales Phänomen als erklärt, wenn gezeigt werden kann, wie es aus einer Menge von Anfangsbedingungen und einem kausalen Mechanismus resultiert (Hedström 2005). Spezifischer ausgedrückt ist im Modell der soziologischen Erklärung zu zeigen, wie eine anfängliche soziale Situation auf der Makroebene für individuelle Handlungsentscheidungen maßgeblich ist und wie diese individuellen Handlungen in Aggregation zur Entstehung des soziales Phänomens auf der Makroebene führen, das es zu erklären gilt (vgl. Stolz 2009, S. 346-348). In Abbildung 1 findet sich eine grafische Darstellung.

Abbildung 1: Theoretisches Rahmenmodell zur Erklärung der Religiosität

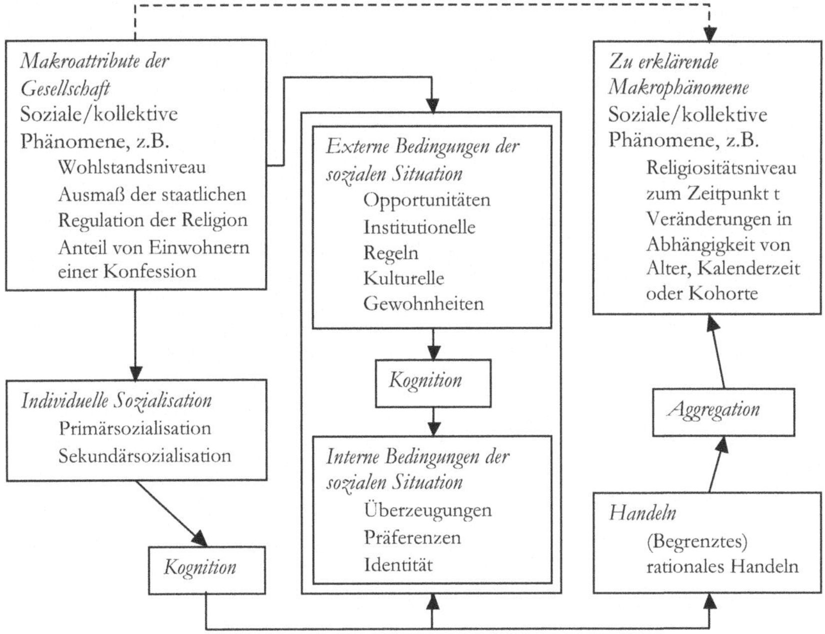

Makroattribute der Gesellschaft Soziale/kollektive Phänomene, z.B. Wohlstandsniveau Ausmaß der staatlichen Regulation der Religion Anteil von Einwohnern einer Konfession	*Externe Bedingungen der sozialen Situation* Opportunitäten Institutionelle Regeln Kulturelle Gewohnheiten	*Zu erklärende Makrophänomene* Soziale/kollektive Phänomene, z.B. Religiositätsniveau zum Zeitpunkt t Veränderungen in Abhängigkeit von Alter, Kalenderzeit oder Kohorte
Individuelle Sozialisation Primärsozialisation Sekundärsozialisation *Kognition*	*Kognition* *Interne Bedingungen der sozialen Situation* Überzeugungen Präferenzen Identität	*Aggregation* *Handeln* (Begrenztes) rationales Handeln

© Daniel Lois; Darstellung in Anlehnung an Stolz (2009, S. 348) und Pickel (2011, S.221)

Das Modell ist dazu ausgelegt, Makrotatbestände, wie den Anteil konfessionell gebundener Menschen in einer Gesellschaft zu einem bestimmten Zeitpunkt, zu erklären. Bei den Erklärungsfaktoren handelt es sich nicht etwa um andere Makrophänomene, sondern um die aggregierten Resultate individueller Handlungen. Die Makro-Makro-Verknüpfung in Abbildung 1 ist entsprechend mit einem gestrichelten Pfeil eingezeichnet, da Makro-Makro-Erklärungen im methodologischen Individualismus (Coleman 1990) als unvollständig und unsicher gelten (Diekmann 2010, S. 134ff).

Die Regeln, nach denen die Akteure aus der Menge der Handlungsalternativen auswählen, werden meist von der Werterwartungstheorie (Miebach 2006, S. 401-404) festgelegt. Wenn hierbei eine Person zwischen alternativen Handlungen wählt, so wird sie sich für diejenige entscheiden, bei der die Nutzenerwartung maximal ist. Diese ergibt sich aus dem Produkt des Nutzens, den der Akteur mit der entsprechenden Handlungsfolge verbindet, und der subjektiven Wahrscheinlichkeit, dass diese Handlungsfolge tatsächlich eintritt.

Stolz (2009, S. 348f) stellt allerdings in Frage, ob im Hinblick auf den religiösen Glauben und die religiöse Praxis in jedem Fall von rational handelnden Akteuren auszugehen ist. Er plädiert für ein Modell der ‚bounded rationality' (Simon 1983), das die begrenzten Informationsverarbeitungskapazitäten des Menschen sowie institutionelle Regeln und kulturelle Gewohnheiten („cultural frames", Stolz 2009, S. 348) in Rechnung stellt. Vereinfacht ausgedrückt wird hierbei angenommen, dass die Akteure über eine kognitive „map" verfügen, die erlaubt, Handlungssituationen schnell und unaufwendig als typische Konstellationen zu begreifen, in denen man weiß, was zu tun ist (Huinink 2005, S. 73). Erst wenn eine ‚Störung' der gewohnten Situation eintritt, etwa im Zuge eines rapide verlaufenden sozialen Wandels, folgen die Akteure nicht mehr unreflektiert ihren habitualisierten Verhaltensmodellen, sondern wechseln in einen reflektiert-kalkulierenden Entscheidungsmodus, in dem die erwartete Kosten-Nutzen-Bilanz verschiedener Handlungsalternativen evaluiert wird. Diese Grundidee verschiedener Entscheidungsmodi findet sich sowohl im sozialpsychologischen MODE-Modell (Fazio 1990) als auch in den soziologischen ‚Framing'-Ansätzen wieder, die von Esser (1990), und darauf aufbauend von Kroneberg (2005, 2007), entwickelt wurden.

Um das skizzierte Erklärungsmodell auf die Religiosität anzuwenden, nimmt Stolz (2009, S. 351f) zunächst Bezug auf den Deprivations-Ansatz (Norris und Inglehart 2004). Hier wird davon ausgegangen, dass verschiedene Formen existentieller Unsicherheit zu einer Verstärkung der Religiosität führen. Unsicherheit bzw. Deprivation liegt vor, wenn ein Individuum nicht in der Lage ist, ein oder mehrere Grundbedürfnisse zu befriedigen. Faktoren auf der Makroebene, welche

2.3 „Explaining religiosity": Das theoretische Rahmenmodell

die individuelle Betroffenheit von Deprivation determinieren, sind zum Beispiel die Wirtschaftskraft eines Landes, die Existenz bzw. Beschaffenheit der Sozialversicherungssysteme oder die politische und rechtliche Sicherheit. Für einen deprivierten Akteur kann die Hinwendung zu einer Religion hilfreich sein, da diese existentiellen Unsicherheiten einen Sinn verleihen kann (Theodizee). Die Tragödien des Lebens werden als Gottes Plan, eine Bestrafung durch Gott oder eine von Gott nicht gewollte Entwicklung gedeutet (Pargament 1990). Religion bettet das Leiden darüber hinaus in rituelle Handlungen und Leitlinien ein, gibt eine Hoffnung auf eine Besserung in der Zukunft oder im Jenseits und stellt gelegentlich auch weltliche Hilfestellungen wie Unterkunft und medizinische Versorgung zur Verfügung. Sind dagegen, wie in mitteleuropäischen Wohlfahrtsstaaten, wenige Menschen von Deprivation betroffen, werden zum einen religiöse Bewältigungsstrategien in verringertem Maße benötigt und zum anderen sind im Rahmen des Wohlfahrtsstaates vermehrt weltliche Versicherungssysteme verfügbar.

Eine weitere Theorieperspektive, die Stolz in das Erklärungsmodell integriert, bezieht sich auf die Regulation des Angebotes und der Nachfrage der Religion durch den Staat oder soziale Gruppen. Die Angebots-Regulation ist das zentrale Thema des religiösen Marktmodells (Stark 1999; Stark und Iannaccone 1994). Die individuelle Nachfrage nach Religion hat sich aus dieser Perspektive, im Widerspruch zu konventionellen Säkularisierungstheorien, im Zuge des Modernisierungsprozesses nicht reduziert. Vielmehr wird sie, quasi naturgegeben, als Ausdruck universeller menschlicher Bedürfnisse nach Sicherheit und Antworten auf existentielle Fragen angesehen. Religiöse Vielfalt hängt im Marktmodell primär davon ab, welches Angebot die Kirchen offerieren und inwieweit der religiöse Markt durch den Staat reguliert wird. Eine Ursache für einen Rückgang der religiösen Vitalität ist folglich darin zu suchen, dass die Monopolkirchen die ausdifferenzierten religiösen Bedürfnisse der Gläubigen nicht mehr hinreichend befriedigen können. Besteht dagegen Konkurrenz zwischen möglichst vielen religiösen ‚Unternehmern' auf dem Markt, finden die Gläubigen eher ein ihren Präferenzen entsprechendes Angebot (vgl. Lois 2011b, S. 132f). Ein historisches Beispiel für eine starke Regulierung des religiösen Marktes ist die staatliche Repression von Religion und Kirche in der ehemaligen DDR, die weiter unten ausführlicher behandelt wird.

Der Bezug des religiösen Marktmodells zur soziologischen ‚Badewannen-Erklärung' ist unmittelbar klar: Die Beschaffenheit des religiösen Marktes als Kollektivphänomen hat Auswirkungen auf die Gelegenheitsstrukturen (Opportunitäten), das heißt die Vielfalt religiöser Angebote, die dem Akteur im Sinne externer Handlungsbedingungen zur Verfügung stehen (siehe Abbildung 1). Stolz

(2009, S. 352) gibt allerdings die Annahme einer konstanten Nachfrage nach Religion auf, die er für „theoretically very unfortunate" hält. Bei gegebener Variabilität der Nachfrage führt eine Regulation des Angebotes daher nicht nur zu einer Verstärkung des Konkurrenzkampfes zwischen verschiedenen religiösen Anbietern, sondern auch zwischen dem Religiösen und dem Weltlichen. Ferner weist Stolz darauf hin, dass auch die Nachfrage nach Religion staatlich oder in bestimmten sozialen Kontexten durch eine positive oder negative Sanktionierung von religiöser Mitgliedschaft oder religiöser Praxis reguliert werden kann (vgl. Stolz 2009, S. 352f).

Stolz formuliert im nächsten Schritt die Annahme, dass religiöse Sinngehalte von Individuen als überzeugender wahrgenommen werden, wenn sie in einer religiösen Kultur leben, die sich in gesellschaftlichen Subsystemen wie den Medien oder im Rahmen von sozialen Interaktionen niederschlägt. Säkularisierungstheoretiker wie Dobbelaere (2002) gehen davon aus, dass Teilsysteme wie die Freizeitindustrie, die Medien und das Wissenschaftssystem, mit steigendem Niveau der gesellschaftlichen Differenzierung, kulturelle Güter wie Aktivitäten, Informationen und Interpretationen herausbilden, die von religiösen Elementen befreit sind und ihrer eigenen Systemlogik folgen. Weiterhin wird es vor allem zahlenmäßig stark vertretenen religiösen Institutionen gelingen, sich in der öffentlichen politischen Diskussion Gehör zu verschaffen oder Freizeitangebote zur Verfügung zu stellen, welche für den Akteur die Chance erhöhen, mit der religiösen Kultur in Kontakt zu kommen. Kultur wird darüber hinaus vor allem in der alltäglichen sozialen Interaktion reproduziert. Die Größe religiöser Gruppen beeinflusst auch hier die Chance, dass religiöse Menschen miteinander in Kontakt kommen, da sie soziale Kontexte wie Schule, Arbeitsstelle oder Nachbarschaft teilen oder sich auf dem Partnermarkt treffen. Die religiöse Kultur beeinflusst jedoch nicht nur die Gelegenheitsstrukturen, die den externen Handlungsbedingungen zuzuordnen sind. Sie trägt zudem langfristig zu einer Herausbildung habitualisierter Denk- und Handlungsmuster („cultural frames") bei, die in der Regel nicht hinterfragt werden, solange sie zu den sozialen Situationen der Akteure passen. Erst wenn eine Gesellschaft ein hohes Niveau der säkularen ‚Güterproduktion' erreicht hat, werden die Akteure vermehrt mit nicht-religiösen Weltsichten konfrontiert, die irritieren und auf diese Weise möglicherweise zu einer kritischen Reflexion der alten Gewohnheiten und Denkmuster führen (vgl. Stolz 2009, S. 353f).

Die religiöse Kultur kann jedoch auch Gegenstand von Prozessen der Identitätsbehauptung („assertion of identity") sein (Stolz 2009, S. 354). Diese Theorieperspektive ist insbesondere im Migrationskontext relevant. Werden Einwanderern Status oder soziale Anerkennung verwehrt, führt dies häufig zu einer

2.3 „Explaining religiosity": Das theoretische Rahmenmodell

Betonung ihrer ethnischen Identitäten, die auf einer gemeinsame Sprache, Kultur und Religion basieren (vgl. auch Diehl und Koenig 2009). „The basic idea is that religiosity and religion become strong where they can be used as resources, in order to conserve and defend ethnic and cultural identities" (Stolz 2009, S. 354). Auf der Makroebene können Phänomene wie ein schneller sozialer und kultureller Wandel oder politische Konflikte und Unterdrückung dazu führen, dass die Verlierer dieser Prozesse die Kernelemente ihrer kulturellen Identität verteidigen, da sie eine Entwertung ihres sozialen und kulturellen Kapitals befürchten müssen. Dies fördert bei Migranten häufig den Rückzug in die eigene ethnische Gruppe, in der die kulturellen Ressourcen des Herkunftslandes (Sprache, Habitus, Wertorientierungen) die soziale Anerkennung fördern. Wie sich sozialer Wandel auf die Religiosität auswirkt, hängt somit davon ab, ob es sich um Mitglieder der Mehrheitsgesellschaft oder um Minderheiten handelt. Während erstere, wie weiter oben dargestellt wurde, ihre religiösen Traditionen im Zuge von Modernisierungsprozessen verstärkt hinterfragen sollten, werden für ethnische Minderheiten oder ‚Modernisierungsverlierer' Beharrungs- und Revitalisierungstendenzen vorhergesagt.

Schließlich greift Stolz einen fünften theoretischen Ansatz auf, der für die vorliegende Arbeit besonders relevant ist: die religiöse Sozialisation.

> "Socialization may be defined as an interactive, both voluntary and involuntary, process of transmission and learning in which individuals teach and learn norms, values, behavior, expertise, meanings and identity, and in which socialized individuals may integrate these elements into their personality by internalization" (Stolz 2009, S. 355).

Stolz nimmt, in Anlehnung an Autoren wie Kelley und De Graaf (1997) oder Voas (2003) an, dass eine Grundvoraussetzung für die Ausprägung der individuellen Religiosität zunächst im Erlernen des entsprechenden Symbolsystems im Kindes- und Jugendalter besteht. Die internen Bedingungen der sozialen Situation (siehe Abbildung 1) werden für Stolz in erster Linie in der Primärsozialisation erlernt und prägen dadurch den weiteren Lebensverlauf: „Fundamental belief- and preference-structures often remain relatively stable during adulthood and constitute an ‚internal environment' of individual action" (Stolz 2009, S. 351f).

Der Prozess, bei dem sich das religiöse Symbolsystem der Eltern auf die Kinder transmittiert, kann, im Sinne des Imitations- bzw. Modellernens (Bandura 1977), weitgehend unbewusst ablaufen, ohne dass Eltern die Folgen einer religiösen Erziehung ihrer Kinder rational abwägen. Für theoretisch interessanter hält Stolz jedoch die Frage, unter welchen Bedingungen Eltern ihren Kindern bewusst religiöse Denk- und Verhaltensweisen vermitteln. Der entsprechende Entscheidungsprozess wird wiederum stark von Eigenschaften des sozialen Kontextes auf der Makroebene beeinflusst. Wie stark sind einzelne religiöse Gruppen vertreten, inwieweit kann von einem freien, staatlich wenig regulierten religiösen Markt gesprochen werden und wie hoch ist die Bedeutsamkeit einer religiösen Kultur insgesamt einzuschätzen? Eltern werden sich, so Stolz, vor allem dann für eine religiöse Erziehung ihrer Kinder entscheiden, wenn sie davon überzeugt sind, dass religiöse Werte in dem jeweiligen Kontext wertvoll und nützlich sind. Es ist nicht auszuschließen, dass eine Minderheit überzeugter Eltern auch in einer weitgehend säkularisierten Gesellschaft an religiösen Erziehungszielen festhält. Diese Strategie ist jedoch mit erhöhten Kosten verbunden, da die Kinder nicht nur mit dem religiösen Symbolsystem vertraut gemacht, sondern gleichzeitig auch von den starken weltlichen Einflüssen der sozialen Umgebung abgeschottet werden müssen. Die Aufrechterhaltung einer solchen geschützten religiösen Welt wird umso schwieriger, wenn Gelegenheitsstrukturen wie religiöse Kindergärten, Schulen und Universitäten oder Medienangebote fehlen (vgl. Stolz 2009, S. 356).

Aus diesen Überlegungen lassen sich die ersten beiden Hypothesen[3] herleiten:

- Die Religiosität transmittiert sich von der Eltern- auf die Kindergeneration („Transmissions-Hypothese').

- Wie im Verlauf dieser Arbeit noch ausführlicher dargestellt wird, ist eine religiöse Kultur, die eine religiöse Erziehung der Kinder begünstigen sollte, in den alten Bundesländern noch wesentlich stärker verankert als in den neuen. Daher lässt sich erwarten: Die Transmission der Religiosität von der Eltern- auf die Kindergeneration ist in Westdeutschland stärker ausgeprägt als in Ostdeutschland („West-Sozialisations-Hypothese').

Stolz (2009, S. 358) fasst die verschiedenen Erklärungsansätze, die in seinem Modell integriert werden, abschließend wie folgt zusammen:

"On a very abstract level, the model assumes that individuals will have a higher probability of choosing a religious action, the more they are deprived (and the poorer the available secular coping strategies), the more they are forced to exhibit religiosity by norms and sanctions, the lower the secular production of culture, the more they feel their ethnic or cultural identity threatened by social or cultural change, and the more they have been socialized religiously."

---

3 Zur Verbesserung der Lesbarkeit weichen einige der im Folgenden formulierten Hypothesen von der Lehrbuch-Vorgabe ab, jeweils nur eine Teilannahme pro Hypothese zu formulieren. Außerdem wird der Versuch unternommen, anstelle einer Nummerierung sinnvolle Abkürzungen für die Hypothesen zu finden.

2.3 „Explaining religiosity": Das theoretische Rahmenmodell

Perspektiven für eine lebensverlaufstheoretische Erweiterung des Erklärungsmodells

Der Ansatz von Stolz (2009) wird in der aktuellen religionssoziologischen Diskussion durchaus positiv bewertet:

> „Das Modell von Stolz repräsentiert dabei eine Richtung der neueren religionssoziologischen Forschung, welche möglicherweise für die Weiterführung des Bereichs fruchtbar sein könnte. [Das Modell] besitzt den Vorzug, der teilweise festgefahrenen theoretischen Debatte zwischen den einzelnen Ansätzen der Religionssoziologie [zu] entgehen und produktive Ergebnisse über die Realität liefern zu können" (Pickel 2011, S. 222).

Kritisch ist allerdings die statische Modellierung zu sehen, die auf einen spezifischen Ausschnitt der historischen bzw. biografischen Zeit beschränkt bleibt. Das Lebensalter wird zwar von Stolz (2009, S. 364) in den empirischen Querschnittanalysen berücksichtigt und erweist sich dabei auch als erklärungskräftig, steht aber völlig außerhalb des theoretischen Modells. In den folgenden Abschnitten wird daher anhand von einigen ausgewählten Fragestellungen versucht, das Erklärungsmodell um eine Lebensverlaufsperspektive zu erweitern. Entsprechend des anvisierten Forschungsprogramms wird in Abbildung 1 nicht nur das aktuelle Religiositätsniveau zu den Kollektivphänomenen gezählt, die es zu erklären gilt, sondern auch Veränderungen der Religiosität im Zuge der Zeitdimensionen Periode, Kohorte und – dem im vorliegenden Fall besonders interessanten – Alter. Nachfolgend wird skizziert, welche Perspektiven sich für lebensverlaufstheoretische Erweiterung ergeben, bevor die entsprechenden Ansätze in den Abschnitten 2.4.1-2.4.6 detaillierter ausgearbeitet werden.

Vor dem Hintergrund einer stärker dynamischen Betrachtungsweise stellt sich zunächst die Grundsatzfrage, wie veränderbar die internen Bedingungen der Situation (Überzeugungen, Präferenzen, Identität) sind, die in der Sozialisation ausgebildet werden. Die Argumentation bei Stolz (2009) ist hier nicht eindeutig, da er einerseits auf die zeitliche Stabilität von derartigen individuellen Dispositionen hinweist (S. 349f), andererseits aber auch die Anpassungsfähigkeit des Individuums an einen veränderten sozialen Kontext betont. Die dynamische Sichtweise kommt im folgenden Zitat, das Kernaussagen der Theorie sozialer Produktionsfunktionen (Lindenberg 1996) zusammenfasst, besonders deutlich zum Ausdruck:

> "Interestingly, however, in this model internal conditions of the situation are influenced not only by (former) socialization, but also by current external conditions of the situation, specifically by *institutional and cultural parameters* […]. The reason for this is that individuals know that their most elementary needs (especially physical well-being and social status) can only be fulfilled if they adapt in fundamental ways to the respective society, culture, and institutions. Every society, historical era or social group prescribes in a different way what goals

or goods should be striven for and by which means one should strive for them in a socially accepted way" (Stolz 2009, S. 350; Hervorhebungen im Original).

Die Lebensverlaufsforschung in der Tradition von Glen H. Elder (Elder 1974; Elder 1985; Elder 1995; Elder und Caspi 1990) stellt einen heuristischen ‚Werkzeugkasten' zur Verfügung, um die hier angesprochenen Kontextveränderungen zu modellieren. Bevor auf diesen Ansatz eingegangen wird, sei der Begriff Lebenslauf zunächst kurz definiert:

> „Lebenslauf bezeichnet im alltäglichen Verständnis die Bewegung eines Individuums durch seine Lebenszeit im Sinne einer individuellen Sequenz von Zuständen (Rollen, Positionen) und Ereignissen (Übergängen, Wendepunkten, Weichenstellungen, Entscheidungen). Im [soziologischen] Verständnis meint [Lebenslauf] die allgemeinen (‚regelhaften', ‚typischen') Sequenzmuster der Bewegung durch die Lebenszeit. Wenn von [Lebenslauf] als einer Institution gesprochen wird, liegt der Akzent auf der Lebenszeit als einer eigenständigen gesellschaftlichen Strukturdimension" (Kohli 2006, S. 157).

Elder gliedert den Lebensverlauf in miteinander verwobene Teilverläufe, die verschiedenen Lebensbereichen zugeordnet werden können. Dazu zählen das Erwerbsleben, die Familie, die Gesundheitssituation und in der vorliegenden Arbeit die Religiosität. Diese Verläufe (*trajectories*) sind als längerfristige Stabilitäts- oder Veränderungsmuster dadurch gekennzeichnet, dass Akteure in bestimmten Zuständen (zum Beispiel Kirchenmitglied) für eine gewisse Zeit verweilen und darüber hinaus Zustandswechsel (*transitions*) erleben, etwa im Zuge eines Kirchenaustritts. Übergänge sind als diskrete und zeitlich eingrenzbare Statusveränderungen immer in Verläufe eingebettet und in der Lage, diese zu modifizieren. Geht ein Zustandswechsel mit nachhaltigen Veränderungen einher, wird von einem Wendepunkt (*transition point*) gesprochen.[4] Wendepunkte können die Richtung des Verlaufs ändern. Dies kann sich im vorliegenden Fall dadurch äußern, dass sich ein vormals nicht-religiöser Akteur nach Eintritt des Wendepunktes zunehmend dem Bereich der Religion zuwendet.

Wie lassen sich nun das Erklärungsmodell von Stolz, das eine Anpassungsfähigkeit des Akteurs an wechselnde soziale Kontexte für möglich hält, und die Lebensverlaufsforschung zusammenbringen? In Abschnitt 2.4.5 wird die These

---

4 In verwandten Bereichen wie der qualitativ ausgerichteten Biografieforschung sind ähnliche Begrifflichkeiten und theoretische Konzepte vorgeschlagen worden. So übersetzt Schütze (1981) die trajectories in „Verlaufskurven", die als Hineingeraten in eine Entwicklung beschrieben werden, bei dem weniger vom Akteur geplante Abläufe sondern äußere Existenzbedingungen die Biografie bestimmen. Die transition points finden sich im Begriff des „biographischen Wandlungsprozess" wieder, bei dem es sich um eine Übergangsphase handelt, in der das Subjekt aufgrund von Veränderungen der Handlungsmöglichkeiten bzw. der eigenen Wahrnehmungen und Orientierungen biografische Handlungsfähigkeit wiedergewinnt.

2.3 „Explaining religiosity": Das theoretische Rahmenmodell

diskutiert, dass es sich bei der Binnenmigration zwischen West- und Ostdeutschland um einen Übergang im Lebensverlauf handelt, der ein Wendepunkt-Potential hat, da er möglicherweise mit einer Veränderung der Richtung im Verlauf der religiösen Entwicklung verbunden ist. Dies lässt sich in der Sprache des Erklärungsmodells von Stolz (2009) damit begründen, dass ein Umzug zwischen West- und Ostdeutschland mit einer nachhaltigen Veränderung der externen Situationsbedingungen verbunden ist. Zieht beispielsweise ein gebürtiger Ostdeutscher nach Westdeutschland, ist er in eine noch deutlich stärker verankerte religiöse Kultur eingebettet als zuvor. Die aus theoretischer Perspektive spannende Frage besteht nun darin, ob es im Zuge der Migration zu einer Anpassung an den neuen Kontext kommt, oder Sozialisationseinflüsse insofern dominieren, als die alten Denk- und Handlungsmuster erhalten bleiben.

Bei der Binnenmigration zwischen den beiden Landesteilen handelt es sich um ein Ereignis, das vor dem Hintergrund der historisch einmaligen Ost-West-Unterschiede im religiösen Bereich gesehen werden muss und zudem nur bei einer Minderheit der Menschen jemals eintritt. Dagegen haben Übergänge, die im Sinne des Lebens*zyklus* wiederkehrend und vorhersagbar sind, in der Lebensverlaufsforschung den Status von Markierungspunkten ("life course markers"; George 1993, S. 360). Aus der Vielzahl der hier potentiell relevanten Übergänge werden in den Kapiteln 2.4.2 und 2.4.3 einige zentrale Ereignisse herausgegriffen, die sich zwei klassischen Konzepten zuordnen lassen: der Dreiteilung des Lebenslaufs in eine Bildungs-, Erwerbs- und Ruhestandsphase (Kohli 1985) sowie dem Familienzyklus (Glick 1947).

Es lassen sich einige Belege für die These anführen, dass die Ereignisse, die im Erwerbs- und Familienzyklus angesiedelt sind, in ihrem Timing und ihrer Sequenz heute nicht mehr in dem gleichem Maße vorhersagbar sind wie noch vor einigen Jahrzehnten (Beck und Beck-Gernsheim 1993). Im familiensoziologischen Bereich ist hier etwa auf den Anstieg des Heiratsalters und die Zunahme Nichtehelicher Lebensgemeinschaften hinzuweisen (Peuckert 2008, S. 32-93) und im Erwerbsbereich auf die Erhöhung der Frauenerwerbstätigkeit oder die Verlängerung der Lebensarbeitszeiten (Sackmann 2007, S. 143-158). Dennoch sind Ereignisse wie der Eintritt in das Erwerbsleben, der Übergang in den Ruhestand, die Familiengründung, die Erstheirat oder die Verwitwung nach wie vor Bestandteile der überwiegenden Mehrzahl individueller Lebensläufe. Daher ist hier die Untersuchung der Frage besonders lohnenswert, wie diese Übergänge die Entwicklung der Religiosität im Lebensverlauf beeinflussen, indem sie externe bzw. interne Bedingungen der sozialen Situation verändern.

Eine fruchtbare Möglichkeit zur Erweiterung des theoretischen Ausgangsmodells bietet zudem das Konzept der verbundenen Lebensläufe ("linkes lives"; Wingens und Reiter 2011, S. 194). Dieser Begriff bezieht sich auf die Einbettung individueller Biografien in einen Verbund von Sozialbeziehungen. Biografische Übergänge werden in der Regel nicht von ‚individualisierten' Akteuren autonom vollzogen, sondern innerhalb des sozialen Kontextes einer Paarbeziehung oder Familie. Das Konzept der *linked lives* lässt sich in verschiedener Hinsicht an die Fragestellung der vorliegenden Arbeit anknüpfen. So erscheint es lohnenswert zu untersuchen, inwieweit sich Akteure in intimen Partnerschaften im Hinblick auf ihre Religiosität anpassen. Ist bei Paaren, die ursprünglich konfessionell heterogam sind, eine Tendenz über die Zeit festzustellen, in die gleiche Religion zu konvertieren? Unter welchen Bedingungen sind Veränderungen der Kirchgangshäufigkeit im Lebensverlauf innerhalb von Partnerschaften gleichsinnig und wann entwickeln sich die Partner auseinander? Die Perspektive der sozialen Einbettung lässt sich zudem mit der bereits diskutierten Migrationsthematik verknüpfen. So sollte eine Binnenmigration zwischen West- und Ostdeutschland insofern verstärkt einen Anpassungsbedarf hervorrufen, da sich mit höherer Wahrscheinlichkeit Akteure treffen, deren religiöse Prägung sich unterscheidet.

Die Integration der Lebensverlaufsperspektive in das Erklärungsmodell von Stolz (2009) hat ferner Konsequenzen für die Frage, welche Faktoren in die Entscheidungen der Akteure einfließen. Die Grundannahme, dass Individuen sich auf der Basis von Kosten-Nutzenabwägungen für religiöse Handlungsalternativen wie die Kirchenmitgliedschaft entscheiden, muss erweitert werden. So ist bei Einführung der Zeit in das handlungstheoretische Modell zwischen kurzfristigen Kosten-Nutzen-Abwägungen und langfristigen Folgen, dem „Schatten der Zukunft" (Huinink 2005, S. 71), zu unterscheiden. In Abschnitt 2.4.6 wird diese Überlegung im Zusammenhang mit der Frage diskutiert, inwiefern das zunehmende Nachdenken über die eigene Sterblichkeit als Ursache für eine Verstärkung der Religiosität in der zweiten Lebenshälfte angesehen werden kann.

Bei der Darstellung der Mikro-Mikro-Verknüpfung, die im unteren Teil des ‚Badewannenmodells' der soziologischen Erklärung angesiedelt ist (siehe Abbildung 1), verwendet Stolz (2009, S. 348) den Begriff „cognition". Er bezieht sich damit auch auf die Art und Weise, wie Akteure im Rahmen der Logik der Situation (Esser 1996) subjektiv ihre Handlungssituation wahrnehmen und vor diesem Hintergrund Entscheidungen über die Auswahl von Handlungsalternativen treffen. In theoretischen Modellen aus der Entwicklungspsychologie wird in diesem Zusammenhang angenommen, dass es verschiedene Stufen des Glaubens gibt, die altersabhängig sind (Fowler 1991). Während das Kind religiöse Sinngehalte beispielsweise noch relativ unkritisch von seinen Eltern übernimmt, tragen die daran anschließende Erweiterung der kognitiven Fähigkeiten sowie biografische Übergänge wie der Auszug aus dem Elternhaus dazu bei, dass Überzeugungen stärker reflektiert und hinterfragt werden. Die Variabilität von Situationsdefinitionen im Lebenslauf, die im nun folgenden Abschnitt ausführlich dargestellt wird, kann somit als ein weiteres Element angesehen werden, das eine dynamischere Sichtweise in das ursprünglich statische Erklärungsmodells von Stolz (2009) einbringt.

2.4 Die Erweiterung des Rahmenmodells um die Lebensverlaufsperspektive

Die im vorangehenden Abschnitt nur angedeuteten Ansätze zur theoretischen Erklärung von Veränderungen der Religiosität im Lebensverlauf werden in den nun folgenden Passagen etwas detaillierter ausgearbeitet. Zu Beginn steht ein Ausflug in die Entwicklungspsychologie (Abschnitt 2.4.1), bevor Veränderungen der Religiosität im Zuge des Erwerbs- und Familienzyklus (2.4.2-2.4.3), Anpassungsprozesse in Partnerschaften (2.4.4), Auswirkungen einer Binnenmigration zwischen West- und Ostdeutschland (2.4.5) sowie das ‚afterlife capital model' aus der ökonomischen Theorie der Religion (2.4.6) behandelt werden.

2.4.1 Ein Stufenmodell der Glaubensentwicklung

Mehrere Autoren aus dem Bereich der Entwicklungspsychologie haben Stufenmodelle der Glaubensentwicklung postuliert (Fowler 1981, 1991; Oser und Gmünder 1992). Insbesondere der Ansatz von James W. Fowler ist dabei mit dem Anspruch verbunden, der soziologischen Lebensverlaufsforschung Impulse zu geben. Daher wird nun etwas eingehender überprüft, inwieweit sich aus dieser theoretischen Perspektive Hypothesen zu lebenszyklischen Veränderungen der Religiosität ableiten lassen.

Fowler entwickelt ein recht allgemeines, eher funktionales Verständnis von Glauben, der als eine aktive Suche nach Sinngebung und Sinnfindung betrachtet wird, die jedoch in Form und Inhalt nicht notwendigerweise religiös geprägt sein muss:

„Bevor wir religiös oder nicht religiös sind, bevor wir dazu gelangen, uns als Katholiken, Protestanten, Juden oder Moslems zu sehen, sind wir schon mit Glaubensfragen beschäftigt. Ob wir Nichtgläubige, Agnostiker oder Atheisten werden, wir sind mit dem Problem beschäftigt, wie wir unser Leben einrichten und womit unser Leben lebenswert werden kann. Darüber hinaus halten wir Ausschau nach etwas, das wir lieben können und das uns liebt, nach etwas, das wir wertschätzen können und das uns Wert gibt, nach etwas, das wir ehren und achten können und das uns die Kraft gibt, unser Dasein zu tragen" (Fowler 1991, S. 27).

Die Religion fasst Fowler als kumulative Tradition auf, in der verschiedene Ausdrucksformen des Glaubens (z.B. Riten, Mythen, Theologien) von Menschen in der Vergangenheit zum Ausdruck kommen. Davon unterscheidet er das Für-Wahr-Halten (*belief*) von Glaubensinhalten, die in den Lehren der Religionen zum Ausdruck kommen. Der Glauben selbst (*faith*) wird schließlich verstanden als sinnstiftendes Vertrauen auf letzte Werte.

Glauben kann durch religiöse Traditionen angestoßen werden, ist jedoch zugleich tiefer und persönlicher. Es handelt sich um eine Identifikation mit Dingen, die den Menschen unbedingt angehen und an die er sein Herz hängt. Dabei kann es sich neben Gott auch um Dinge handeln, die „Gott-Wert" sind wie etwa Karriere und Anerkennung, Macht und Einfluss oder Reichtum. Der Mensch findet sein „letztes Anliegen" (Fowler 1991, S. 26) nicht nur in religiösen Glaubensgemeinschaften, sondern möglicherweise auch in der Familie, der Universität oder der Nation (vgl. Fowler 1991, S. 34-36).

Ausgehend von diesem Glaubensverständnis entwickelt Fowler ein Modell, das sechs sequentiell-hierarchische Stufen der Glaubensentwicklung postuliert und sich eng an den psychosozialen Ansatz von Erik Erikson (Erikson 1968, 1988) sowie die kognitiv-strukturellen Theorien von Lawrence Kohlberg (Kohlberg 1996) und Jean Piaget (Flavell 1963) anlehnt. Den Beginn der Sequenz stellt eine Vorstufe („undifferenzierter Glaube") dar, die in der frühen Kindheit (0-2 Jahre) vorzufinden ist. In dieser Phase kann ein Säugling bzw. Kleinkind entweder ein „Urvertrauen" (Fowler 1991, S. 138) entwickeln und seine soziale Umwelt, speziell die Beziehung zur Mutter, als verlässlich und vertrauenswürdig erleben oder aber die Erfahrung der Vernachlässigung machen:

> „Die Samen des Vertrauens, des Mutes, der Hoffnung und der Liebe [sind] in undifferenzierter Weise verschmolzen und kämpfen mit dem Gefühl der Bedrohung durch Verlassenwerden, mangelnde Verläßlichkeit und Entbehrungen in der Umwelt des Säuglings" (Fowler 1991, S. 138).

Im Alter zwischen drei und sieben Jahren entwickelt sich der „intuitiv-projektive Glaube" (Stufe 1). Hier dominieren Intuitionen und Phantasievorstellungen des Kindes, die es imitativ von den sichtbaren Glaubensäußerungen der Erwachsenen (Stimmungen, Handlungen, Geschichten) übernimmt. Durch seine neu entstandene Einbildungskraft ist das Kind in der Lage, die Erfahrungswelt in Bildern und episodischen Geschichten zu einer Einheit zusammenzuschließen. Dadurch werden langlebige Imaginationen produziert, die das selbstreflexive Denken später ordnen und sortieren muss. Das Denken ist dabei von der Wahrnehmung bestimmt

2.4 Die Erweiterung des Rahmenmodells um die Lebensverlaufsperspektive

und die Phantasie wird noch nicht von der Logik gehemmt oder eingeschränkt. Das Kind ist sich zudem seiner selbst bewusst, gleichzeitig jedoch egozentrisch hinsichtlich der Perspektiven anderer, d.h. nicht in der Lage, sich die Sichtweise von Mitmenschen anzueignen (vgl. Fowler 1991, S. 150f).

Die Kräfte, die für das weitere voranschreiten der Glaubensentwicklung auf Stufe 2, den „mythisch-wörtlichen Glauben", verantwortlich sind, sieht Fowler im Verlangen des Kindes nach Erkenntnis über den Unterschied zwischen Schein und Wirklichkeit. Die Voraussetzung dafür ist die Entstehung des konkret-operationalen Denkens, bei dem sich die Wahrnehmung nicht mehr in so hohem Maße auf die Urteilsbildung auswirkt und konkrete Denkoperationen, wie etwa das hypothetisch-deduktive Denken, möglich sind. Gleichzeitig ist das Kind nun zur Perspektivenübernahme in der Lage und entwickelt ein Weltbild, das auf reziproker Fairness basiert.

Die zweite Glaubensstufe zeichnet sich entsprechend dadurch aus, dass die imaginative Zusammensetzung der Welt aus der vorangehenden Stufe kognitiv gebändigt und geordnet wird. Das wichtigste Werkzeug sind dabei Geschichten („storys", Fowler 1991, S. 166), die der Erfahrung Kohärenz verleihen und durch eine narrativ-lineare Sinnkonstruktion die episodische Qualität der ersten Glaubensstufe erweitern. Das Kind ist jedoch noch nicht in der Lage, vom Erzählfluss Abstand zu nehmen und den Sinn der Geschichte zu hinterfragen. Religiöse Sprache, Symbole und moralische Regeln werden nicht reflektiert, sondern wörtlich verstanden und übernommen. Gleichzeitig kommt es häufig zu Anthropomorphismen, wenn etwa Gott wie ein menschliches Wesen aufgefasst wird. Insgesamt ist der mythisch-wörtliche Glaube damit typisch für das Schulkind, kann jedoch nach Fowler vereinzelt auch bei Jugendlichen und Erwachsenen beobachtet werden (vgl. Fowler 1991, S. 166f).

Den Übergang zur dritten Stufe, dem „synthetisch-konventionellen Glauben", leiten implizite Gegensätze ein, die in den Geschichten enthalten sind. Das Erkennen derartiger Widersprüche wird entwicklungspsychologisch durch das Entstehen des formal-operationalen Denkens bei Jugendlichen im Alter zwischen 12 und 15 Jahren begünstigt. Nun ist das Individuum in der Lage, Probleme auf einer hypothetischen Ebene zu lösen, logische Schlussfolgerungen zu ziehen, Variablen geistig zu variieren und sich mit unrealistischen Annahmen (,Was wäre wenn-Fragen') auseinanderzusetzen. Dies ermöglicht auch eine erweiterte Fähigkeit zur Perspektivenübernahme, indem der Akteur sich nicht nur darüber Gedanken macht, wie er von Mitmenschen gesehen wird, sondern diese wahrgenommene Sichtweise anderer in das Selbstbild integriert („Ich sehe mich, wie – denk' ich – du mich siehst", Fowler 1991, S. 169).

Der synthetisch-konventionelle Glaube beginnt und entfaltet sich in der Regel im Jugendalter und muss daher auch eine Antwort auf die Identitätskrise geben, durch welche die Adoleszenz häufig gekennzeichnet ist. Der Jugendliche entwickelt im Zuge dieser Glaubensform eine Identität, eine „,story' unserer ‚stories'" (Fowler 1991, S. 169), die eine kohärente Orientierung inmitten einer komplexeren Reihe von Bindungen bietet, die nun auch Bereiche wie Schule und Arbeit oder Freundschaft und Partnerschaft einschließen. Gott kann beispielsweise als Gefährte angesehen werden, der trägt, liebt und führt.

Das verinnerlichte Bündel von Werten und Glaubensinhalten orientiert sich häufig an äußeren Autoritäten wie religiösen Glaubensgemeinschaften. Fowler (1991, S. 181) stellt daher fest: „In vielerlei Hinsicht ‚funktionieren' religiöse Institutionen am besten, wenn sie in der Mehrzahl aus solchen engagierten Leuten bestehen, auf die am ehesten die Beschreibung der Stufe 3 paßt". Personen auf der dritten Stufe sind sich ihres Glaubens bewusst, bringen ihre Werte zum Ausdruck, verteidigen sie und fühlen sich tief an sie gebunden (eine Befragte: „Ich fühle mich die meiste Zeit Gott sehr nahe, jetzt wo ich in der Kirchenarbeit wieder aktiv bin", Fowler 1991, S. 190). Das Wertsystem bleibt aber stillschweigend und unreflektiert, da der bisherige Lebensverlauf wenige Gelegenheiten zur Reflexion geboten hat und das eigene Urteil noch nicht sicher genug ist, um eine unabhängige Perspektive konstruieren zu können. Entsprechend beschreibt Fowler die dritte Stufe als konformistisch, da die Glaubensinhalte exakt auf Erwartungen und Urteile bedeutender Mitakteure abgestimmt sind (vgl. Fowler 1991, S. 167-192).

Als Zwischenfazit lässt sich feststellen, dass Fowler die religiöse Sozialisation im Kindes- und Jugendalter, die Stolz (2009) zu den fünf wichtigsten Erklärungsmechanismen zählt, entwicklungspsychologisch unterfüttert. Durch die sehr allgemeine Definition des Glaubens fällt es allerdings auf den ersten Blick nicht leicht, den Ansatz auf die hier im Mittelpunkt stehende kirchlich-rituelle Religiosität zu transferieren. Der synthetisch-konventionelle Glaube (Stufe 3) weist jedoch eine deutliche Nähe zu dieser Dimension auf. Für den weiteren Fortgang dieser Arbeit sind daher besonders die Passagen relevant, die sich mit den Übergängen im weiteren Lebensverlauf beschäftigen, unter denen der synthetisch-konventionelle Glaube ins Wanken gerät und infolgedessen auch eine Abschwächung der kirchlichen religiösen Praxis zu erwarten ist.

Der synthetisch-konventionelle Glaube kann im Lebenslauf durchaus ein stabiles Gleichgewicht darstellen. Einige Menschen vollziehen jedoch den Übergang zur vierten Stufe, dem „individuierend-reflektierenden Glauben". Im Zuge dieser Entwicklung beansprucht das Ich, das zuvor in seinen Identitäts- und Glaubenskonstruktionen von bedeutenden Anderen getragen wurde, eine von die-

2.4 Die Erweiterung des Rahmenmodells um die Lebensverlaufsperspektive

sen Bindungen unabhängige Identität. Der Jugendliche oder junge Erwachsene fängt an, für die eigenen Beziehungen, Lebensstile und Glaubensinhalte Verantwortung zu übernehmen und sie kritisch zu hinterfragen. Es entwickelt sich ein klares, fast überpointiertes Bewusstsein von der eigenen Autonomie und Individualität. Gleichzeitig kommt es zu einer Entmythologisierung: Symbole vermitteln ihre Botschaft nicht mehr direkt, sondern werden als Symbol erkannt und verlieren dadurch ihre Wirkung. Tiefendimensionen im symbolischen und rituellen Ausdruck, die vorher nur emotional erfahren wurden, werden identifiziert und erhellt. Diese Prozesse verlaufen nicht geräuschlos, sondern gehen mit ‚inneren Kämpfen' einher, bei denen die Individualität gegen die Gruppenzugehörigkeit, die Subjektivität und Emotionalität gegen Logik und kritische Reflexion sowie die Selbstverwirklichung gegen die Pflichterfüllung abgewogen werden (vgl. Fowler 1991, S. 200f).

Unter welchen Bedingungen kommt es nun aber zu einem Übergang von der dritten zur vierten Glaubensstufe? Fowler benennt hier sowohl eine Reihe von Beharrungskräften als auch Faktoren, die den individuierend-reflektierenden Glauben anregen. Zu den Push-Faktoren stellt er fest: „Damit ein echter Übergang zu Stufe 4 geschieht, muss eine Unterbrechung im Vertrauen auf äußere Autoritätsquellen stattfinden" (Fowler 1991, S. 197). Die Entstehung des reflektierten Glaubens werde durch die Herauslösung aus den zwischenmenschlichen Beziehungen begünstigt, welche die Identität geformt, aufrechterhalten und eingeschränkt haben. Als Beispiel wird für Jugendliche der Auszug aus dem Elternhaus genannt, der auch emotional mit einer Abnabelung von der sozialen Herkunft verbunden ist. Eine Relativierung der ererbten und erlernten Weltansichten kann auch im Rahmen einer „Collegeerfahrung, einer Reise oder eines Umzugs von einer Gemeinschaft in eine andere" (Fowler 1991, S. 197) erfolgen. Erwachsene vollziehen den Übergang in die vierte Stufe nach Fowler – wenn überhaupt – im dritten oder vierten Lebensjahrzehnt. Beschleunigungsfaktoren sind hier Veränderungen in den Primärbeziehungen im Zuge einer Scheidung oder des Übergangs in das ‚empty nest' (vgl. Fowler 1991, S. 200).

Ein starkes Engagement in einer Kirche wird dagegen zu den Faktoren gezählt, die das Beharren im synthetisch-konventionellen Glauben fördern:

> „Viele religiöse Gruppen verstärken [...] ein konventionell übernommenes und festgehaltenes Glaubenssystem und geben dem Verbleiben in der Abhängigkeit von einer äußeren Autorität und einer davon abgeleiteten Gruppenidentität der Stufe 3 den Charakter von etwas Heiligem" (Fowler 1991, S. 196).

Ähnlich argumentiert Fowler auch für den Übergang in die Ehe: „Die Heirat kann für viele junge Männer und Frauen dazu dienen, sich ein neues synthetisch-konventionelles Ethos zu schaffen" (ebd.). Gelegentlich finden sich zudem Anspielungen darauf, dass das Erreichen eines höheren Bildungsabschlusses als Voraussetzung für die kritische Reflexion, die für Stufe 4 typisch ist, gesehen werden kann. So stellt Fowler zum Beispiel nach der Vorstellung von zwei Befragten, die auf der dritten Glaubensstufe verharren, fest:

> „Beide haben von ihrer Herkunft nur eine begrenzte Ausbildung erhalten. Beide zeigen Schwierigkeiten, Sprache zu gebrauchen, um innere Zustände oder ihre Haltungen, Werte und Gefühle für andere mitzuteilen" (Fowler 1991, S. 188).

Die letzten Absätze verdeutlichen insgesamt, dass Fowler die soziologische Lebensverlaufsforschung mit einer ganzen Reihe von Hypothesen bereichern kann, die verschiedene biografische Übergänge, die im Jugend- aber auch im Erwachsenenalter angesiedelt sind, mit einer spezifischen Form der Glaubensentwicklung, die sich von einer unreflektierten Orientierung zu einer traditionskritischen Haltung bewegt, verknüpfen. Die Argumentation läuft sehr klar auf die Annahme hinaus, dass die internen Bedingungen der Situation aus dem Erklärungsmodell von Stolz (2009) nicht invariant, sondern anpassungsfähig und wandelbar sind.

Die sequentielle Stufenabfolge, die Fowler aus seinem qualitativen Interviewmaterial herausarbeitet, setzt sich mit dem „verbindenden Glauben" (Stufe 5) fort. Hier werden Aspekte, die zum Zweck der Selbstgewissheit und der bewussten Adaption an die Realität in Stufe vier unterdrückt wurden, wieder in die Weltsicht integriert. An die Stelle der strikten ‚Entweder/Oder-Logik' der vierten Stufe tritt eine Sichtweise, die viele Seiten des Problems gleichzeitig sieht und versucht, die organische Verbindung der Dinge zu erkennen. Fowler verdeutlicht die Denkweise im verbindenden Glauben mit einer Analogie:

> „Das Auftreten der Stufe fünf bedeutet etwa folgendes: [...] Die Entdeckung, daß die rationale Lösung oder ‚Erklärung' eines Problems, die so elegant gelungen zu sein schien, nur eine bemalte Leinwand ist, die eine verschlungene, endlos aufregende Höhle von überraschender Tiefe überdeckt" (Fowler 1991, S. 202).

Menschen, die sich auf der fünften Glaubensstufe befinden, sind nicht naiv und unkritisch. Sie besitzen die für die vierte Stufe typische Fähigkeit zur kritischen Reflexion, geben sich mit dieser Strategie jedoch nicht zufrieden.

> „Einfach ausgedrückt bedeutet der verbindende Glaube der Stufe 5, dass man über das explizite ideologische System und die klaren Identitätsgrenzen hinausgeht, die aufzubauen und an denen festzuhalten, die Stufe 4 so hart gearbeitet hat" (Fowler 1991, S. 203).

Herausgebildet wird eine „gewollte Naivität" (Fowler 1991, S. 205). Menschen auf der fünften Glaubensstufe lösen sich von den Beschränkungen, die mit Katego-

2.4 Die Erweiterung des Rahmenmodells um die Lebensverlaufsperspektive 41

rien wie soziale Klasse, religiöse Gemeinschaft oder Nation verbunden sind. Sie sind offen für Paradoxien und Widersprüche, streben jedoch danach, Gegensätze im Denken und Handeln zu vereinen. Sie sind wieder in der Lage, eigene und fremde Symbole, Rituale und Riten hochzuschätzen. Die Lehren und Liturgien der verschiedenen religiösen Traditionen werden jedoch als unvermeidlich partiell und beschränkt auf die Gotteserfahrung eines bestimmten Volkes angesehen. Der verbindende Glaube ist daher offen für Begegnungen mit anderen Traditionen, welche die eigene Perspektive ergänzen und korrigieren können (vgl. Fowler 1991, S. 201-217). Die folgende Äußerung einer Befragten bringt diesen ökumenischen Geist anschaulich zum Ausdruck:

> „Ob man es Gott, oder Jesus oder Kosmischen Strom oder Wirklichkeit oder Liebe nennt, es kommt nicht darauf an, wie man es benennt. Es ist da. Und was man direkt aus dieser Quelle lernt, bindet einen nicht an Glaubensbekenntnisse...die dich von deinem Mitmenschen trennen" (Fowler 1991, S. 210).

Im Gegensatz zu den beiden vorangehenden Stufen finden sich für den verbindenden Glauben nur wenige Hinweise auf sozialstrukturelle Merkmale oder biografische Übergänge, die das Erreichen dieses Stadiums begünstigen. Im Hinblick auf die Altersabhängigkeit wird festgestellt, dass die fünfte Stufe nicht vor der Lebensmitte erreicht werde. Zudem erweckt die Darstellung an verschiedenen Stellen den Eindruck, dass der verbindende Glaube eine breite Bildung und eine damit einhergehende kosmopolitische Orientierung voraussetzt (vgl. Fowler 1991, S. 205, 213).

Die letzte Stufe, der universalisierende Glaube, kommt empirisch praktisch nicht vor, wird auch in der Forschung eher als philosophische Erweiterung des Modells betrachtet (Parker 2010) und daher hier nicht weiter behandelt.

Das Stufenmodell von Fowler ist überwiegend nicht unmittelbar auf eine Analyse der kirchlichen Religiosität übertragbar. Dennoch lassen sich einige konkrete Hypothesen formulieren, die sich auf die Bedingungen beziehen, unter welchen es zu einer Abschwächung der Kirchlichkeit kommt, die gleichbedeutend ist mit einem Bedeutungsverlust des „synthetisch-konventionellen Glaubens":

- Die Wahrscheinlichkeit einer Kirchenmitgliedschaft und die Kirchgangshäufigkeit reduzieren sich beim Übergang von der Adoleszenz zur Postadoleszenz, das heißt vom Ende des zweiten bis zum Ende des dritten Lebensjahrzehnts (,Postadoleszenz-Hypothese'). Diese Annahme lässt sich mit der Stufenlogik begründen, wonach sich der synthetisch-konventionelle Glaube bei den meisten Erwachsenen in diesem Altersbereich abschwächt (Fowler 1991, S. 130).

- Die Kirchgangshäufigkeit reduziert sich beim Auszug aus dem Elternhaus („Auszugs-Hypothese").
- Die Kirchgangshäufigkeit reduziert sich im Zuge einer Binnenmigration von den alten in die neuen Bundesländer („West-Ost-Adaptions-Hypothese"). Die beiden zuletzt genannten Hypothesen resultieren aus dem Argument, dass eine Abschwächung des synthetisch-konventionellen Glaubens, der für die kirchliche Religiosität typisch ist, durch eine Unterbrechung im Vertrauen auf äußere Autoritätsquellen begünstigt werden kann. Veränderungen der Religiosität im Zuge einer Migration werden in Abschnitt 2.4.5 näher ausgeführt.

Forschungsstand: Sind die Stufen des Glaubens tatsächlich altersabhängig?

Die vorliegende Arbeit verfolgt nicht das Ziel, theoretische oder empirische Beiträge zur Psychologie der Glaubensentwicklung zu leisten. Daher kann an dieser Stelle auch keine ausführliche Aufarbeitung des mittlerweile sehr umfangreichen Forschungsstandes zu Fowlers Stufenmodell erfolgen. Es ist dennoch aufschlussreich, einen Blick auf die Befundlage zur Altersabhängigkeit der postulierten Sequenz zu werfen. Wenn sich die Mehrheit der Menschen tatsächlich im Lebensverlauf von niedrigeren zu höheren Glaubensstufen bewegt, ist nicht von einem kontinuierlichen Anstieg der kirchlich-rituellen religiösen Praxis auszugehen. Schließlich ist die dritte Glaubensstufe, der synthetisch-konventionelle Glaube, für Menschen, die sich in kirchlichen Institutionen engagieren, wesentlich typischer als die höheren Glaubensstufen, die sich entweder durch eine kritische Distanzierung von der traditionellen Religiosität bzw. durch eine spirituelle Orientierung auszeichnen, die in der Religionssoziologie eher dem Bereich der „individualisierten Religiosität" (Pickel 2011, S. 178-198) zuzurechnen ist. Aus dieser Perspektive ist primär ein Rückgang der kirchlichen religiösen Praxis beim Übergang von der Adoleszenz zur Postadoleszenz zu erwarten, wohingegen sich ein erneuter Anstieg im mittleren und höheren Erwachsenenalter mit Fowler nur schwer begründen lässt.

Bei den Stufen des Glaubens handelt es sich um eine empirisch fundierte theoretische Heuristik. Die Grundlage bilden 359 „semi-klinische" qualitative Interviews zur Glaubensentwicklung, die von Fowler und seinen Forscherkollegen zwischen 1972 und 1982 in verschiedenen Orten in Nordamerika durchgeführt wurden. Die Stichprobe weist eine Altersspannbreite von 3.5 bis 84 Jahre auf und setzt sich überwiegend aus christlichen Befragten zusammen. Im Anhang von „Stufen des Glaubens" werden einige deskriptive Ergebnisse zum Zusammenhang zwischen dem Lebensalter und der Stufenabfolge präsentiert. Dabei zeigt sich eine ausgeprägte, aber nicht perfekte positive Korrelation. Zum Beispiel befin-

2.4 Die Erweiterung des Rahmenmodells um die Lebensverlaufsperspektive

den sich 88% der bis sechsjährigen Befragten auf Stufe 1, während diese Stufe ab einem Alter von 13 Jahren nicht mehr beobachtet werden kann. Die zweite Stufe ist mit 72.4% der 7-12jährigen Befragten typisch für Schulkinder und tritt in den nachfolgenden Altersgruppen nur noch vereinzelt auf. Ab der dritten Glaubensstufe ist das Ergebnismuster jedoch wesentlich unklarer, da der synthetisch-konventionelle Glaube zwar in der Altersgruppe 13-20 Jahre mit 50% der Befragten dominiert, gleichzeitig jedoch auch bei den älteren Befragten in substantiellem Umfang vorzufinden ist (zum Beispiel befinden sich 35.3% der 51-60jährigen auf Stufe 3). Ein ähnliches Fazit lässt sich für die Stufen 4 und 5 ziehen, wobei Stufe 4 erstmals bei Befragten im Alter von 31-40 Jahren beobachtet werden kann. Die sechste Stufe ist empirisch kaum vertreten.

Das Stufenmodell von Fowler hat in den Jahrzehnten nach seinem Erscheinen eine Reihe von empirischen Studien angeregt. Parker (2010) fasst in einem Forschungsüberblick, der annähernd 100 Studien umfasst, die Ergebnisse zur Altersabhängigkeit der Stufen zusammen. Die meisten Untersuchungen bestätigen eine signifikante positive Korrelation zwischen Glaubensstufe und Alter im Bereich zwischen .37 und .57. Dieser Zusammenhang scheint jedoch ausschließlich von der starken Altersabhängigkeit der ersten beiden Stufen verursacht zu werden. Die Stufen 3 bis 5 sind dagegen weniger als hierarchische Sequenz, sondern als alternative ‚Glaubensstile' von Erwachsenen aufzufassen.

2.4.2 Veränderungen der kirchlichen Religiosität im Erwerbszyklus: Gilt die „Low-Cost-Hypothese"?

Die im Erwerbszyklus angesiedelten Ereignisse, dazu zählen hier die Absolvierung einer Schul- und Berufsausbildung, der Einstieg ins Erwerbsleben und der Übergang in den Ruhestand, prägen als *life course markers* die Biografie der allermeisten Menschen. Bei der Beantwortung der Frage, wie sich die Religiosität im Zuge des Erwerbszyklus verändert, bietet sich zunächst ein Blick in Max Webers Werk an, der die komplexen Zusammenhänge zwischen Religion und kapitalistischem Erwerbssystem umfassend behandelt hat (Weber 1904, 1905). In seiner klassischen Studie „Die protestantische Ethik und der Geist des Kapitalismus" wendet er sich gegen die These von Karl Marx, dass die Kultur einer Gesellschaft als konstruierte Reflexion der materiellen Lebensverhältnisse zu betrachten ist. Im Gegenteil wird die protestantische Leistungsethik, die Arbeiter wie Unternehmer prägt, als eine Voraussetzung für die Entstehung des kapitalistischen Wirtschaftssystems und eine der folgenschwersten Leistungen der Reformation betrachtet. Die „innerweltliche Askese" definiert die Bestimmung des Menschen neu: Anstelle einer Ausrichtung auf das Jenseits hat die Erfüllung der alltäglichen Pflichten im Hier und Jetzt Priorität. Wer ein guter und effizienter Arbeiter ist oder als Unternehmer den erwirtschafteten Profit nicht verschwendet, sondern investiert, dient hiernach Gott (vgl. Weber 1904,1905). Obwohl die Religion die Entstehung des Kapitalismus gefördert hat, treten die religiösen Wurzeln jedoch mit der Etablierung des kapitalistischen Wirtschaftssystems immer mehr in den Hintergrund und machen einer rationalen, bürgerlichen Berufsethik Platz. Dies liegt darin begründet, dass der Kapitalismus sich mit Hilfe von Fabrik und Markt institutionalisiert und damit eine Welt mit eigenen moralischen Gesetzen und Sozialisationspraktiken schafft. In dieser Welt wird der Prozess der Rationalisierung und Entzauberung der Welt fortgesetzt und zu Ende gebracht (vgl. Hirschle 2012).

Im Zuge der Rationalisierungs-Hypothese (Wilson 1982, S. 42ff), die auf Weber aufbaut, wird grundsätzlich angenommen, dass moderne Gesellschaften durch eine zunehmende Technisierung und Bürokratisierung gekennzeichnet sind. Dies äußert sich auf der Mikroebene dadurch, dass Menschen zunehmend in Ursache-Wirkungs-Zusammenhängen denken und religiöse Sinndeutungen in einem solchen Weltbild fremd und unpassend wirken. Das Ausmaß, in dem Menschen zur kritischen Reflexion neigen, sollte jedoch interindividuell verschieden sein und sich insbesondere mit dem Erwerb höherer Bildungsabschlüsse verstärken. Ein negativer Zusammenhang zwischen Bildung und Religiosität lässt sich nach Albrecht und Heaton (1984) auch deshalb vermuten, da die Schul- und Berufsausbildung häufig mit einer Herauslösung aus dem familialen Umfeld und mit einer Integration in bildungsprivilegierte *peer groups* verbunden ist, die als Entstehungsort liberaler Wertvorstellungen und Denkweisen aufgefasst werden.

Für Birkelbach (2001) kann auch der Erwerbseinstieg zur Entstehung einer pragmatischeren Weltsicht beitragen, die von der Realität der Sachzwänge geprägt ist und durch Werturteile determinierte Handlungsziele in ihrer Bedeutung verdrängt. Die Berufstätigkeit habe dadurch das Potential, anstelle der Religion die Funktion einer Identitätsquelle zu übernehmen. Zudem könne auch die Erfahrung des kapitalistischen Gewinnstrebens, das in Widerspruch zu religiösen Werten geraten kann, eine religiöse Sinnstiftung relativieren und zurückdrängen.

Fasst man den Besuch des Gottesdienstes zudem schlicht als Freizeitaktivität auf, die mit anderen Aktivitäten um zeitliche Ressourcen konkurriert, die wiederum durch eine Erwerbstätigkeit reduziert werden, lässt sich auch aus dieser Perspektive ein Rückgang der Kirchgangshäufigkeit nach dem Berufseinstieg erwarten. Hirschle (2012) argumentiert ähnlich und sieht, in Anlehnung an Émile Durkheim, die Religion als ein System von Riten, Symbolen und Glaubenssätzen, die Individuen zu sozialem Handeln bringt, etwa durch das gemeinsame

2.4 Die Erweiterung des Rahmenmodells um die Lebensverlaufsperspektive 45

Feiern des Gottesdienstes. Der Markt stelle nun vielfältige konkurrierende Produkte und Dienstleistungen zur Verfügung, zum Beispiel Trendsportarten, Bars, Urlaubsressorts, Freizeitparks, Shopping Malls, Museen usw., die ähnliche Funktionen erfüllen und dadurch die Religion als Instanz der Vermittlung sozialer Beziehungen verdrängen. Ähnlich wie Stolz (2009) betont Hirschle (2012) damit die Bedeutung der religiösen Kultur im jeweiligen sozialen Kontext.

Der am Anfang des Erwerbszyklus stehende Berufseinstieg ist auch deshalb theoretisch besonders interessant, da sich dieser Übergang mit der sog. „Low-Cost-Hypothese" (Best und Kroneberg 2012) verknüpfen lässt. Diese ist zwar bisher vorwiegend auf das Umweltverhalten angewendet worden, beschäftigt sich jedoch allgemein mit den Grenzen von Erklärungen, die auf der Einstellungs-Verhaltens-Korrelation bzw. dem Rational-Choice-Paradigma basieren. Übertragen auf die vorliegende Fragestellung sei die folgende Entscheidungssituation mit zwei diskreten Alternativen angenommen: Ein konfessionell gebundener junger Erwachsener steht vor der Entscheidung, seine Kirchenmitgliedschaft aufrecht zu erhalten oder aus der Kirche auszutreten. Der Einstieg in das Erwerbsleben, der mit anderen Ereignissen wie der Familiengründung den Übergang vom Jugend- ins Erwachsenenalter markiert, verändert nun die direkten monetären Kosten, die mit diesen beiden Handlungsalternativen verbunden sind. Der überwiegende Teil der Kirchenmitglieder muss, sobald eine Erwerbsarbeit vorliegt, eine Kirchensteuer entrichten. Während somit vor dem Berufseinstieg keine monetäre Kostendifferenz zwischen den Handlungsalternativen bestand, ist die Kirchenmitgliedschaft bei vollzogenem Übergang ins Erwerbsleben mit höheren Kosten verbunden als der Kirchenaustritt.[5]

Im Rahmen der Low-Cost-Hypothese ist weiterhin davon auszugehen, dass eine religiöse Sozialisation im Elternhaus, die sich auf der Einstellungsebene in einer hohen subjektiven Bedeutsamkeit von Religion und Kirche für das eigene Leben niederschlägt, für den jungen Erwachsenen grundsätzlich die Wahrscheinlichkeit erhöht, weiterhin Kirchenmitglied zu bleiben. Wenn sich jedoch die Kosten der Kirchenmitgliedschaft infolge des Übergangs ins Erwerbsleben erhöhen, sollte sich der positive Effekt dieser Disposition auf die Wahrscheinlichkeit ei-

---

5 Zu beachten ist, dass einige als Körperschaft des öffentlichen Rechts anerkannte religiöse Organisationen auf ihr Recht, Kirchensteuer zu erheben, verzichten (zum Beispiel die Zeugen Jehovas oder die evangelischen Freikirchen). Die entsprechenden Personengruppen sind jedoch in der Stichprobe, die in Kapitel 4 empirisch untersucht wird, quantitativ kaum vertreten. Eine weitere Vereinfachung der Argumentation besteht darin, dass nur monetäre Kosten berücksichtigt werden. Die Kirchensteuer wird von vielen Personen, die direkt nach den Gründen für ihren Kirchenaustritt befragt werden, als maßgeblicher Beweggrund angegeben (Engelhardt et al. 1997). Bei einer weiteren Kostendefinition kann jedoch auch der Kirchenaustritt Kosten verursachen, etwa eine negative Sanktionierung durch die religiösen Eltern.

ner Mitgliedschaft abschwächen. Die zuletzt genannte Annahme ist der Kern der Low-Cost-Hypothese. Technisch gesehen wird ein Interaktionseffekt postuliert. Die Verhaltenswirksamkeit von Einstellungen differiert in Abhängigkeit von der Kostenintensität der Situation (Diekmann und Preisendörfer 1998).

Die Low-Cost-Hypothese stellt in der Regel zwei Pole einander gegenüber. Während einerseits die Erklärung des individuellen Verhaltens durch Einstellungen in High-Cost-Situationen an ihre Grenzen stößt, ist andererseits der Rational-Choice-Ansatz, bei dem sich Akteure nüchtern für die Handlungsalternative mit der günstigsten Kosten-Nutzen-Bilanz entscheiden, in Low-Cost-Situationen weniger erklärungskräftig. Diese von Diekmann und Preisendörfer (1998) gewählte Dichotomie ist insofern etwas unglücklich, da erweiterte Rational-Choice-Modelle Einstellungen als Verhaltensdeterminanten durchaus berücksichtigen (Kroneberg 2005). Sinnvoller scheint es daher zu sein, von zwei verschiedenen Entscheidungsmodi auszugehen, die in Abhängigkeit von der Kostenintensität der Situation mit unterschiedlicher Wahrscheinlichkeit auftreten. In Low-Cost-Situationen folgt der mit begrenzten Informationskapazitäten ausgestattete Akteur relativ unreflektiert seinen Gewohnheiten. In High-Cost-Situationen sollte der Akteur dagegen in einem aufwendigen Abwägungsprozess den subjektiv erwarteten Nutzen der verschiedenen Handlungsalternativen abwägen, da eine Entscheidung, die der Situation nicht angemessen ist, hier mit bedeutsamen negativen Konsequenzen verbunden sein kann. Der Übergang ins Erwerbsleben hat als biografischer Einschnitt das Potential, das junge Erwachsene, die nun ökonomisch unabhängig von den Eltern werden, die Vor- und Nachteile ihrer Kirchenmitgliedschaft bewusst gegeneinander abwägen.

Eine qualitative Studie von Ingersoll-Dayton et al. (2002) deutet schließlich darauf hin, dass auch der Übergang in den Ruhestand, der das Ende des Erwerbszyklus markiert, einen Wendepunkt darstellen kann, der eine Phase religiösen Wachstums initiiert. Aus einer Rational-Choice-Perspektive ist zunächst darauf hinzuweisen, dass die im Rahmen der Kirchensteuer entstehenden Kosten der Kirchenmitgliedschaft entfallen, sobald keine Lohnsteuer mehr entrichtet werden muss. Aus den Äußerungen der Befragten geht zudem hervor, dass während der ‚Rush-Hour des Lebens', der Lebensphase vom Abschluss der Berufsausbildung bis zur Lebensmitte, wenig Zeit und Energie für das Nachdenken über Sinnfragen vorhanden ist. Nach dem Rückzug aus dem Erwerbsleben ergeben sich dagegen mehr Gelegenheiten zur Reflexion und der Glaube, die Beziehung zu Gott und die religiöse Praxis gewinnen an Priorität (ein Befragter: „My priorities have changed ... my time is not divided"). Sowohl der Berufseinstieg als auch der Übergang in den Ruhestand sollten folglich, mit umgekehrten Vor-

2.4 Die Erweiterung des Rahmenmodells um die Lebensverlaufsperspektive

zeichen, die Gelegenheitsstrukturen verändern, die festlegen, inwieweit sich der Akteur mit Sinnfragen beschäftigt bzw. religiös aktiv engagiert.
Zusammenfassend lassen sich die folgenden Hypothesen formulieren:

- Die Wahrscheinlichkeit einer Kirchenmitgliedschaft und die Kirchgangshäufigkeit reduzieren sich im Zuge des Erwerbseinstiegs (,Erwerbstätigkeits-Hypothese'). Diese Annahme lässt sich mit monetären Kosten durch die Kirchensteuer, dem Rationalisierungsansatz bzw. einer Verdrängung der religiösen Kultur durch alternative Angebote begründen.
- Der Effekt der subjektiven Wichtigkeit der Religion (,Norm') auf die Wahrscheinlichkeit einer Kirchenmitgliedschaft (,Handlung') reduziert sich im Zuge des Erwerbseinstiegs (,Low-Cost-Hypothese').
- Die Wahrscheinlichkeit einer Kirchenmitgliedschaft und die Kirchgangshäufigkeit reduzieren sich mit steigendem Bildungsniveau (,Bildungs-Hypothese').
- Die Kirchgangshäufigkeit erhöht sich im Zuge des Übergangs in den Ruhestand (,Ruhestand-Hypothese').

2.4.3 Hypothesen zu Veränderungen der Religiosität im Familienzyklus

Die beiden Teilbereiche Familien- und Religionssoziologie sind traditionell eng verknüpft und nehmen in vielfältiger Weise aufeinander Bezug (Pickel 2011, S. 409-418). Es lässt sich jedoch die These vertreten, dass die individuelle Religiosität in der bisherigen Forschung überwiegend als unabhängige Variable betrachtet wird, die sich auf familiale Übergänge wie etwa die erste Heirat (Arránz Becker und Lois 2010a; Thornton et al. 1992), die Familiengründung (Brose 2006) oder eine Scheidung (Wagner und Weiß 2003) auswirkt. Die umgekehrte Kausalrichtung, wonach die typischen Übergänge im Familienzyklus die darauffolgende Entwicklung der Religiosität beeinflussen, wurde dagegen bisher selten thematisiert. Im nun folgenden Abschnitt wird daher das Ziel verfolgt, einige Hypothesen zu dieser Frage zu entwickeln.

Im Familienzyklus angesiedelte Ereignisse, die wie der Erwerbseinstieg den Übergang von der Adoleszenz in die die Postadoleszenz markieren, sind der Zusammenzug mit dem Partner und die erste Eheschließung. Die christlichen Kirchen geben ihren Anhängern hier eine normative Richtschnur an die Hand, da das Zusammenleben in einer Nichtehelichen Lebensgemeinschaft (NEL) eher negativ sanktioniert wird, während Ehe und Familie nach wie vor eine starke Wertschätzung genießen (Gruber 1995). Folglich sollten die Anreize für eine aktive Beteiligung am Gemeindeleben für nichtehelich kohabitierende Personen schwächer sein, da die von ihnen gewählte Lebensform nicht mit den christlichen Wertvorstellungen übereinstimmt und daher von kognitiven Dissonanzen oder auch einer ablehnenden Haltung von Seiten christlich engagierter Interaktionspartner auszugehen ist (vgl. Lois 2011a; Thornton et al. 1992). Inwiefern diese Argumentation auf die heutige Bundesrepublik, in der Nichteheliche Lebensgemeinschaften, insbesondere in den neuen Bundesländern, mittlerweile weit verbreitet sind (Lois 2009, S. 19f), noch übertragen werden kann, ist eine empirische Frage.

Eine Alternativerklärung für einen möglichen negativen Zusammenhang zwischen dem Leben in einer NEL und der Religiosität besteht darin, dass der Übergang in die Kohabitation zeitlich häufig mit dem Auszug aus dem Elternhaus zusammenfällt. Wie bereits Fowler (1991) in seinem Stufenmodell zur Glaubensentwicklung betont hat, handelt es sich hierbei um einen Übergang, der mit einer Unterbrechung im Vertrauen auf äußere Autoritätsquellen verbunden sein kann und einen Prozess der kritischen Reflexion sozialisierter Glaubenselemente in Gang setzt, wie er im Rahmen des individuierend-reflektierenden Glauben beschrieben ist. Möglicherweise ist ein Rückgang der Religiosität bei nichtehelich kohabitierenden jungen Erwachsenen folglich nicht kausal auf die von ihnen gewählte Lebensform zurückführbar, sondern auf das Wegfallen der elterlichen Sozialisationseinflüsse (Pickel 1995).

Für Personen, die sich für eine Heirat entscheiden, ist, verglichen mit der NEL, von umgekehrten Vorzeichen auszugehen. Die Anreize für ein verstärktes religiöses Engagement sollten sich im Zuge der Eheschließung verstärken, da Ehepaare emotional und sozial durch die christlichen Kirchen unterstützt werden (Gruber 1995). Die Kirchenmitgliedschaft und die Beteiligung am Gemeindeleben sollten folglich für Ehepaare verstärkt instrumentell sein, um in religiösen sozialen Kreisen anerkannt zu werden. In diesem Zusammenhang sei auch an Fowler (1991, S. 196) erinnert, der darauf hingewiesen hat, dass die Heirat für viele junge Männer und Frauen dazu dienen könne, sich ein neues „synthetisch-konventionelles Ethos" zu schaffen, bei dem es zu einer Konservierung von in der Sozialisation übernommenen Glaubenssystemen kommt. Auch die kirchliche Heirat selbst kann als ‚Event' zu einer verstärkten Hinwendung zur Gemeinde beitragen, die durch die positiven Erinnerungen an den ‚schönsten Tag des Lebens' getragen wird (Schneider und Rüger 2007). Eine Alternativerklärung für ein religiöses Wachstum im Anschluss an die Heirat besteht allerdings im Vorhandensein von Kindern. Positive Effekte auf die religiöse Beteiligung der Eltern, die durch eine religiöse Erziehung der Kinder bedingt sind, sollten in NEL schwächer ausfallen als in Ehen, da erstere, insbesondere in Westdeutschland, häufiger kinderlos sind (Huinink und Konietzka 2003).

2.4 Die Erweiterung des Rahmenmodells um die Lebensverlaufsperspektive

Die Elternschaft selbst wird in der qualitativen Studie von Ingersoll-Dayton et al. (2002) als eine Hauptursache („key force") für religiöses Wachstum im Lebenslauf eingestuft. Für die Befragten ergibt sich hiernach im Rahmen der Kindererziehung verstärkt die Notwendigkeit, die eigene Haltung zu Religion und Kirche zu reflektieren. Dies führt, wie das folgende Zitat exemplarisch verdeutlicht, in vielen Fällen zu einer verstärkten Kirchgangshäufigkeit sowie zu Anstrengungen, den Kindern moralische Basiswerte zu vermitteln:

> "Religion is an important part of children's upbringing ... [It's] more important to think about religion when children are involved. For the well-being of children, they need a core set of values to live by" (Ingersoll-Dayton et al. 2002, S. 64).

Die religiöse Sozialisation wird durch institutionalisierte Ablaufmuster unterstützt, die im Falle der christlichen Kirchen durch verschiedene *rites de passage* wie Taufe, Erstkommunion und Konfirmation bzw. Firmung geprägt sind (Birkelbach 1999). Die Kirchen stellen zudem, ganz im Sinne des religiösen Marktmodells, auf Familien zugeschnittene Angebote zur Verfügung (Ahrens 1997). Hier ist vor allem der Familiengottesdienst zu erwähnen, dessen Gestaltung sich an Kindern ausrichtet, die gemeinsam mit Geschwistern, Eltern, Freunden und Verwandten eingeladen sind (Hoffsümmer und Kellermann-Rietl 2006). Mit Hilfe des Familiengottesdienstes wird durch die Kirchen auch angestrebt, den mittelbaren Kontakt zu den jungen Eltern herzustellen (vgl. Lois 2011a).

Für Birkelbach (2001) kann eine Elternschaft zudem zu einer Verstärkung bereits vorhandener religiöser Einstellungen beitragen, da die Geburt eines Kindes für religiöse Personen ein Zeichen göttlichen Wirkens – das Wunder des Lebens – ist. Kinder seien dagegen für wenig religiöse Menschen eher ein Element einer über das eigene Leben hinausweisenden Sinnstiftung. Insgesamt ist somit zu erwarten, dass die Mitgliedschaft in einer Kirche und die Beteiligung am Gemeindeleben für Eltern attraktiver sind als für kinderlose Personen. In einer Zusammenschau aller Argumente ist dies sowohl auf eine gesteigerte Nachfrage – Hilfen bei der religiösen Erziehung der Kinder, Verstärkung religiöser Einstellungen durch die Geburt – zurückzuführen als auch auf eine Erweiterung des Angebotes (Übergangsriten wie Taufe, Kommunion und Firmung, Familiengottesdienste).

Bei der Scheidung und der Verwitwung handelt es sich um Übergänge, die in späteren Phasen des Familienzyklus angesiedelt sind. Beide Ereignisse haben ein Wendepunktpotential, da sie Veränderungen der Religiosität im Lebensverlauf anregen können, allerdings mit umgekehrten Vorzeichen. Für eine Scheidung ist ein negativer Effekt auf die Entwicklung der Religiosität zu erwarten. Krumrei et al. (2009) gehen davon aus, dass es nach diesem Übergang häufig zu einem „negative religious coping" kommt. Mit diesem Begriff ist gemeint, dass der Akteur sich infolge eines kritischen Lebensereignisses wie der Scheidung von Gott allein gelassen bzw. bestraft fühlt. Außerdem können Schuldgefühle sowie moralische Konflikte auftreten. In diesem Zusammenhang kann eine Scheidung dazu beitragen, dass der Akteur sich von der religiösen Gemeinschaft – hier vor allem von der katholischen Kirche, die Scheidungen mit wenigen Ausnahmen ablehnt – zurückgewiesen oder verurteilt fühlt (vgl. Lois 2011a).

Die Verwitwung sollte dagegen eine positive Verlaufskurve initiieren. Zur Begründung kann erneut auf den Deprivationsansatz zurückgegriffen werden, wonach eine Hauptfunktion der Religiosität im Schutz vor existentieller Verzweiflung und Hoffnungslosigkeit in Krisensituationen besteht. Brown et al. (2004) wenden diesen Ansatz auf das Verwitwungs-Ereignis an und formulieren eine emotionale Kompensationshypothese. Hiernach kann eine Hinwendung zu Gott die verloren gegangene Bindung an den Lebenspartner emotional teilweise ersetzen und auf diese Weise ein Gefühl der Sicherheit und Geborgenheit hervorrufen. Menschen, die den Verlust ihres Lebenspartners zu erleiden haben, können durch eine verstärkte Beteiligung am Gemeindeleben zudem möglicherweise neue soziale Kontakte knüpfen und auf diese Weise ihre Einsamkeit überwinden. Übergangsriten wie das Sechswochenamt in der katholischen Kirche geben diesem Prozess einen institutionalisierten Rahmen. Insgesamt handelt es sich somit beim Übergang in die Verwitwung um ein Ereignis, das die ‚Nachfrage' nach Religion verstärken sollte.

Es lassen sich die folgenden Vorhersagen treffen:

- Die Wahrscheinlichkeit einer Kirchenmitgliedschaft und die Kirchgangshäufigkeit reduzieren sich im Zuge des Übergangs in eine nichteheliche Kohabitation (‚NEL-Hypothese').
- Die Wahrscheinlichkeit einer Kirchenmitgliedschaft und die Kirchgangshäufigkeit erhöhen sich nach dem Übergang in die erste Ehe (‚Heirats-Hypothese').
- Die Wahrscheinlichkeit einer Kirchenmitgliedschaft und die Kirchgangshäufigkeit erhöhen sich im Zuge der Familiengründung (‚Familiengründungs-Hypothese').
- Die Wahrscheinlichkeit einer Kirchenmitgliedschaft und die Kirchgangshäufigkeit erhöhen sich nach dem Übergang in die Verwitwung (‚Verwitwungs-Hypothese').
- Die Wahrscheinlichkeit einer Kirchenmitgliedschaft und die Kirchgangshäufigkeit reduzieren sich im Zuge einer Scheidung (‚Scheidungs-Hypothese').

2.4.4 Die Anpassung der Religiosität in Partnerschaften oder die Frage nach den Ursachen religiöser Homogamie

Im vorangehenden Abschnitt wurden bereits Hypothesen formuliert, die Veränderungen der Religiosität infolge von verschiedenen familialen Lebensformen und Übergängen erwarten lassen. Dabei ist jedoch noch nicht auf die Funktion des Ehe- oder Lebenspartners eingegangen worden. Der nun folgende Abschnitt holt dies nach und widmet sich gezielt der Frage, ob und unter welchen Bedingungen sich die Religiosität im Lebensverlauf im Zuge einer Anpassung an den Partner verändern kann.

Als Ausgangspunkt ist festzustellen, dass intime Partnerschaften sich typischerweise durch eine stark ausgeprägte religiöse Ähnlichkeit auszeichnen. Dies kommt nicht nur dadurch zum Ausdruck, dass die Partner überwiegend der gleichen Konfession angehören, auch wenn sich die konfessionelle Homogamie – in den Vereinigten Staaten und auch für die Bundesrepublik – im langfristigen Trend etwas abgeschwächt hat (Hendrickx et al. 1994; Klein und Wunder 1996; Sherkat 2004).[6] Darüber hinaus korrelieren auch Merkmale wie die Kirchgangshäufigkeit oder die subjektive Wichtigkeit der Religion in Ehen stärker miteinander als Vergleichskategorien wie Freizeitaktivitäten oder Bildungsniveau (Lois 2009, S. 208). Die Konfessionszugehörigkeit kann somit, ebenso wie die Kirchgangshäufigkeit, den komplementären Merkmalen zugeordnet werden (Becker 1993), bei denen, wie im geflügelten Ausdruck ‚Gleich und Gleich gesellt sich gern' anschaulich zum Ausdruck kommt, eine hohe Ähnlichkeit offenbar für den Partnerschaftserfolg vorteilhaft ist.

Warum kommt es aber zu einer religiösen Ähnlichkeit in Partnerschaften? Zur Beantwortung dieser Frage lassen sich drei Hypothesen formulieren. Die ‚Assortative-Meeting'-Hypothese (Kalmijn und Flap 2001) postuliert zunächst, dass die bei verschiedenen Merkmalen feststellbare Homogamie in Partnerschaften ein Resultat der Gelegenheitsstrukturen beim Kennenlernen ist. Religiöse Menschen suchen verschiedene soziale Foki (Feld 1981) auf, womit etwa Kirchengemeinden oder ehrenamtliche religiöse Vereine und Gruppen gemeint sind, um die herum die gemeinsamen sozialen Aktivitäten organisiert sind. Diese Gelegenheiten des Kennenlernens sind sozial vorstrukturiert, da die Chance wesentlich größer ist, innerhalb dieser kleinräumigen sozialen Kontexte religiöse Interaktionspartner zu treffen.

---

6 Klein und Wunder (1996) fassen zudem in einem Forschungsüberblick verschiedene Determinanten zusammen, die konfessionelle Mischehen begünstigen. Diese werden wahrscheinlicher mit steigendem Alter und Bildungsniveau, kommen in urbanen Kontexten und bei Ehen höherer Ordnung häufiger vor und werden häufig intergenerational transmittiert.

Der zweite Ansatz, die ‚Assortative Mating'-Hypothese (Kalmijn 1994), bezieht sich auf ein weiter fortgeschrittenes Stadium der Partnerwahl. Nach der Phase des Kennenlernens, die vor allem durch physische Attraktivität und romantische Liebe geprägt ist, testen die Partner im Zuge von verschiedenen Kommunikations- und Interaktionsprozessen ihre ‚Kompatibilität' in verschiedenen Einstellungs- und Verhaltensbereichen, zu denen auch die Religiosität gezählt werden kann (Kopp et al. 2010; Murstein 1986). Stimmen die Partner in ihren religiösen Überzeugungen und Vorlieben überein, wirkt sich dies in verschiedener Weise positiv auf den ‚Belohnungswert' der Partnerschaft aus: Die Entstehung von diskrepanten Kognitionen wird durch die Konstruktion eines gemeinsamen Weltbilds verhindert (Byrne und Blaylock 1963), die religiöse Ähnlichkeit ermöglicht als belohnend erlebte Partnerinteraktionen wie einen gemeinsamen Kirchgang (Burleson und Denton 1992) und reduziert zudem das Auftreten von Konflikten in der Partnerschaft (Rüssmann 2006, S. 198ff). Die Kernaussage der ‚Assortative-Mating'-Hypothese besteht letztlich darin, dass Paare aufgrund ihrer religiösen Homogamie eine erhöhte Partnerschaftsstabilität aufweisen. Sowohl die Meeting- als auch die Mating-Hypothese stellen bei der Erklärung von Ähnlichkeit folglich auf eine Selektionsprozess ab: Akteure mit unterschiedlicher religiöser Prägung treffen sich entweder seltener oder weisen aufgrund einer mangelnden Kompatibilität instabilere Partnerschaften auf.

Die Anpassungshypothese weist als dritte theoretische Perspektive, im Vergleich zu den beiden zuvor genannten Hypothesen, stärkere Bezüge zur Lebensverlaufsforschung auf. Die Vorstellung, sich in seiner religiösen Überzeugung und Praxis an den Partner anzupassen, impliziert, dass die Sozialisation im Kindes- und Jugendalter im Lebensverlauf überformt werden kann. Dies ist zum einen der Fall, wenn der Akteur auf Interaktionspartner trifft, die eine andere Prägung aufweisen als er selbst. Zum anderen ist denkbar, dass sich Personen, die dem Akteur beim Kennenlernen ähnlich waren, in ihrem Lebensverlauf verändern und auf diese Weise wiederkehrend ein Anpassungsbedarf entsteht. Beide Argumente laufen darauf hinaus, dass die zuvor geschilderten Meeting- und Mating-Mechanismen allein nicht ausreichen, um das Vorherrschen religiöser Homogamie in Partnerschaften zu erklären. Zudem entsteht Ähnlichkeit, die speziell durch Gelegenheitsstrukturen beim Kennenlernen bedingt ist, weitgehend unintendiert, während es sich bei der Anpassung an den Partner verstärkt um eine aktive Leistung des Akteurs handelt.

Warum sollte es nun in intimen Paarbeziehungen, die hier im Mittelpunkt stehen, zu einer religiösen Anpassung kommen? Um diese Frage zu beantworten, wird im Folgenden ein von Davis und Rusbult (2001) entwickelter, sozialpsycho-

2.4 Die Erweiterung des Rahmenmodells um die Lebensverlaufsperspektive

logischer Ansatz zur Erklärung von Einstellungs-Anpassungen adaptiert, der vorwiegend auf die Balancetheorie (Heider 1958; Newcomb 1953) aufbaut. Grundsätzlich wird hier davon ausgegangen, dass Kognitionen in einer harmonischen Art und Weise organisiert sind, die kognitive Dissonanzen vermeidet. Die triadische Beziehung zwischen einem Akteur (A), dem Partner des Akteurs (P) und einem Einstellungsobjekt (X) tendiert dazu, konsistent bzw. balanciert zu sein. Wenn sich A und P sympathisch sind, wie für enge Paarbeziehungen angenommen werden kann, fühlt sich A wohl, wenn A und P ähnliche Einstellungen gegenüber dem Objekt X aufweisen, bei dem es sich zum Beispiel um den Glaube an Gott oder die Freude am Kirchgang handeln kann. Finden sich A und P dagegen nicht sympathisch, führen gerade unterschiedliche Einstellungen von A und P gegenüber X zu einer ausgeglichenen Triade. Für unausgeglichene Triaden werden negative psychologische Reaktionen erwartet, die umso so stärker sind, je attraktiver A seinen Partner P findet, je wichtiger das Einstellungsobjekt X für A ist, je stärker sich A seiner eigenen Haltung gegenüber X verpflichtet fühlt und je relevanter das Einstellungsobjekt X für die Beziehung von A und P ist.

Wie gelingt es Personen in Partnerschaften nun, unbalancierte Triaden aufzulösen und damit kognitive Dissonanzen abzubauen? Die erste Möglichkeit besteht nach Davis und Rusbult (2001) darin, dass sich die wechselseitige Attraktion der Akteure verändert, indem etwa A seinen Partner P aufgrund der Einstellungsunterschiede weniger sympathisch findet. Diese Reaktionsweise korrespondiert mit der ‚Assortative-Mating'-Hypothese. Stimmen die religiösen Überzeugungen und Praktiken der Partner nicht überein, verringert sich die Beziehungszufriedenheit und dadurch steigt das Risiko einer Trennung. Die zweite Möglichkeit besteht darin, dass die Partner das Einstellungsobjekt X aus ihrem Leben ausblenden und auf diese Weise kognitive Dissonanzen vermeiden. Schließlich besteht die dritte Option in einer Anpassung, in dem entweder A oder P seine Einstellung gegenüber X ändert.

Es stellt sich die unmittelbare Anschlussfrage, nach welchen Kriterien Akteure aus den drei geschilderten Reaktionsweisen auswählen. Davis und Rusbult (2001) postulieren hier, dass diejenige Alternative gewählt wird, die mit dem geringsten (psychologischen) Aufwand verbunden ist. In intimen Partnerschaften halten sie es für unwahrscheinlich, dass Einstellungsdiskrepanzen unmittelbar zu einer Verringerung der Attraktion gegenüber dem Partner führen. Stattdessen sollte es vermehrt zu einer direkten oder indirekten Anpassung an den Partner durch eine Modifizierung der A-X bzw. P-X-Beziehung kommen. Der direkte Weg entspricht einer Veränderung der eigenen Einstellung gegenüber X oder Bemühungen, die Einstellungen des Partners zu verändern. Der indirekte Weg stellt dagegen den Versuch dar, die Zentralität und Relevanz des entsprechenden Einstellungsobjektes zu reduzieren. Folglich ist zu erwarten, dass eine religiöse Homogamie in Partnerschaften häufig durch Anpassungsprozesse hergestellt wird. Diese können sich etwa in einer Konvertierung zur Religion des Partners äußern oder in einer Harmonisierung der religiösen Aktivitäten des Paares. Eine indirekte Form der Anpassung könnte daneben darin bestehen, dass die Partner sich bemühen, die Wichtigkeit von religiösen Überzeugungen und Praktiken für das alltägliche Leben herabzustufen.

Auch wenn sich die Anpassungshypothese somit plausibel begründen lässt, sollte das Ausmaß der Adaption jedoch von verschiedenen Bedingungen abhängen. Davis und Rusbult (2001) nehmen hier erneut Bezug auf das Prinzip des geringsten Aufwandes und formulieren die Annahme, dass eine Anpassung bei Einstellungen am wahrscheinlichsten ist, die kein zentraler Bestandteil der individuellen Identität sind. Dies scheint im Hinblick auf die Religiosität, die Stolz (2009) für in starkem Maße identitätsstiftend hält, eher nicht zuzutreffen. Eine interessante empirische Frage besteht daher darin, ob Anpassungsprozesse im Falle der Religiosität möglicherweise schwächer ausgeprägt sind als bei anderen Einstellungs- und Verhaltensbereichen und es sich hier insofern um ein besonders kritisches Beispiel für die Adaptionsfähigkeit des Individuums handelt. Auch eine Differenzierung zwischen verschiedenen Religiositätsdimensionen erscheint sinnvoll zu sein, da eine Anpassung der eigenen Kirchgangshäufigkeit an die Gewohnheiten des Partners mit weniger Aufwand verbunden sein sollte als eine Adaption von Kernelementen des religiösen Glaubens.

Weiter oben wurde bereits festgestellt, dass unbalancierte A-P-X-Triaden besonders dann kognitive Dissonanz hervorrufen, wenn das Einstellungsobjekt eine große Salienz aufweist. Es ist zu vermuten, dass sich die Bedeutung der Religion für das alltägliche Leben des Paares in verschiedenen Lebensphasen unterscheidet. Strebt das Paar etwa eine kirchliche Eheschließung an, stellt sich die Frage nach einer Konvertierung in die Religion des Partners mit erhöhter Dringlichkeit (Musick und Wilson 1995). Dies gilt insbesondere dann, wenn ein Partner einer Konfession wie zum Beispiel der katholischen Kirche angehört, die exogame (interkonfessionelle) Ehen ablehnt (Doyle 1985). Auch das Vorhandensein von Kindern sollte religiöse Anpassungsprozesse beschleunigen, da die Familiengründung, wie dargestellt wurde, eine Reflexion über Religionsfragen anregt und Eltern, die im religiösen Bereich gravierende Differenzen aufweisen, in verringertem Maße in der Lage sein werden, den Kindern ein konsistentes Vorbild zu sein.

Darüber hinaus leiten Davis und Rusbult (2001) aus der Balancetheorie ab, dass Anpassungsprozesse im Falle einer starken A-P-Beziehung wahrscheinlicher

2.4 Die Erweiterung des Rahmenmodells um die Lebensverlaufsperspektive

werden. Eine stabile und glückliche Partnerschaft wird demnach durch Einstellungsdifferenzen nicht in gleichem Maße gefährdet wie eine schwach institutionalisierte oder unglückliche Beziehung. Der Druck, sich an den Partner anzupassen, sollte folglich bei stark verfestigten Partnerschaften größer sein. Empirisch lässt sich entsprechend erwarten, dass der Anpassungseffekt bei verheirateten Paaren bzw. bei Partnerschaften von langer Dauer stärker ausfällt, wenn man diese Merkmale als Proxy-Variablen für den Verfestigungsgrad und die Investitionen in die Partnerschaft akzeptiert.

Zudem sind einige Aspekte zu beachten, die besonders für das spezielle Beispiel der religiösen Anpassung relevant sind. Mit Blick auf die Kirchgangshäufigkeit sind Adaptionsprozesse bei Paaren, die unterschiedlichen Konfessionen angehören, nur schwer vorstellbar. Man denke an den Fall eines gemischt christlich-muslimischen Paares. Wie ist in diesem Fall eine Anpassung der Kirchgangshäufigkeit zu definieren? Besuchen die Partner abwechselnd gemeinsam die Moschee und eine christliche Kirche? Die fehlende Plausibilität dieses Beispiels legt nahe, dass eine Anpassung der Kirchgangshäufigkeit insbesondere für den Fall einer konfessionellen Homogamie wahrscheinlich ist. Unterscheiden sich die Konfessionen der Partner, sollte zusätzlich die kulturelle Distanz zwischen den Religionen eine Rolle spielen (Lehrer und Chiswick 1993). Die ‚Transferkosten' bei einer Adaption religiöser Gewohnheiten sind mutmaßlich geringer, wenn die verschiedenen Konfessionen kulturell ähnlich, etwa beide christlich, sind und fallen wahrscheinlich entsprechend bei Konstellationen höher aus, bei denen eine christliche mit einer nicht-christlichen Konfession kombiniert ist (Lehrer und Chiswick 1993). In dieselbe Richtung weist auch das Argument, dass eine Ähnlichkeit bei anderen komplementären Merkmalen wie Alter, ethnische Herkunft oder Bildungsniveau religiöse Anpassungsprozesse fördert, da die Partner in diesem Fall vergleichbare biografische und kulturelle Voraussetzungen aufweisen, die zu der Konstruktion eines geteilten Weltbildes beitragen.

Zum Abschluss dieses Abschnittes sollen noch einige Überlegungen zu der Frage angestellt werden, ob die drei eingangs geschilderten Hypothesen, die bisher als konkurrierende Annahmen getrennt voneinander abgehandelt wurden, untereinander Zusammenhänge aufweisen. Arránz Becker und Lois (2010b) haben hier die sogenannte Resilienzhypothese in die Diskussion eingeführt. Deren Kernidee lautet, dass es sich bei der Anpassung an den Partner um eine Investition in die Partnerschaft handelt, die im Falle einer Trennung entwertet würde. Paare, die sich erfolgreich aneinander angepasst haben, sollten daher im weiteren Verlauf eine höhere Partnerschaftsstabilität aufweisen als Paare, in denen dauerhaft eine religiöse Heterogamie bestehen bleibt, etwa in der Form unterschiedlicher Konfessionen oder divergierender Gewohnheiten bei der Kirchgangshäufigkeit. Während die ‚Assortative-Mating'-Hypothese unterstellt, dass sich eine religiöse Homogamie unter allen Umständen stabilisierend auf Partnerschaften auswirkt, wird im Rahmen der Resilienzhypothese folglich stärker differenziert: Partnerschaften werden hiernach nicht nur durch eine religiöse Homogamie stabilisiert, die schon seit Beginn der Partnerschaft besteht und möglicherweise durch die Gelegenheiten des Kennenlernens bedingt ist, sondern darüber hinaus durch die aktive Herstellung von Ähnlichkeit durch Anpassung. Im Rahmen der empirischen Analysen in Kapitel 4 wird die Aufgabe in der Entwicklung eines Forschungsdesigns bestehen, das einen vergleichenden Test dieser verschiedenen Mechanismen ermöglicht.

Fasst man diese vielfältigen Überlegungen zusammen, ergeben sich die folgenden Hypothesen:

- Personen in intimen Paarbeziehungen neigen dazu, sich in ihrer konfessionellen Zugehörigkeit und Kirchgangshäufigkeit anzupassen (‚Anpassungs-Hypothese').

- Das Ausmaß der religiösen Anpassung erhöht sich in Abhängigkeit der Bedeutung, die dem Lebensbereich Religion durch die Partner zugeschrieben wird (‚Salienz-Hypothese'). Dies folgt aus der Annahme, dass kognitive Dissonanzen bei unausgeglichenen Triaden besonders dann zu erwarten sind, wenn das Einstellungsobjekt für die Partner sehr relevant ist.

- Das Ausmaß der religiösen Anpassung erhöht sich mit steigender Beziehungsdauer und ist in Ehen stärker als in Nichtehelichen Lebensgemeinschaften (‚Commitment-Hypothese').

- Das Ausmaß der religiösen Anpassung erhöht sich, wenn sich die Partner auch im Hinblick auf Alter, ethnische Herkunft und Bildung ähnlich sind (‚Parallele-Homogamie-Hypothese').

- Eine Anpassung der Kirchgangshäufigkeit in Partnerschaften ist lediglich bei einer konfessionellen Homogamie zu beobachten (‚Homogamie-Moderations-Hypothese').

- Die Anpassung der Kirchgangshäufigkeit in Partnerschaften ist im Falle konfessioneller Heterogamie stärker ausgeprägt, wenn beide Partner christlich sind (‚Kulturelle-Distanz-Hypothese').

- Paare, die sich im Hinblick auf ihre Konfessionszugehörigkeit und Kirchgangshäufigkeit unterscheiden, sind instabiler als homogame Paare (‚Assortative-Mating-Hypothese').

2.4 Die Erweiterung des Rahmenmodells um die Lebensverlaufsperspektive

- Paare, die sich im Hinblick auf ihre Konfession und Kirchgangshäufigkeit angepasst haben, sind stabiler als dauerhaft heterogame Paare (‚Resilienz-Hypothese').

2.4.5 Ost-West-Binnenmigration, Veränderungen der Religiosität und die Bedeutsamkeit der regional verankerten religiösen Kultur

Ein weiteres Beispiel, das die Dynamik der Religiosität im Lebenslauf verdeutlichen kann, lässt sich der Migrationsforschung zuordnen. Während sich dieser Zweig vorwiegend mit den Determinanten und Konsequenzen der internationalen Migration beschäftigt, geht es hier um die Frage, wie sich die Wahrscheinlichkeit einer Kirchenmitgliedschaft und die Kirchgangshäufigkeit im Zuge einer Binnenmigration von Ost- nach Westdeutschland verändern. Zunächst werden die Ost-West-Unterschiede in der religiösen Kultur besprochen, bevor sich die Darstellung den Konsequenzen einer Migration zuwendet.

Im eingangs dargestellten theoretischen Rahmenmodell hängt das Niveau der Religiosität nicht zuletzt davon ab, ob der Akteur von einer religiösen Kultur umgeben ist, die in verschiedener Weise die Chance erhöht, mit religiösen Sinndeutungen konfrontiert zu werden oder religiösen Interaktionspartnern zu begegnen. Bezogen auf die bundesdeutschen Verhältnisse ist hier auf die gravierenden Ost-West-Differenzen hinzuweisen, die im Hinblick auf Kirchenmitgliedschaft und Religiosität bestehen. Diese Divergenzen haben mittel- und langfristige Ursachen: Langfristig gesehen ist Westdeutschland seit jeher stark durch die süddeutsche katholische Kulturtradition geprägt, während in Ostdeutschland die liberalen bis säkularen Strömungen des überwiegend protestantischen Nordostens dominieren (Pickel 2003). Mittelfristig wurden die Unterschiede in der religiösen Kultur durch die Jahrzehnte andauernde Erfahrung mit politisch konträren Systemen verstärkt. Der Anteil konfessionsloser Menschen, der, bezogen auf die heutigen neuen Bundesländer, im Jahr 1950 nicht mehr als 5-8% betrug, erhöhte sich in der ehemaligen DDR auf etwa 70% im Jahr 1989 (Pollack 2000, S. 2). Meulemann (2003, 2004) hat für diese Entwicklung den Begriff der „erzwungenen Säkularisierung" geprägt. Im Einzelnen äußerte sich die staatliche Repression von Religion und Kirche durch eine Reihe von antikirchlichen Maßnahmen, die insbesondere in der zweiten Hälfte der 1950er Jahre durchgeführt wurden. Kirchliche Mitarbeiter wurden verhaftet, religiöse Veranstaltungen behindert, religiöse Inhalte in den Medien zensiert und der staatliche Einzug der Kirchensteuer über die Finanzämter eingestellt. Gravierende Konsequenzen hatte auch die Verdrängung der Konfirmation durch die Einführung der staatlich organisierten Jugendweihe. Darüber hinaus ist festzuhalten, dass der „historische Materialismus" lange Zeit auch eine ideologische Alternative zu religiösen Sinngehalten darstellte (vgl. Lois 2011b; Meulemann 2003; Storch 2003). Auch nach der Wiedervereinigung und dem Wegfall des Staatssozialismus gibt es nur schwache Anzeichen für eine religiöse Wiederbelebung in Ostdeutschland (Lois 2011b; Meulemann 2003). Trotz eines höheren Ausgangsniveaus der Kirchenmitgliedschaft in jüngeren Geburtskohorten ist der Anteil konfessionell gebundener Menschen in den neuen Bundesländern, im Zuge des allgemeinen zeithistorischen Säkularisierungstrends, auch nach 1990 weiter zurückgegangen und lag im Jahr 2008, bezogen auf die erwachsene Wohnbevölkerung in Privathaushalten, bereits bei unter 30% (Lois 2011b). Obwohl der Säkularisierungsprozess auch in Westdeutschland weiter voranschreitet, ist eine religiöse Kultur in diesem sozialen Kontext noch wesentlich stärker verankert. Dies kommt zum Beispiel durch einen Anteil von Kirchenmitgliedern zum Ausdruck, der im Jahr 2008 in den alten Bundesländern noch bei über 80% lag (Lois 2011b).

Die Feststellung, dass sich die religiöse Kultur zwischen Ost- und Westdeutschland gravierend unterscheidet, stellt jedoch allein noch keinen Bezug zu einer dynamischen Lebensverlaufsperspektive her. So könnte vermutet werden, dass die Persistenz religiöser Ost-West-Unterschiede allein darauf zurückführen ist, dass sich die jeweilige Haltung zu Religion und Kirche im Zuge von Sozialisationsprozessen von Generation zu Generation transmittiert, ohne dass es zu Veränderungen der Religiosität im Lebensverlauf kommt. Eine theoretisch interessante Gruppe stellen dagegen die Personen dar, die zwischen Ost- und Westdeutschland migrieren. (Binnen-)Migrationen eröffnen die einzigartige Möglichkeit, die individuelle Anpassungsfähigkeit an einen veränderten sozialen Kontext im Sinne eines Quasi-Experiments zu testen. Falls sich die prägenden Auswirkungen der vorherrschenden Kultur auf die Sozialisation im Jugendalter beschränken, sind für den Kontextwechsel im Zuge der Migration keine Veränderungen zu erwarten. Adaptieren die Akteure dagegen diejenigen Eigenschaften und Verhaltensweisen, die für die Nutzenproduktion im jeweiligen sozialen Kontext instrumentell sind, im vorliegenden Fall etwa durch einen Kircheneintritt, so spricht dies grundsätzlich für die biografische Offenheit des Akteurs.

Welche Konsequenzen eine Binnenmigration für die Entwicklung der Religiosität hat, wird nun anhand von vier Hypothesen diskutiert, die sich ursprünglich auf die Erklärung des Fertilitätsverhaltens von Migranten[7] beziehen (Kulu und Milewski 2007; Milewski 2009), auf die vorliegende Fragestellung jedoch

---

7   Um Begriffsstreitigkeiten zu vermeiden, sei folgendes angemerkt: Wenn Personen, die von Ost- nach Westdeutschland oder umgekehrt umziehen, im Folgenden als „Migranten" bezeichnet werden, ist dies immer im Sinne einer Binnenmigration gemeint.

2.4 Die Erweiterung des Rahmenmodells um die Lebensverlaufsperspektive 59

sehr gut transferierbar sind: die Sozialisations-, Adaptions-, Selektions- und ‚Disruption'-Hypothese. Die Argumentation konzentriert sich dabei in erster Linie auf den – empirisch deutlich häufiger anzutreffenden – Fall des Umzugs einer in Ostdeutschland geborenen Person nach Westdeutschland.

Die Sozialisationshypothese postuliert zunächst, wie oben bereits ausgeführt wurde, dass die individuelle Religiosität allein durch die Erziehung im Kindes- und Jugendalter festgelegt wird und selbst dann unverändert bleibt, wenn der Akteur im Zuge der Migration den sozialen Kontext wechselt. Hiernach ist zu erwarten, dass die Wahrscheinlichkeit einer Kirchenmitgliedschaft und die mittlere Kirchgangshäufigkeit sich nach einer Ost-West-Migration, verglichen mit dem Zeitraum davor, nicht verändern.

Den Gegenpol zur Sozialisationshypothese bildet die Adaptionshypothese. Hiernach ist, im Zuge von Akkulturations- und Assimilationsprozessen (Gordon 1964), mittelfristig eine Angleichung des Migranten an den neuen sozialen Kontext zu erwarten. Im vorliegenden Fall sollte sich dies durch vermehrte Kircheneintritte von Ost-West-Migranten bzw. einen Anstieg der Kirchgangshäufigkeit nach dem Umzug nach Westdeutschland äußern. Warum es zu derartigen Angleichungsprozessen kommt, kann mit einer ganzen Bandbreite von Mechanismen erklärt werden, die grundsätzlich zu sozialer Integration beitragen: Akteure lernen, bewusst oder unbewusst, am Modell ihrer Interaktionspartner, auf die sie im jeweiligen sozialen Kontext treffen (Bandura 1977), passen sich in ihrem Verhalten an die Normen an, deren Befolgung in den jeweiligen sozialen Netzwerken soziale Anerkennung verspricht (Esser 1999, S. 460f), oder sehen sich einem sozialen Druck von Seiten ihrer Mitakteure gegenüber (Ajzen und Fishbein 1980), der in ihre Entscheidungsfindung einfließt.

Bezogen auf das vorliegende Beispiel sollte sich infolge des Wohnortwechsels die Chance erhöhen, auf religiöse westdeutsche Interaktionspartner zu treffen, bei denen es sich zum Beispiel um neue Freunde oder einen Ehe- beziehungsweise Lebenspartner handeln kann. Gleichzeitig ist zu erwarten, dass die Unterschiede in der religiösen Prägung, die für Freundschaften und Partnerschaften mit heterogamem Ost-West-Herkunftskontext zu erwarten sind, in vielen Fällen durch Anpassung überwunden werden. Die theoretischen Mechanismen, die hier potentiell wirksam sind, wurden im vorangehenden Abschnitt ausführlich dargelegt. Eine empirische Frage bleibt allerdings, ob eher eine Anpassung ‚nach unten' stattfindet, bei der sich die Religiosität der westdeutsch geprägten Akteure reduziert, oder ob die in Ostdeutschland aufgewachsenen Personen, im Sinne einer Anpassung ‚nach oben', religiöser werden. Im Zusammenhang mit der Aufnahme intimer Partnerschaften sind möglicherweise auch eigenständige Effekte der Lebensformwahl zu erwarten. Westdeutsche Personen und Binnenmigranten von Ost- nach Westdeutschland tendieren, verglichen mit stationären Ostdeutschen, verstärkt zur Eheschließung (Arránz Becker und Lois 2010a). Wenn die These richtig ist, dass eine Heirat ‚religiös macht' (siehe Abschnitt 2.4.3), könnte auch hierin eine Ursache für religiöses Wachstum im Zuge einer Ost-West-Migration zu suchen sein.

Mit dem Umzug von Ost- nach Westdeutschland verändern sich jedoch nicht nur kulturelle, sondern auch sozio-ökonomische Faktoren. Der überwiegende Teil der Ost-West-Migrationen ist dadurch motiviert, dass in Westdeutschland vergleichsweise bessere Beschäftigungs- und Einkommenschancen vorhanden sind (Fuchs-Schündeln und Schündeln 2009; Windzio 2007). Eine sich verbessernde Erwerbsintegration der Ost-West-Migranten sollte sich jedoch, wie in Abschnitt 2.4.2 dargelegt wurde, negativ auf die Wahrscheinlichkeit einer Kirchenmitgliedschaft und die religiöse Praxis auswirken. Dies zeigt, dass parallel verlaufende Adaptionsprozesse in verschiedenen Lebensbereichen theoretisch durchaus gegenläufige Konsequenzen haben können.

Zudem ist zu beachten, dass es sich bei der Gruppe der Menschen, die sich für einen Wohnortwechsel entscheidet, wahrscheinlich um eine selektive Gruppe handelt. Im Rahmen der Selektionshypothese wird in der Migrationsforschung angenommen, dass Migranten bereits vor ihrer Wanderungsbewegung eine kulturelle Affinität zu ihrem jeweiligen Aufnahmekontext aufweisen (Kulu und Milewski 2007; Milewski 2009). Diese Annahme ist jedoch im vorliegenden Fall kaum haltbar, da Kirchenmitglieder und aktive Kirchgänger sich typischerweise durch eine enge Bindung an die örtliche Gemeinde im Herkunftskontext auszeichnen und dort über Sozialkapital verfügen (Traunmüller 2008). Der Verlust dieser Bindungen sollte sich als Kostenfaktor eher hemmend auf die Migrationsentscheidung auswirken. Auch die Forschung zeigt, dass die Gruppe der Personen, die ihren Wohnort von Ost- nach Westdeutschland verlegt, Merkmale wie ein relativ geringes Alter, einen ledigen Familienstand oder ein erhöhtes Bildungsniveau aufweist, die gemeinhin nicht mit einer erhöhten Religiosität in Verbindung gebracht werden (Fuchs-Schündeln und Schündeln 2009). Daher ist zu erwarten, dass es sich bei Ost-West-Migranten um eine selektive Personengruppe handelt, die einen noch geringeren Anteil von Kirchenmitgliedern und eine noch niedrigere Kirchgangshäufigkeit aufweist, als die ohnehin schon weitgehend ‚säkularisierte' stationäre ostdeutsche Bevölkerung. Umso spannender ist die Frage, ob die Binnenmigration, trotz des mutmaßlich niedrigen Ausgangsniveaus, ein religiöses Wachstum bewirken kann.

2.4 Die Erweiterung des Rahmenmodells um die Lebensverlaufsperspektive

Die ‚Disruption'-Hypothese bezieht sich schließlich auf die kurzfristigen Folgen, die von dem Wohnortwechsel selbst ausgehen. Die Grundannahme lautet, dass dieser Übergang für den Akteur Stress verursacht, da sich die Bedingungen des alltäglichen Lebens zunächst drastisch verändern. Das Einrichten in der neuen Umgebung, das Knüpfen neuer Kontakte oder die Suche einer neuen religiösen Gemeinschaft benötigen Zeit. Ein religiöses Wachstum im Zuge der Ost-West-Migration ist daher möglicherweise erst mittelfristig zu beobachten, während es in der unmittelbaren Zeit nach dem Umzug zu vorübergehenden Rückgängen kommen könnte. Entsprechend ist das Forschungsdesign bei der empirischen Analyse in Kapitel 4 so auszurichten, dass kurz- und langfristige Folgen der Binnenmigration differenzierbar sind.

Insgesamt können folgende, zum Teil miteinander konkurrierende, Hypothesen formuliert werden:

- Im Zuge einer Binnenmigration zwischen den alten und neuen Bundesländern zeigen sich keine Veränderungen der kirchlichen Religiosität (‚Sozialisations-Hypothese').
- Die kirchliche Religiosität verstärkt sich im Zuge einer Binnenmigration von den neuen in die alten Bundesländer (‚Ost-West-Adaptions-Hypothese').
- Binnenmigranten sind seltener Kirchenmitglied und weisen eine geringere Kirchgangshäufigkeit auf als nicht mobile Personen (‚Selektions-Hypothese').
- Im unmittelbaren Zeitraum nach einem Ost-West-Umzug verringert sich die Kirchgangshäufigkeit, bevor sie anschließend wieder ansteigt (‚Disruption-Hypothese').

2.4.6 Todesfurcht, Glaube an das Jenseits und Investitionen in religiöses Kapital

Wie im Rahmen des Erklärungsmodells von Stolz (2009) diskutiert wurde, kann die Mitgliedschaft in einer religiösen Gemeinschaft und die Religiosität in verschiedener Hinsicht nutzenstiftend sein. Dies betrifft zum einen Belohnungen, die bereits im Diesseits erzielt werden, wie etwa eine Stärkung der sozialen Integration, die Stiftung von Identität oder Hilfen bei der Sozialisation der Kinder (vgl. Pickel 2011, S. 204). Darüber hinaus stellen Religionen in Aussicht, dass die Gläubigen für Investitionen, die im Diesseits geleistet werden, Kompensationen im Jenseits erhalten. Dazu zählen „ein fernes Seelenheil, Unsterblichkeit der Seele, Erlösung und der Zugang zum Paradies" (Pickel 2011, S. 203). Eine wichtige Funktion der Religion scheint folglich darin zu bestehen, die existenzielle Angst des Menschen vor dem Tod zu reduzieren. Dies haben bereits die eingangs dargestellten Ergebnisse von Ingersoll-Dayton et al. (2002) zum religiösen Wachstum im Lebensverlauf zum Ausdruck gebracht. Die verstärkte Religiosität älterer Menschen könnte folglich zum Teil darin begründet liegen, dass sie sich zunehmend ihrer Sterblichkeit bewusst werden und im Zuge dessen Trost in der Religion suchen. Diese Hypothese wird im Folgenden aus einem theoretischen Ansatz abgeleitet, der die Zusammenhänge zwischen Alter, Todesfurcht, Glauben an ein Leben nach dem Tod und Religiosität modelliert.

Im Rahmen des „afterlife capital model", das wie das religiöse Marktmodell den ökonomischen Theorien der Religion zuzurechnen ist, wird das Argument aufgegriffen, dass religiöse Menschen auf Gratifikationen im Jenseits, wie etwa Erlösung und Seelenheil, hoffen können ("salvation motive"; Azzi und Ehrenburg 1975; Pyne 2008; Ulbrich und Wallace 1983). Insbesondere Pyne (2008) vertritt dabei den Anspruch, sowohl den Zusammenhang zwischen Alter und religiöser Praxis als auch zwischen Todesfurcht und Religiosität zu erklären, weshalb seinem theoretischen Ansatz hier verstärkt Aufmerksamkeit gewidmet wird. Ausgegangen wird von einem Drei-Phasen-Modell: der ersten und zweiten Lebenshälfte sowie der daran anschließenden Phase des Todes. Der Tod kann entweder mit dem Ende der Existenz verbunden sein, zu positiven Konsequenzen wie Seelenheil und Erlösung führen oder sich im Sinne von Hölle und Verdammnis negativ auswirken. Werden diese drei Alternativen nach ihrem ‚Belohnungswert' geordnet, rangiert das Seelenheil vor dem Ende der Existenz, das wiederum für das Individuum immer noch vorteilhafter ist als negative Konsequenzen im Jenseits. In der ersten und zweiten Lebenshälfte leistet der Akteur kostspielige Investitionen in religiöses Kapital. Dies kann sich zum Beispiel durch einen regelmäßigen Kirchgang, Gebete, das Bibelstudium oder allgemein einen Lebensstil nach den Grundsätzen der jeweiligen Glaubensgemeinschaft äußern (vgl. Pyne 2008, S. 1-3).

Aus der Perspektive des „salvation motive" richtet sich das Ausmaß dieser Investitionen zunächst nach der subjektiven und damit individuell variablen Wahrscheinlichkeit, dass ein Jenseits bzw. Leben nach dem Tod existiert. Für Atheisten wird angenommen, dass diese Möglichkeit ausgeschlossen wird. Eine weitere Annahme lautet, dass die Wahrscheinlichkeit, nach dem Tod Seelenheil und Glückseligkeit zu erfahren, eine positive Funktion der Investitionen in religiöses Kapital im Lebensverlauf ist. Individuen, die wenig investieren, müssen dagegen verstärkt befürchten, der Verdammnis anheim zu fallen. Todesfurcht wird weiterhin definiert als ein individuell erwarteter Nutzenabfall im Falle des Todes (vgl. Pyne 2008, S. 3).

Vor dem Hintergrund der bisherigen Modellannahmen können nun zunächst Hypothesen zu der Frage aufgestellt werden, welche Personengruppen in welchem

2.4 Die Erweiterung des Rahmenmodells um die Lebensverlaufsperspektive

Ausmaß in religiöses Kapital investieren und welche Konsequenzen dies für die Todesfurcht hat. Überzeugte Atheisten werden keine Investitionen leisten und nehmen gleichzeitig keine Unsicherheiten im Hinblick auf die Konsequenzen des Todes wahr, der für sie das Ende der Existenz bedeutet. Das Ausmaß der Angst vor dem Tod entspricht hier dem aktuellen Belohnungswert des Lebens, der im Sterbefall verloren gehen würde. Diejenigen, die an das Jenseits glauben, werden verstärkt in religiöses Kapital investieren. Das Ausmaß dieser Investitionen hängt allerdings von der Stärke der Überzeugung ab. Wird ein Leben nach dem Tod zwar für möglich, gleichzeitig jedoch für eher unwahrscheinlich gehalten, führt dies zu einer zurückhaltenden Investitionstätigkeit. Als Konsequenz werden negative Konsequenzen im Jenseits (Hölle, Verdammnis), gegenüber den positiven Alternativen, verstärkt für wahrscheinlich gehalten und die Angst vor dem Tod ist entsprechend stark ausgeprägt. Überzeugte Gläubige werden schließlich stark in ihr religiöses Kapital investieren, können im Zuge dessen mit höherer Wahrscheinlichkeit auf ihr Seelenheil hoffen und weisen daher nur wenig oder gar keine Todesfurcht auf. Als Hypothese lässt sich zusammenfassend festhalten, dass die Angst vor dem Tod bei überzeugten Gläubigen und Atheisten geringer ausgeprägt ist als bei Personen mit schwachem Glauben (vgl. Pyne 2008, S. 3, 23-24).

Eine weitere interessante Frage besteht darin, wann der rationale Akteur in seinem Lebenslauf am besten in religiöses Kapital investieren sollte. Pyne (2008) kommt hier zu dem Schluss, dass Investitionen in der zweiten Lebenshälfte wahrscheinlicher sind, da die Zeitperiode zwischen der Investition und der ‚Rendite' geringer ist. Gewinne aus religiösem Kapital, die in Seelenheil und Erlösung bestehen, können erst im Jenseits erzielt werden. Azzi und Ehrenberg (1975) weisen darauf hin, dass hierin ein wesentlicher Unterschied zum Investitionsverhalten bei anderen Kapitalsorten, wie etwa dem Humankapital, besteht:

> "Models of optimal accumulation of human capital show that it is optimal for individuals to concentrate their investment in human capital in the early stages of their life cycles since this will enable them to recoup the returns from the investment for a larger number of years. In contrast, the theory of investment in religious capital developed here implies that it is optimal to concentrate 'investment' in the latter stages of the life cycle because the expected returns will not be generated until its end. The forces which generate a monotonically declining human-capital-investment profile with age will also generate a monotonically increasing 'religious-capital-investment-profile' with age" (Azzi und Ehrenberg 1975, S. 35).

Bezogen auf das theoretische Rahmenmodell von Stolz (2009) bedeutet dies, dass der rationale Akteur bei der Abwägung religiöser Handlungsalternativen nicht nur aktuelle externe und interne Handlungsbedingungen berücksichtigt, sondern auch die Pfadabhängigkeiten und Langfristfolgen seiner Entscheidungen. Wird in der biografischen Perspektive das Jenseits nicht einbezogen, ist nicht erklärbar, warum Akteure ‚kostspielige' Investitionen in religiöses Kapital tätigen, ohne zu erwarten, dass die Kosten-Nutzen-Bilanz dieser Investitionen zu Lebzeiten jemals positiv ist.

Auch wenn die Anwendung der nüchternen ökonomischen Modellannahmen auf den Bereich des religiösen Glaubens und der religiösen Praxis gelegentlich befremdlich erscheinen mag, behebt das „afterlife capital model" ein Stück weit das Theoriedefizit, das Neimeyer et al. (2004, S. 327) in einem Forschungsüberblick über Einstellungen gegenüber dem Tod feststellen. Insgesamt handelt es sich bei der Investition in religiöses Kapital, mit dem Ziel der Vorbereitung auf das Jenseits, um eines der wenigen Argumente, die relativ unvermittelt einen positiven Alterseffekt auf die Religiosität erwarten lassen. Entsprechend lässt sich die folgende allgemeine Hypothese formulieren:

- Die Kirchgangshäufigkeit erhöht sich mit steigendem Alter („Afterlife-Investment-Hypothese'). Einschränkend ist darauf hinzuweisen, dass diese Annahme auf Menschen, welche die Existenz des Jenseits sicher ausschließen, nicht zutrifft.

Ähnlich wie das „afterlife investment model" lässt sich auch der bereits im theoretischen Rahmenmodell diskutierte Coping-Ansatz mit einem religiösen Wachstum in Verbindung bringen. Religionen stellen Bewältigungsstrategien in Krisensituationen zur Verfügung, da sie Leidenserfahrungen und existentiellen Unsicherheiten einen Sinn verleihen und dem Akteur Hoffnung auf eine bessere Zukunft geben. Daraus lässt sich ableiten, dass sich die ‚Nachfrage' nach Religion in kritischen Lebensphasen, etwa in Folge von Arbeitslosigkeit, der Trennung vom Lebenspartner oder dem Verlust eines nahestehenden Menschen, allgemein erhöhen sollte. Ein religiöses Wachstum in der zweiten Lebenshälfte ist dabei vor allem im Zusammenhang mit gesundheitlichen Problemen zu erwarten, von denen ältere Menschen verstärkt betroffen sind. An dieser Stelle ist jedoch zwischen den verschiedenen Religiositätsdimensionen zu unterscheiden. Wie die qualitative Studie von Ingersoll-Dayton et al. (2002) zeigt, können gesundheitliche Einschränkungen zu einem Rückgang der Beteiligung am Gemeindeleben führen, ohne dass sich dies auf die subjektive Bedeutsamkeit der Religion auswirken muss, die sich in diesem Fall, nach dem Coping-Ansatz, sogar verstärken sollte. Ein Befragter äußert sich hierzu wie folgt, wobei der Ausdruck „retired from the building" die Trennung zwischen religiöser Praxis vor Ort und anderer Dimensionen der Religiosität anschaulich zum Ausdruck bringt:

"For years, I participated as an usher. I had a stroke about 12 years ago and gave up organizational work. Not that I retired from church. I retired from the building. We get almost as much

2.4 Die Erweiterung des Rahmenmodells um die Lebensverlaufsperspektive 65

joy out of radio religion. We know the majority of the hymns. So we've gone in that direction"
(Ingersoll-Dayton et al. 2002, S. 57).

Vor dem Hintergrund des Coping-Ansatzes werden die folgenden Hypothesen formuliert:

- Die Kirchgangshäufigkeit verstärkt sich im Falle einer Absenkung der allgemeinen Lebenszufriedenheit ('Kritische-Lebensphasen-Hypothese'). Hier muss implizit angenommen werden, dass die allgemeine Lebenszufriedenheit, die in der Tradition von Zapf (1984) die Bewertung der Summe aller Lebensbedingungen darstellt, ein geeigneter indirekter Indikator für verschiedene kritische Lebensereignisse ist, mit denen sie, nach den Ergebnissen der 'Happiness-Forschung', korreliert (Lucas et al. 2004).

- Während sich die subjektive Wichtigkeit der Religiosität im Zuge einer Verschlechterung des Gesundheitszustands verstärkt, kommt es bei der Kirchgangshäufigkeit zu einem Rückgang ('Gesundheits-Hypothese').

3. Datensatz, Methode und Operationalisierungen

Im dritten Kapitel dieser Arbeit werden methodische Hintergrundinformationen zu den empirischen Analysen des vierten Kapitels dargestellt. Die Gliederung gestaltet sich wie folgt: Nach einigen Bemerkungen zu den Vor- und Nachteilen der verwendeten Datengrundlage (Abschnitt 3.1) werden die verwendeten Analyseverfahren vorgestellt (Abschnitt 3.2), bevor auf die Operationalisierung der abhängigen und unabhängigen Variablen eingegangen wird (Abschnitt 3.3). Innerhalb des Kapitels kommt den ersten beiden Abschnitten ein vergleichsweise wichtiger Stellenwert zu, da hier auf die methodischen Herausforderungen eingegangen wird, die mit der Analyse der religiösen Lebensverlaufsdynamik verbunden sind. Der dritte Abschnitt kann darüber hinaus dazu herangezogen werden, um die Einzelheiten zur Konstruktion der abhängigen und unabhängigen Variablen nachzuschlagen.

3.1 Die Datengrundlage: Vor- und Nachteile des Sozio-oekonomischen Panels

Wie im ersten Abschnitt des Theoriekapitels bereits erläutert wurde, lässt sich die zeitliche Dynamik der Religiosität in drei Einflussgrößen unterteilen: Alters-, Perioden- und Kohorteneffekte. Querschnittdaten sind in keiner Weise geeignet, um diese zeitlichen Dimensionen voneinander zu differenzieren, da lediglich Informationen zu einem spezifischen Punkt in der historischen Zeit zur Verfügung stehen und sich zudem nicht entscheiden lässt, inwieweit Zusammenhänge zwischen dem Lebensalter und einer abhängigen Variablen auf genuine Lebenszyklus- oder Kohorteneffekte zurückzuführen sind.

Als Alternative zu Querschnittdaten bieten sich somit in erster Linie Trend- oder Paneldaten an (vgl. zum Folgenden: Diekmann 2010, S. 303-372; Schnell et al. 2011, S. 201-239). Trenddaten stellen eine Abfolge von Querschnittdaten zum gleichen Thema dar. Erhoben werden die Ausprägungen der gleichen Variablen zu mehreren Zeitpunkten mit jeweils unterschiedlichen Stichproben. Die Analysemöglichkeiten beschränken sich bei Trenddaten auf Kennziffern wie Anteils-

und Mittelwerte, mit denen sich Veränderungen auf der Aggregatebene der Stichprobe messen lassen. Eine ganze Reihe von Alters-Perioden-Kohorten-Analysen, die in Kapitel 4 zusammengefasst werden, beschäftigt sich unter Verwendung von Trenddaten mit der Frage, inwieweit sich der Anteil von Kirchenmitgliedern oder die mittlere Kirchgangshäufigkeit in Abhängigkeit von den Merkmalen Lebensalter, Kalenderzeit und Geburtskohorte verändern. Dabei besteht jedoch nicht die Möglichkeit, dieselbe Person wiederholt zu beobachten. Um zu beurteilen, inwieweit sich die Religiosität in Abhängigkeit vom Lebensalter verändert, muss sich das Trenddesign – wenn Periodeneffekte für den Moment einmal ausgeblendet werden – auf folgenden Vergleich stützen: Eine Person, die zum Beispiel im Jahr 1990 befragt wird, ist zu diesem Zeitpunkt zwanzig Jahre alt. Die nächste Welle der Trendbefragung wird zwei Jahr später, 1992, erhoben. Da in den beiden Befragungsjahren, 1990 und 1992, nicht dieselben, sondern jeweils unterschiedliche Personen in die Stichproben einfließen, kann nicht beurteilt werden ob die Person, die im Jahr 1990 zwanzig Jahre alt war, zwei Jahre später möglicherweise religiöser geworden ist. Stattdessen wird eine andere Person zum Vergleich herangezogen, die im Jahr 1992 ein Alter von 22 hat. Das Problem ist offensichtlich: Es muss angenommen werden, dass sich die beiden Vergleichspersonen lediglich in ihrem Alter, nicht aber im Hinblick auf weitere Merkmale, die auch unbeobachtet sein können, unterscheiden. Diese Eigenheit des Trenddesigns führt unvermeidlich dazu, dass eine kausale Interpretation der Ergebnisse mit Unsicherheiten behaftet bleibt.

Paneldaten sind dagegen, verglichen mit Querschnitt- und Trenddaten, wesentlich besser dazu geeignet, um echte Alterseffekte beziehungsweise kausale Einflüsse von verschiedenen Übergängen im Lebenslauf auf die Religiosität bestimmen zu können. Die Natur der Daten erlaubt hier insofern die Umsetzung eines quasi-experimentellen Designs, da die Veränderung eines Merkmals wie etwa der Kirchgangshäufigkeit über die Zeit zwischen Personen verglichen werden kann, die innerhalb des Beobachtungszeitraums bestimmte Ereignisse, dazu zählen eine Heirat, die Geburt eines Kindes oder ein Umzug zwischen West- und Ostdeutschland, erleben. Bezogen auf das obige Beispiel zum Alterseffekt besteht innerhalb des Paneldesigns nun die vorteilhafte Möglichkeit, dieselbe Person wiederholt zu beobachten und auf diese Weise altersspezifische Veränderungen der Religiosität zu messen. Welche Methoden hierzu zur Verfügung stehen, wird in Abschnitt 3.2 erläutert.

Auch wenn die Entscheidung für Paneldaten gefallen ist, stellt sich die Anschlussfrage, welcher der verschiedenen Datensätze in Frage kommt. Selbst innerhalb Deutschlands stehen hier mit dem Sozio-oekonomischen Panel (SOEP;

3.1 Die Datengrundlage: Vor- und Nachteile des Sozio-oekonomischen Panels

Wagner et al. 2007), dem Familiensurvey (Marbach 2003), dem Beziehungs- und Familienpanel (PAIRFAM; Huinink et al. 2011) dem Bamberger NEL- und Ehepaarpanel (Rost et al. 2003; Vaskovics et al. 1997) oder dem Kölner Gymnasiasten-Panel (Birkelbach 2011) mittlerweile mehrere groß angelegte Erhebungen zur Verfügung, die auch Religiositäts-Indikatoren enthalten.

Das Feld lichtet sich jedoch schnell. Das Beziehungs- und Familienpanel (derzeit drei Panelwellen, erhoben 2008/09, 2009/10 und 2010/11) scheidet aus, da hier Indikatoren zur Religiosität (Konfessionszugehörigkeit und Kirchgangshäufigkeit) bisher lediglich in der ersten Welle erhoben wurden und eine erneute Abfrage, die eine Analyse von Veränderungen erlauben würde, erst für die vierte Welle geplant ist. Das Familiensurvey (drei Wellen in den Jahren 1988/1990, 1994 und 2000) enthält mit der Konfessionszugehörigkeit und der Kirchgangshäufigkeit ebenfalls zwei Standard-Variablen, die zudem wiederholt abgefragt werden. Negativ fällt jedoch ins Gewicht, dass nur ein Teil der Daten im Panelformat vorliegt und der Abstand zwischen den Befragungswellen zudem relativ groß ist.

Das Bamberger NEL- und Ehepaarpanel (fünf Wellen zwischen 1988-2002) hat den Vorteil, dass hier eine ganze Reihe von Religiositäts-Indikatoren wiederholt erhoben wurde. Dazu zählen, neben Konfession und Kirchgang, die religiöse Selbsteinstufung, die Bindung zur Kirche, eine Einschätzung zum Einfluss der religiösen Überzeugungen auf das Leben und die subjektive Wichtigkeit von Religion und Kirche. Zudem stehen all diese Informationen jeweils für beide Partner in Nichtehelichen Lebensgemeinschaften und Ehen zur Verfügung, die getrennt voneinander befragt wurden. Die wesentlichen Nachteile der Bamberger Panelerhebungen bestehen jedoch, neben einer regionalen Begrenzung auf Südwestdeutschland, in einem Zuschnitt der Stichproben auf Paare, die, in der ersten Befragungswelle, folgende Kriterien erfüllen: Kinderlosigkeit, Alter der Frau bis 35 Jahre und gemeinsamer Haushalt bzw. Ehe.

Im Kölner Gymnasiastenpanel (KGP) wurden unter anderem Schüler des 10. Schuljahres befragt, die verschiedene Gymnasien in Nordrhein-Westfalen besuchten. Auf die erste Welle in den Jahren 1969/70 folgten drei weitere Erhebungen in den Jahren 1984, 1997 und 2010, womit ein außergewöhnlich langer Beobachtungszeitraum von vier Jahrzehnten verfügbar ist. Die Datenquelle ist zudem reichhaltig und enthält neben detaillierten Lebensverlaufsdaten Informationen zur christlichen Sozialisation sowie zur religiösen Praxis und zu christlichen Überzeugungen. Aufgrund der langfristigen Anlage ist das KGP zur Analyse von dauerhaften Auswirkungen der religiösen Sozialisation geradezu prädestiniert. Insbesondere die Analyse von kurzfristigen Veränderungen der Religiosität im Zuge von biografischen Ereignissen wird jedoch durch die geringe Anzahl von

Messzeitpunkten wesentlich erschwert. Außerdem ist die Erhebung bildungsselektiv und auf ein westdeutsches Bundesland beschränkt, womit der Einfluss des sozial-räumlichen Ost-West-Kontextes, auf den in der vorliegenden Arbeit ein Schwerpunkt gelegt wird, nicht analysierbar ist.

In der Zusammenschau aller Argumente erweist sich insgesamt das Soziooekonomische Panel als die optimale Datengrundlage. Es handelt sich hier um eine seit 1984 in Westdeutschland und seit 1990 in Ostdeutschland jährlich durchgeführte Längsschnittuntersuchung von mittlerweile über 20.000 Personen. Berücksichtigt werden Befragte ab 17 Jahre. Als allgemeine Bevölkerungsumfrage existieren somit im SOEP keine vergleichbaren Selektionskriterien wie bei den thematisch stärker eingegrenzten Bamberger Erhebungen. Außerdem stehen nicht nur Daten für die alten und neuen Bundesländer zur Verfügung, sondern auch jährlich aktualisierte Informationen, die sich, bezogen auf die Religiosität, auf einen Zeitraum von 1990 bis 2009 erstrecken. Zudem lässt sich mit dem SOEP, ähnlich wie mit den Bamberger Daten, ein begrenztes ‚Multi-Actor-Design' realisieren, da hier vollständige Haushalte befragt werden. Dadurch stehen unter anderem Daten für beide Partner einer Nichtehelichen Lebensgemeinschaft beziehungsweise Ehe zur Verfügung. Hierdurch wird eine Untersuchung der im vorangehenden Kapitel thematisierten Anpassungsprozesse ermöglicht.

Abstriche sind allerdings im Hinblick auf die verfügbaren Religiositätsindikatoren zu machen, die auf die Konfessionszugehörigkeit, die Kirchgangshäufigkeit und die subjektive Wichtigkeit der Religion begrenzt sind. Eine genauere Erläuterung dieser Merkmale erfolgt weiter unten in Abschnitt 3.3. Die Entscheidung für das Sozio-oekonomische Panel ist somit eine Entscheidung für das Panelforschungsdesign und geht zu Lasten der Möglichkeit, die Religiosität mehrdimensional zu messen. So steht etwa in den thematischen Schwerpunkterhebungen 1982, 1992 und 2002 der Allgemeinen Bevölkerungsumfrage (ALLBUS), oder im Bertelsmann Religionsmonitor, eine deutlich größere Bandbreite von Indikatoren zur Messung der verschiedenen religiösen Teildimensionen wie etwa religiöse Überzeugung und religiöse Erfahrung (Glock 1954) zur Verfügung. Der Nutzen dieser Informationen ist im vorliegenden Fall aber begrenzt, da sich die Lebensverlaufsdynamik der Religiosität im Querschnitt, und auch mit einigen wenigen wiederholten Querschnitten, nicht analysieren lässt.

Schließlich ist auf die Vorteile des Weiterverfolgungsprinzips im SOEP hinzuweisen (Göbel et al. 2008). Wohnortwechsel der am Panel teilnehmenden Personen werden hier im Zuge der Feldarbeit soweit wie möglich erfasst, sodass die entsprechenden Personen für die weiteren Befragungen kontaktierbar bleiben. Mit dieser Vorgehensweise wird nicht nur der Versuch unternommen, den sogenannten ‚Mobilitätsbias' zu beheben, der sich darin äußert, dass die Panelstichprobe ohne Weiterverfolgung mobiler Personen zunehmend selektiv wird, da bestimmte Bevölkerungsgruppen wie Studienanfänger, die eine erhöhte Mobilität aufweisen, nicht mehr befragt werden können. Durch die Weiterverfolgung lassen sich zudem die Lebensverläufe der Stichprobenmitglieder besser im Kontext analysieren. So eröffnet sich zum Beispiel die Möglichkeit, Einflüsse einer Binnenmigration von Ost- nach Westdeutschland auf die religiöse Entwicklung zu untersuchen.

3.2 Eingesetzte Analyseverfahren: Der Fixed-Effects-Ansatz oder die Logik des Quasi-Experimentes

In der Einleitung zu dieser Arbeit wurde bereits auf ein zentrales methodisches Defizit der bisherigen Forschung zur Lebensverlaufsdynamik der Religiosität hingewiesen. Es liegen verschiedene Hinweise darauf vor, dass religiöse Überzeugungen und die religiöse Praxis als unabhängige Variable die Wahrscheinlichkeit beeinflussen, verschiedene biografische Übergänge zu erleben. Im familiensoziologischen Bereich äußert sich dies etwa darin, dass religiöse Personen eine höhere Heiratsneigung haben (Arránz Becker und Lois 2010a; Thornton et al. 1992), zu kinderreicheren Familien tendieren (Brose 2006; Lehrer 1996) oder eine geringere Scheidungswahrscheinlichkeit aufweisen (Lehrer und Chiswick 1993; Wagner und Weiß 2003). Werden nun, wie in der vorliegenden Studie, Merkmale wie die Kirchenmitgliedschaft oder die Kirchgangshäufigkeit in den Status abhängiger Variablen erhoben, ergeben sich, je nach Ausrichtung des Forschungsdesigns, gravierende Interpretationsprobleme. Stellt sich etwa beim Vergleich zwischen *verschiedenen* Personen, die entweder schon verheiratet oder noch ledig sind, heraus, dass verheiratete Personen religiöser sind, ist die Kausalrichtung unklar. Hat die Heirat religiös gemacht oder neigen religiöse Personen verstärkt zur Ehe? Diese Problematik der Selbstselektion lässt sich auf zahlreiche weitere Beispiele übertragen und durchzieht die bisher vorliegenden Studien, mit wenigen Ausnahmen (Argue et al. 1999; Lois 2011a; Wink und Dillon 2002), wie ein roter Faden.

Die geschilderte Problematik lässt sich weitgehend durch die Anwendung des sog. Fixed-Effects-Ansatzes beheben (vgl. zum Folgenden: Allison 1994, 2009; Brüderl 2010; Halaby 2004). Hinter diesem technischen Begriff verbirgt sich die Analysestrategie des Quasi-Experimentes. Das echte Experiment zielt darauf ab, den kausalen Effekt eines Stimulus auf eine abhängige Variable zu identifizieren. Dazu finden, im einfachsten Fall, in zwei Gruppen, der Experimental- und der Kontrollgruppe, jeweils mindestens eine Vorher- und eine Nachhermessung statt, wobei nur die Experimentalgruppe dem Stimulus ausgesetzt wird. Ein Definitionskriterium des echten Experimentes ist zudem, dass die Versuchsteilnehmer zufällig in die Experimental- und Kontrollgruppe aufgeteilt werden (Randomisierung). Dies hat zur Folge, dass sich die beiden Gruppen nur durch das Erleben des experimentellen Stimulus unterscheiden, davon abgesehen aber im Hinblick auf alle anderen Merkmale, ob beobachtet oder nicht, vergleichbar sind.

Echte Experimente sind in den Sozialwissenschaften in der Regel nicht durchführbar. Soll der kausale Effekt der Heirat, dem Stimulus, auf die Religiosität in einem echten Experiment bestimmt werden, wäre es notwendig, die Heirat ‚zufällig' auf Personen zuzuweisen. Da dies nicht möglich ist, werden sozialwissenschaftliche Surveydaten auch als *ex-post-facto*-Anordnungen bezeichnet. Damit ist gemeint, dass die Befragten ohne Einfluss des Forschers Stimuli erleben und es insofern erst im Nachhinein möglich ist, die Experimental- und Kontrollgruppen festzulegen. Infolge der fehlenden Randomisierung entsteht jedoch ein Problem, das die Identifizierung von kausalen Effekten erschwert. Die Experimental- und Kontrollgruppe unterscheiden sich nicht nur durch den Stimulus, sondern möglicherweise auch durch weitere – beobachtete und unbeobachtete – Merkmale wie etwa Alter, Bildung oder Persönlichkeit. Außerdem kann es ohne Randomisierung zu der oben bereits geschilderten Selbstselektion kommen. Personen, die heiraten, sind wahrscheinlich schon vor der Heirat religiöser als dauerhaft ledige oder später heiratende Befragte. Insbesondere die fehlende Möglichkeit einer Randomisierung führt somit dazu, dass mit Surveydaten lediglich Quasi-Experimente, aber keine echten Experimente möglich sind. Eine Form des Quasi-Experiments kann daher vereinfacht als ein Versuchsaufbau mit ex-post festgelegter Experimental- und Kontrollgruppe definiert werden (Diekmann 2010, S. 356).

Wie kann nun im Rahmen von Quasi-Experimenten der kausale Effekt von biografischen Übergängen wie Heirat, Familiengründung oder Wohnortwechsel auf die Religiosität bestimmt werden und welche Einschränkungen sind dabei zu beachten? Die Identifizierung des Kausaleffektes erfolgt auf die gleiche Weise wie im echten Experiment. Die Grundidee besteht darin, in der Experimentalgruppe die Messung vor dem Stimulus mit der Messung danach zu vergleichen und aus der Differenz auf den Stimulus-Effekt zu schließen. Die im Folgenden berechneten Fixed-Effects (FE) Regressionsmodelle für Paneldaten (Allison 1994, 2009, S. 6-27) folgen eben dieser Logik. So wird in der Längsschnittanalyse zum Heiratseffekt das mittlere Niveau der Kirchgangshäufigkeit vor der Heirat mit dem mittleren Niveau danach verglichen. Zusätzlich muss aber berücksichtigt werden, dass sich die Häufigkeit des Kirchgangs im Beobachtungszeitraum möglicherweise in Abhängigkeit vom Lebensalter und der historischen Zeit, das heißt unabhängig vom Heiratsereignis, verändert hat. In Experimenten werden diese

3.2 Eingesetzte Analyseverfahren

Störfaktoren als *maturation* und *history* bezeichnet. Die Richtung und Größe der Alters- und Periodeneffekte werden daher auf der Basis der Vorher- und Nachher-Messung in der Kontrollgruppe ohne Heirat bestimmt. Der b-Koeffizient des linearen Fixed-Effects Regressionsmodells resultiert für das Heiratsbeispiel nun aus einer „difference-in-difference"-Schätzung. Dies bedeutet, dass die mittlere Entwicklung der Kirchgangshäufigkeit in der Experimentalgruppe mit dem Verlauf in der Kontrollgruppe ins Verhältnis gesetzt wird. Der b-Koeffizient entspricht daher dem Einfluss der Heirat auf die Kirchgangshäufigkeit bei Kontrolle von Alters- und Periodeneffekten.

Es ist darauf hinzuweisen, dass FE-Modelle ausschließlich die Veränderung von Personen über die Zeit, also die sogenannte within-Varianz, berücksichtigen. Da die Varianz zwischen Personen nicht in die Schätzung einfließt, werden alle beobachteten oder nicht beobachteten Personenmerkmale, die zeitkonstant sind, effektiv statistisch kontrolliert. Dazu zählt zum Beispiel das Geschlecht, aber auch die für die vorliegende Arbeit theoretisch besonders interessanten Einflüsse der Sozialisation im Kindes- und Jugendalter oder zeithistorische Prägungen bestimmter Geburtskohorten, die vor dem Beobachtungszeitraum stattgefunden haben. Die oben geschilderte Problematik einer Selbstselektion spielt im FE-Ansatz keine Rolle mehr, da nur Veränderungen der abhängigen Variablen innerhalb derselben Person untersucht werden, unabhängig davon, welches Ausgangsniveau diese Person bereits vor dem ‚Stimulus' aufweist.

Weitere Vorteile des FE-Modells bestehen zudem darin, dass dieses Verfahren auch bei unbalancierten Panelstichproben eingesetzt werden kann, bei denen sich die Teilnahmezeit an der Panelerhebung zwischen den Befragten unterscheidet. Die untersuchten Panelstichproben werden daher zur Erhöhung der Fallzahl durchgängig unbalanciert aufbereitet. Darüber hinaus bleiben die Schätzungen auf der Basis des FE-Modells von selektiver Panelmortalität, die sich über zeitkonstante Personeneigenschaften vermittelt, unbeeinflusst (Brüderl 2010, S. 993).

Formal lässt sich das Fixed-Effects Regressionsmodell für eine kontinuierliche abhängige Variable y, eine zeitveränderliche unabhängige Variable x, und für Person i sowie Messzeitpunkt t, wie folgt ausdrücken:

$$y_{it} - \bar{y}_i = b_1(x_{it} - \bar{x}_i) + \varepsilon_{it} - \bar{\varepsilon}_i$$

Im FE-Modell werden also die abhängige Variable (y_{it}) und die unabhängigen Variablen (x_{it}) in der Form ihrer Abweichungen vom personenspezifischen Mittelwert über die Beobachtungszeit repräsentiert. Bei ε_{it} handelt es sich um einen ideosynkratischen Fehlerterm, der über die Zeit und über Personen variiert.

Die Schätzung des Modells basiert auf einer Datenstruktur im sogenannten Long-Format. Personen fließen hierbei mehrfach, in der Form von mehreren Zeilen, den sogenannten Personenjahren, in den Datensatz ein. Im Falle der Kirchgangshäufigkeit stehen im SOEP bis zum Jahr 2009 vierzehn Messzeitpunkte zur Verfügung (1990, 1992, 1994-1999, 2001, 2003, 2005 und 2007-2009). Da für das Jahr 1990 wichtige Informationen, unter anderem der Typ der vorehelichen Lebensform, fehlen, werden teilweise nur die verbleibenden dreizehn Messzeitpunkte ab 1992 berücksichtigt. Eine Person, die von 1992 bis 2009 an der Panelbefragung teilnimmt, fließt also mit dreizehn Zeilen in den Datensatz ein. Durch die unbalancierte Aufbereitung der Stichprobe ist es jedoch auch möglich, dass Personen entweder vor dem Jahr 2009 aus der Befragung ausscheiden (Panelmortalität), oder auch später hinzukommen, etwa im Rahmen der SOEP-Ergänzungsstichproben, bei Erreichen des 17. Lebensjahres oder durch Zuzug in einen Haushalt, in dem ein Befragungsteilnehmer lebt. Insgesamt stehen über 34.000 Personen ab 17 Jahre zur Analyse von Veränderungen der Kirchgangshäufigkeit zur Verfügung. Um die Schätzung des Alterseffektes in einzelnen Altersbereichen nicht zu verzerren, werden jedoch, je nach Fragestellung, Eingrenzungen des Altersbereichs vorgenommen. So konzentriert sich die Analyse des Einflusses einer Verwitwung auf die Religiosität auf Personen mit einem Alter von mindestens 45 Jahren.

Ein weiterer Religiositäts-Indikator, der mit Hilfe des FE-Regressionsmodells für kontinuierliche Merkmale analysiert wird, ist die subjektive Wichtigkeit von Glaube und Religion für die eigene Zufriedenheit (zur genauen Operationalisierung siehe Abschnitt 3.3). Diese Variable wurde im SOEP bisher dreimal, 1994, 1998 und 1999, abgefragt, wodurch hier im Long-Format maximal drei Personenjahre pro Person zur Verfügung stehen. Es ist zu beachten, dass die Ergebnisse des FE-Modells für den Kirchgang und die subjektive Wichtigkeit nur eingeschränkt vergleichbar sind, da die geringere Teststärke in den Analysen zur subjektiven Wichtigkeit mit einem relativ größeren Risiko verbunden ist, die Nullhypothese fälschlicherweise zu akzeptieren (Beta-Fehler).

Da dieselbe Person im Long-Format mehrfach in den Datensatz einfließt, wird die Annahme einer statistischen Unabhängigkeit der Beobachtungen, die etwa einfache OLS-Regressionen voraussetzen, verletzt. Das FE-Modell stellt diese statistische Abhängigkeit in Rechnung. Im speziellen Fall des Sozio-oekonomischen Panels ist allerdings zu bedenken, dass es sich um eine Haushaltsstichprobe handelt. Die Daten weisen dadurch, in der Terminologie von Mehrebenenmodellen, eine weitere hierarchische Gliederung auf: Mehrere Messzeitpunkte lassen sich derselben Person zuordnen und mehrere Personen, etwa ein Ehepaar

3.2 Eingesetzte Analyseverfahren

mit erwachsenen Kindern, darüber hinaus demselben Haushalt (Drei-Ebenen-Struktur). Es werden daher in den FE-Modellen für kontinuierliche abhängige Variablen robuste Standardfehler mit der Haushaltsnummer als Clustervariable berechnet, welche auch die Schachtelung von Personen in Haushalte korrigieren (Rogers 1993). Dies ist allerdings im Falle der weiter unten dargestellten Logit-Modelle mit Fixed Effects technisch nicht möglich.

Welche Einschränkungen bei der Identifizierung von Kausaleffekten folgen nun aus der Tatsache, dass die untersuchten Paneldaten lediglich Quasi-Experimente, aber keine echten Experimente erlauben? Hier sei auf zwei wesentliche Aspekte hingewiesen. Während zeitkonstante unbeobachtete Heterogenität in FE-Modellen kontrolliert wird, gilt dies nicht für zeitveränderliche Merkmale. Welche Konsequenzen damit verbunden sind, lässt sich gut am Heiratsbeispiel verdeutlichen. Wird für den Übergang in die Ehe ein positiver Effekt auf die Religiosität festgestellt, ist als Alternativerklärung denkbar, dass dieser Anstieg nicht auf die Eheschließung selbst zurückführbar ist, sondern auf die Familiengründung, die oft in zeitlicher Nähe zur Heirat vollzogen wird. Ein entsprechendes Regressionsmodell müsste daher, um einen Kausaleffekt der Heirat nachzuweisen, das Vorhandensein von Kindern kontrollieren. Wie auch bei einfachen Querschnittanalysen kann diese Form der Drittvariablenkontrolle jedoch an ihre Grenzen stoßen, wenn *Veränderungen* unbeobachtet bleiben. Hierdurch bleibt eine kausale Interpretation der geschätzten Effekte grundsätzlich mit Unsicherheiten behaftet.

Eine weitere Problematik, die aus der fehlenden Randomisierung im Quasi-Experiment resultiert, lässt sich am besten grafisch verdeutlichen (vgl. Diekmann 2010, S. 364). In Abbildung 2 sind zwei verschiedene Zeitreihen dargestellt, welche die Entwicklung einer abhängigen Variablen auf der y-Achse über die Zeit (x-Achse, „O" für „observation") darstellen. Es handelt sich jeweils um einen Quasi-Experimentalaufbau, zur Vereinfachung ohne Kontrollgruppe, bei dem jeweils zwischen O4 und O5 ein Stimulus eintritt. Es ist intuitiv klar, dass nur bei der gestrichelten Linie von einem kausalen Effekt des Stimulus auszugehen ist. Die Personen, die durch die durchgezogene Linie repräsentiert werden, scheinen dagegen unabhängig vom Stimulus auf einem Wachstumspfad zu sein. In einem einfachen FE-Modell würde daher, im Falle der durchgezogenen Linie, fälschlicherweise der Eindruck eines kausalen Stimulus-Effektes entstehen, da das Niveau der abhängigen Variablen nach dem Stimulus im Durchschnitt höher liegt als davor. Erst die Betrachtung der vollständigen Entwicklungspfade stellt diese kausale Interpretation in Frage. Im Rahmen dieser Arbeit werden daher punktuell FE-Wachstumskurvenmodelle (Brüderl 2010, S. 981) zur längerfristigen Entwicklung der Religiosität berechnet, die vor und nach Ereignissen wie der Heirat, dem Übergang in den Ruhestand oder einer Binnenmigration zu beobachten ist.

Abbildung 2: Zwei Typen unterbrochener Zeitreihen

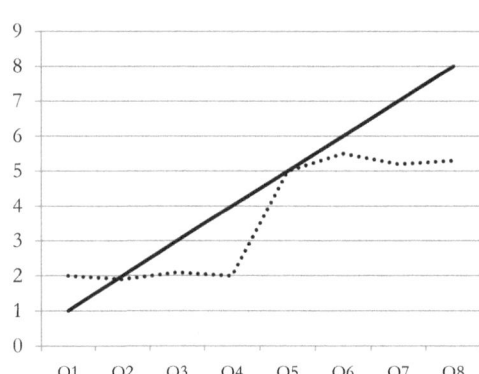

© Daniel Lois

Fixed-Effects Modelle für dichotome abhängige Variable

In der vorliegenden Arbeit werden abhängige Variablen analysiert, die sich in ihrem Skalenniveau unterscheiden. Während das oben dargestellte FE-Modell auf kontinuierliche Merkmale wie die Kirchgangshäufigkeit beschränkt ist, wird die Kirchenmitgliedschaft, ohne Differenzierung zwischen verschiedenen Konfessionen, als dichotome Variable (0 = nein, 1 = ja) operationalisiert. Um auch in diesem Fall eine FE-Methodologie anzuwenden, können entweder Ereignisdatenanalysen mit Fixed-Effects berechnet werden oder das sogenannte Fixed-Effects Logit-Modell (Allison 2009, S. 28-48, 70-86; Brüderl 2010, S. 986-990). Die Möglichkeiten für eine Ereignisanalyse sind im SOEP, im Hinblick auf die Kirchenmitgliedschaft, jedoch sehr begrenzt, da dieses Merkmal bisher nur viermal, in den Jahren 1990, 1997, 2003 und 2007[8], erhoben wurde und für die Zwischenzeiträume nicht bekannt ist, wann genau sich Veränderungen, also Kircheneintritte und -austritte, ereignet haben. Aus diesem Grund ist das Fixed-Effects Logit-Modell besser geeignet.

8　Eine weitere Messung für das Jahr 1991, die nur auf Ostdeutschland beschränkt ist, wird nicht berücksichtigt.

3.2 Eingesetzte Analyseverfahren

Um die Logik dieses Ansatzes zu erklären, bietet sich ein Vergleich mit der Ereignisdatenanalyse an. Hier würden bei der Analyse der Kirchenmitgliedschaft die Übergangsraten in die beiden konkurrierenden Ereignisse Kircheneintritt und Kirchenaustritt geschätzt. Im FE-Logit-Modell wird dagegen für die vier zur Verfügung stehenden Messzeitpunkte und für jede Person registriert, ob die abhängige Variable den Wert null (konfessionslos) oder eins (Kirchenmitglied) aufweist. Eine Besonderheit des FE-Ansatzes besteht nun darin, dass zu den Schätzergebnissen lediglich Personen beitragen, die mindestens einen Zustandswechsel aufweisen, also zum Beispiel zunächst konfessionslos waren und in die Kirche eintreten oder umgekehrt im Anschluss an eine Kirchenmitgliedschaft austreten. Diese Beschränkung auf Personen mit Veränderungen auf der abhängigen Variablen korrespondiert zwar theoretisch gut mit einer Lebensverlaufsperspektive, ist im vorliegenden Fall allerdings mit einer drastischen Verkleinerung der analysierbaren Stichprobe verbunden: Von über 34.000 Personen, für die insgesamt Informationen zur Kirchenmitgliedschaft zur Verfügung stehen, verbleiben nur etwa 2.000 Personen in der FE-Schätzung.

In der Literatur wird die Verringerung der Teststärke als Argument gegen die FE-Methodologie ins Feld geführt (Argue et al. 1999; Legewie 2012). Hierbei handelt es sich jedoch um ein schwaches Argument. Welcher Nutzen ist mit Random-Effects Schätzmodellen verbunden, die infolge der Einbeziehung von Unterschieden zwischen Personen eine größere Teststärke aufweisen, wenn gleichzeitig das Risiko steigt, Ergebnisse zu produzieren, die durch Selektionseffekte verzerrt werden (vgl. Brüderl 2010, S. 975f)? Zudem sind die im Folgenden untersuchten SOEP-Stichproben, trotz der diskutierten Selektionskriterien, überwiegend hinreichend groß, um Teststärken-Probleme zu vermeiden. Ferner impliziert die ausschließliche Berücksichtigung von Personen mit einer Veränderung der abhängigen Variablen kein Stichprobenauswahlproblem, wie gelegentlich kritisiert wird, da Befragte ohne Varianz auf der abhängigen Variablen ohnehin keine Informationen zur Schätzung des Modells beitragen (vgl. Brüderl 2010, S. 987).

Wie sind nun die Ergebnisse des FE-Logit-Modells zu interpretieren? Wie die folgende Formel zeigt, wird die Wahrscheinlichkeit für eine Kirchenmitgliedschaft, ähnlich wie bei der einfachen logistischen Regression für Querschnittdaten, auf der Basis des sogenannten Logits berechnet, das heißt der logarithmierten Chance für den Fall, dass die abhängige Variable den Wert eins annimmt. Im Einzelnen steht hier „P" für die Wahrscheinlichkeit, „y_{it}=1" für die Kirchenmitgliedschaft einer Person i zum Zeitpunkt t, x_{it} für eine zeitveränderliche unabhängige Variable für Person i zum Zeitpunkt t und v_i für einen personenspezifischen Marginaleffekt, der zeitkonstante Individualmerkmale umfasst.

$$P(y_{it} = 1) = \frac{\exp(b_1 x_{it} + v_i)}{1 + \exp(b_1 x_{it} + v_i)}$$

Die Grundidee des FE-Logit-Modells besteht wiederum darin, nur Unterschiede innerhalb von Personen zu analysieren. Dazu muss zunächst die personenspezifische Neigung über die Zeit, Kirchenmitglied zu sein, kontrolliert werden. Dazu wird die Anzahl der Messzeitpunkte herangezogen, zu denen der Befragte einer Konfession angehört. Diese Statistik, in der Formel repräsentiert durch den Term v_i, rangiert im vorliegenden Fall zwischen eins und drei, da Personen ohne Veränderung, die immer oder nie Mitglied sind, das heißt viermal den Wert null oder eins aufweisen, nicht berücksichtigt werden. Im FE-Logit-Modell werden nun die Abweichungen von der Basisneigung, Kirchenmitglied zu sein, durch Kovariate, die ebenfalls nur zeitveränderlich sein können, vorhergesagt (vgl. Allison 2009, S. 32; Brüderl 2010, S. 987). Hierzu ein Beispiel: Gegeben, eine Person ist bei drei von vier Beobachtungszeitpunkten (1997, 2003 und 2007) Kirchenmitglied, im Jahr 1990 jedoch nicht. In diesem Fall wird innerhalb des FE-Ansatzes untersucht, welche Merkmale sich in den Jahren 1997, 2003 und 2007 – verglichen mit dem Jahr 1990 – verändert haben. Dabei kann es sich neben dem Alter um biografische Zustände wie „verheiratet" oder „im Ruhestand" handeln. Sind Personen, verglichen mit sich selbst über die Zeit, häufiger dann Kirchenmitglied, wenn sie älter, verheiratet bzw. im Ruhestand sind? Alle zeitkonstanten Merkmale, ob beobachtet oder nicht, werden bei diesem within-Design automatisch kontrolliert.

Analyse von Anpassungsprozessen in Partnerschaften mit dem FE-Ansatz

Im nächsten Schritt stellt sich die Frage, wie der FE-Ansatz auf den Spezialfall einer Anpassung der Konfessionszugehörigkeit und Kirchgangshäufigkeit in Partnerschaften übertragen werden kann. Zunächst seien hier einige Informationen über die zugrunde liegende Stichprobe vorweg geschickt. Wie schon erwähnt wurde, handelt es sich beim SOEP um eine Haushaltsstichprobe. Dadurch stehen bei Paaren, die in einem gemeinsamen Haushalt zusammenleben, Daten für beide, getrennt voneinander befragte, Partner zur Verfügung. Im Falle getrennter Haushalte (,living apart together') liegen dagegen keine Partnerinformationen vor. Im Laufe der Beobachtungszeit im Panel unterliegt die Stichprobe der Paarbeziehungen einer ständigen Fluktuation: Während sich einige Paare für den Übergang in die Kohabitation entscheiden und damit neu in die Stichprobe kommen, enden andere Partnerschaften infolge einer Trennung oder des Tods eines Partners.

3.2 Eingesetzte Analyseverfahren

Im Folgenden werden zu zwei Zeitpunkten, den Jahren 1997 und 2003, Paarstichproben gezogen, die jeweils aus Nichtehelichen Lebensgemeinschaften und Ehen bestehen. Es handelt sich um insgesamt 8929 Paare. Die Auswahlkriterien für die beiden Erhebungszeitpunkte bestehen darin, dass jeweils eine Erhebung der Konfessionszugehörigkeit stattfand und zusätzlich im Jahr 2003 auch diejenigen Paare für eine Analyse zur Verfügung stehen, die im Rahmen der Teilstichproben E (1998), F (2000) und G (2002) in die SOEP-Stichprobe neu eingeflossen sind. Die im Jahr 1997 bestehenden Partnerschaften werden, so weit möglich, im gesamten Beobachtungszeitraum der Jahre 1992-2009 analysiert und die 2003 neu bestehenden Paare zwischen 1998 und 2009. Die Beobachtungszeit endet durch Panelmortalität, Trennung oder Tod eines Partners.

Wie ist eine religiöse Anpassung nun definiert und welche Analyseverfahren werden eingesetzt? Im Falle der Konfessionszugehörigkeit ist die Definition relativ einfach. Ein Paar passt sich an, wenn die Partner zunächst unterschiedlichen Konfessionen angehören und im Laufe des Beobachtungszeitraums homogam werden, da (1.) Person A in die Konfession von Person B konvertiert bzw. B in die Konfession von A, oder (2.) A und B gemeinsam in eine neue Religion wechseln. Der erste Fall sollte dabei wesentlich typischer sein als der zweite. Die ebenfalls als Anpassung auslegbare Konstellation, bei der beide Partner aus der Kirche austreten, hat theoretisch einen stärkeren Bezug zum Säkularisierungsparadigma als zur Anpassung in Partnerschaften durch Konvertierung und wird daher nicht untersucht.

Zur Analyse der so definierten Anpassung wird sodann auf das FE-Logit-Modell zurückgegriffen. Die abhängige Variable nimmt dabei den Wert null für ein konfessionell heterogames Paar an und den Wert eins für ein homogames Paar. Heterogamie liegt auch dann vor, wenn ein Partner konfessionslos ist, während der andere einer Religionsgemeinschaft angehört. In die Schätzung fließen lediglich 510 Paare ein, die Varianz auf der abhängigen Variablen aufweisen, das heißt im Laufe des Beobachtungszeitraums entweder zunächst heterogam waren und homogam werden (Anpassung) oder sich auseinander entwickeln, indem etwa nur Partner A in eine Religion konvertiert, der B nicht angehört und Partner B gleichzeitig keinen Konfessionswechsel vollzieht. Es ist darauf hinzuweisen, dass die Konfessionszugehörigkeit im SOEP teilweise durch Sammelkategorien wie „nicht-christliche Religionsgemeinschaft" erfasst wird. Dadurch ist nicht sicher, ob ein Paar, bei dem diese Sammelkategorie auf beide Partner zutrifft, tatsächlich homogam ist. Infolge der Tendenz zur Wahl eines ähnlichen Partners sollte diese Konstellation jedoch eher unwahrscheinlich sein.

Im Falle der Kirchgangshäufigkeit ist die Anpassungs-Definition schwieriger. Eine Möglichkeit besteht darin, die Differenz der Partner als abhängige Variable zu analysieren. Wenn etwa Partner A zum Zeitpunkt t durchschnittlich zehnmal in die Kirche geht und Partner B fünfzehnmal, besteht eine Differenz von fünf Kirchgängen. Entspricht die Kirchgangshäufigkeit beider Partner ein Jahr später (t+1) jeweils fünfzehn Kirchgängen, hat sich diese Differenz, im Sinne einer vollständigen Anpassung, auf null reduziert. Ein statistisches Problem dieses Ansatzes besteht jedoch in einer Kumulierung der Messfehler, die nicht nur bei der Bestimmung der Partnerdifferenz auftreten, sondern zusätzlich auch im Falle der Messung von Veränderungen über die Zeit (Griffin et al. 1999). Konzeptionell ist zudem kritisch zu sehen, dass eine Veränderung von Partnerdifferenzen nicht eindeutig zu interpretieren ist, wenn man, wie im Folgenden, Anpassung als eine Reaktion auf Veränderungen des Partners begreift, die mit dem Ziel verbunden ist, sich in die Richtung des Partners zu bewegen. Eine Reduktion der Partnerdifferenz muss nicht notwendigerweise auf eine solche Adaptions-Leistung zurückzuführen sein, sondern kann auch auf ‚gemeinsames Schicksal' zurückgeführt werden. Damit ist gemeint, dass Drittvariablen gleichzeitig auf beide Partner einwirken und es auf diese Weise zu einer möglicherweise nicht intendierten Verringerung der Differenz kommt.

Eine weitere Modellierungsmöglichkeit, die mit der obigen Anpassungsdefinition eher übereinstimmt, besteht im sogenannten „Actor-Partner-Interdependence-Model" (APIM), das von Kenny et al. (2006) vorgeschlagen wurde. Hierbei wird die bei einem Akteur zum Zeitpunkt t gemessene abhängige Variable simultan durch die Ausprägung der abhängigen Variablen des Akteurs zum Zeitpunkt t-1 (Akteur-Effekt) und durch die Ausprägung des Partners auf der abhängigen Variablen zum Zeitpunkt t-1 (Partner-Effekt) vorhergesagt. Der Partner-Effekt entspricht dem Ausmaß der Anpassung in der Dyade (siehe für eine Anwendung: Arránz Becker und Lois 2010b; Kalmijn 2005). Dieser Ansatz basiert folglich nicht auf Partnerdifferenzen, sondern auf Partnerkorrelationen über die Zeit, zwei Merkmalen, die miteinander korrespondieren, jedoch nicht deckungsgleich sind. Während für jedes Paar eine Partnerdifferenz bestimmt werden kann, handelt es sich bei der Partnerkorrelation um einen Indikator, der nur aggregiert für die gesamte untersuchte Stichprobe berechenbar ist.

Das APIM-Modell ist den sogenannten dynamischen Panelmodellen mit zeitversetzt aufgenommener abhängiger Variable zuzurechnen. Der Hauptvorteil der Paneldaten, der in der Kontrolle unbeobachteter Heterogenität besteht, lässt sich mit diesen Modellen jedoch nicht umsetzen, da hier, neben der Varianz innerhalb von Paaren, die Varianz zwischen Paaren in die Schätzung einfließt (Brüderl

3.2 Eingesetzte Analyseverfahren

2010, S. 991). Übertragen auf die vorliegende Fragestellung bedeutet dies, dass positive Partnereffekte über die Zeit möglicherweise zum Teil auf unbeobachtete Drittvariable zurückzuführen sind, nicht jedoch auf die eigentlich interessierenden Anpassungsprozesse. Aufgrund dieser Unklarheiten kommt das APIM-Modell, zumindest in seiner ursprünglichen Fassung, nicht in Frage, wenn ein quasi-experimenteller Forschungsansatz verfolgt wird.

Eine Idee, die auf eine Abwandlung des APIM-Modells hinausläuft, besteht nun darin, ein FE-Regressionsmodell auf die Kirchgangshäufigkeit eines Partners, zum Beispiel des Mannes, zu berechnen und den Kirchgang der Frau dabei als unabhängige Variable zu berücksichtigen. Mit diesem Ansatz könnte ausschließlich beurteilt werden, inwieweit es in Partnerschaften zu gleich- oder gegensinnigen *Veränderungen* kommt. Wenn sich also etwa die Kirchgangshäufigkeit des Mannes im Vergleich der Messzeitpunkte t und t-1 erhöht hat, würde dann eine Anpassung vorliegen, wenn die Frau sich in gleichsinniger Weise verändert, das heißt ebenfalls häufiger in die Kirche geht. Zu beachten ist hierbei, dass eine Dyade nur dann Informationen zur Schätzung beiträgt, wenn sich beide Partner verändern. Damit ist sicher nur ein Teil der tatsächlich ablaufenden Anpassungsprozesse abgedeckt, da zum Beispiel der Fall ausgeschlossen bleibt, bei dem die Kirchgangshäufigkeit des Mannes konstant hoch ist und die Frau sich diesem gleichbleibenden Niveau über die Zeit annähert. Der Vorteil dieser Modellierung besteht jedoch darin, dass der zeitkonstante ‚Teil' der in Partnerschaften vorherrschenden Ähnlichkeit effizient kontrolliert wird.

Am bisherigen Vorschlag ist kritisch zu sehen, dass es unklar ist, ob nun die Kirchgangshäufigkeit des Mannes oder diejenige der Frau als abhängige Variable herangezogen werden soll. Das Modell ist daher in der Weise zu erweitern, dass beide Kirchgangshäufigkeiten jeweils einmal die abhängige und die unabhängige Variable darstellen. Ein solches Design lässt sich im Rahmen des sogenannten Long-Long-Formates (Kenny et al. 2006, S. 14-20) realisieren, dessen Datenstruktur durch Tabelle 1 verdeutlicht wird.

Tabelle 1: Beispiel zur Datenstruktur im Long-Long-Format

Dyaden-ID	Messzeitpunkt	Kirchgang Akteur	Kirchgang Partner
1	1	0	5
1	1	5	0
1	2	12	12
1	2	12	12
2	1	12	5
2	1	5	12
2	2	12	5
2	2	5	12
3	1	52	12
3	1	12	52
3	2	52	52
3	2	52	52

Quelle: Eigene Darstellung

Es handelt sich um drei fiktive Dyaden (Partnerschaften). Bei heterosexuellen Paaren ist der Mann jeweils einmal Akteur (zum Beispiel Dyade 1, Messzeitpunkt 1, Zeile 1) und einmal Partner (Dyade 1, Messzeitpunkt 1, Zeile 2). Gleiches gilt für die Frau. Die auf eine Dyade und einen Messzeitpunkt bezogenen Zeilen sind folglich vertauscht ("pairwise-Format"; Kenny et al. 2006, S. 16). Ein Paar fließt jedoch nicht nur innerhalb desselben Messzeitpunktes jeweils doppelt ein, sondern auch im Zuge der verschiedenen Messzeitpunkte mehrfach (Long-Long-Format).

Bei der Datenanalyse wird ein Fixed-Effects Regressionsmodell auf die Kirchgangshäufigkeit des Akteurs berechnet und der Kirchgang des Partners fließt, zusammen mit weiteren Kovariaten, als unabhängige Variable ein. Infolge der Vertauschung stellt nun jedoch der Kirchgang des Mannes und der Frau jeweils einmal die abhängige Variable dar. Zu berücksichtigen ist dabei, dass die vertauschten Zeilen statistisch nicht unabhängig voneinander sind. Um eine Verzerrung zu vermeiden, werden daher robuste Standardfehler, mit der Dyaden-ID als Clustervariable, berechnet. Ein weiteres Problem besteht darin, dass die Untersuchung gleichsinniger oder gegensinniger Veränderungen von Mann und Frau über die – jahresgenau skalierte – Zeit keine Informationen dazu liefert, wer sich zuerst verändert hat beziehungsweise ob überhaupt eine zeitliche Differenz zwischen den Veränderungen von Akteur und Partner liegt. Aus diesem Grund wird auf die Bestimmung eines Geschlechtseffektes – passen sich Männer eher an Frauen an oder umgekehrt? – verzichtet.

3.2 Eingesetzte Analyseverfahren

In Tabelle 1 wird die Datenstruktur in einem vereinfachten Beispiel verdeutlicht. Bei der ersten Dyade wäre eine Anpassung zu beobachten. Beide Partner haben sich gleichsinnig verändert, da die Kirchgangshäufigkeit jeweils beim zweiten Messzeitpunkt, im Vergleich zum ersten, angestiegen ist. Obwohl dies durch das Beispiel suggeriert wird, setzt eine Anpassung im Sinne dieses Modells *nicht* voraus, dass sich die Partnerdifferenz bei der Kirchgangshäufigkeit auf null reduziert. Die zweite Dyade würde keine Informationen zur Schätzung beisteuern, da der Kirchgang keine Varianz über die Zeit aufweist. Auch die dritte Dyade, bei der sich lediglich ein Partner zwischen den Messzeitpunkten verändert, würde die Schätzergebnisse nicht beeinflussen. Zu berücksichtigen ist, dass es sich hier um ein stark vereinfachtes Beispiel mit nur zwei Messzeitpunkten handelt. Die empirischen Analysen in Kapitel 4 basieren auf bis zu dreizehn Messzeitpunkten, wodurch sich wesentlich mehr Gelegenheiten für Veränderungen ergeben.

Weitere eingesetzte Analyseverfahren, die nicht der FE-Logik folgen

Auch wenn die vorliegende Arbeit überwiegend auf der geschilderten quasi-experimentellen Untersuchungslogik aufbaut, kommen an einigen Stellen Verfahren zum Einsatz, die der FE-Logik nicht folgen. Dies trifft zunächst auf eine Analyse zur Partnerschaftsstabilität in Ehen und Nichtehelichen Lebensgemeinschaften zu (Abschnitt 4.7), die auf der zeitdiskreten Ereignisdatenanalyse basiert (Singer und Willett 2003). Hinter diesem technischen Begriff verbirgt sich folgende Vorgehensweise: Die Daten werden, wie geschildert, im Long-Format aufbereitet. Die abhängige Variable hat, solange eine Partnerschaft besteht, den Wert null und nimmt in dem Jahr, in dem das Trennungsereignis eintritt, den Wert eins an. Der Beobachtungszeitraum endet durch das Trennungsereignis, eine Panelmortalität oder eine Rechtszensierung im Jahr 2009. Die bedingte Wahrscheinlichkeit einer Trennung kann nun mit einem einfachen logistischen Regressionsmodell vorhergesagt werden, dessen nach der Wahrscheinlichkeit aufgelöste Formel unten dargestellt ist. Die Verweildauer für Paar i (d_{it}), im vorliegenden Fall die Ehedauer, fließt dabei mit weiteren zeitkonstanten (x_i) und zeitveränderlichen Indikatoren (x_{it}) als unabhängige Variable in die Schätzung ein. Bei b_0 handelt es sich um die Regressionskonstante.[9]

$$P(y_{it}=1) = \frac{\exp(b_0 + b_1 x_{it} + b_2 x_i + b_3 d_{it})}{1 + \exp(b_0 + b_1 x_{it} + b_2 x_i + b_3 d_{it})}$$

---

9   Fest geschätzte Regressionskonstanten werden in allen Tabellen aus Platzgründen nicht ausgewiesen.

Zeitdiskrete Ereignisdatenanalysen sind Verfahren für zeitkontinuierliche Verlaufsdaten, wie etwa der Cox-Regression oder parametrischen Modellen, im Falle von Paneldaten vorzuziehen, sobald eine Linksstutzung vorliegt. Hiermit ist, im Unterschied zur Linkszensierung, der Sachverhalt gemeint, dass Personen bereits vor Beginn des Beobachtungszeitraums dem Risiko des Ereigniseintritts ausgesetzt waren. Dies ist etwa der Fall, wenn ein im SOEP befragtes Ehepaar schon vor 1990 geheiratet hat. Bei linksgestutzten Paneldaten führen Verfahren für zeitkontinuierliche Verlaufsdaten, wie gelegentlich übersehen wird, zu einer Unterschätzung der Übergangsraten und sind daher nicht angemessen (Guo 1993).

Zeitdiskrete Ereignisdatenanalysen werden auch zur Analyse der Fragestellung eingesetzt, welche Merkmale eine Binnenmigration zwischen Ost und Westdeutschland beeinflussen. Die Ereignisse eines Umzugs von West nach Ost bzw. von Ost und West werden dabei getrennt voneinander analysiert. Bei ansonsten gleicher Vorgehensweise ist hierbei zu beachten, dass einzelne Personen im Laufe des Beobachtungszeitraums mehrfach umziehen können und insofern mehrere Ereignisse pro Person beobachtet werden. Wiederkehrende Ereignisse würden zwar grundsätzlich den Einsatz einer FE-Methodologie erlauben, die Anzahl der ‚Mehrfachmobilen' ist für eine derartige Analyse jedoch zu klein.

Da allerdings die Standardfehler einfacher logistischer Regressionsmodelle im Falle von „Repeated Events" verzerrt werden, kommt ein für diese Datenstruktur angemessenes Random-Effects Logit-Modell (Guo und Zhao 2000) zum Einsatz. Hierbei handelt es sich grundsätzlich um ein Mehrebenenmodell, da Zeitpunkte (Ebene 1) in Personen (Ebene 2) geschachtelt sind. Die Regressionskonstante kann über die verschiedenen Einheiten der zweiten Ebene (hier: Personen) variieren, das heißt sie besteht aus einer fixen Komponente und einem Random Intercept. Auf der rechten Seite der unten dargestellten Regressionsgleichung ist diese normalverteilte personenspezifische Fehlerkomponente mit σ_i gekennzeichnet. Dieser Term repräsentiert die Abweichung jeder einzelnen Person vom fixen Teil der Regressionskonstante (b_0). In das RE-Logit-Modell können sowohl zeitkonstante Personenmerkmale (x_i) wie das Geschlecht einfließen als auch zeitveränderliche Variable (x_{it}) wie das Alter.

$$P(y_{it} = 1) = \frac{\exp(b_0 + b_1 x_{it} + b_2 x_i + \sigma_i)}{1 + \exp(b_0 + b_1 x_{it} + b_2 x_i + \sigma_i)}$$

Das Random-Effects Logit-Modell wird auch zur Analyse der Determinanten einer Kirchenmitgliedschaft herangezogen und im Rahmen des Vergleichs von konfessionell homogamen und heterogamen Paaren. In diesen Fällen kann je-

3.3 Operationalisierung der abhängigen und unabhängigen Variablen 85

doch nicht von einer Ereignisdatenanalyse gesprochen werden. Die Vorgehensweise entspricht, im Hinblick auf die Datenaufbereitung, vielmehr der Prozedur, die weiter oben im Zusammenhang mit dem Fixed-Effects Logit-Modell geschildert wurde. Anstelle Kircheneintritte und -austritte beziehungsweise Konvertierungen als Ereignisse zu erfassen, die im SOEP zeitlich nicht genau genug datierbar sind, unterscheidet die abhängige Variable hier zwischen den ‚Zuständen' null (ohne Konfession bzw. konfessionell heterogam) und eins (Kirchenmitglied beziehungsweise konfessionell homogam).

Zum Test der Transmissionshypothese wird schließlich auch auf das RE-Modell für kontinuierliche abhängige Variablen zurückgegriffen. Wie die unten stehende Formel zeigt, enthält das Modell, neben einem fixen Teil der Regressionskonstante (b_0), einen Random Intercept (σ_i), der, wie im RE-Logit-Modell, über Personen (Ebene 2) variiert und damit die Varianz der personenspezifischen Abweichungen vom fixen Teil der Regressionskonstante abbildet.

$$y_{it} = b_0 + b_1 x_{it} + \sigma_i + \varepsilon_{it}$$

3.3 Operationalisierung der abhängigen und unabhängigen Variablen

Der folgende Abschnitt beschäftigt sich mit der Operationalisierung der abhängigen und unabhängigen Variablen, die Gegenstand der Analysen in Kapitel 4 sind. Die verschiedenen Merkmale werden dabei, um Redundanzen zu vermeiden, thematisch geordnet.

Die drei im SOEP zur Verfügung stehenden Religiositäts-Indikatoren, die als abhängige Variable ausgewertet werden, weisen folgende Operationalisierung auf:

- Die konfessionelle Zugehörigkeit basiert auf der Frage „Gehören Sie einer Kirche oder Religionsgemeinschaft an?" Fünf Antwortkategorien stehen zur Verfügung: katholisch, evangelisch, Mitglied einer anderen christlichen Religionsgemeinschaft, Mitglied einer nicht-christlichen Religionsgemeinschaft und konfessionslos. In den Analysen zu Veränderungen der Kirchenmitgliedschaft wird diese Variable dichotomisiert, indem alle Religionsgemeinschaften zusammen mit dem Wert eins kodiert werden und eine Konfessionslosigkeit mit null. Dort, wo theoretisch interessante Unterschiede zwischen den Konfessionen zu erwarten sind, etwa im Zusammenhang mit der kulturellen Distanz zwischen christlichen und nicht-christlichen Konfessionen, wird dagegen die ausdifferenzierte Fassung des Konfessions-Indikators verwendet, die sich hier zudem auf den Paarkontext bezieht und zwischen homogamen und heterogamen Konstellationen unterscheidet. Eine deskriptive Betrachtung zeigt, dass die untersuchte Stichprobe weitgehend christlich geprägt ist. Von den Personen mit Religion entfallen, mit gewissen Variationen zwischen den vier Messzeitpunkten, 40-43% auf katholische Befragte, 43-50% auf evangelische, 3-5% auf Mitglieder einer anderen christlichen Religionsgemeinschaft und 5-10% auf Angehörige nicht-christlicher Religionen.

- Die Kirchgangshäufigkeit wird im SOEP zusammen mit anderen Freizeitaktivitäten erhoben. Zugrunde liegt folgende Frage: „Welche der folgenden Tätigkeiten üben Sie in Ihrer freien Zeit aus?" Eine der hier aufgeführten Aktivitäten lautet: „Kirchgang und Besuch anderer religiöser Veranstaltungen". Das Antwortformat ist vierfach abgestuft (4 = jede Woche, 3 = jeden Monat, 2 = seltener, 1 = nie).[10] Um die unterschiedlich großen Abstände zwischen den vier Antwortkategorien zu berücksichtigen, wird eine Transformation in den durchschnittlichen jährlichen Gottesdienstbesuch (nie = 0, seltener = 5, jeden Monat = 12, jede Woche = 52) vorgenommen (Ruiter und De Graaf 2006). Diese Vorgehensweise ist im vorliegenden Fall nicht unproblematisch, da für die ungenaue Kategorie „seltener" ein Schätzwert (hier: 5) eingesetzt werden muss. Um die Stabilität der Ergebnisse zu überprüfen, wurde zu Vergleichszwecken ein von Allison (2009: 42-47) vorgeschlagenes Ordered-Logit-Modell mit Fixed-Effects (im Folgenden FEOL-Modell) berechnet. Hierbei werden die unabhängigen Variablen in ihre between- und within-Teile zerlegt (Hybrid-Ansatz). Diese Prozedur setzt lediglich ein ordinales Skalenniveau voraus. Ein Vergleich der beiden Schätzverfahren führt zu dem Ergebnis, dass die Effekte im FE-Modell mit dem FEOL-Modell fast ohne Ausnahme replizierbar sind, weshalb auf eine Darstellung des FEOL-Modells verzichtet wird.

- Beim dritten verfügbaren Religiosität-Indikator handelt es sich um die subjektive Wichtigkeit, die dem Lebensbereich „Glaube und Religion" von den Befragten für ihr „Wohlbefinden und ihre Zufriedenheit" beigemessen wird (Antwortformat: 4 = sehr wichtig, 3 = wichtig, 2 = weniger wichtig und

---

10 Das Antwortformat zur Kirchgangshäufigkeit wechselt im Laufe der SOEP-Erhebungen. In einigen Wellen wird ein 5-fach abgestuftes Antwortformat verwendet, in dem zusätzlich zu den vier genannten Kategorien eine Antwortmöglichkeit „täglich" vorgegeben ist. Da diese Kategorie jedoch praktisch nicht besetzt ist, wird sie mit der Ausprägung „4 = jede Woche" zusammengefasst. In den Analysen zur religiösen Anpassung in Partnerschaften wird eine Sammelkategorie von Freizeitaktivitäten (Besuch von Kino-, Tanz- und Sportveranstaltungen) berücksichtigt, die mit der gleichen Häufigkeitsskala wie die Kirchgangshäufigkeit gemessen werden, ohne dass hier jedoch eine Hochrechnung auf das Jahr erfolgt.

3.3 Operationalisierung der abhängigen und unabhängigen Variablen

1 = ganz unwichtig). Dieses Merkmal weist, im Long-Format, eine Korrelation von .65 mit der Kirchgangshäufigkeit auf, hängt also substanziell mit der religiösen Praxis zusammen. Das in Tabelle 24 (Modell 2) dargestellte Regressionsmodell bestätigt zudem, dass auch die Veränderungen der verschiedenen Religiositätsdimensionen positiv korrelieren. Besucht der Akteur über die Zeit häufiger einen Gottesdienst, hält er gleichzeitig den Glauben und die Religion subjektiv für wichtiger. Darüber hinaus hängt die subjektive Wichtigkeit tendenziell mit Veränderungen der Kirchenmitgliedschaft zusammen.

Die nun folgenden Merkmale basieren zum Teil auf den gerade erläuterten Religiositäts-Indikatoren, haben jedoch den Status unabhängiger Variablen:

- In den Analysen zu Anpassungsprozessen werden die mittlere Kirchgangshäufigkeit im Paar und die ungerichtete Differenz der Kirchgangshäufigkeiten von Mann und Frau (|Kirchgang Mann − Kirchgang Frau|) berücksichtigt. Diese Differenz wird zudem, wie von Allison (2009, S. 99ff) im Rahmen des Hybrid-Ansatzes beschrieben, in ihre Varianzanteile zwischen und innerhalb von Paaren (between und within) zerlegt. Die between-Komponente entspricht dem zeitkonstanten Mittelwert der Kirchgangshäufigkeit über alle Panelwellen und die within-Komponente der Abweichung jeder Panelwelle von diesem Mittelwert. Äquivalent wird auch für die dichotom codierte Kirchenmitgliedschaft verfahren.

- In einigen Modellen wird die mittlere Kirchgangshäufigkeit der Haushaltsmitbewohner berücksichtigt. Diese Variable basiert auf einer Summierung der jährlichen Kirchgangshäufigkeiten aller Mitbewohner der jeweiligen Befragungsperson, die, bei mindestens einem weiteren Haushaltsmitglied, durch die Zahl der Haushaltsmitbewohner geteilt wird und bei allein lebenden Personen den Wert null aufweist. In die Analysen zu Veränderungen der Kirchenmitgliedschaft im Lebensverlauf fließt zudem eine Variable „Religiöser Partner im Haushalt" ein, die den Wert eins annimmt, wenn der Ehe- oder Lebenspartner der befragten Person einer Konfession angehört und zumindest monatlich in die Kirche geht.

- Um der Frage nachzugehen, inwieweit die Entwicklung der Religiosität von der religiösen Sozialisation im Elternhaus abhängig ist, wird auf die Konfessionszugehörigkeit der leiblichen Eltern zurückgegriffen, die Bestandteil der SOEP-Familienbiografie ist (File „bioparen"). Die Konfession der Eltern wird seit 1996 (Welle M) erhoben. Es handelt sich um Proxy-Angaben der jeweiligen Ankerperson über die Eltern, bezogen auf den Zeitpunkt der erstmaligen Befragung des Ankers.

Wie lassen sich diese Merkmale nun insgesamt in die religionssoziologische Methodendebatte einordnen? In den Arbeiten von Charles Glock (1954, 1962) wurde gezeigt, dass es sich bei der Religiosität um ein mehrdimensionales Konstrukt handelt. Glock unterscheidet zwischen fünf Dimensionen: Die Dimension der religiösen Erfahrung (1.) umfasst ein direktes religiöses Erlebnis, wie es etwa durch das folgende Item aus dem ALLBUS 2002 zum Ausdruck kommt: „Wie oft haben Sie schon Erfahrungen gemacht, die sich nur durch das Wirken übernatürlicher Kräfte erklären lassen?" Teildimensionen bestehen hier in dem Bedürfnis nach einem letzten Sinn des Lebens, der subjektiven Erkenntnis des Göttlichen und dem Vertrauen bzw. Furcht gegenüber dem Göttlichen. Die Dimension der Praktiken und des Rituals (2.) zerfällt in die beiden Teildimensionen Devotion und Ritual. Während die Devotion spontane Handlungen umfasst, die auf Gott bezogen sind (zum Beispiel das Gebet), so wird mit dem Ritual eher der formelle Ablauf kollektiv vollzogener Handlungen wie Gottesdienst oder Fasten angesprochen. Bei der Dimension des religiösen Wissens (3.) handelt es sich etwa um Bibelkenntnisse. Auch die ideologische Dimension des Glaubens (4.) lässt sich in verschiedene Unterdimensionen unterteilen: die Orthodoxie, das heißt der Glaube an die Existenz eines göttlichen Wesens, den Partikularismus, der unter anderem den Glaube an von Gott gesetzte Ziele umfasst und den Ethikalismus, der ein religiös fundiertes Verhalten des Menschen als Verwirklichung göttlichen Willens anspricht. Schließlich bezieht sich die Dimension der Konsequenzen der Religiosität im Alltag als fünftes Konstrukt darauf, dass Menschen sich nicht nur durch spezifisch religiöse Erlebens- und Verhaltensweisen auszeichnen, sondern religiöse Vorstellungen und Werte auch in die alltägliche Lebensführung einfließen, etwa durch eine Befolgung religiöser Regeln (vgl. Pickel 2011, S. 323f).

Huber (2003) integriert in einer neueren Arbeit die Unterscheidung zwischen einer extrinsischen und einer intrinsischen religiösen Motivation, die von Allport (1950) stammt, in den Ansatz von Glock. Allport definiert Religiosität als einen inneren Wert, der in der Persönlichkeit des Akteurs einen unterschiedlichen Stellenwert haben kann. Handelt es sich um einen zentralen Wert, spricht Allport von einer intrinsischen Religiosität, bei dem ein eigenständiges religiöses Motivsystem die Wahrnehmung und das Verhalten des Menschen steuert. Ist die Religiosität dagegen ein untergeordneter Wert (extrinsische Religiosität), haben religiöse Inhalte nur einen schwachen Einfluss auf das allgemeine Verhalten und Erleben, das primär von nicht-religiösen Motiven bestimmt wird. In dieses Konzept lässt sich zudem eine Religionslosigkeit integrieren, bei dem religiöse Inhalte in der

3.3 Operationalisierung der abhängigen und unabhängigen Variablen

Persönlichkeit eines Menschen keine Rolle spielen. Aus diesen Überlegungen leitet Huber (2003) die neue Dimension der religiösen Zentralität ab.

Versucht man, die drei im SOEP verfügbaren Indikatoren den geschilderten Dimensionen zuzuordnen, ist die Kirchgangshäufigkeit eindeutig ein Bestandteil der zweiten Dimension nach Glock (religiöse Praktiken und Rituale), bezieht sich innerhalb dieser Dimension jedoch weniger auf private Handlungen (Gebet, Meditation) als auf die öffentliche Praxis und zudem mehr auf eine traditionelle Kirchlichkeit als auf „individualisierte" bzw. „pantheistische" Formen (Huber 2003) wie spirituelle Rituale. Im Falle der subjektiven Wichtigkeit der Religion ist eine Zuordnung dagegen schwieriger. Das Item weist insgesamt wohl die größte Nähe zur Dimension der religiösen Zentralität auf, da Huber (2003, S. 253-263) bei der Konstruktion der entsprechenden Skala, die auf insgesamt zehn Items basiert, jeweils für verschiedene religiöse Teildimensionen wie religiöse Praxis und religiöse Erfahrung Items zur subjektiven Wichtigkeit der jeweiligen Dimension für den Befragten berücksichtigt. Die religiöse Tradition, in die sowohl die öffentliche religiöse Praxis als auch die subjektive Wichtigkeit der Religion eingebettet sind, kommt zudem durch die konfessionelle Zugehörigkeit zum Ausdruck.

Bei multidimensionalen Konstrukten stellt sich die grundsätzliche Frage, inwieweit die verschiedenen Teildimensionen miteinander korrelieren. Da die Kirchgangshäufigkeit in der vorliegenden Arbeit im Mittelpunkt der Analysen steht, ist insbesondere interessant, welche Zusammenhänge andere Religiositäts-Indikatoren mit diesem Merkmal aufweisen. Nach Pickel (1995) korreliert die Häufigkeit des Kirchgangs in Westdeutschland moderat positiv ($r = .37$) mit Einstellungsitems zur christlichen Welt- und Lebensanschauung, die der ideologischen Dimension des Glaubens zuzurechnen sind. Argue et al. (1999) berichten zudem eine positive Korrelation von .67 zwischen der Kirchgangshäufigkeit und einer Einschätzung dazu, wie stark die Religion das alltägliche Leben beeinflusst (Dimension der religiösen Konsequenzen). Schon diese eher kursorische Durchsicht der empirischen Forschung deutet darauf hin, dass sich eine aktive religiöse Praxis häufig auch auf der Ebene des Glaubens und der ethischen Prinzipien der Lebensführung niederschlägt. Infolge dieser Interdependenzen sollte sich die Reichweite der im Folgenden berichteten Ergebnisse durchaus erhöhen.

Im nächsten Schritt wird nun darauf eingegangen, wie die in Abschnitt 2.2 geschilderten Zeitdimensionen, Alters-, Perioden- und Kohorteneffekte, erfasst werden.

- Das Lebensalter wird jahresgenau gemessen und geht entweder in der Form eines linearen Terms in die Analysen ein, oder, um nicht-lineare Zusammenhänge zu modellieren, zusammen mit dem quadrierten Alter. Bei Aufnahme

des quadrierten Terms wird das Alter zudem zentriert, um Kollinearitäts-
Probleme zu vermeiden.
- Kohorteneffekte, deren Ursachen vor dem Jahr 1990 liegen, werden als zeitkonstante Niveauunterschiede zwischen Personen, wie bereits dargestellt wurde, im FE-Ansatz automatisch kontrolliert.
- Im Hinblick auf Periodeneffekte besteht das technische Problem, dass eine gleichzeitige Aufnahme des Lebensalters und eines jahresgenauen Periodenindikators im FE-Modell, aufgrund von perfekter Kollinearität, nicht möglich ist. Wenn sich das Lebensalter um genau ein Jahr erhöht, setzt sich auch die historische Zeit um genau ein Jahr fort. Um Freiheitsgrade zu gewinnen, werden Periodeneffekte daher in zwei unterschiedlichen Formen operationalisiert: Zum einen wird der Beobachtungszeitraums, mittels Dummy-Variablen, in vier Teilabschnitte eingeteilt (1996-1998, 1999-2003, 2005-2009; Referenz: 1992-1995). Zum anderen fließt die Variable „Jahre seit 1990" in logarithmierter Form in einige Schätzmodelle ein. Durch diese Transformation wird eine perfekte Kollinearität zwischen Alter und Periode vermieden; implizit ist damit jedoch auch die Annahme eines zwar monotonen, aber nicht linear verlaufenden Periodeneffektes verbunden.

Die folgenden Variablen lassen sich thematisch dem Konzept des Erwerbszyklus zuordnen:

- Die Operationalisierung des Bildungsniveaus stützt sich auf die sogenannte CASMIN-Klassifikation mit insgesamt zehn Ausprägungen, die neben den schulischen auch die beruflichen Bildungsabschlüsse berücksichtigt und eine aufsteigende Rangfolge der Abschlüsse unterstellt (Brauns und Steinmann 1999). Die verschiedenen Abstufungen werden in Bildungsjahre umgerechnet, die in Deutschland typischerweise notwendig sind, um den jeweiligen Abschluss zu erreichen (Kodierungsschema: noch in Schulausbildung = 12 Jahre, 1a = 8, 1b = 9, 1c = 11, 2a = 12, 2b = 10, 2c_gen = 13, 2c_voc = 15, 3a = 16, 3b = 18). Da Befragte ab einem Alter von 17 Jahren in die Analysen einfließen, weist das Bildungsniveau Varianz innerhalb von Personen auf. Dadurch kann explizit untersucht werden, wie sich die Religiosität einer Person in Abhängigkeit von ihrer Verweildauer im Bildungssystem verändert.
- Der individuelle Erwerbsumfang wird in den Analysen zur Kirchenmitgliedschaft und Kirchgangshäufigkeit mit Hilfe der auf das Jahr hochgerechneten Vollzeit-Monate erfasst. Diese Variable wird jeweils retrospektiv für das vorangehende Jahr in jeder SOEP-Welle erhoben. Für nicht erwerbstätige

3.3 Operationalisierung der abhängigen und unabhängigen Variablen

Personen wird hier der Wert 0 vergeben, wodurch sich ein Wertebereich von 0-12 Monaten ergibt.
- In den Analysen zu den Determinanten einer Binnenmigration wird darüber hinaus ein Erwerbsindex verwendet, der neben den jährlichen Vollzeitmonaten auch Teilzeitmonate erfasst. Letztere fließen mit einem Gewicht von 0.5 in den Index ein: Erwerbsindex = Vollzeitmonate + (0.5*Teilzeitmonate). Auf der Basis dieses Index wird zudem eine dichotome Variable „erwerbstätig" gebildet (0 = nein, 1 = ja), die für den Test der ‚Low-Cost-Hypothese' benötigt wird.
- Arbeitslosigkeitsphasen werden ebenfalls über einen Zählindex erfasst, der den jährlichen Monaten entspricht, in denen der Befragte im jeweiligen Befragungsjahr arbeitslos gemeldet ist.
- Der Übergang in den Ruhestand wird in jeder SOEP-Welle innerhalb des Beobachtungszeitraums direkt abgefragt und kann deshalb zeitabhängig mit Hilfe einer 0/1-codierten Dummy-Variablen operationalisiert werden. Der Wert null wird für Personen vergeben, die, auf das jeweilige Befragungsjahr gerechnet, mindestens einen Monat erwerbstätig sind.

Die verschiedenen Stadien im Familienzyklus werden durch folgende Merkmale erfasst:
- Der Zeitpunkt eines Auszugs aus dem Elternhaus wird im SOEP zwar nicht direkt abgefragt, kann aber indirekt ermittelt werden. Eine Person gilt als aus dem Elternhaus ausgezogen, wenn sie in einer Welle ein Kind bzw. Pflegekind eines Haushaltsvorstandes ist und in einer darauf folgenden Welle entweder selbst Haushaltsvorstand oder Lebens- bzw. Ehepartner eines Haushaltsvorstandes.
- Auf der Basis der folgenden beiden Items lässt sich der Übergang von einer nichtehelichen Partnerschaft mit getrennten Haushalten (LAT) in eine Nichteheliche Lebensgemeinschaft mit gemeinsamem Haushalt (NEL) operationalisieren: „Haben Sie derzeit eine Partnerschaft?" und „Wohnt Partner,-in im Haushalt?" In die Analysen fließt eine dichotome Variable „LAT versus NEL" ein, welche die Ausprägungen 0 = LAT (Partner, getrennte Haushalte) und 1 = NEL (Partner, gemeinsamer Haushalt) annehmen kann. Zudem wird die Variable „Zeit in NEL" berücksichtigt, welche die Kohabitationsdauer eines Paares, das innerhalb des Beobachtungszeitraums zusammengezogen ist, misst.
- Mit Hilfe der SOEP-Biografiedaten (File „biomarsy"), den Informationen zum Familienstand und den im vorherigen Anstrich aufgezählten Items werden zudem insgesamt fünf (partnerschaftliche) Lebensformen voneinander abge-

grenzt, die sich auf den jeweiligen Befragungszeitpunkt beziehen: Ehen und Nichteheliche Lebensgemeinschaften, jeweils mit und ohne Ehe-Erfahrung, sowie partnerlose Personen.

- Die Ehedauer, die in den zeitdiskreten Ereignisdatenanalysen zur Partnerschaftsstabilität den Verweildauer-Indikator darstellt, basiert auf den Biografiedaten. Für NEL nimmt diese Variable den Wert null an.
- Die Anzahl der im Haushalt lebenden Kinder wird für jede relevante Befragungswelle differenziert nach dem Alter des Kindes erfasst. Unterschieden wird dabei zwischen vier Alterskategorien: 0-1 Jahre, 2-4 Jahre, 5-10 Jahre und 11 Jahre oder älter. Die entsprechenden Informationen lassen sich gewinnen, wenn zunächst die Daten anhand der Stellung zum Haushaltsvorstand auf Haushaltsebene aggregiert und anschließend dem Datensatz auf Personenebene wieder zugespielt werden. Jugendliche ab 17 Jahren nehmen selbst an der Hauptbefragung teil.
- In die Analysen zu Binnenmigrationen wird eine Dummy-Variable „kinderlos" aufgenommen, die auf der SOEP-Fertilitätsbiografie basiert (Files „biobirth" und „biobirthm").
- Im Hinblick auf die Übergänge in die erste Ehe, die erste Scheidung und in eine Verwitwung wird je eine Dummy-Variable gebildet, die vor dem Jahr des Ereigniseintritts mit null und danach mit eins codiert ist. Die jahresgenauen Daten der jeweiligen Übergänge entstammen ebenfalls den Biografiedaten (File „biomarsy"). In die zusätzlich berechneten Wachstumskurvenmodelle fließen zudem Indikatoren ein, welche den zeitlichen Abstand der jeweiligen Panelwelle zum Heirats-, Scheidungs- und Verwitwungsereignis messen. Berücksichtigt werden dabei Vorlauf- und Nachlaufzeiten von maximal zehn Jahren. Nimmt die Variable „Zeit seit Eheschließung" zum Beispiel im Jahr 1998 den Wert vier an, hat sich im Jahr 1994 eine Eheschließung ereignet.

Regionale Kontexteinflüsse werden mit Hilfe der folgenden Variablen operationalisiert:

- Beim aktuellen Wohnort wird zwischen Ost- und Westdeutschland unterschieden. Da dieses Merkmal in zeitveränderlicher Form vorliegt, können auf der Basis dieses Indikators weitere Merkmale abgeleitet werden. Dabei handelt es sich um Ereignisvariablen zu Umzügen zwischen den neuen und alten Bundesländern und um Indikatoren zur Länge des Zeitraums vor und nach dem jeweiligen Umzugsereignis, mit denen sich die Entwicklung der Religiosität im Zuge einer Binnenmigration quasi-experimentell untersuchen lässt.

3.3 Operationalisierung der abhängigen und unabhängigen Variablen

- Im Befragungsjahr 2003 (Welle T) wurde abgefragt, ob der Befragte vor der Wiedervereinigung in den alten bzw. den neuen Bundesländern oder im Ausland aufgewachsen ist. Dieses Merkmal fließt in die Ereignisanalysen zur Binnenmigration ein, um vorhandenes Sozialkapital im jeweiligen ‚Zielkontext' abzubilden.

Um die Hypothesen zur Binnenmigration und zum religiösen Coping zu testen, werden die folgenden beiden Indikatoren zum subjektiven Wohlbefinden benötigt:

- Die allgemeine Lebenszufriedenheit wird mit einem zehnfach abgestuften Antwortformat abgefragt (1 = „ganz unzufrieden" bis 10 = „ganz zufrieden").
- Der gegenwärtige Gesundheitszustand nach subjektiver Einschätzung wird fünffach abgestuft erfasst (von 1 = sehr gut bis 5 = schlecht).

Bisher wurde nicht durchgängig angemerkt, ob die jeweilige Variable in jeder Befragungswelle des Sozio-oekonomischen Panels abgefragt wird, oder ob nur punktuell Informationen vorliegen. Um diesen Aspekt abzukürzen, werden nun diejenigen Variablen genannt, die Lücken aufweisen:

- Wie schon deutlich geworden ist, werden die subjektive Wichtigkeit der Religion (drei Erhebungen) und auch die Konfessionszugehörigkeit (vier Erhebungen) im SOEP weniger regelmäßig gemessen als die Kirchgangshäufigkeit (vierzehn Erhebungen). Dementsprechend fließen die subjektive Wichtigkeit und die Konfessionszugehörigkeit in die Analysen zu Veränderungen der Kirchgangshäufigkeit mit einer verringerten Zeitgenauigkeit ein. Dies bedeutet, dass die Information des jeweils letzten Messzeitpunktes im Long-Format solange fortgeschrieben wird, bis eine Aktualisierung der Messung erfolgt.
- Der Wohnort des Befragten vor der Wiedervereinigung wurde bisher nur einmal, im Jahr 2003, abgefragt und ist daher, unter anderem, für alle Personen, die vor 2003 durch Panelmortalität ausscheiden, nicht verfügbar.
- Informationen zur Konfession der Eltern sind erst seit 1996 (Welle M) verfügbar.
- Zwischen Nichtehelichen Lebensgemeinschaften und Partnerschaften mit getrennten Haushalten kann im SOEP erst seit dem Jahr 1992 unterschieden werden.

Im Zusammenhang mit punktuellen Lücken in der Messung stellt sich nun abschließend die Frage, wie mit fehlenden Werten umgegangen wird. Im Falle von Item-Nonresponse bei den unabhängigen Variablen wird eine Imputation nach dem EM-Verfahren vorgenommen (Allison 2001, S. 19-26). Bei durchgängig zeitabhängig gemessenen Indikatoren ist das Ausmaß fehlender Werte gering und liegt fast ausschließlich unter 10%. Wird für einzelne Indikatoren der in der Literatur empfohlene Grenzwert von 30% fehlender Werte (im Long-Format) überschritten (Acock 2005), erfolgt, anstelle einer Imputation, eine Eingrenzung der Stichprobe. Bei kategorialen Variablen mit mehr als 30% fehlenden Werten werden die Missings zudem, in einigen wenigen Fällen, einer Flag-Variablen zugewiesen, um den Ausschluss der entsprechenden Fälle aus dem Schätzmodell zu vermeiden. Im zuletzt genannten Fall findet sich ein Hinweis im Kommentar unter der jeweiligen Tabelle.

4. Empirische Ergebnisse

Das Ziel des vierten Kapitels besteht darin, die im zweiten Kapitel formulierten Hypothesen empirisch zu testen. Die Gliederung der Analysen orientiert sich, soweit dies möglich ist, am Zeitpunkt des Auftretens der jeweiligen Übergänge in der Biografie. Nachdem in Abschnitt 4.1 zunächst die Grundsatzfrage behandelt wird, ob ein eigenständiger Alterseffekt nachweisbar ist, geht Abschnitt 4.2 dem Zusammenhang zwischen der religiösen Sozialisation im Elternhaus und der religiösen Lebensverlaufsdynamik nach. Anschließend werden in den Unterkapiteln 4.3 und 4.4 Veränderungen der Religiosität im Erwerbs- und Familienzyklus untersucht, die sich der Postadoleszenz und der Lebensmitte zuordnen lassen. Nach einem Exkurs zu den mittelfristigen Wachstumskurven, die durch biografische Übergänge initiiert werden (Abschnitt 4.5), wendet sich die Darstellung den Konsequenzen einer Ost-West-Binnenmigration (Abschnitt 4.6) sowie Anpassungsprozessen in Partnerschaften zu (Abschnitt 4.7). Abschließend wird die stärker auf das höhere Alter bezogene Frage diskutiert, inwieweit religiöses Wachstum durch kritische Lebensereignisse und Verschlechterungen des Gesundheitszustands ausgelöst werden kann (Abschnitt 4.8). Jedes Unterkapitel enthält zunächst einen Überblick über den Forschungsstand, bevor die eigenen empirischen Ergebnisse präsentiert werden.

4.1 Existiert ein eigenständiger Alterseffekt auf die Entwicklung der Kirchenmitgliedschaft und die religiöse Praxis?

Der erste Abschnitt dieses Kapitels widmet sich einer Frage, die für die Analyse der religiösen Lebensverlaufsdynamik sehr grundlegend ist: Erhöht sich mit steigendem Alter die Wahrscheinlichkeit einer Kirchenmitgliedschaft und kann darüber hinaus auch ein Anstieg der Kirchgangshäufigkeit festgestellt werden? Im dritten Kapitel wurde bereits diskutiert, dass der Nachweis eines kausalen Alterseffektes methodisch anspruchsvoll ist. Paneldaten weisen hier das größte Potenzial auf, da sie die Möglichkeit eröffnen, dieselbe Person im Zuge ihres Alterungsprozesses mehrfach zu beobachten und auf diese Weise über die Zeit fortlaufend mit sich selbst zu vergleichen.

Neben methodischen Erwägungen ist jedoch zu bedenken, dass es auch theoretisch nicht unproblematisch ist, von einem kausalen Alterseffekt auszugehen. Die ‚Afterlife-Investment-Hypothese', die aus ökonomischen Theorien zur Religion abgeleitet wurde, lässt einen direkten Alterseffekt erwarten, da sich mit steigendem Lebensalter die Zeit bis zum Leben im Jenseits verkürzt, in der sich Investitionen in religiöses Kapital ‚rentieren' sollten. Davon abgesehen handelt es sich beim Lebensalter jedoch um einen indirekten Indikator für physiologische Veränderungen des Körpers, den Wandel sozialer Rollen und psychologische Entwicklungen auf der Ebene von Einstellungen, Werten und Dispositionen. Insofern sind altersspezifische Veränderungen der Religiosität wahrscheinlich überwiegend nicht auf das Lebensalter selbst zurückzuführen, sondern auf physiologische, soziale und psychologische Wandlungsprozesse. Die Richtung und die Stärke eines möglichen Alterseffektes geben aus dieser Perspektive darüber Auskunft, wie sich diese mehrdimensionalen Abläufe im individuellen Lebensverlauf in Kumulation auswirken. Ein positiver Alterseffekt auf die Religiosität würde folglich bedeuten, dass die in den verschiedenen Bereichen angesiedelten ‚Wachstumsfaktoren', in Summe, die negativen Entwicklungskräfte überwiegen. Insgesamt stellt die nun folgende Analyse von Alterseffekten damit einen ersten wichtigen Schritt dar. In den darauffolgenden Kapiteln wird jedoch zu zeigen sein, wie sich diese Einflüsse des Lebensalters im Einzelnen vermitteln.

Forschungsstand: Die relative Bedeutung von Alters-, Perioden- und Kohorteneffekten für die Entwicklung der kirchlichen Religiosität

Bevor auf die empirischen Ergebnisse eingegangen wird, folgt nun zunächst eine Zusammenfassung des Forschungsstandes zu den sogenannten APC-Analysen, die sich mit der im zweiten Kapitel diskutierten Unterscheidung zwischen Alters-, Perioden- und Kohorteneffekten beschäftigen (Chaves 1989, 1990, 1991; Firebaugh und Harley 1991; Hout und Greeley 1987, 1990; Lois 2011b; Miller und Nakamura 1996; Schwadel 2010). Einbezogen werden dabei neben einer deutschen vor allem die zahlreichen nordamerikanischen Studien. Deutschland und die USA sind im Hinblick auf Religionsfragen nur eingeschränkt vergleichbar. Ein Grund dafür besteht in einer stärkeren ethnischen Segregation religiöser Organisationen und Konfessionen in den Vereinigten Staaten (Stolzenberg et al. 1995). Die theoretischen und methodischen Probleme, die im Zusammenhang mit APC-Analysen auftreten, sind jedoch kulturübergreifend von ähnlicher Natur.

4.1 Existiert ein eigenständiger Alterseffekt?

Hinsichtlich altersspezifischer Veränderungen der Kirchgangshäufigkeit, auf die ein besonderes Augenmerk gelegt wird, hat es in den Jahren 1989 bis 1991 einige Kontroversen in der US-Forschung gegeben. Diese werden, aufgrund ihrer großen Bedeutung für die vorliegende Fragestellung, nun etwas detaillierter dargestellt. Den Auslöser für die Debatte stellt die Arbeit von Chaves (1989) dar, der Daten des General Social Survey auswertet, einer Trendstudie, in der erwachsene englischsprachige Personen in den USA befragt werden. Bei der abhängigen Variablen handelt es sich um die Kirchgangshäufigkeit, die in neunfacher Abstufung zur Verfügung steht, von Chaves, methodisch sicher zweifelhaft, jedoch in eine dichotome Variable umkodiert wird (1 = annähernd wöchentliche Kirchgänge oder mehr, 2 = zwei bis dreimal im Monat oder weniger). Zur Analyse der Trendentwicklungen fasst er insgesamt acht Messzeitpunkte in drei Kategorien zusammen (1972-1974, 1978 und 1980 sowie 1984-1986). Für die Merkmale Alter und Geburtskohorte werden in der Analyse jeweils Dummy-Variablen berücksichtigt, die sechs Alters- bzw. Geburtsjahre umfassen (für das Alter von 18-23 Jahre aufwärts und für die Geburtskohorten 1890-1895 aufwärts). Berechnet werden nun logistische Regressionsmodelle, in die, neben dem Geschlecht, die verschiedenen Altersbereiche sowie Geburtskohorten eingehen und zusätzlich Dummy-Variablen für die drei Beobachtungszeiträume. Das für APC-Analysen typische Identifikationsproblem, das in der linearen Abhängigkeit zwischen den drei Zeitdimensionen besteht (Periode – Alter = Geburtsjahr) wird durch eine Modellrestriktion gelöst, wonach sich die Kirchgangshäufigkeit nach dem 70. Lebensjahr nicht mehr verändert.

Den Ausgangspunkt für die Analysen von Chaves (1989) stellt das Ergebnis dar, dass die Kirchgangshäufigkeit in den Vereinigten Staaten, zumindest im hier relevanten Beobachtungszeitraum von Anfang der siebziger bis Mitte der achtziger Jahre und zudem besonders bei Angehörigen evangelischer Religionsgemeinschaften, relativ stabil geblieben ist. Für Chaves (1989) wird diese Stabilität jedoch zu Unrecht mit der Hypothese in Verbindung gebracht, dass es in den USA keinen Säkularisierungstrend gibt. Seiner Annahme zu Folge kommt es deshalb nicht zu Veränderungen auf der Aggregatebene, weil sich zwei Prozesse gegenseitig kompensieren: Zum einen reduziere sich die Kirchgangshäufigkeit im Zuge der Kohortenabfolge, da die jüngeren Kohorten, gegenüber den älteren, ein niedrigeres Ausgangsniveau der Kirchgangshäufigkeit aufwiesen (Säkularisierung). Zum anderen werde dieser Rückgang durch eine religiöse Wiederbelebung („religious revival") im Zuge eines Periodeneffektes wieder ausgeglichen. Im Rahmen der empirischen Analysen überprüft Chaves (1989) nun, inwieweit unterschiedlich spezifizierte Regressionsmodelle, die jeweils bestimmte Kombinationen der

Alters-, Perioden- und Kohortenindikatoren enthalten, zu den beobachteten Daten passen. Für evangelische Personen stellt sich dabei heraus, dass sich der Modellfit signifikant verschlechtert, wenn Perioden- oder Kohorteneffekte auf null gesetzt werden, während dies im Falle von Alterseffekten nicht zutrifft. Der Autor interpretiert dies als Beleg für das von Bahr (1970) postulierte Stabilitätsmodell, wonach es keinen eigenständigen Alterseffekt auf die Kirchgangshäufigkeit gibt. Im Falle der katholischen Befragten fällt das Ergebnismuster dagegen weniger eindeutig aus, da zwei unterschiedlich spezifizierte Modelle vergleichsweise gut an die beobachteten Daten angepasst sind: Ein Modell ohne Alters- und Periodeneffekte, wonach sich die Kirchgangshäufigkeit in der Kohortenabfolge reduziert und eine Spezifikation mit einem positiven Alterseffekt, der einem negativen Periodeneffekt entgegenläuft. Da er Alterseffekte generell für theoretisch nicht plausibel hält, favorisiert Chaves (1989) für Katholiken das Modell, das ausschließlich Kohorteneffekte in Rechnung stellt.

Die dargestellte Studie hat zwei Repliken (Hout und Greeley 1990; Firebaugh und Harley 1991) nach sich gezogen, welche die für die vorliegende Arbeit besonders relevante Annahme von Chaves (1989), dass kein Alterseffekt existiert, in Frage stellen. Hout und Greeley (1987) nutzen in einer eigenen Arbeit Trenddaten für die Vereinigten Staaten, die durch das Gallup-Institut erhoben wurden und einen vergleichsweise längeren Analysezeitraum von 1939-1984 umfassen. Die Vorgehensweise ist ähnlich wie bei Chaves (1989): Berechnet werden logistische Regressionsmodelle zur Wahrscheinlichkeit eines Kirchgangs im Zeitraum von einer Woche vor dem Befragungszeitpunkt. Diese Modelle sind wiederum, im Hinblick auf die Indikatoren zu Alters-, Perioden- und Kohorteneffekten, unterschiedlich spezifiziert und werden daraufhin überprüft, inwieweit sie zu den beobachteten Daten passen. Im Unterschied zu Chaves (1989) stellt sich in diesen Analysen heraus, dass Alterseffekte erklärungskräftiger sind als Perioden- und Kohorteneffekte. So scheint sich die Kirchgangshäufigkeit für Katholiken kontinuierlich bis zum 60. Lebensjahr zu erhöhen und im weiteren Verlauf konstant zu bleiben, während sich bei evangelischen Befragten ein Anstieg bis zum 40. Lebensjahr zeigt, an den sich ein leichter Abwärtstrend anschließt.

In einer Replik auf Chaves (1989) beziehen sich Hout und Greeley (1990) auf diese Analysen. Sie werfen Chaves vor, dass seine Auswertungen nicht dazu geeignet sind, eine größere Erklärungskraft von Kohorten- gegenüber von Alterseffekten nachzuweisen, da er jede Kohorte nur für einen relativ kurzen Zeitraum von 10-14 Jahren beobachten könne und die Korrelation zwischen den jeweils sechs Jahre umfassenden Kohorten- und Altersindikatoren mit -.97 so hoch sei, dass infolge von Multikollinearität nicht mehr sicher zwischen Alters- und Kohor-

4.1 Existiert ein eigenständiger Alterseffekt?

teneffekten zu unterscheiden ist. Hout und Greeley (1990) führen zudem für ihre eigene Analyse (1987) ins Feld, diese beiden Probleme durch den deutlich längeren Beobachtungszeitraum und eine andere Einteilung der Geburtskohorten, die jeweils fünfzehn Jahrgänge umfassen, besser gelöst zu haben.

In einer weiteren Replik stellen Firebaugh und Harley (1991) nicht, wie Hout und Greeley (1990), die Annahme in Frage, dass ein negativer Kohorteneffekt existiert. Sie stimmen mit Chaves (1989) darin überein, dass sich die Kirchgangshäufigkeit, zumindest bei evangelischen Personen, zwischen den Kohorten abschwächt und sich gleichzeitig innerhalb der Kohorten verstärkt. Für den Anstieg, den Chaves (1989) auf eine periodenspezifische Wiederbelebung zurückführt, können ihrer Meinung nach jedoch auch Alters- und Lebenszykluseffekte verantwortlich sein. Die Autoren leisten zwar keine eigenen empirischen Beiträge, die diese Annahme erhärten würden, halten die Lebenszyklus-Interpretation aber für theoretisch plausibler. Chaves (1990, 1991) hat in zwei Erwiderungen insbesondere auf die Kritik von Hout und Greeley (1990) reagiert. Er hält es nun für möglich, dass er in seinen Analysen mit dem General Social Survey (Chaves 1989) Alterseffekte unter- und Kohorteneffekte überschätzt hat und favorisiert daher nun eine Spezifikation, in die alle drei Zeitdimensionen (Alter, Periode und Kohorte) einfließen.

Die neueren APC-Analysen zur Kirchenmitgliedschaft und Kirchgangshäufigkeit (Lois 2011a; Miller und Nakamura 1996; Schwadel 2010) zeichnen sich, im Vergleich zu den älteren Studien, insbesondere durch die Anwendung komplexerer Methoden aus, die mittlerweile für diesen Untersuchungszweck entwickelt wurden. Miller und Nakamura (1996) stützten sich, wie Chaves (1989), auf das General Social Survey für den Beobachtungszeitraum 1972-1990. Das angewendete Analyseverfahren basiert auf der Bayes-Statistik und umgeht das Identifikationsproblem durch die Annahme, dass sich die auf Alters-, Perioden- und Kohorteneffekte bezogenen Parameter nur graduell verändern. Die Ergebnisse weisen ein recht klares Muster auf: Während Periodeneffekte nur sehr schwach ausfallen und zudem keinem eindeutigen Trend folgen, verstärkt sich die Kirchgangshäufigkeit mit steigendem Alter, wobei dieser Anstieg zwischen dem 25. und 35. Lebensjahr und ab dem 50. Lebensjahr besonders ausgeprägt ist. Die Kohorteneffekte folgen keinem linearen Trend, deuten jedoch auf ein geringeres Niveau der Kirchgangshäufigkeit in jüngeren Geburtskohorten hin.

Schwadel (2010) untersucht ebenfalls Daten des General Social Survey, die nun einen Zeitraum von 1973 bis 2006 umfassen. Als abhängige Variable steht in diesem Fall jedoch die dichotom kodierte Mitgliedschaft in einer Religionsgemeinschaft im Mittelpunkt. Um Alters-, Perioden- und Kohorteneffekte voneinander zu differenzieren, wird unter anderem auf sogenannte „Cross Classified Random Effects"-Modelle (Yang und Land 2006, 2008) zurückgegriffen, die eine Mehrebenen-Methodologie für die Analyse von Trenddaten nutzbar machen. Das Lebensalter wird hierbei als Individualmerkmal auf der ersten Ebene (Personen) modelliert. Zusätzlich wird angenommen, dass Personen gleichzeitig in zwei zeitliche Kontexte – Kalenderzeitpunkte und Geburtskohorten – eingebettet sind. Diese beiden Kontexteinheiten stehen jedoch nicht in einem hierarchischen Verhältnis zueinander, da die zu einem Erhebungszeitpunkt befragten Personen mehreren Kohorten angehören bzw. die Mitglieder einer Kohorte zu unterschiedlichen Erhebungszeitpunkten befragt werden. Aus diesem Grund wird die zweite Ebene als Kreuztabelle („cross classified") der beiden zeitlichen Kontexte spezifiziert. Die Regressionskonstante kann dabei sowohl über Kalenderzeitpunkte (Spalten der Kreuztabelle) und Geburtskohorten (Zeilen) zufällig variieren. Dadurch ist es möglich, die eigenständigen Varianzanteile von Perioden- und Kohorteneffekten zu bestimmen.

Die Ergebnisse von Schwadel (2010) deuten nun darauf hin, dass sich die Wahrscheinlichkeit, konfessionslos zu sein, mit steigendem Alter, das heißt hier in einem Bereich zwischen dem 30. und 75. Lebensjahr, annähernd linear zu reduzieren scheint. Periodeneffekte, die im Zeitraum 1973-2006 u-förmig verlaufen, sind dabei, genauso wie die eher schwachen und unregelmäßig verlaufenden Einflüsse der Geburtskohorten, statistisch kontrolliert. Kritisch ist dabei zu sehen, dass Schwadel (2009) die Kohorteneinteilung nicht auf theoretische Gesichtspunkte stützt, sondern lediglich eine bestimmte Zahl von Geburtsjahrgängen (hier fünf) zu einer Kohorte zusammenfasst. Dieser Einwand trifft allgemein auf die zitierten nordamerikanischen Trendanalysen zu.

Lois (2011b) hat eine APC-Analyse für die Bundesrepublik durchgeführt, die ebenfalls auf dem „Cross Classified Random Effects-Modell" aufbaut. Die Grundlage bilden ALLBUS-Daten für die Zeiträume 1980-2008 (Westdeutschland) bzw. 1991-2008 (Ostdeutschland). Die empirische Analyse führt im Hinblick auf Periodeneffekte zu folgenden Hauptergebnissen: Im Einklang mit konventionellen Säkularisierungstheorien zeigt sich für West- und Ostdeutschland, dass der Anteil konfessionell gebundener Personen in den Zeiträumen 1980-2008 bzw. 1991-2008 weiter zurückgeht. In Westdeutschland ist zudem, auch bei Kontrolle der Kirchenmitgliedschaft, eine signifikante Reduzierung der Kirchgangshäufigkeit innerhalb von knapp drei untersuchten Jahrzehnten seit 1980 festzustellen.

Die Ergebnisse zum Periodeneffekt sind somit wenig überraschend, da der Säkularisierungstrend für die Bundesrepublik, verglichen mit der Entwicklung in Nordamerika, unumstritten ist. Im Hinblick auf Kohorteneffekte widersprechen die Befunde jedoch der in der Literatur häufig geäußerten Annahme, dass sich das Niveau der kirchlichen Bindung bzw. religiösen Vitalität mit jeder nachfolgenden Generation weiter abschwächt. Die Einflüsse der Geburtskohorte sind, bei statistischer Kontrolle von Alters- und Periodeneffekten, eher schwach. In Westdeutschland zeigt sich, insbesondere in Bezug auf die Kirchgangshäufigkeit, ein u-förmiger Verlauf. Die geringste Häufigkeit von Gottesdienstbesuchen ist in den Kohorten 1946-1953 und 1954-1964 zu beobachten, die durch die 68er-Bewegung und das Aufkommen der Neuen Sozialen Bewegungen geprägt wurden. Das Niveau der religiösen Praxis liegt demgegenüber in den älteren Geburtskohorten vor 1934, aber auch in der jüngsten beobachteten Kohorte (1976-1990), höher. Für die ostdeutschen Jahrgänge 1961-1974 und 1975-1990, die während der Auflösungsphase der DDR bzw. in der Nachwendezeit sozialisiert wurden, sind Steigerungen des Ausgangsniveaus der Kirchenmitgliedschaft gegenüber älteren Kohorten zu beobachten. Diese Befunde, die auf eine Revitalisierung der Kirchlichkeit hindeuten, stehen mit der Annahme im Einklang, dass die Wiedervereinigung positive Effekte auf die religiöse Beteiligung hatte.

Bezogen auf Alterseffekte kann zunächst festgestellt werden, dass der allgemeine Säkularisierungstrend nach Lois (2011b) offenbar durch positive Alterseffekte auf die Wahrscheinlichkeit einer Kirchenmitgliedschaft (in West- und Ostdeutschland) und die Kirchgangshäufigkeit (in Westdeutschland) konterkariert wird. Im Falle der Kirchenmitgliedschaft westdeutscher Personen ist dabei, in Übereinstimmung mit dem traditionellen Modell von Bahr (1970), ein u-förmiges Muster nachweisbar, wonach sich der Anteil von Kirchenmitgliedern im Altersbereich 18-35 Jahre reduziert und anschließend wieder ansteigt. Im Falle der Kirchgangshäufigkeit ist der altersspezifische Anstieg dagegen monoton positiv. Der positive Alterseffekt auf die Kirchgangshäufigkeit westdeutscher Personen schwächt sich zudem mit fortlaufender Kalenderzeit signifikant ab. Dies kommt durch einen signifikanten Interaktionseffekt ‚Alter × Periode' in einem Regressionsmodell auf die Kirchgangshäufigkeit zum Ausdruck.

Als Zwischenfazit lässt sich anmerken, dass die vorliegenden APC-Analysen, die auf Trenddaten basieren, überwiegend positive Alterseffekte auf die Kirchgangshäufigkeit und die Kirchenmitgliedschaft finden. Dabei muss jedoch insofern differenziert werden, da die altersspezifische Veränderung der Wahrscheinlichkeit einer Kirchenmitgliedschaft nach Lois (2011b), nicht jedoch nach Schwadel (2010), u-förmig zu verlaufen scheint, während der Anstieg der Kirchgangshäufigkeit mit steigendem Lebensalter überwiegend als monoton positiv beschrieben wird (Hout und Greeley 1987; Chaves 1990; Miller und Nakamura 1996).

Kritisch ist zu den bisher zitierten Studien einzuwenden, dass den empirischen Analysen jeweils nur Trenddaten zu Grunde liegen. Dadurch ist es bei der Bestimmung von Alterseffekten nicht möglich, dieselbe Person im Lebensverlauf mehrfach zu befragen. Eine Schätzung von Alterseffekten auf der Basis eines Vergleichs unterschiedlicher Personen ist jedoch, wie intuitiv einleuchtet, mit größeren Unsicherheiten und Zusatzannahmen behaftet, als ein Vergleich derselben Person über die Zeit. Erstaunlicherweise kommt dieses Argument in den geschilderten Kontroversen zur relativen Bedeutung von Alters-, Perioden- und Kohorteneffekten, die sich weitgehend in technischen Spezifikationsfragen verlieren, nicht zum Tragen. Auch die komplexen Datenanalyseverfahren, die in der jüngeren Forschung zum Einsatz kommen, ändern nichts an den grundlegenden Problemen, die mit dem Trenddesign verbunden sind. Daher lässt sich an dieser Stelle festhalten, dass die bisher zusammengefassten Befunde zu Alterseffekten in der religiösen Entwicklung als unsicher zu betrachten sind.

Die geschilderten Einwände treffen dagegen auf die Studien von Argue et al. (1999) sowie Wink und Dillon (2002) nicht zu, da hier, wie es auch in der vorliegenden Arbeit beabsichtigt ist, ein quasi-experimenteller Untersuchungsansatz auf der Basis von Paneldaten zur Anwendung gelangt. Argue et al. (1999) stützten sich auf die nordamerikanische „Marital Instability Over the Life Course Study", die vier Panelwellen in den Jahren 1980, 1983, 1988 und 1992 umfasst, an denen insgesamt 2.033 Personen teilgenommen haben, die im Jahr 1980 verheiratet sind und das fünfzigste Lebensjahr noch nicht überschritten haben. Als abhängige Variable wird die Frage verwendet, inwieweit sich die Religion nach Einschätzung des Befragten auf sein alltägliches Leben auswirkt (fünffach abgestuftes Antwortformat von 5 = sehr stark bis 1 = überhaupt nicht). Dieses Item lässt sich weniger der religiösen Praxis als der Dimension der Konsequenzen der Religiosität zuordnen, weist jedoch mit der Kirchgangshäufigkeit eine starke positive Korrelation von .64 auf. Die empirischen Analysen sind deshalb besonders interessant, da das im dritten Kapitel ausführlich besprochene Fixed-Effects Modell, das nur die Varianz innerhalb von Personen in Rechnung stellt, angewendet wird. Das Problem einer Kollinearität zwischen Alters- und Periodeneffekten wird dabei durch eine Logarithmierung des Lebensalters gelöst. Bei dieser Modellspezifikation zeigt sich ein monoton positiver Alterseffekt auf die Wichtigkeit der Religion im Alltag, die sich gleichzeitig im Vergleich der vier Messzeitpunkte signifikant reduziert (Periodeneffekt). Zudem wird der Interaktionseffekt „Alter × Geschlecht" signifikant, wonach der altersspezifische Anstieg bei Männern schwächer ausgeprägt ist als bei Frauen.

4.1 Existiert ein eigenständiger Alterseffekt?

Wink und Dillon (2002) untersuchen, wie sich die Spiritualität im Lebensverlauf verändert. Bei der abhängigen Variablen handelt es sich um eine fünffach abgestufte Skala zur Messung von Spiritualität, definiert als die Suche nach der persönlichen Verbundenheit mit übernatürlichen Kräften, bei denen es sich um Gott, die Natur oder andere höhere Mächte handeln kann. Die Operationalisierung stellt stark auf spirituelle Aktivitäten ab, wie regelmäßige Meditationen, die Beteiligung an spirituellen Gruppen oder Reisen. Die Einstufung jedes Befragten wird auf der Basis einer Kodierung qualitativen Interviewmaterials gewonnen, die unabhängig durch mehrere Forscher vorgenommen wird. Die Korrelation zwischen der Spiritualität und der ebenfalls gemessenen Religiosität, verstanden als Wichtigkeit von Religion und Kirche für das Leben der Befragten, liegt allerdings nur in einem Bereich zwischen .30 und .38, wodurch die Relevanz der Ergebnisse von Wink und Dillon (2002) für den vorliegenden Fall etwas eingeschränkt wird.

Die empirische Grundlage der Untersuchung ist eine regional auf Berkeley (Californien) begrenzte Panelstudie zur Erforschung intergenerationaler Beziehungen mit vier Befragungswellen zwischen 1958 und 1999. In die Analysen einbezogen werden n = 130 Personen, die an allen vier Befragungen teilgenommen haben und somit über einen vergleichsweise langen Zeitraum beobachtet werden können, der sich vom Anfang des dritten bis in das siebte Lebensjahrzehnt erstreckt. Die Ergebnisse einer Varianzanalyse mit Messwiederholung bestätigen einen signifikant-positiven Effekt des Lebensalters. Da die entsprechende Analyse auf der Varianz innerhalb von Personen basiert und dadurch eine Konfundierung von Alters- und Kohorteneffekten vermieden wird, handelt es sich auch hier um eine methodisch stärker belastbare Schätzung des Alterseffektes. Frauen weisen zudem, ähnliche wie in den Analysen von Argue et al. (1999), einen stärkeren altersspezifischen Anstieg der Spiritualität auf als Männer.

Auf der Basis der Analysen von Argue et al. (1999) sowie Wink und Dillon (2002) lässt sich insgesamt die Schlussfolgerung ziehen, dass positive Alterseffekte auf Merkmale wie die subjektive Wichtigkeit der Religion oder die Spiritualität auch dann nachweisbar sind, wenn alle zeitkonstanten Personenmerkmale, inklusive von Kohorteneinflüssen, kontrolliert werden. Die Befunde erhärten somit den Verdacht, dass ein eigenständiger positiver Alterseffekt auf die Religiosität und verwandte Merkmale existiert.

Empirische Ergebnisse: Sind positive Alterseffekte auf die kirchliche Religiosität nachweisbar?

Im nächsten Schritt werden die eigenen empirischen Ergebnisse zu Alterseffekten auf die Lebensverlaufsdynamik der Religiosität präsentiert, die auf dem Sozio-oekonomischen Panel basieren. Drei abhängige Variablen sind Gegenstand der Untersuchungen: die Kirchenmitgliedschaft, die Kirchgangshäufigkeit und die subjektive Wichtigkeit der Religion für die Zufriedenheit und das Wohlbefinden des Akteurs.

In Tabelle 2 sind die Ergebnisse von Logit-Modellen mit Random Effects (Modelle 1A und 2A) sowie mit Fixed Effects (Modell 1B und 2B) dargestellt. Bei der abhängigen Variablen handelt es sich jeweils um einen dichotomen Indikator zur Kirchenmitgliedschaft (1 = mit Konfession, 0 = konfessionslos). In die RE-Modelle fließen 34.536 Personen ein, für die Informationen zur Kirchenmitgliedschaft zur Verfügung stehen. Die FE-Modelle basieren dagegen lediglich auf 2.142 Befragten, die im Laufe des Beobachtungszeitraums, der sich über die Jahre 1990, 1997, 2003 und 2007 erstreckt, Varianz auf der abhängigen Variablen aufweisen, also (zwischenzeitlich) in eine Kirche eintreten oder austreten.

Zunächst ist von Interesse, wie variabel die Kirchenmitgliedschaft im Lebensverlauf ist. Wenn Sozialisationseffekte dominieren, sollten sich die meisten Personen über die Zeit ‚treu' bleiben, indem sie entweder dauerhaft einer Religionsgemeinschaft angehören oder durchgängig konfessionslos sind. Aus einer dynamischen Lebensverlaufsperspektive wäre dagegen zu erwarten, dass sich die Kirchenmitgliedschaft im Rahmen der Säkularisierung, aber auch in Abhängigkeit von biografischen Ereignissen, die etwa im Erwerbs- und Familienzyklus angesiedelt sind, beständig verändert und insofern eine größere Fluktuation zu beobachten ist.

Einen ersten Hinweis kann hier die sogenannte Intraklassenkorrelation (rho) des RE-Logit-Modells liefern, das keine unabhängigen Variablen enthält (Nullmodell; tabellarisch nicht dargestellt). Da es sich um hierarchische Daten handelt, bei denen Zeitpunkte (Ebene 1) in Personen (Ebene 2) geschachtelt sind und die Intraklassenkorrelation den Varianzanteil der zweiten Ebene misst, entfallen 63.3% der Varianz in der Wahrscheinlichkeit einer Kirchenmitgliedschaft auf Unterschiede zwischen Personen und 37.3% auf Unterschiede innerhalb von Personen über die vier Messzeitpunkte. Zwischen den alten Bundesländern (rho = .599) und den neuen Bundesländern (rho = 0.635) zeigen sich nur geringe Unterschiede. Anders ausgedrückt korreliert die Wahrscheinlichkeit einer Kirchenmitgliedschaft für eine Person relativ hoch zwischen den verschiedenen Messzeitpunkten (Rodríguez und Elo 2003). Angesichts der Niveauunterschiede – gemittelt über den Beobachtungszeitraum gehören 84% der westdeutschen Personen aber nur 31% der ostdeutschen

4.1 Existiert ein eigenständiger Alterseffekt?

einer Konfession an – wird die Mehrheit der westdeutschen Befragten demnach durchgängig einer Religionsgemeinschaft angehören, während der überwiegende Teil der ostdeutschen Personen konfessionslos bleibt. Obwohl diese Ergebnisse eher auf eine zeitliche Stabilität der Kirchenmitgliedschaft hindeuten und als Beleg für dauerhaft stabile Sozialisationseinflüsse angeführt werden können, ist eine eindeutige Festlegung infolge des Fehlens geeigneter Vergleichswerte schwierig. Es erscheint daher fruchtbarer zu sein, sich nicht nur mit Varianzanteilen zu beschäftigen, sondern mit der Systematik von Veränderungen der Kirchenmitgliedschaft im Lebenslauf, die durch die formulierten Hypothesen vorhergesagt wird.

Tabelle 2: Altersspezifische Veränderung der Kirchenmitgliedschaft (Logit-Koeffizienten mit z-Werten in Klammern)

	M1A RE-Logit	M1B FE-Logit	M2A RE-Logit	M2B FE-Logit
Alters- und Periodeneffekte				
Alter (zentriert um 17 Jahre)	-.07*** (-18.5)	-.12*** (-7.8)	-.03*** (-4.1)	-.09*** (-3.6)
Alter (quadriert)	.001*** (24.3)	.002*** (11.9)	.001*** (7.1)	.001* (2.3)
Periodeneffekt (log. Jahre seit 1990)	-.38*** (-24.7)	-.48*** (-7.1)	-.15*** (-3.5)	-.46*** (-3.5)
Interaktionseffekte				
Alter × log. Jahre seit 1990	-	-	-.02*** (-5.6)	-.01 (-0.9)
Alter (quadriert) × log. Jahre seit 1990	-	-	.0002** (4.9)	.0002 (1.6)
Kontrollvariablen				
Mann	-.59*** (-15.2)	-	-.59*** (-15.2)	-
Wohnort Ostdeutschland	-4.61*** (-99.2)	-1.05*** (-3.7)	-4.62*** (-99.3)	-1.05*** (-3.7)
Log likelihood	-26363	-2052	-26346	-2050
Varianzkomponente σ_i	2.26	-	2.26	-
N (Personen)	34536	2142	34536	2142
N (Personenjahre)	69686	6361	69686	6361

Quelle: SOEP (Wellen 1990, 1997, 2003 und 2007, eigene Berechnungen)
Anmerkungen:
+ p ≤ .10; * p ≤ .05; ** p ≤ .01; *** p ≤ .001

Zunächst steht im Sinne der ‚Afterlife-Investment-Hypothese' in Frage, ob ein eigenständiger positiver Alterseffekt auf die Entwicklung der Wahrscheinlichkeit einer Kirchenmitgliedschaft feststellbar ist. In Modell 1A fließt, neben einem Indikator für den Periodeneffekt, das lineare Alter zusammen mit einem quadrierten Term ein. Den Hintergrund für diese Modellspezifikation bilden die theoretischen Annahmen, die eine nicht-lineare Entwicklung der kirchlichen Religiosität im Lebenslauf nahelegen. Dabei handelt es sich etwa um das traditionelle Verlaufsmodell von Bahr (1970), das eine u-förmige Entwicklung postuliert oder die Vorhersagen von Fowler (1991) zu der stufenförmigen Glaubensentwicklung, die in der ‚Postadoleszenz-Hypothese' gemündet sind.

Der Effekt des Periodenindikators zeigt zunächst, dass sich die Wahrscheinlichkeit einer Kirchenmitgliedschaft im Beobachtungszeitraum reduziert hat (b = -.38). Dieser Säkularisierungs-Befund korrespondiert mit den amtlichen Analysen von Eicken und Schmitz-Veltin (2010), die signifikante Austrittswellen aus den christlichen Kirchen, insbesondere zu Beginn der 1990er-Jahre, dokumentieren (vgl. auch Lois 2011b; Wolf 2007). Zu beachten ist, dass sich der Periodeneffekt in Modell 1A aus zwei Quellen speist: Zum einen sind Unterschiede *zwischen* Personen zu beachten, die zu strukturellen Veränderungen der hier untersuchten Stichprobe beitragen können. Da die Taufen je hundert Geburten in Deutschland seit Jahrzehnten für beide großen christlichen Kirchen kontinuierlich zurückgehen (Eicken und Schmitz-Veltin 2010), sind zum Beispiel immer mehr 17jährige Befragte, die neu in die Stichprobe gelangen, konfessionslos. Zum anderen ist zu berücksichtigen, dass sich die Neigung *derselben* Person, einer Kirche anzugehören, im Laufe der historischen Zeit reduziert, etwa aufgrund der steuerlichen Mehrbelastungen zu Beginn der 1990er Jahre (Solidaritätszuschlag) oder infolge eines sich wandelnden ‚Zeitgeistes'. Worin die Ursachen für den zeithistorischen Säkularisierungstrend im Einzelnen zu suchen sind, kann in der vorliegenden Arbeit nicht untersucht werden. Ein Überblick zum aktuellen Stand der Diskussion findet sich bei Pollack (2009) und Pickel (2011, S. 137-177).

Im Hinblick auf den Einfluss des Lebensalters werden in Modell 1A sowohl der lineare als auch der quadrierte Altersterm signifikant, wobei das quadrierte Alter ein positives Vorzeichen aufweist. Dies deutet darauf hin, dass sich die Wahrscheinlichkeit einer Kirchenmitgliedschaft, gemäß der ‚Postadoleszenz-Hypothese', beim Übergang von der Adoleszenz in die Postadoleszenz zunächst abzuschwächen scheint, bevor es, im Sinne der ‚Afterlife-Investment-Hypothese', zu einem erneuten Anstieg kommt. In die Ergebnisse von Modell 1A fließen jedoch, wie besprochen wurde, sowohl Unterschiede zwischen als auch innerhalb von Personen ein, wobei erstere, angesichts der Varianzverteilung, überwiegen. Damit besteht die Möglichkeit, dass der Alterseffekt durch Kohorteneinflüsse verzerrt wird. Ein Vergleich zwischen den Modellen 1A und 1B kann über das Ausmaß potentieller Verzerrungen Auskunft geben. Im FE-Logit-Modell werden nur diejenigen Befragten berücksichtigt, bei denen sich die Kirchenmitgliedschaft im Beobachtungszeitraum verändert (n = 2.142). Die Logik der Schätzung besteht darin, eine Person über die Zeit mit sich selbst zu vergleichen. Wenn also etwa ein Befragter in den Jahren 1990 und 1997 konfessionslos ist, und in den Jahren 2003 und 2007 Kirchenmitglied, lautet die Frage, was sich bei dieser Person zum dritten und vierten Messzeitpunkt, verglichen mit den ersten beiden, verändert hat. Wäre nun im FE-Logit-Modell ein positiver Alterseffekt nachweisbar, würde dies bedeuten, dass sich mit steigendem Alter die Wahrscheinlichkeit erhöht, dass sich die abhängige Variable bei einer Person über Zeit von null (konfessionslos) auf eins (Kirchenmitglied) verändert. Dies kann eine Konsequenz daraus sein, dass Kircheneintritte, das heißt Veränderungen der abhängigen Variablen von null auf eins, häufiger werden bzw. Kirchenaustritte seltener. Wichtig ist dabei, nochmals darauf hinzuweisen, dass im Unterschied zur Ereignisdatenanalyse der exakte Zeitpunkt von Eintritts- und Austrittsereignissen nicht bekannt ist und auch nicht bekannt sein muss. Die Ergebnisse basieren lediglich auf den Veränderungsmustern der Kirchenmitgliedschaft, die auf der Basis von vier diskreten Punkten in der Zeit gemessen werden.

Während im obigen Beispiel, zur Vereinfachung, von einem positiven Alterseffekt ausgegangen wurde, ist der tatsächliche Einfluss des Lebensalters laut Modell 1B, ebenso wie im RE-Logit-Modell, u-förmig. Der lineare Alterstern hat ein negatives Vorzeichen und vom quadrierten Alter geht ein positiver Effekt aus. In der FE-Logik bedeutet dies, dass die Personen mit Veränderungen in der Kirchenmitgliedschaft zunächst beim Übergang vom Jugend- ins Erwachsenenalter eher zu Kirchenaustritten neigen und anschließend die Wahrscheinlichkeit wieder steigt, dass sich die abhängige Variable von null auf eins verändert, Personen also in die Kirche eintreten. Ein Vergleich der absoluten Effektstärken zwischen den Modellen 1A und 1B führt zu dem Ergebnis, dass die U-Form des Alterseffektes im FE-Logit-Modell deutlich stärker ausgeprägt ist. Das tatsächliche Ausmaß lebenszyklischer Veränderungen der Kirchenmitgliedschaft wird folglich im RE-Logit-Modell, möglicherweise aufgrund von Einflüssen der Geburtskohorte, unterschätzt.[11]

---

11 Auch die Effekte der Kontrollvariablen sind im RE-Logit- und FE-Logit-Modell jeweils unterschiedlich zu interpretieren. Der negative Einfluss des Wohnortes in Ostdeutschland speist sich in Modell 1A potentiell aus zwei Quellen: Erstens sind Ostdeutsche ohne Mobilität deutlich seltener Kirchenmitglied als Westdeutsche (Varianz zwischen Personen) und zweitens hat ich die Kirchenmitgliedschaft im Zuge einer Ost-West-Mobilität verändert (Varianz innerhalb Per-

Der Periodeneffekt, operationalisiert über die logarithmierte Zahl der Jahre seit 1990, ist in Modell 1B ebenfalls negativ und hoch signifikant. Somit ist festzustellen, dass sich zwei zeitliche Wandlungsprozesse *innerhalb* von Personen beobachten lassen. Zum einen verändert sich die Neigung zur Mitgliedschaft in einer Kirche in Abhängigkeit vom Lebensalter. Zum anderen hat sich die Neigung, Kirchenmitglied zu sein, für dieselbe Person, im Vergleich der Messzeitpunkte 1990 und 2007, signifikant verringert. Akteure ‚altern' somit innerhalb eines zeithistorischen Kontextes und werden nicht nur von lebenszyklischen Faktoren beeinflusst, sondern auch von Periodeneinflüssen. In diesem Zusammenhang stellt sich die Anschlussfrage zur relativen Bedeutung von Alters- und Periodeneffekten innerhalb derselben Person. Überwiegt der zeithistorische Säkularisierungstrend die altersspezifischen Wachstumskräfte? Eine Einschätzung ist hier infolge des nicht-linearen Alterseffektes und der begrenzten Länge des Beobachtungszeitraums schwierig. Ist eine Person im Jahr 1990 zum Beispiel 17 Jahre alt, wird sich ihre Neigung zur Kirchenmitgliedschaft bis zum letzten Messzeitpunkt im Jahr 2007 sowohl im Zuge des u-förmigen Alterstrends reduziert haben als auch infolge des zeithistorischen Säkularisierungstrends. Bei einem Befragten, der im Jahr 1990 ein Alter von 50 Jahren hat, läuft dagegen der positive Alterseffekt dem negativen Periodeneffekt entgegen.

Alters- und Periodeneffekte können zudem in einem Wechselverhältnis stehen. In den Modellen 2A und 2B in Tabelle 2 wird daher der Frage nachgegangen, ob sich Richtung und Stärke des Alterseffektes im Laufe des Beobachtungszeitraums verändert haben. Zu diesem Zweck werden Interaktionseffekte „Alter × Periode" in das Modell aufgenommen. Die Ergebnisse im RE-Logit-Modell deuten darauf hin, dass die U-Form des Alterseffektes zwischen 1990 und 2007 ausgeprägter geworden ist. Sowohl der Haupteffekt des linearen Alters im Jahr 1990 (b = -.03) als auch der Haupteffekt des quadrierten Alters (b = .001) verstärken sich, wie die Interaktionseffekte zeigen (b = -.02 bzw. b = .0002), im Laufe der historischen Zeit. Die Belastbarkeit dieser Ergebnisse, nach denen sich die Lebensverlaufsdynamik der Religiosität in den letzten beiden Jahrzehnten verstärkt hat, bleibt jedoch unsicher, da sie sich im FE-Logit-Modell (2B), das unter anderem gegenüber Einflüssen der Geburtskohorte robust ist, nicht replizieren lassen.

---

sonen). In das FE-Logit-Modell fließt nur der zuletzt genannte Fall ein. Hiernach scheint sich die konfessionelle Mitgliedschaft im Zuge eines Wohnortwechsels zwischen den alten und neuen Bundesländern signifikant zu verändern. Dieser Aspekt wird in Abschnitt 4.6 detailliert untersucht. Außerdem bestätigt Modell 1A den bereits häufig replizierten und kontrovers diskutierten Befund, dass Frauen religiöser sind (Ahrens 1997; Collett und Lizardo 2009; Woodhead 2008). In Modell 1B kann das Geschlecht nicht berücksichtigt werden, da es sich nicht verändert.

4.1 Existiert ein eigenständiger Alterseffekt?

Um die nicht-linearen Verlaufsmuster optisch beurteilen zu können, enthält Abbildung 3 eine Darstellung der tatsächlich beobachteten Anteile von Kirchenmitgliedern im jeweiligen Alter sowie die auf den Schätzergebnissen des RE- und FE-Logit-Modells basierenden Wahrscheinlichkeiten einer Kirchenmitgliedschaft. In den beobachteten Daten für Westdeutschland ist der u-förmige Verlauf bereits sichtbar. Der Anteil von Kirchenmitgliedern reduziert sich zunächst nach dem 17. Lebensjahr und beginnt etwa ab dem 40. Lebensjahr wieder anzusteigen. Während die Vorhersagewerte des RE-Modells den beobachteten Daten weitgehend folgen, werden im FE-Logit-Modell gravierende Unterschiede deutlich. Um hier den kausalen Alterseffekt grafisch abbilden zu können, wird dem FE-Modell eine Konstante hinzugefügt, die den aus den Daten geschätzten Anteil von Kirchenmitgliedern im 17. Lebensjahr abbildet. Von diesem Startwert aus ist im FE-Logit-Modell ein deutlicher Rückgang der Wahrscheinlichkeit einer Kirchenmitgliedschaft zwischen dem 18. Lebensjahr und der Mitte des fünften Lebensjahrzehnts zu beobachten. Ab dem 56. Lebensjahr kehrt sich der Verlauf jedoch um, wodurch sich insgesamt ein u-förmiges Muster ergibt.

Abbildung 3: Beobachtete und vorhergesagte Alterseffekte auf die Wahrscheinlichkeit einer Kirchenmitgliedschaft in Westdeutschland

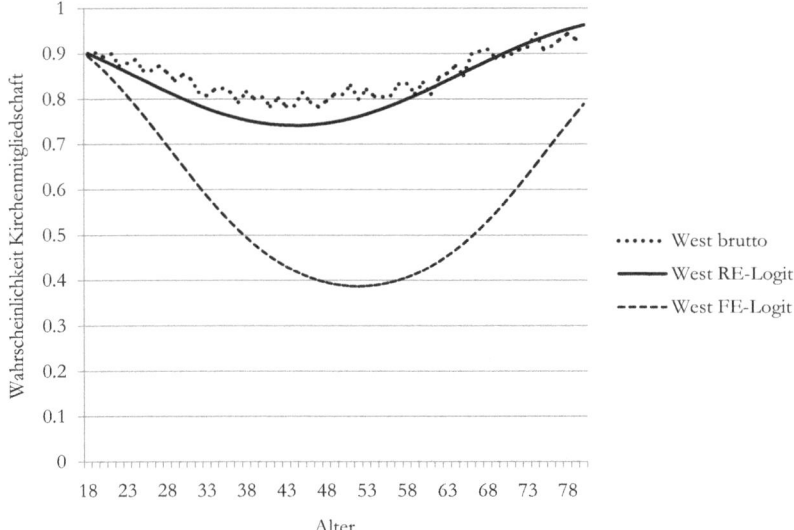

© Daniel Lois; eigene Berechnungen mit SOEP-Daten

Das traditionelle Modell von Bahr (1970) kann somit für Westdeutschland eindeutig bestätigt werden. Die Ergebnisse des FE-Modells korrespondieren zudem erstaunlich gut mit der Vorhersage von Fowler (1991), dass sich der synthetisch-konventionelle Glaube bei den meisten Erwachsenen zwischen dem zweiten und dritten Lebensjahrzehnt abschwächt („Postadoleszenz-Hypothese'), wobei der negative Trend bis in das fünfte Lebensjahrzehnt anhält. Die Gegenbewegung ab dem 56. Lebensjahr mag zudem als Beleg für die ‚Afterlife-Investment-Hypothese' gewertet werden, auch wenn die Gültigkeit der hier unterstellten vermittelnden Mechanismen, wonach Akteure gezielt in religiöses Kapital investieren, um sich auf das Jenseits vorzubereiten, allein durch die Form des Alterseffektes nicht belegbar ist. Die ausgeprägte U-Form der altersspezifischen Veränderungen der Kirchenmitgliedschaft in Westdeutschland, wie sie im FE-Modell zum Ausdruck kommt, ist insgesamt überraschend und findet sich in der Forschung in dieser Deutlichkeit bisher nicht wieder. Es sei jedoch darauf hingewiesen, dass diese Schätzergebnisse auf einer relativ kleinen Gruppe von 1.411 Befragten mit Veränderungen der Kirchgangshäufigkeit im Beobachtungszeitraum beruhen, deren Anteil an der westdeutschen Gesamtstichprobe nur bei etwa 5% liegt.

Die Funktionswerte für die neuen Bundesländer sind in Abbildung 4 dargestellt. Der beobachtete Anteil der Kirchenmitglieder über das Alter liefert kaum Hinweise auf den u-förmigen Verlauf, der für Westdeutschland typisch ist. Stattdessen wird der Eindruck erweckt, dass sich die Wahrscheinlichkeit einer Kirchenmitgliedschaft mit steigendem Alter, und wiederum besonders ab der Mitte des fünften Lebensjahrzehnts, erhöht. Die Beobachtungswerte lassen jedoch grundsätzlich offen, ob dieser Anstieg auf Alterseffekte zurückführbar ist oder auf die Tatsache, dass ältere Kohorten, insbesondere Personen der Geburtsjahrgänge 1930 und früher, in ihrer formativen Sozialisationsphase noch nicht durch einen etablierten sozialistisch-atheistischen Staat beeinflusst wurden. Die Interpretation wird zudem dadurch erschwert, dass in die beobachteten Werte auch Periodeneffekte einfließen.

Das RE-Logit-Modell für Ostdeutschland (tabellarisch nicht dargestellt) deutet, nach Kontrolle eines hochsignifikanten negativen Periodeneffektes, darauf hin, dass der Zusammenhang zwischen dem Lebensalter und der Wahrscheinlichkeit einer Kirchenmitgliedschaft auch in den neuen Bundesländern u-förmig ist. Der um ein Alter von siebzehn Jahren zentrierte lineare Altersterm ist negativ und signifikant, während das quadrierte Alter ein positives Vorzeichen aufweist. Dieser u-förmige Verlauf ist auch in Abbildung 4 tendenziell sichtbar.

4.1 Existiert ein eigenständiger Alterseffekt?

Abbildung 4: Beobachtete und vorhergesagte Alterseffekte auf die Wahrscheinlichkeit einer Kirchenmitgliedschaft in Ostdeutschland

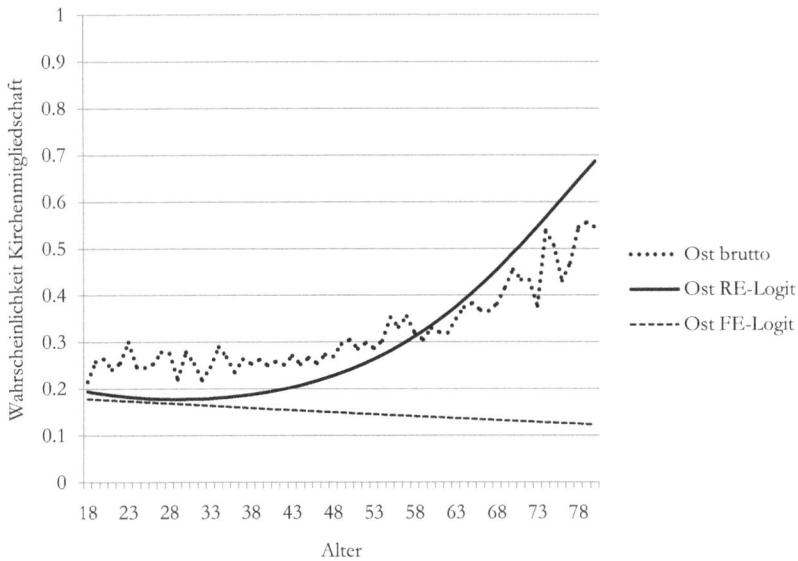

© Daniel Lois; eigene Berechnungen mit SOEP-Daten

Da die Alterseffekte im RE-Logit-Modell ebenfalls durch Einflüsse der Geburtskohorte verzerrt werden können, ist wiederum eine Analyse derjenigen ostdeutschen Personen aufschlussreich, deren Kirchenmitgliedschaft sich innerhalb des Beobachtungszeitraums verändert. Hierbei handelt es sich um 697 von 9681 Befragten (7.2%), für die insgesamt Informationen zur Konfessionszugehörigkeit zur Verfügung stehen. Das FE-Logit-Modell führt zu dem Ergebnis, dass in den neuen Bundesländern kein Alterseffekt auf die Wahrscheinlichkeit einer Kirchenmitgliedschaft existiert. Dies gilt sowohl für Modellspezifikationen mit als auch ohne einen quadrierten Altersterm. Der in Abbildung 4 zu erkennende altersspezifische Rückgang ist nicht signifikant.

An dieser Stelle wird deutlich, welche gravierenden Unterschiede zwischen Schätzmodellen auftreten können, die entweder, wie das RE-Logit-Modell, auf Unterschiede innerhalb und zwischen Personen zurückgreifen, oder, wie das FE-Logit-Modell, nur auf der within-Varianz beruhen. Offensichtlich wird der Alterseffekt im RE-Logit-Modell durch Kohorteneinflüsse stark überschätzt. Die ‚Afterlife-Investment-Hypothese' und die ‚Postadoleszenz-Hypothese' sind daher für die neuen Bundesländer abzulehnen. Zu bedenken bleibt allerdings, dass das Fehlen eines gerichteten Alterstrends nicht bedeuten muss, dass sich die Kirchenmitgliedschaft auch bei ostdeutschen Befragten in einzelnen Lebensphasen verändert. Diesem Aspekt wird in den nachfolgenden Abschnitten nachzugehen sein.

Im nächsten Schritt geht es um die Frage, wie sich die Kirchgangshäufigkeit als Indikator für die religiöse Praxis altersspezifisch verändert. Um diese Analysen von den Untersuchungen zur Kirchenmitgliedschaft abzugrenzen, enthalten die berechneten Regressionsmodelle durchgängig die Kontrollvariable „Konfessionslosigkeit". Dadurch lassen sich für den jeweiligen Prädiktor die Nettoeffekte auf die religiöse Praxis, das heißt bei Konstanthaltung von Veränderungen in der Mitgliedschaft, bestimmen.[12] Die parallele Berechnung von RE- und FE-Modellen lässt sich im Falle der Kirchenmitgliedschaft dadurch begründen, dass die ausschließliche Verwendung des Fixed-Effects-Ansatzes mit einer Verkleinerung der analysefähigen Stichprobe auf unter 10% der Ausgangsgröße verbunden wäre. Da ähnliche Einschränkungen auf die Kirchgangshäufigkeit nicht zutreffen, werden hier ausschließlich FE-Modelle berechnet, die über kausale Effekte Auskunft geben können.[13]

In einem ersten Schritt ist wiederum von Interesse, inwieweit es sich bei der Kirchgangshäufigkeit um ein zeitlich stabiles Merkmal handelt. Die Berechnung der Intraklassenkorrelation (ICC) in einem Modell, das ausschließlich für die Konfessionslosigkeit kontrolliert, zeigt, dass 72.9% der Varianz in der Kirchgangshäufigkeit auf Unterschiede zwischen Personen zurückgehen und entsprechend 27.1% auf Veränderungen innerhalb von Personen entfallen. Die religiöse Praxis der Befragten verändert sich über die Zeit somit wenig und korreliert entsprechend hoch zwischen den einzelnen Befragungswellen. Die ICC liegt in den neuen Bundesländern mit 78.1% noch einmal höher als in Westdeutschland (71.5%). Dies legt die Interpretation nahe, dass die ostdeutschen Befragten überwiegend stabile ‚Nicht-Kirchgänger' sind. Gemittelt über den gesamten Beobachtungszeitraum (1992-2009) besuchen hier exakt drei Viertel der Befragten nie einen Gottesdienst. Dies trifft in Westdeutschland nur auf 44.4% der Befragten zu. Um die berichteten In-

---

12 Infolge dieses Designs reduziert sich die Stichprobe auf 26.329 Personen, für die sowohl Informationen zur Kirchenmitgliedschaft als auch zur Kirchgangshäufigkeit zur Verfügung stehen.

13 Bei den im Folgenden dargestellten Ergebnissen zur Veränderung der Kirchgangshäufigkeit im Lebensverlauf handelt es sich um eine erweiterte und um die SOEP-Wellen 2008 und 2009 aktualisierte Fassung der Analysen von Lois (2011a). Diese Studie wird daher im Rahmen der Zusammenfassung des Forschungsstandes nicht berücksichtigt.

4.1 Existiert ein eigenständiger Alterseffekt?

traklassenkorrelationen einzuordnen, bietet sich zudem ein Vergleich mit anderen Merkmalen an. So weist zum Beispiel die Vergnügungsfreizeit, die den Besuch von Kino-, Tanz- und Sportveranstaltungen umfasst, eine ICC von .39 auf. Auch die allgemeine Lebenszufriedenheit ist zeitlich variabler, wie durch eine Intraklassenkorrelation von .49 dokumentiert wird. Damit wird erneut unterstrichen, dass Sozialisationseinflüsse im Falle der Religiosität offenbar relativ stark sind.

Dennoch bleibt die Frage interessant, welcher Systematik die Veränderungen, die innerhalb von Personen zu beobachten sind, folgen. Zur Bestimmung von Einflüssen des Lebensalters, die nun zunächst im Mittelpunkt stehen, wird im FE-Modell dieselbe Person wiederholt mit sich selbst verglichen. Damit kann, nach Kontrolle von zeitveränderlichen Störgrößen wie dem Periodeneffekt, beurteilt werden, inwieweit sich die Kirchgangshäufigkeit altersspezifisch verstärkt, unabhängig von welchem Ausgangsniveau sich die entsprechenden Veränderungen vollziehen. Alle zeitkonstanten Personenmerkmale, zu denen auch Einflüsse der Geburtskohorte zählen, werden im FE-Modell automatisch kontrolliert.

In Tabelle 3 sind die Alterseffekte auf die religiöse Praxis dargestellt, die sich multivariat bei Kontrolle von Einflüssen der historischen Zeit und von Wohnortwechseln sowie von Veränderungen der Kirchenmitgliedschaft ergeben. Die Ergebnisse in Modell 3 deuten erneut auf zwei gegenläufige zeitliche Trends hin: Während sich das Niveau der Kirchgangshäufigkeit mit fortschreitender historischer Zeit reduziert (Säkularisierung), verstärkt sich die religiöse Praxis mit steigendem Alter (b = .03).[14] Wird zum Beispiel, bei derselben Person, die Häufigkeit jährlicher Kirchgänge im 40. und 57. Lebensjahr miteinander verglichen, um die maximale Länge des Beobachtungseitraums auszuschöpfen, hat sich die religiöse Praxis in dieser Zeit um durchschnittlich etwa 0.5 Gottesdienste jährlich erhöht (.03 × 17 = 0.51). Der positive Alterseffekt bestätigt somit zwar die ‚Afterlife-Investment-Hypothese', ist jedoch schwach und erreicht auch nur knapp das 5%-Signifikanzniveau (t = 2.0).[15] Zudem ist zu bedenken, dass sich die religiöse Praxis im Zuge des Periodeneffektes reduziert. Wird die oben als Beispiel heran-

---

14 Wie Gert Pickel in seinem Gutachten treffend angemerkt hat, handelt es sich an dieser Stelle um eine Suppression: Der positive Alterseffekt wird erst bei multivariater Kontrolle des negativen Periodeneffektes sichtbar.
15 Zu den Kontrollvariablen sei Folgendes angemerkt: Der negative Einfluss einer Konfessionslosigkeit (b = -1.05) resultiert aus Veränderungen der entsprechenden Dummy-Variable von null auf eins oder von eins auf null. Der Effekt ist entsprechend so zu interpretieren, dass sich die Kirchgangshäufigkeit entweder nach einem Kirchenaustritt, verglichen mit einem Zeitraum davor, reduziert oder im Zuge eines Kircheneintritts ansteigt. Ähnlich verhält es sich mit dem Ost-Dummy. Das negative Vorzeichen deutet hier darauf hin, dass sich die Kirchgangshäufigkeit entweder bei einem Umzug von den neuen in die alten Bundesländer verstärkt oder umgekehrt im Zuge eines Wohnortwechsels in die neuen Bundesländer abschwächt. Detailliertere Auswertungen zu Binnenmigrationen finden sich in Abschnitt 4.6.

Tabelle 3: Altersspezifische Veränderungen der Kirchgangshäufigkeit (Fixed-Effects Panelregression, b-Koeffizienten mit t-Werten in Klammern)

	M3	M4	M4 Ost	M4 West
Alters- und Periodeneffekte				
Alter (zentriert)	.03*	.06**	-.04	.09***
	(2.0)	(2.8)	(-1.5)	(3.6)
Zeitraum 1996-1998	-.30*	-.36**	-.24	-.38**
(Ref.: 92-95)	(-3.8)	(-2.7)	(-1.1)	(-2.6)
Zeitraum 1999-2003	-.64***	-.76***	-.22	-.90***
(Ref.: 92-95)	(-3-8)	(-4.1)	(-0.9)	(-4.3)
Zeitraum 2005-2009	-.97***	-1.07***	-.15	-1.30**
(Ref.: 92-95)	(-4.1)	(-4.2)	(-0.5)	(-4.4)
Interaktionseffekte				
Alter × Zeitraum 1996-1998	-	-.01+	.01	-.02*
		(-1.9)	(0.4)	(-2.2)
Alter × Zeitraum 1999-2003	-	-.01+	.01	-.02*
		(-1.7)	(0.7)	(-2.2)
Alter × Zeitraum 2005-2009	-	-.03**	.01	-.04***
		(-3.2)	(0.5)	(-3.8)
Kontrollvariablen				
Wohnort Ostdeutschland	-.47	-.44	-	-
	(-1.5)	(-1.3)		
Konfessionslosigkeit	-1.05***	-1.14***	-.21	-1.53***
	(-6.9)	(-7.0)	(-1.3)	(-7.1)
r² (within)	.0012	.0015	.0015	.0019
n (Personen)		26329	6868	19461
n (Personenjahre)		159939	39492	120447

Quelle: SOEP (Wellen 1992, 1994-1999, 2001, 2003, 2005 und 2007-2009, eigene Berechnungen)
Anmerkungen:
+ p ≤ .10; * p ≤ .05, ** p≤ .01; *** p ≤ .001
Robuste Standardfehler (Haushalts-Clusterung kontrolliert)

gezogene 40jährige Person erstmals im Jahr 1992 befragt, erhöht sich die Kirchgangshäufigkeit bis zum 57. Lebensjahr (Welle 2009) zwar um 0.5 Kirchgänge, nimmt jedoch im Zuge des Periodeneffektes im gleichen Zeitraum etwa um einen

4.1 Existiert ein eigenständiger Alterseffekt?

jährlichen Kirchgang ab (b = -.97). Werden also beide zeitlichen Veränderungen innerhalb von Personen verrechnet, hat sich das Niveau des Kirchgangs im Beobachtungszeitraum um etwa einen halben jährlichen Kirchgang abgeschwächt. Derartige Berechnungsbeispiele, die auf der Gesamtstichprobe basieren, sind dennoch nur begrenzt sinnvoll, da sich die Alterseffekte, wie im weiteren Verlauf noch deutlich werden wird, in verschiedenen Bevölkerungsgruppen sowie Altersbereichen deutlich unterscheiden und es zudem nicht möglich ist, Personen länger als 17 Jahre zu beobachten.

In Modell 4 wird der Frage nachgegangen, inwiefern sich Hinweise auf eine Verstärkung oder Abschwächung des Alterseffektes über die historische Zeit finden. Zu diesem Zweck werden Interaktionseffekte zwischen dem zentrierten Alter und den drei dichotomen Indikatoren in das Modell aufgenommen, die jeweils bestimmte Teilabschnitte des Beobachtungszeitraums repräsentieren. Der konditionale Haupteffekt des Alters in Modell 4 bezieht sich auf den ersten Teilabschnitt, das heißt die Jahre 1992 bis 1995. Der altersspezifische Anstieg der Kirchgangshäufigkeit ist hier deutlich stärker (b = .06). Entsprechend bestätigen die Interaktionseffekte, dass sich der Alterseffekt im Zuge der historischen Zeit abgeschwächt hat. Dies gilt insbesondere für den letzten Teilabschnitt des Beobachtungszeitraums. In den Jahren 2005 bis 2009 ist der positive Einfluss des Lebensalters um den Faktor 0.03 kleiner als in den Jahren 1992 bis 1995. Die entsprechende Wechselwirkung ist auf dem 1%-Niveau signifikant (t = -3.2). Die absolute Höhe des Alterseffektes im Zeitraum 2005 und 2009 beträgt, wie eine Verrechnung von Haupt- und Interaktionseffekt zeigt, b = .03 (.06 − .03 = .03). Insgesamt lässt sich somit festhalten, dass die ‚Kräfte', die zu einem Wachstum der religiösen Praxis im Lebensverlauf beitragen, offenbar im Zuge der historischen Zeit schwächer werden. Dieses Ergebnis, das auch Lois (2011b) im Rahmen einer Trendanalysen mit ALLBUS-Daten berichtet, deutet auf eine spezielle Form von Säkularisierung hin, die noch zu diskutieren sein wird.

Bereits in den Analysen zur Kirchenmitgliedschaft sind Ost-West-Unterschiede deutlich geworden. In den beiden letzten Spalten von Tabelle 3 wird daher auch für die Kirchgangshäufigkeit eine getrennte Untersuchung für die neuen und alten Bundesländern durchgeführt. Die Ergebnisse weisen ein ähnliches Muster auf: In Ostdeutschland existiert kein Alterseffekt auf die religiöse Praxis (b = -.04, n.s.). In den alten Bundesländern ist der altersspezifische Anstieg dagegen vergleichsweise stärker ausgeprägt. Während der Einfluss des Lebensalters hier im Zeitraum 1992-1995 noch b = .09 beträgt, sind allerdings in den nachfolgenden Teilabschnitten, wie die signifikanten Interaktionseffekte zeigen, Rückgänge in der Stärke des Alterseffektes festzustellen. In den Jahren 2005-2009 entspricht der Anstieg in Westdeutschland daher nur noch dem Faktor 0.05.

Abbildung 5: Beobachtete und vorhergesagte Alterseffekte auf die Kirchgangshäufigkeit in Westdeutschland

---- Beobachtet ······· FE-Modell, 1992-1995 ——— FE-Modell, 2005-2009

© Daniel Lois; eigene Berechnungen mit SOEP-Daten

Die besprochenen Alterseffekte werden in Abbildung 5 (Westdeutschland) und Abbildung 6 (Ostdeutschland) noch einmal, zusammen mit dem beobachteten Verlauf der altersspezifischen Kirchgangshäufigkeit, grafisch dargestellt. Die Vorhersagewerte des FE-Modells sind dabei getrennt für die äußeren Enden des Beobachtungszeitraums geplottet: die Jahre 1992-1995 und 2005-2009. Der beobachtete Verlauf der Kirchgangshäufigkeit enthält nur tendenzielle Hinweise auf eine U-Form, welche die Entwicklung der Kirchenmitgliedschaft in Westdeutschland auszeichnet. Die religiöse Praxis geht im Altersbereich 18-25 Jahre geringfügig zurück. Darüber hinaus ist, nach dem Erreichen des Maximums, ein Rückgang

4.1 Existiert ein eigenständiger Alterseffekt? 117

der Gottesdienstbesuche ab einem Alter von etwa 80 Jahren zu beobachten, für die wahrscheinlich die gesundheitlichen Einschränkungen älterer Menschen verantwortlich sind, welche die außerhäusliche Mobilität einschränken. Diese Überlegung, die Gegenstand der ‚Gesundheits-Hypothese' ist, wird in Abschnitt 4.8 detaillierter untersucht.

Die periodenspezifische Abnahme des positiven Alterseffektes ist für Westdeutschland grafisch gut erkennbar. Während sich der durchschnittliche jährliche Gottesdienstbesuch, nach Maßgabe des Alterseffektes im Beobachtungszeitraum 1992-1995, um etwa sechs Besuche zwischen dem 17. und 88. Lebensjahr erhöht, hat sich dieser Anstieg im Zeitraum 2005-2009 auf etwa dreieinhalb Kirchgänge abgesenkt. Einschränkend ist dabei zu beachten, dass innerhalb der beiden genannten Beobachtungszeiträume dieselbe Person nur für maximal vier Jahre beobachtet werden kann und insofern erst die zusammengesetzten Beobachtungen mehrerer Personen in verschiedenen Altersbereichen den Gesamteffekt des Alters ergeben.

Abbildung 6: Beobachtete und vorhergesagte Alterseffekte auf die Kirchgangshäufigkeit in Ostdeutschland

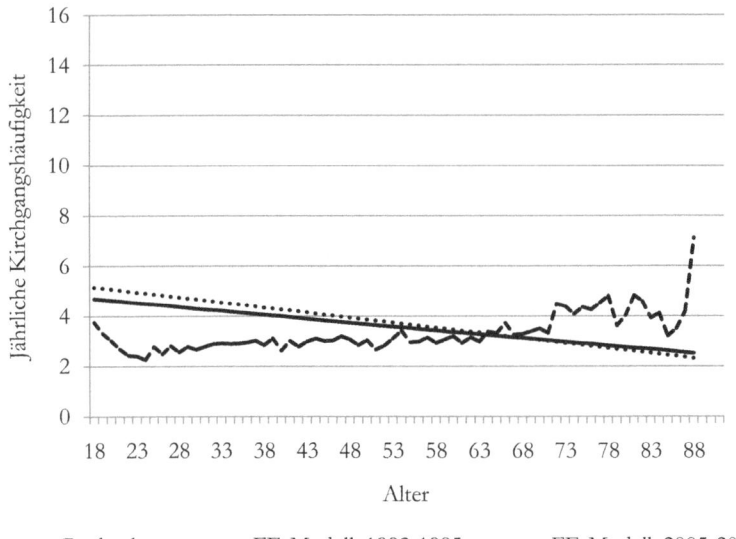

© Daniel Lois; eigene Berechnungen mit SOEP-Daten

Die beobachtete Kirchgangshäufigkeit in Ostdeutschland (Abbildung 6) weist gegenüber Westdeutschland zwei gravierende Unterschiede auf: das Gesamtniveau und auch der altersspezifische Anstieg fallen deutlich schwächer aus. Auch für die neuen Bundesländer ergeben sich jedoch Anzeichen für einen vorübergehenden Rückgang der religiösen Praxis im Altersbereich 18-23 Jahre. Die Schätzergebnisse des FE-Modells deuten, im Widerspruch zum beobachteten Verlauf, darauf hin, dass sich die Häufigkeit von Gottesdienstbesuchen, bei Kontrolle von Perioden- und Kohorteneffekten, im Lebensverlauf leicht reduziert; der entsprechende Alterseffekt ist jedoch, wie bereits erwähnt, nicht signifikant (t = -1,5). Die Entwicklung der religiösen Praxis in Ostdeutschland folgt somit insgesamt keinem monotonen Alterstrend.

In zusätzlichen Analysen wurde überprüft, ob sich, wie in den zitierten nordamerikanischen Studien, Hinweise darauf finden lassen, dass der altersspezifische Anstieg der Kirchgangshäufigkeit bei Frauen stärker ausgeprägt ist als bei Männern und zudem bei Katholiken stärker als bei evangelischen Personen. Ersteres kann verneint werden. Der Interaktionseffekt „Alter × Frau" nimmt in einem tabellarisch nicht ausgewiesenen FE-Regressionsmodell zwar ein positives Vorzeichen an (b = .02), wird aber nicht signifikant (t = 1.4).

Die konfessionellen Unterschiede, die sich in der nordamerikanischen Forschung zeigen, können allerdings auch auf Deutschland übertragen werden. In einem Regressionsmodell, in das nur katholische und evangelische Befragte einfließen, zeigt sich, dass der altersspezifische Anstieg der Kirchgangshäufigkeit bei Angehörigen der evangelischen Kirchen mit einem Wert von b = .06 deutlich stärker ausgeprägt ist als bei Katholiken, deren religiöse Praxis sich im Lebensverlauf kaum linear mit dem Alter verstärkt (b = .01). Dabei ist zu berücksichtigen, dass das Niveau des Kirchgangs bei Katholiken mit durchschnittlich etwa dreizehn jährlichen Kirchgängen deutlich höher liegt als bei evangelischen Befragten mit etwa sechs Kirchgängen. Auf die Frage, welche Rolle Niveauunterschiede für die religiöse Entwicklung im Lebensverlauf spielen, wird im weiteren Verlauf noch zurückzukommen sein.

Auf der Basis eines verkürzten Beobachtungszeitraums, der nur die Jahre 1994, 1998 und 1999 umfasst, wurde ferner der Frage nachgegangen, ob sich auch die subjektive Wichtigkeit der Religion für die Zufriedenheit und das Wohlbefinden des Akteurs altersspezifisch verändert. Die Analysen finden sich in Tabelle 24, die im Anhang dargestellt ist. Die Ergebnisse des ersten Modells bestätigen, dass die Befragten dem Glauben und der Religion mit steigendem Alter eine zunehmend größere Wichtigkeit bemessen (Alterseffekt) und dass gleichzeitig eine Abnahme im Zuge der drei Messzeitpunkte zu beobachten ist (Periodeneffekt).

4.1 Existiert ein eigenständiger Alterseffekt?

Insgesamt ergeben sich somit Hinweise darauf, dass altersabhängiges religiöses Wachstum im Lebenslauf insofern nachhaltig ist, da sich nicht nur die religiöse Praxis, die eine starke soziale Komponente hat, verstärkt, sondern auch die subjektive Zentralität der Religion.

Zwischenfazit

Zum Abschluss dieses Abschnittes lässt sich im Hinblick auf die wichtigsten Ergebnisse folgendes festhalten: Bei der kirchlichen Religiosität handelt es sich um ein zeitlich relativ stabiles Merkmal. Im Falle der Kirchenmitgliedschaft entfällt etwa ein Drittel und bezogen auf die Kirchgangshäufigkeit nur ein Viertel der Varianz in den Daten auf Unterschiede innerhalb von Personen über die Zeit. Ein Akteur, der zu einem bestimmten Zeitpunkt entweder Kirchenmitglied und regelmäßiger Gottesdienstbesucher, oder konfessionslos und ‚Nicht-Kirchgänger' ist, zeigt dieses Verhalten daher mit relativ hoher Wahrscheinlichkeit auch in den darauffolgenden Messzeitpunkten. Der religiösen Sozialisation kommt infolgedessen ein großer Stellenwert zu.

Die zu beobachtenden Veränderungen folgen zwei theoretisch gut begründbaren Trends: einem positiven Alters- und einem negativen Periodeneffekt. In Bezug auf die Kirchenmitgliedschaft ist in Westdeutschland ein u-förmiges altersspezifisches Verlaufsmuster zu beobachten. Die Minderheit der Befragten, die im Beobachtungszeitraum überhaupt einen Wechsel aufweist, neigt zwischen dem 17. Lebensjahr und der Mitte des fünften Lebensjahrzehnts eher zu Kirchenaustritten, während daran anschließend eine Gegenbewegung zu beobachten ist, in der die Eintritte, zu Lasten der Austritte, wieder häufiger werden. Die Kirchgangshäufigkeit erhöht sich zudem in Westdeutschland annähernd linear mit steigendem Alter. Die genannten Alterseinflüsse bleiben auch dann stabil, wenn ein konservativer Test durchgeführt wird, in dem alle zeitkonstanten Personenmerkmale, zu denen auch Kohorteneinflüsse gerechnet werden können, kontrolliert werden. Zudem ist es wichtig festzuhalten, dass die Entwicklung der kirchlichen Religiosität in Ostdeutschland in FE-Modellen keinem erkennbaren, linearen oder u-förmigen, Alterstrend folgt.

Für die hier untersuchte bundesdeutsche Stichprobe, die einen Beobachtungszeitraum von 1990-2009 umfasst, kann dennoch aus den positiven bzw. u-förmigen Alterseffekten nicht geschlussfolgert werden, dass die Veränderungen, die innerhalb von Personen zu beobachten sind, insgesamt ein positives Vorzeichen aufweisen. Dem widerspricht, dass dieselbe Person, unabhängig von Alterseffekten, im Verlaufe der historischen Zeit immer weniger dazu neigt, Mitglied in einer Kirche zu sein und Gottesdienste zu besuchen. Die altersspezifischen Wachstumskräfte werden somit durch periodenspezifische Rückgänge aufgewogen. Die Einflussfaktoren Alter und Periode stehen zudem in einem Wechselverhältnis, da sich der altersspezifische Anstieg der Kirchgangshäufigkeit in Westdeutschland im Laufe des Beobachtungszeitraums abgeschwächt hat. Dieser Effekt weist auf eine spezielle Form von Säkularisierung hin, die in der bisherigen religionssoziologischen Debatte vernachlässigt wird.

4.2 Religiöse Sozialisation und Lebensverlaufsdynamik der kirchlichen Religiosität

Im vorangehenden Abschnitt wurde festgestellt, dass die kirchliche Religiosität zeitlich relativ stabil ist. Die Grundlage für diese Einschätzung war das Ergebnis, dass Unterschiede zwischen Personen, gegenüber Veränderungen innerhalb von Personen über die Zeit, deutlich überwiegen. Die Daten des Sozio-oekomischen Panels erlauben jedoch eine explizitere Untersuchung der Frage, inwieweit die Entwicklung der Religiosität im Lebensverlauf von der Sozialisation im Elternhaus abhängig ist, da Informationen zur Konfession beider Eltern zur Verfügung stehen. Die empirischen Analysen im nun folgenden Abschnitt bauen auf diesen Variablen auf und konzentrieren sich auf zwei Aspekte: Zum einen besteht die Aufgabe darin, die ‚Transmissions-Hypothese' zu testen. Das entsprechende Forschungsdesign stellt dabei Unterschiede zwischen Personen in Rechnung. Akteure, die in einem konfessionell homogamen Elternhaus aufgewachsen sind, sollten zum Beispiel grundsätzlich häufiger einer Religionsgemeinschaft angehören und regelmäßiger in die Kirche gehen als andere Personen, deren Eltern beide konfessionslos sind. Zum anderen steht in Frage, wie sich die weitere Entwicklung im Lebensverlauf in Abhängigkeit von der Sozialisation im Elternhaus gestaltet. Hier stehen Unterschiede innerhalb von Personen über die Zeit im Mittelpunkt des Interesses. Verlieren Sozialisationseinflüsse beim Übergang vom Jugend- ins Erwachsenenalter an Bedeutung, wie im Rahmen der ‚Postadoleszenz-Hypothese' unterstellt wird oder ist der positive Alterseffekt auf die kirchliche Religiosität stärker ausgeprägt, wenn der Akteur in einem religiösen Elternhaus aufgewachsen ist? Finden Personen ohne religiöse Sozialisation dennoch einen Zugang zur Religion im weiteren Lebensverlauf? In einem weiteren Schritt wird schließlich der Frage nachgegangen, inwieweit der Auszug aus dem Elternhaus, der als Ereignis gewissermaßen quasi-experimentell die Abschwächung von elterlichen Sozialisationseinflüssen erfasst, mit Rückgängen in der religiösen Praxis verbunden ist.

4.2 Religiöse Sozialisation und Lebensverlaufsdynamik

Bevor diese Fragestellungen empirisch überprüft werden, folgt eine kurze Zusammenfassung des Forschungsstandes. Berücksichtigt werden dabei ausschließlich Studien, die, wie die vorliegende Arbeit, eine Lebensverlaufsperspektive einnehmen und in diesem Rahmen untersuchen, inwieweit die biografische Entwicklung der Religiosität von der religiösen Sozialisation abhängig ist. Für die Bundesrepublik ist hier auf die Arbeit von Birkelbach (1999) hinzuweisen, der im Rahmen einer Ereignisdatenanalyse die Wahrscheinlichkeit von Kirchenaustritten im Lebensverlauf untersucht. Die Stichprobe (das Kölner Gymnasiastenpanel, KGP) setzt sich aus Personen zusammen, die erstmals, als 15-jährige Schüler der 10. Klasse, im Jahr 1970 befragt wurden. Zudem stehen zwei Wiederholungsbefragungen aus den Jahren 1985 und 1997 zur Verfügung. In die Analysen fließen 1.328 Personen ein, die entweder der katholischen oder der evangelischen Kirche angehören. Cox-Regressionen führen zu dem Ergebnis, dass sich die Übergangsrate in einen Kirchenaustritt reduziert, wenn der Befragte ein Gymnasium in konfessioneller Trägerschaft besucht hat und die Eltern beide der gleichen Religionsgemeinschaft angehören (konfessionelle Homogamie). Diese Ergebnisse liefern Hinweise auf bleibende Sozialisationseinflüsse im Lebensverlauf.

Sandomirsky und Wilson (1990) führen eine ähnliche Analyse wie Birkelbach (1999) für die Vereinigten Staaten durch. Bei der Datengrundlage handelt es sich in diesem Fall um eine Panelstudie mit zwei Wellen (1965-1966 und 1979), die im US-Bundesstaat Washington erhoben wurde (n = 2.862). Zum Zeitpunkt der Erstbefragung sind die Teilnehmer 15-18 Jahre alt. Mit Hilfe logistischer Regressionsmodelle wird unter anderem die Wahrscheinlichkeit eines Kirchenaustritts bis zum zweiten Messzeitpunkt untersucht, bei dem die Befragten zwischen 28 und 31 Jahre alt sind. Ebenso wie Birkelbach (1999) berücksichtigen die Autoren eine Variable zur konfessionellen Homogamie der Eltern, die bei Männern tendenziell ($p < .07$) die Chance eines Kirchenaustritts senkt, während sich für Frauen kein Effekt findet.

Willits und Crider (1989) beschäftigen sich ausführlich mit der Frage, wie der Rückgang der Religiosität beim Übergang vom Jugend- ins Erwachsenenalter erklärbar ist. Neben einer 6-fach abgestuften Frage zur Kirchgangshäufigkeit wird eine Skala zum Gottesglauben herangezogen, die aus vier Items besteht (Beispielitem: „God controls everything that happens everywhere"). Die Panelstichprobe besteht aus 331 ehemaligen Zehntklässlern der High School in Pennsylvania, für die zwei Messzeitpunkte vorliegen. Der Erstbefragung im Jahr 1970 folgte etwa zehn Jahre später (1981) eine Nachbefragung. Zum Zeitpunkt der zweiten Welle sind die Befragten etwa 27 Jahre alt und zudem durchgängig bereits verheiratet.

Im Vergleich der beiden Messzeitpunkte bestätigt sich, dass sich die Kirchgangshäufigkeit im jungen Erwachsenenalter, verglichen mit der Adoleszenz, signifikant reduziert. Die Ergebnisse zum Gottesglauben suggerieren dagegen zunächst eine stärkere zeitliche Stabilität dieses Merkmals, da hier kein äquivalenter Rückgang im Mittelwert (*net change*) zu beobachten ist. Zusatzanalysen führen jedoch zu dem Ergebnis, dass bei immerhin 50% der Befragten eine Veränderung, das heißt eine Abschwächung oder Verstärkung des Glaubens, stattgefunden hat (*turnover*). Da sich die positiven und negativen Veränderungen gegenseitig ausgleichen, ist der Mittelwertunterschied nicht signifikant. Werden Korrelationen anstelle von Mittelwertdifferenzen herangezogen, ergeben sich Hinweise auf eine gewisse biografische Stabilität der Religiosität. Obwohl sich das Niveau beim Übergang ins Erwachsenenalter reduziert, weisen weiterhin diejenigen Erwachsenen, die bereits im Jugendalter religiös waren, den stärksten Gottesglauben und die höchste Kirchgangshäufigkeit auf. Dieser Befund korrespondiert mit dem hohen Anteil der Varianz zwischen Personen, der in Abschnitt 4.1 für die kirchliche Religiosität berichtet wurde.

Im Hinblick auf die religiöse Sozialisation zeigt sich, dass die Kirchgangshäufigkeit der jugendlichen Befragten im Jahr 1971 über dem Niveau der gleichgeschlechtlichen Elternteile liegt, sich aber im Erwachsenenalter (1981) unter die Elternmittelwerte abgesenkt hat. Auch die Korrelationen zwischen der religiösen Partizipation der Eltern und ihrer Kinder sind im Jugendalter deutlich stärker ($r > .60$) als bei der Nachbefragung zehn Jahre später ($r < .30$). Inwieweit dies auf einen abnehmenden Sozialisationseinfluss der Eltern oder einen gesamtgesellschaftlichen Säkularisierungsprozess zurückzuführen ist, bleibt unklar.

Die weiteren Analysen legen nahe, dass der Lebenspartner im Erwachsenenalter als neue Sozialisationsinstanz an Bedeutung gewinnt und somit die Funktion der Eltern teilweise übernimmt. Dies kommt dadurch zum Ausdruck, dass die Kirchgangshäufigkeiten der Ehepartner mit $r > .70$ sehr hoch korrelieren und sich zudem die religiöse Partizipation des Partners in einem multivariaten Regressionsmodell, verglichen mit Elternmerkmalen, als deutlich erklärungskräftiger erweist. Die Frage, inwieweit die ausgeprägte religiöse Homogamie im Paarkontext auf Anpassungsprozesse zurückführbar ist, die den stärksten Bezug zu der Lebensverlaufsperspektive haben, wird allerdings nicht beantwortet. Diesem Aspekt widmet sich Abschnitt 4.7 dieser Arbeit.

Auch Wilson und Sherkat (1994) beschäftigen sich mit dem häufig replizierten Befund, dass sich verschiedene Religiositäts-Indikatoren wie die Kirchgangshäufigkeit beim Übergang vom Jugend- ins Erwachsenenalter abschwächen. Die Autoren untersuchen die Kirchenmitgliedschaft als abhängige Variable und sind

4.2 Religiöse Sozialisation und Lebensverlaufsdynamik

besonders daran interessiert, wer, nach einem Kirchenaustritt im Jugendalter, wieder in seine ursprüngliche Religionsgemeinschaft zurückkehrt („returning to the fold"). Die Analysen basieren auf drei Befragungswellen der nordamerikanischen „Youth-Parent Socialisation Panel Study", die in den Jahren 1965, 1973 und 1982 erhoben wurden. In der ersten Welle sind die Befragten (n = 1.274) im High-School-Alter (18-19 Jahre) und in der zweiten und dritten Wiederbefragung entsprechend zwischen 25 und 26 bzw. 34 und 35 Jahre alt.

Zunächst gehen die Autoren der Frage nach, wodurch Kirchenaustritte zwischen der ersten und zweiten Befragungswelle, also im Altersbereich 18-26 Jahre, vorhergesagt werden. Im Hinblick auf die hier relevanten Sozialisationsvariablen zeigt sich, dass diejenigen Jugendlichen, die bereits zum ersten Befragungszeitpunkt regelmäßige Kirchgänger sind und sich zudem ihren Eltern emotional eng verbunden fühlen, eine geringere Wahrscheinlichkeit aufweisen, aus ihrer jeweiligen Religionsgemeinschaft (katholische und evangelische Kirche) auszutreten. Im nächsten Schritt ist nun interessant, wer von den Ausgetretenen wieder zurückkehrt. Die insgesamt 136 Fälle umfassende Gruppe der Personen mit Kirchenaustritt wird daher in zwei Untergruppen aufgeteilt: 82 Personen kehren bis zum dritten Befragungszeitpunkt im Jahr 1982 zurück („Returners") und 54 Personen bleiben konfessionslos („Dropouts"). Zusätzlich zu berücksichtigen ist die Gruppe der durchgängigen Kirchenmitglieder („Loyalists", 924 Personen).

Ein Vergleich von verschiedenen Sozialisationsmerkmalen zwischen diesen Gruppen führt zu folgenden Ergebnissen: Verglichen mit den „Dropouts" fühlen sich die „Returners" ihren Eltern emotional stärker verbunden und haben auch regelmäßiger mit ihnen Kontakt. Die Kirchgangshäufigkeit im Jugendalter (18-19 Jahre) ist zudem bei den „Returners" stärker ausgeprägt als bei den „Dropouts". „Loyalists" weisen im Vergleich zu den zuvor genannten Gruppen sowohl das engste Verhältnis zu ihren Eltern auf als auch das höchste Niveau beim jugendlichen Gottesdienstbesuch. Insgesamt deuten die Befunde von Sherkat und Willits (1994) darauf hin, dass eine hohe Qualität der intergenerationalen Beziehung im Lebenslauf dazu beitragen kann, dass Jugendliche, nach einer vorübergehenden ‚Rebellion', zur Religion ihrer Eltern zurückkehren. Es ist allerdings kritisch anzumerken, dass keine Informationen zur Konfession oder Religiosität der Eltern berücksichtigt werden. Eine religiöse Sozialisation im Elternhaus wird daher mehr implizit unterstellt als direkt untersucht.

Der Rückgang der religiösen Praxis bis zum 25. Lebensjahr ist schließlich auch Gegenstand der Studie von Petts (2009). Bei der Datengrundlage handelt es sich in diesem Fall um verschiedene Wellen der nordamerikanischen „National Longitudinal Survey of Youth", die sich über einen Zeitraum von 1988 bis 2004 erstrecken. Die Analyse beschränkt sich auf 2.472 Jugendliche im Altersbereich 10-25 Jahre. Als abhängige Variable wird die sechsfach abgestufte Kirchgangshäufigkeit untersucht. Petts arbeitet in einem ersten Schritt eine Typologie von insgesamt sechs Verlaufskurven heraus, durch welche die Entwicklung der Kirchgangshäufigkeit bis zum 25. Lebensjahr gekennzeichnet ist. Zwei Typen sind, auf unterschiedlichen Niveaus, zeitlich stabil: Die „Nonattenders" besuchen durchgängig keinen Gottesdienst und die „Frequent Attenders" gehen altersunabhängig sehr regelmäßig in die Kirche. Bei zwei weiteren Typen sind negative Verläufe festzustellen, jedoch mit unterschiedlichem Timing. Während sich die Kirchgangshäufigkeit bei den „Early Declining Attenders" bereits im Altersbereich 10-17 Jahre deutlich reduziert, sind Rückgänge bei den „Late Declining Attenders" erst gegen Ende des zweiten Lebensjahrzehnts zu beobachten. Die Typologie wird vervollständigt durch die „Occasional Attenders", deren Kirchgangshäufigkeit sich von einem eher niedrigen Ausgsangsniveau mit steigendem Alter leicht erhöht und die „Gradual Declining Attenders", die ein relativ hohes Ausgangsniveau aufweisen, das sich im Altersbereich 10-25 Jahre sukzessive abschwächt.

Im nächsten Schritt wird die Zugehörigkeit zu den verschiedenen Verlaufsmustern durch unabhängige Variablen vorhergesagt. Im Hinblick auf die religiöse Sozialisation wird die Variable „religious family environment" berücksichtigt, die erfasst, ob der Jugendliche mit den Eltern zusammen den Gottesdienst besucht und die Mutter die religiöse Erziehung des Kindes für wichtig hält. Eine religiöse Heterogamie in der Familie ist darüber hinaus dadurch gekennzeichnet, dass der Jugendliche einer anderen Konfession angehört als seine Mutter. Zusätzlich wird die Familienstruktur erfasst, wobei zwischen biologischen Zwei-Eltern-Familien, Stieffamilien und alleinerziehenden Eltern unterschieden wird.

Die Ergebnisse multinomialer logistischer Regressionen bestätigen nun, dass die Typen „Frequent Attenders" sowie „Late Declining Attenders" in signifikant stärkerem Maße als die anderen Typen durch ein religiöses familiales Umfeld gekennzeichnet sind. Das geringste Niveau bei dieser Variable weisen die „Nonattenders" auf, die sich zudem überproportional häufig durch eine religiöse Heterogamie in der Familie auszeichnen. Im Hinblick auf den Typ der familialen Lebensform sind insbesondere alleinerziehende Eltern bei den „Frequent Attenders" und „Late Declining Attenders" unterrepräsentiert. Petts (2009, S. 568) fasst diese Befunde wie folgt zusammen:

> „Although two-thirds of youth experience a decline in religious participation during adolescence, results indicate that family and religious characteristics influence the timing of religious change and the rate at which this change occurs. Youth who are raised in a family that provides a consistent religious message and youth who reside in a family structure that reflects

4.2 Religiöse Sozialisation und Lebensverlaufsdynamik

the religious teachings they are exposed to may be more likely to delay any decline in religious involvement and attend religious services frequently throughout adolescence."

Insgesamt lässt sich festhalten, dass der in allen Studien berichtete Rückgang der kirchlichen Religiosität beim Übergang vom Jugend- ins Erwachsenenalter, der mit der ‚Postadoleszenz-Hypothese' korrespondiert, auf eine Abschwächung der Sozialisationseinflüsse hindeutet, die vom sozialen Herkunftskontext ausgehen. Dies scheint auch dadurch bedingt zu sein, dass neue ‚Sozialisationsagenten' wie der Lebenspartner gegenüber den Eltern an Bedeutung gewinnen (Willits und Crider 1989). Die Abschwächung der Religiosität bis zur Mitte des zweiten Lebensjahrzehnts wird jedoch zumindest verlangsamt, wenn die Eltern verstärkt Wert auf eine konsistente religiöse Erziehung ihrer Kinder legen und in familialen Verhältnissen leben, die den vorgegebenen Werten entsprechen (Petts 2009). Birkelbach (1999) sowie Sandomirsky und Wilson (1990) zeigen in diesem Zusammenhang, dass eine konfessionell homogame Elternehe bis in das vierte bzw. fünfte Lebensjahrzehnt mit einer verringerten Neigung verbunden ist, aus der Kirche auszutreten. Insbesondere die Studie von Wilson und Sherkat (1994) deutet zudem darauf hin, dass Personen, die sich ihren Eltern auch im weiteren Lebensverlauf emotional verbunden fühlen und einen regelmäßigen Kontakt zu ihnen aufrecht erhalten, eine höhere Wahrscheinlichkeit aufweisen, nach einem vorübergehenden Austritt wieder in ihre ursprüngliche Religionsgemeinschaft einzutreten. Die dauerhaften Sozialisationseinflüsse der Eltern könnten somit auch dafür verantwortlich sein, dass sich die kirchliche Religiosität, in einer u-förmigen Entwicklung, nach einem vorübergehenden Rückgang wieder verstärkt.

Empirische Ergebnisse: Sozialisation und religiöse Lebensverlaufsdynamik

Um den Interdependenzen zwischen der religiösen Sozialisation im Jugendalter und der weiteren Entwicklung bis zur Mitte des dritten Lebensjahrzehnts auf den Grund zu gehen, stützen sich die folgenden Analysen auf Angaben zur Konfession der Eltern. Im Paarkontext ist zunächst der Fall zu berücksichtigen, dass beide Eltern der gleichen Konfession angehören. Im Falle dieser konfessionellen Homogamie sollte die religiöse Erziehung der Kinder besonders ausgeprägt sein. Darüber hinaus kann sich die Kirchenmitgliedschaft der Eltern unterscheiden oder der Fall eintreten, dass nur ein Elternteil einer Glaubensgemeinschaft angehört. Campiche und Bovay (1993) belegen, dass die Religion in konfessionellen Mischehen deutlich seltener eine zentrale Rolle in der Kindererziehung spielt. Eine Ursache hierfür könnte in einer gegenseitigen Rücksichtnahme auf die religiösen Überzeugungen des Partners zu finden sein. Der Forschungsstand zum Einfluss der konfessionellen Mischehe ist allerdings nicht eindeutig, da Kinder von konfessionell heterogamen Eltern nach Petersen (1996) nicht weniger religiös sind als im Falle von homogamen Ehen. Schließlich besteht die Möglichkeit, dass sich die Eltern ‚auf niedrigem Niveau' ähnlich sind, da sie beide keiner Religionsgemeinschaft angehören. Auch in diesem Fall sollte der Religion in der Erziehung nur ein geringer Stellenwert beigemessen werden.

Vor den multivariaten Analysen werden in Tabelle 4 die mittlere jährliche Kirchgangshäufigkeit und der Anteil von konfessionell gebundenen Personen in Abhängigkeit von den drei zuvor besprochenen Elternmerkmalen dargestellt. Erwartungsgemäß ist das Niveau der kirchlichen Religiosität am stärksten ausgeprägt, wenn beide Eltern der gleichen Konfession angehören, während sich die größte Distanz zur Kirchlichkeit für diejenigen Befragten beobachten lässt, deren Eltern beide kein Kirchenmitglied sind. Die Kinder von religiös heterogamen Eltern nehmen demgegenüber eine Zwischenposition ein.

Tabelle 4: Kirchliche Religiosität in Abhängigkeit von der Konfession der Eltern (Mittelwerte und Standardabweichungen bzw. Anteilswerte)

	Alte Bundesländer		Neue Bundesländer	
	Jährlicher Kirchgang MW (SD)	Mit Konfession %	Jährlicher Kirchgang MW (SD)	Mit Konfession %
Eltern konfessionell homogam	9.5 (16.2)	86.9	5.0 (11.4)	53.3
Eltern konfessionell heterogam	5.1 (11.3)	77.2	3.5 (9.9)	33.5
Beide Eltern konfessionslos	2.1 (8.0)	29.0	0.6 (3.5)	3.8

Quelle: SOEP (1990-2009, eigene Berechnungen)

Im nächsten Schritt wird die ‚Transmissions-Hypothese' multivariat überprüft, wonach die kirchliche Religiosität von der Eltern- auf die Kindergeneration vererbt wird. In diesem Zusammenhang sind jedoch die innerhalb Deutschlands vorherrschenden Unterschiede in der religiösen Kultur zu berücksichtigen: Die Mitgliedschaft in einer Glaubensgemeinschaft und die religiöse Praxis werden für die Kindergeneration vor allem dann instrumentell sein, um etwa soziale Anerkennung zu erzielen, wenn sie in einem religiös geprägten sozialen Kontext aufwachsen. Aus dieser Überlegung wurde die ‚West-Sozialisations-Hypothese' abgelei-

4.2 Religiöse Sozialisation und Lebensverlaufsdynamik

tet, wonach der Transmissionsmechanismus in den alten Bundesländern stärker ausgeprägt sein sollte als in den neuen Bundesländern. Da bei den folgenden Analysen Niveauunterschiede von divergierenden Verläufen unterschieden werden müssen, bieten sich Diagramme als Interpretationshilfen an. In Abbildung 7 sind die auf die Mitte des Beobachtungszeitraums zentrierten Vorhersagewerte von RE-Logit-Modellen zur Kirchenmitgliedschaft dargestellt, die für Periodeneffekte kontrollieren. Infolge einer Einschränkung der Stichprobe auf Personen, die maximal 35 Jahre alt sind und zudem Angaben zur Konfession der Eltern gemacht haben (n = 1.533 Befragte in Ostdeutschland und n = 4.702 in Westdeutschland), ist die Fallzahl für eine Anwendung des FE-Logit-Modells zu klein. Einzelne Untergruppen, etwa ostdeutsche Befragte mit konfessionell heterogamen Eltern, wären zu gering besetzt. Die Anwendung des RE-Modells lässt sich jedoch dadurch rechtfertigen, dass die funktionale U-Form des Alterseffektes zwischen den RE- und FE-Logit-Modellen übereinstimmt (siehe Abschnitt 4.1).

Die ,Transmissions-Hypothese' lässt sich durch eine Interpretation der Niveauunterschiede in der Wahrscheinlichkeit einer Kirchenmitgliedschaft testen, die in Abbildung 7 sichtbar werden. Um eine Konfundierung des Ausgangsniveaus mit den unterschiedlichen Entwicklungen über die Zeit zu vermeiden, bietet sich zudem eine Beschränkung der Analyse auf das 17. Lebensjahr an. Es ist erneut zu erkennen, dass jugendliche Befragte mit konfessionell homogamen Eltern, sowohl innerhalb der neuen als auch der alten Bundesländer, die größte Wahrscheinlichkeit einer Kirchenmitgliedschaft aufweisen. Das geringste Niveau ist dagegen bei den Personen zu beobachten, deren Eltern beide keiner Glaubensgemeinschaft angehören. Befragte mit konfessionell heterogamen Eltern liegen zwischen diesen beiden Gruppen. Zusatzanalysen bestätigen, dass sich die Wahrscheinlichkeit, Kirchenmitglied zu sein, zwischen allen drei Gruppen signifikant unterscheidet (jeweils mindestens mit $p < .01$). Die ,Transmissions-Hypothese' wird damit eindeutig bestätigt.

Aus den in Abbildung 7 dargestellten Verläufen lässt sich nicht unmittelbar ablesen, ob auch die ,West-Sozialisations-Hypothese' empirisch unterstützt wird. Es ist erkennbar, dass ostdeutsche Befragte, unabhängig von der Konfession der Eltern, zu geringeren Anteilen Kirchenmitglieder sind als westdeutsche Personen. Dies bedeutet jedoch nicht, dass ostdeutsche Eltern ihre religiöse Zugehörigkeit in verringertem Maße auf die nächste Generation transmittieren. In einem nicht dargestellten RE-Logit-Modell zur Kirchenmitgliedschaft wurde daher ein Interaktionseffekt „Eltern konfessionell homogam (Ref.: konfessionslos) × Ostdeutschland" aufgenommen. Wenn die ,West-Sozialisations-Hypothese' richtig ist, müsste der Zusammenhang zwischen der Wahrscheinlichkeit einer Kirchenmitgliedschaft des Befragten und der konfessionellen Homogamie seiner Eltern in den alten Bundesländern stärker sein als in den neuen und der Interaktionseffekt sollte ein negatives Vorzeichen annehmen. Das Gegenteil ist jedoch der Fall: Die Wechselwirkung ist signifikant-positiv (p < .01). Ostdeutsche Eltern, die konfessionell gebunden sind, übertragen ihre Kirchenmitgliedschaft also in stärkerem Maße auf ihre Kinder, als dies bei westdeutschen Eltern der Fall ist. Diese Ergebnisse widersprechen der ‚West-Sozialisations-Hypothese'. Zu bedenken ist allerdings, dass die Gruppe von Befragten aus den neuen Bundesländern, die konfessionell homogame Eltern hat, nur einem Anteil von 43% an der ostdeutschen Gesamtstichprobe entspricht, während dieser Anteil in den alten Bundesländern bei 81% liegt.[16]

Abbildung 7: Altersspezifische Entwicklung der Kirchenmitgliedschaft in Abhängigkeit von der Konfession der Eltern (vorhergesagte Werte durch RE-Logit-Modelle)

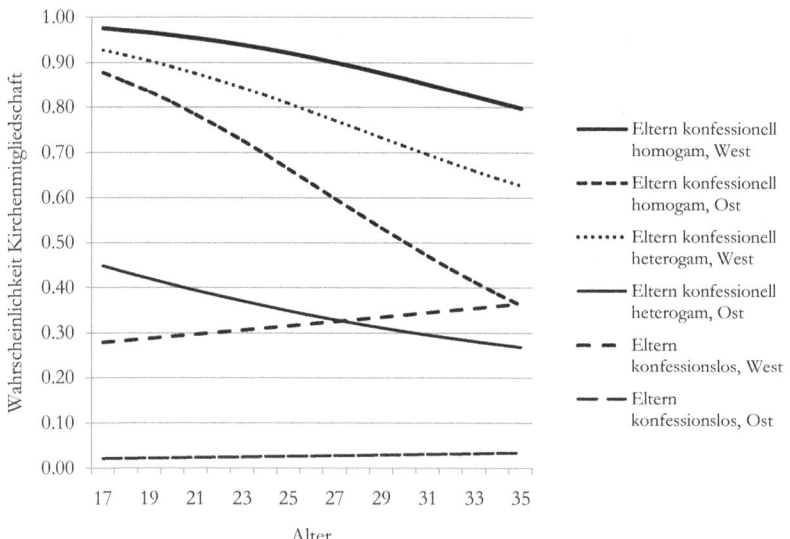

© Daniel Lois; eigene Berechnungen mit SOEP-Daten

---

16 11.8% der Befragten aus den neuen Bundesländern und 15.5% der westdeutschen Personen haben konfessionell heterogame Eltern.

4.2 Religiöse Sozialisation und Lebensverlaufsdynamik

Die in Abbildung 7 dargestellten Ergebnisse geben ferner, neben Niveauunterschieden, auch Auskunft über die altersspezifische Entwicklung der Kirchenmitgliedschaft bis zum 35. Lebensjahr. Befragte, deren Eltern entweder konfessionell homogam sind oder die zumindest ein konfessionell gebundenes Elternteil haben, zeichnen sich, in Übereinstimmung mit den zitierten nordamerikanischen Studien und der ‚Postadoleszenz-Hypothese', durch markante Rückgänge des Kirchenmitgliedschaft im Altersbereich 17-35 Jahre aus. Die negativen Entwicklungstrends sind, mit Ausnahme von ostdeutschen Personen mit konfessionell heterogamen Eltern, in allen Gruppen signifikant (p < .01). Grafisch nur ansatzweise erkennbar ist darüber hinaus, dass sich die negative Steigung der Verlaufskurven in den genannten Gruppen mit steigendem Alter abzuschwächen beginnt. In den entsprechenden Regressionsmodellen kommt dies durch signifikante quadrierte Altersterme zum Ausdruck.

Interessant ist die Entwicklung bei den Befragten ohne einen religiös geprägten Herkunftskontext. Die Wahrscheinlichkeit einer Kirchenmitgliedschaft erhöht sich hier bis zum 35. Lebensjahr – jeweils signifikant mit p > .01 – sowohl in den alten als auch in den neuen Bundesländern. Dieser Befund ist gewichtig, da er explizit darauf hindeutet, dass die religiöse Primärsozialisation im Lebensverlauf überformbar ist. Eine Abwärtsentwicklung war zwar, aufgrund des fehlenden Ausgangsniveaus, bei Personen mit konfessionslosen Eltern nicht zu erwarten (Bodeneffekt). Überraschend ist jedoch, dass es, trotz fehlender religiöser Sozialisation, zu einem altersspezifischen Wachstum kommt. Die Befragten mit konfessionslosen Eltern hat offensichtlich erst ‚das Leben religiös gemacht'. Zu bedenken ist dabei allerdings, von welch geringem Ausgangsniveaus sich diese Wachstumsprozesse vollziehen. In den neuen Bundesländern ist im untersuchten Altersbereich lediglich eine Zunahme von 2.1% auf 3.4% in der Mitgliedswahrscheinlichkeit zu beobachten. In den alten Bundesländern kommt es immerhin zu einem Anstieg von 28% auf 37%. Periodeneffekte sind dabei noch nicht eingerechnet.

In Abbildung 8 sind äquivalente Ergebnisse für die Kirchangshäufigkeit dargestellt. Es handelt sich um die Vorhersagewerte von FE-Modellen, die den Alterseffekt nur auf der Basis von Veränderungen von Personen über die Zeit schätzen. Das Niveau des Kirchgangs ist auf die Jahre 1996-1998 zentriert und Periodeneffekte werden konstant gehalten. Im Unterschied zu den Analysen in Abschnitt 4.1 berücksichtigt die Modellierung auch nicht-lineare Alterseffekte, die für den hier untersuchten Altersbereich typisch sein sollten. Da sich sowohl das Ausgangsniveau als auch die altersspezifische Entwicklung für die Gruppen „Eltern konfessionell heterogam" und „beide Eltern konfessionslos" zwischen den alten und neuen Bundesländern nicht signifikant unterscheiden, wird hier keine Differenzierung vorgenommen.

Abbildung 8: Altersspezifische Entwicklung der Kirchgangshäufigkeit in Abhängigkeit von der Konfession der Eltern (vorhergesagte Werte durch FE-Modelle)

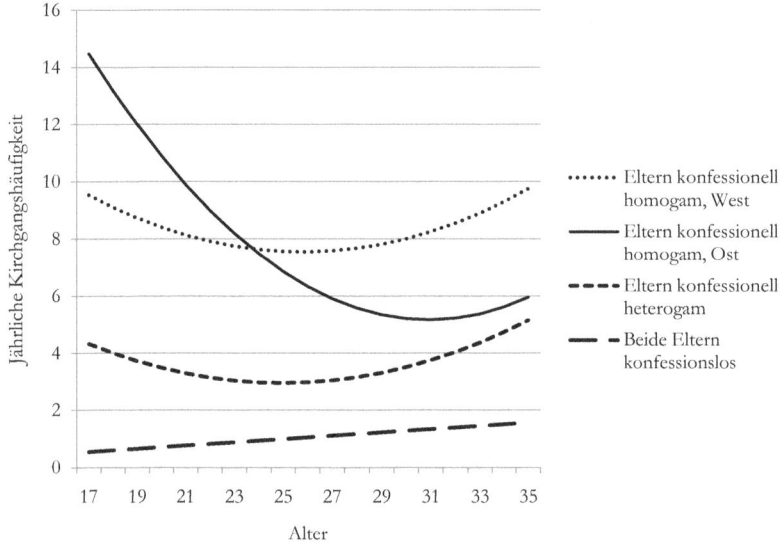

© Daniel Lois; eigene Berechnungen mit SOEP-Daten

Das Ergebnismuster fällt ähnlich aus wie im Falle der Kirchenmitgliedschaft. Jugendliche mit konfessionell homogamen Eltern weisen im 17. Lebensjahr ein deutlich höheres Ausgangsniveau in der Häufigkeit von Gottesdienstbesuchen auf als Befragte mit konfessionell heterogamen Eltern, die wiederum über dem sehr niedrigen Niveau von Personen mit konfessionslosen Eltern liegen. Alle Gruppenunterschiede sind, sowohl in den neuen als auch den alten Bundesländern, signifikant mit $p < .01$. Die Transmissionshypothese kann damit auch für die Kirchgangshäufigkeit bestätigt werden.

Für die ‚West-Sozialisations-Hypothese' findet sich dagegen keine empirische Evidenz. Im Gegenteil zeigt sich erneut, dass der Zusammenhang zwischen

4.2 Religiöse Sozialisation und Lebensverlaufsdynamik

einer konfessionellen Homogamie der Eltern und der Kirchgangshäufigkeit des Befragten in Ostdeutschland stärker ist als in Westdeutschland. Dies kommt durch einen positiven und tendenziell signifikanten Interaktionseffekt „Konfessionelle Homogamie × Ostdeutschland" zum Ausdruck (p < .10).

Eine Betrachtung der altersspezifischen Verläufe in Abbildung 8 führt erneut zu dem Ergebnis, dass der vorübergehende Rückgang der Religiosität beim Übergang vom Jugend- ins Erwachsenenalter auf Befragte beschränkt ist, die ein hohes (konfessionell homogame Eltern) oder zumindest ein mittleres (konfessionell heterogame Eltern) Ausgangsniveau aufweisen. Ein auffälliger Ost-West-Unterschied besteht im Falle der Homogamie-Gruppe darin, dass die Kurve in den neuen Bundesländern schneller abfällt und auch vergleichsweise spät wieder anzusteigen beginnt. Davon abgesehen weist die altersspezifische Entwicklung der religiösen Praxis im Altersbereich 17-35 Jahre, abgesehen von den Personen mit konfessionslosen Eltern, die bekannte U-Form auf.

Bemerkenswert ist wiederum, dass es bei den Befragten, deren Eltern beide keiner Religionsgemeinschaft angehören, zum einem sukzessiven Anstieg der Kirchgangshäufigkeit kommt, wenn auch von einem sehr niedrigen Ausgangsniveau. Der zugrunde liegende positive Alterseffekt ist allerdings nicht signifikant (t = 1.2). Dies ändert sich jedoch, wenn die Analyse auf den gesamten verfügbaren Altersbereich ausgedehnt wird (nicht dargestellt). In diesem Fall ist für Befragte ohne religiösen Herkunftskontext ein signifikant-positiver Alterseffekt nachweisbar (FE-Regressionsmodell, b = .09, t = 3.0). Auch Personen mit konfessionell heterogamen Eltern zeichnen sich durch ein vergleichbar starkes Wachstum der religiösen Praxis im Lebensverlauf aus. Bei Befragten mit konfessionell homogamen Eltern ist dagegen kein linearer Anstieg der Kirchgangshäufigkeit zu beobachten.

Veränderung der Kirchgangshäufigkeit im Zuge des Auszugs aus dem Elternhaus

In einem letzten Analyseschritt wird nun den Ursachen des (vorübergehenden) Rückgangs der kirchlichen Religiosität noch etwas stärker auf den Grund gegangen. Wie Fowler (1991) in seinem Stufenmodell postuliert, schwächt sich der synthetisch-konventionelle Glaube, der in verschiedener Hinsicht typisch für die traditionell-kirchliche Religiosität ist, häufig im Zuge des Auszugs aus dem Elternhaus ab. Hierfür wird vor allem eine kritische Reflexion der eigenen sozialen Herkunft verantwortlich gemacht, die mit der emotionalen Abnabelung vom Elternhaus verbunden ist. Diese Überlegungen bilden die Grundlage für die ‚Auszugs-Hypothese', wonach sich die religiöse Praxis im Zuge des Auszugsereignisses reduzieren sollte.

Tabelle 5: Veränderungen der Kirchgangshäufigkeit im Zuge des Auszugs aus dem Elternhaus (Fixed-Effects Panelregression, b-Koeffizienten mit t-Werten in Klammern)

	M1	M2	M3	M4
Auszug aus dem Elternhaus				
Auszug aus dem Elternhaus	-.13	-.93+	.82*	-.20
	(-0.4)	(-1.7)	(2.4)	(-0.3)
Auszug × Alter (zentriert)	-	.21	-	.31+
		(1.5)		(1.8)
Auszug × Alter (quadriert)	-	-.01	-	-.01
		(-0.9)		(-1.2)
Auszug × Eltern konfessionell homogam (Ref.: konfessionslos)	-	-	-1.80** (-3.2)	-1.89** (-3.1)
Auszug × Eltern konfessionell heterogam (Ref.: konfessionslos)	-	-	-.18 (-0.5)	-.11 (-0.5)
Jährliche Vollzeitmonate	-	-	-	-.03
				(-1.1)
Kontrollvariablen				
Alter (zentriert um 20 Jahre)	-.14+	-.18+	-.11	-.15
	(-1.7)	(-1.9)	(-1.0)	(-1.3)
Alter (quadriert)	.02***	.02*	.02**	.02+
	(3.7)	(2.2)	(2.8)	(1.7)
Zeitraum 1996-1998 (Ref.: 92-95)	-.69*	-.69*	-.73*	-.67+
	(-2.0)	(-2.0)	(-2.0)	(-1.8)
Zeitraum 1999-2003 (Ref.: 92-95)	-1.45**	-1.42**	-1.68**	-1.55**
	(-3.2)	(-3.1)	(-3.4)	(-3.1)
Zeitraum 2005-2009 (Ref.: 92-95)	-2.02**	-1.96**	-2.25**	-2.14**
	(-3.2)	(-3.1)	(-3.1)	(-2.9)
Wohnort Ostdeutschland	-.70	-.73	-.53	-.67
	(-1.0)	(-1.1)	(-0.7)	(-0.8)
Konfessionslosigkeit	-1.04***	-1.06***	-.78+	-.77+
	(-2.2)	(-2.2)	(-1.7)	(-1.7)
r^2 (within)	.005	.006	.008	.008
n (Personen)	4017	4017	2392	2392
n (Personenjahre)	16579	16579	11855	11855

Quelle: SOEP (Wellen 1992, 1994-1999, 2001, 2003, 2005 und 2007-2009, eigene Berechnungen)
Anmerkungen:
+ p ≤ .10; * p ≤ .05, ** p≤ .01; *** p ≤ .001
Robuste Standardfehler (Haushalts-Clusterung kontrolliert)
Personen, die im Ausgangszustand im Elternhaus leben (Modell 1-4) bzw. Angaben zur
  Konfession der Eltern machen (Modelle 3-4)
Alter in Modell 2 und 4 zentriert auf 20 Jahre

4.2 Religiöse Sozialisation und Lebensverlaufsdynamik

Die Ergebnisse in Tabelle 5 basieren auf einem FE-Regressionsmodell, mit dem sich der kausale Effekt des Auszugs aus dem Elternhaus quasi-experimentell untersuchen lässt. Verglichen wird hier für dieselbe Person, inwieweit sich die durchschnittliche Häufigkeit von Gottesdienstbesuchen nach dem Auszug, verglichen mit dem Zeitraum davor, verändert hat. In Modell 1 ergeben sich zunächst keine Hinweise auf einen eigenständigen Einfluss des Auszugs; die weiteren berechneten Modelle erhärten jedoch den Eindruck, dass sich das Verlassen des elterlichen Herkunftskontexts negativ auf die religiöse Praxis auswirkt. Der konditionale Haupteffekt in Modell 2 zeigt, dass sich die religiöse Praxis um etwa einen Kirchgang reduziert, wenn sich der Auszug im 20. Lebensjahr ereignet (b = -.93). Verzögert sich der Auszug demgegenüber um ein Jahr, schwächt sich dieser Ausgangseffekt, wie die entsprechende Wechselwirkung zeigt, um den Faktor 0.21 ab. Rückgänge in der Häufigkeit von Gottesdienstbesuchen sind somit insbesondere für frühe Auszüge typisch, die bei Scheidungsfamilien und anderen ‚alternativen' Familienformen, wie Stieffamilien und alleinerziehenden Eltern, überdurchschnittlich häufig vorkommen (Lois und Kopp 2011; Schimpl-Neimanns 2006).

In Modell 3 zeigt sich darüber hinaus, dass ein Rückgang der Kirchgangshäufigkeit im Zuge des Auszugs aus dem Elternhaus wiederum ein bestimmtes Ausgangsniveau der religiösen Praxis voraussetzt. Der konditionale Haupteffekt in Modell 3 (b = .82) deutet darauf hin, dass Personen, deren Eltern beide keiner Kirche angehören, nach dem Auszug zunehmend häufiger in die Kirche gehen als während ihrer Zeit im Elternhaus. Bei religiös erzogenen Befragten mit höherem Ausgangsniveau kommt es im Zuge des Auszugs dagegen zu Rückgängen. Dies zeigt der negative Interaktionseffekt „Auszug × konfessionell homogame Eltern" (b = -1.80).

Ein genereller Einwand besteht darin, dass möglicherweise nicht der Auszug selbst für die Abschwächung der religiösen Praxis verantwortlich ist, sondern Übergänge wie der Erwerbseinstieg, die an dieses Ereignis zeitlich gekoppelt sind. Bei Kontrolle der jährlichen Vollzeitmonate in Modell 4 bleiben die beiden zuvor kommentierten Interaktionseffekte jedoch stabil. Der konditionale Effekt des Auszugs (b = -.20) bezieht sich hier auf 20-jährige Jugendliche, deren Eltern beide konfessionslos sind. Insgesamt wird die ‚Auszugs-Hypothese' somit bedingt empirisch unterstützt.

Zwischenfazit

Am Ende dieses Abschnittes sollen die wichtigsten Ergebnisse noch einmal in einem kurzen Zwischenresümee zusammengefasst werden. Zunächst konnte ein gut abgesicherter Befund aus der Religionssoziologie (Vaskovics 1970; Wolf 1995) repliziert werden: Die kirchliche Religiosität transmittiert sich von den Eltern auf ihre Kinder. Jugendliche, deren Eltern beide der gleichen Religionsgemeinschaft angehören, weisen, im Hinblick auf Kirchenmitgliedschaft und religiöse Praxis, ein höheres Ausgangsniveau auf als Befragte mit konfessionell heterogamen und konfessionslosen Eltern. Diese Niveauunterschiede werden auch durch die weitere Entwicklung im Lebensverlauf, im vorliegenden Fall bis zum 35. Lebensjahr, nicht nivelliert und üben aus diesem Grund einen bleibenden Einfluss auf die individuellen Biografien aus.

Im Hinblick auf die Unterschiede in der religiösen Kultur, die innerhalb Deutschlands vorherrschen, ist in diesem Zusammenhang das Ergebnis interessant, dass der geschilderte Transmissionsmechanismus in den neuen Bundesländern stärker ausgeprägt ist als in den alten. Dieser Befund widerspricht der Annahme, dass eine religiöse Erziehung der Kinder für ostdeutsche Eltern wenig instrumentell ist, da ihre Nachkommen in einem weitgehend säkularisierten religiösen Kontext aufwachsen. Eine mögliche Erklärung für dieses Ergebnis besteht darin, dass es sich bei der Gruppe der konfessionell homogamen Eltern in Ostdeutschland möglicherweise um eine selektive Gruppe des ‚harten Kerns' überzeugter Gläubiger handelt, die in einem sozialistisch-atheistischen Staat an ihrer Kirchenmitgliedschaft festgehalten haben und sich, wie ein Gutachter anmerkt, gewissermaßen in einer Diaspora-Situation befinden. Auch Stolz (2009) hat darauf hingewiesen, dass ‚Minderheiten' in einer ‚Mehrheitsgesellschaft' ihre kulturelle Identität nicht zuletzt über Merkmale wie religiöse Praktiken und konfessionelle Gruppengrenzen behaupten. Die Untersuchung von Klein und Wunder (1996) zur religiösen Partnerwahl korrespondiert ebenfalls mit dieser Annahme. Hiernach sind konfessionell homogame Ehen in Religionsgruppen, die sich in einer Minderheitenposition befinden, zum Beispiel Protestanten und Katholiken in der ehemaligen DDR, weniger ein Ausdruck von Gelegenheitsstrukturen (Randverteilungen), sondern einer präferenzgesteuerten Partnerwahl.

Die berichteten Ergebnisse bestätigen zudem, dass sich die kirchliche Religiosität beim Übergang vom Jugend- ins Erwachsenenalter abschwächt. Die Wahrscheinlichkeit einer Kirchenmitgliedschaft und auch die Kirchgangshäufigkeit gehen bis ins dritte Lebensjahrzehnt deutlich zurück und der negative Einfluss des Auszugs aus dem Elternhaus auf die religiöse Praxis kann zudem als weitere Evidenz für den Bedeutungsverlust der elterlichen Sozialisationseinflüsse gesehen werden. Diese Befunde, die im Einklang mit der ‚Postadoleszenz-Hypothese' stehen, sind anschlussfähig an die jugendsoziologischen Debatten über Generationenkonflikte und die Gegensätze zwischen einer Jugend- und Erwachsenenkultur (im Überblick: Scherr 2009, S. 62-65).

Die geschilderten Abwärtsbewegungen setzen allerdings zumindest ein mittleres Ausgangsniveau der Religiosität voraus. In diesem Zusammenhang ist überraschend, dass sich auch die Befragten, deren Eltern beide keiner Kirche angehören, in gewisser Weise von ihren Eltern distanzieren. In diesem Fall kommt es allerdings, ähnlich wie bei den „occasional attenders" in der Studie von Petts (2009), nicht zu einer Abwärtsbewegung, sondern zu einem Wachstum der kirchlichen Religiosität im Lebensverlauf. Das Leben kann also offensichtlich auch ohne eine entsprechende Primärsozialisation ein wenig ‚religiös machen', auch wenn sich diese Aufwärtsbewegung von einem niedrigen Ausgangsniveau vollzieht und, wie im vorangehenden Abschnitt diskutiert wurde, von Periodeneffekten konterkariert wird.

Schließlich ist deutlich geworden, dass die berichteten Rückgänge in der Wahrscheinlichkeit einer Kirchenmitgliedschaft und bei der religiösen Praxis häufig vorübergehend sind und der altersspezifische Entwicklungsverlauf im Altersbereich 17-35 Jahre daher, insbesondere im Hinblick auf den Gottesdienstbesuch, als u-förmig zu beschreiben ist. Welche Ursachen die erneute Aufwärtsbewegung hat, konnte im vorliegenden Abschnitt noch nicht beantwortet werden. So ist etwa die Annahme, dass sich religiös erzogene Befragte, nach einer vorübergehenden Distanzierung vom Herkunftskontext, ihrer ursprünglichen Prägung wieder annähern, allein durch die Betrachtung der altersspezifischen Verläufe nicht zu belegen. In allen untersuchten Gruppen gibt es, ab einem bestimmten Alter, Hinweise auf religiöses Wachstum. In den nachfolgenden Analysen wird daher zu überprüfen sein, inwieweit etwa die Übergänge in die Ehe oder zur Familiengründung für das Wiedererstarken der Religiosität im Lebensverlauf verantwortlich sind.

4.3 Veränderungen der kirchlichen Religiosität im Erwerbszyklus

Im vorangehenden Abschnitt wurden deutliche Hinweise darauf gefunden, dass sich die kirchliche Religiosität beim Übergang zum Erwachsensein reduziert. Dieser Rückgang wurde in erster Linie auf die Abschwächung von Sozialisationseinflüssen zurückgeführt, die von den Eltern ausgehen. Auch der Erwerbseinstieg könnte allerdings für die geschilderte Abwärtsbewegung verantwortlich sein. Daher werden im nächsten Schritt verschiedene Hypothesen getestet, die im zweiten Kapitel dieser Arbeit im Hinblick auf Veränderungen der Religiosität im Erwerbszyklus formuliert wurden.

Während die ‚Erwerbstätigkeits-Hypothese' vor allem eine größere Neigung zum Kirchenaustritt im Zuge des Erwerbseinstiegs erwarten lässt, sagt die ‚Low-Cost-Hypothese' vorher, dass Normen wie die subjektive Wichtigkeit der Religion für den Akteur in High-Cost-Situationen weniger handlungsbestimmend sind als in Low-Cost-Situationen. Da sich die Kosten einer Kirchenmitgliedschaft im Zuge des Erwerbseinstiegs durch die Pflicht zur Kirchensteuer erhöhen, sollte sich der Effekt der subjektiven Wichtigkeit der Religion auf die Wahrscheinlichkeit einer Kirchenmitgliedschaft abschwächen. Im Rahmen der ‚Bildungs-Hypothese' wurde zudem vorhergesagt, dass höhere Bildung zu der Herausbildung eines rational-wissenschaftlichen Weltbildes beiträgt, das mit religiösen Sinngehalten wenig kompatibel ist. Hochgebildete Befragte sollten daher eher dazu neigen, aus der Kirche auszutreten. Schließlich postuliert die ‚Ruhestands-Hypothese' einen Anstieg der religiösen Praxis im Zuge des Ausstiegs aus dem Erwerbsleben. Die Grundlage für diese Annahme bildete die qualitative Studie von Ingersoll-Dayton et al. (2002), wonach die zeitliche Entlastung im Zuge dieses Übergangs Zeit und Energie freisetzt, die für die Beschäftigung mit religiösen Sinnfragen und die religiöse Praxis notwendig sind.

Forschungsstand: Bildungsniveau, Erwerbsbeteiligung und Religiosität

Zu den genannten Hypothesen liegen bereits einige Forschungsergebnisse vor. Lois (2009, S. 55ff) bildet, auf der Basis der SOEP-Daten des Jahres 1998, eine Religiositätsskala, die aus der Kirchgangshäufigkeit und der subjektiven Wichtigkeit der Religion für den Befragten besteht. Im Querschnitt lässt sich eine negative Korrelation zwischen dieser Religiositätsskala und dem individuellen Bildungsniveau sowie der Bildung des Vaters feststellen. In der bereits erwähnten Studie von Birkelbach (1999) kann nachgewiesen werden, dass Personen ohne Abitur eine geringere Übergangsrate in einen Kirchenaustritt aufweisen. Albrecht und Heaton (1984) fassen zudem einige ältere nordamerikanische Forschungsbefunde zusammen, die ebenfalls auf einen negativen Zusammenhang zwischen dem Bildungsniveau und der Kirchgangshäufigkeit bzw. der Prävalenz religiöser Einstellungen hinweisen. Dieses Ergebnis kann auch in jüngeren Studien aus den USA repliziert werden (Sherkat 1998). Der neuere Forschungsüberblick von Mayrl und Oeur (2009) weist allerdings auf eine differenzierte Befundlage für die Vereinigten Staaten hin, da in einigen Studien festgestellt wird, dass sich religiöse Überzeugungen während der College-Zeit seit den 1990er Jahren verstärken, während gleichzeitig ein Rückgang der religiösen Praxis zu beobachten ist, die sich in diesem Fall auf die Kirchgangshäufigkeit und die Mitgliedschaft in religiösen Organisationen bezieht.

Verglichen mit der durchaus breiten Forschung zu Bildungseffekten ist der Erwerbsstatus bisher eher selten in empirischen Untersuchungen zur Religiosität berücksichtigt worden. Zwei ältere Querschnittstudien aus den USA und Canada

4.3 Veränderungen der kirchlichen Religiosität im Erwerbszyklus

(De Vaus 1984; Gee 1991) kommen zu widersprüchlichen Ergebnissen hinsichtlich des Zusammenhangs zwischen Erwerbsbeteiligung und Kirchgangshäufigkeit. Nach De Vaus (1984) besteht zwischen der Erwerbsbeteiligung von Frauen und der Häufigkeit von Gottesdienstbesuchen kein Zusammenhang, während die Kirchgangshäufigkeit von in Vollzeit erwerbstätigen Männern höher liegt als bei der Vergleichsgruppe mit geringerer oder fehlender Erwerbsbeteiligung. Gee (1991) findet dagegen mit kanadischen Daten Hinweise darauf, dass in Vollzeit erwerbstätige Frauen zu geringeren Anteilen regelmäßige Gottesdienstbesucher sind als teilzeiterwerbstätige und insbesondere nicht erwerbstätige Frauen. Bei Männern findet sich dagegen ein nichtlinearer Zusammenhang, da in Teilzeit erwerbstätige Männer häufiger in die Kirche gehen als nicht erwerbstätige Männer und Vollzeiterwerbstätige.

Birkelbach (2001) untersucht die bereits vorgestellte Panelstichprobe ehemaliger Gymnasiasten aus Nordrhein-Westfalen und findet zu dem Messzeitpunkt, bei dem die Befragten 30 Jahre alt sind, keine Zusammenhänge zwischen dem Vorliegen oder der Dauer einer Erwerbstätigkeit und verschiedenen Variablen zur religiösen und säkularen Sinnstiftung. Zum dritten Messzeitpunkt, die Befragten sind nun 43 Jahre alt, korreliert eine Erwerbstätigkeit dagegen negativ mit Aussagen zur religiösen Sinnstiftung wie etwa „Das Leben hat für mich nur eine Bedeutung, weil es einen Gott gibt". In seiner Untersuchung zum Kirchenaustritt, die auf derselben Stichprobe basiert, zeigt Birkelbach (1999) zudem, dass die Tatsache, erwerbstätig und damit kirchensteuerpflichtig zu sein, die Austrittsrate deutlich erhöht. Im Jahr des Erwerbseinstiegs sind, insbesondere für evangelische und weniger für katholische Befragte, deutliche Anstiege der Austrittswahrscheinlichkeit sichtbar. Der Autor interpretiert diese Befunde als Beleg dafür, dass die Handlungsalternative ‚Kirchenmitgliedschaft' von den Befragten rational abgewogen wird und das finanzielle Anreize hierbei nicht nur als Periodeneffekte (steuerliche Belastung) sondern auch als Lebenslaufeffekte (Berufseintritt) bedeutsam sind.

Inwiefern der Austritt aus dem Berufsleben mit einer Wiederbelebung der kirchlichen Religiosität einhergeht, wird ferner durch die quantitative Forschung kaum beantwortet. Nach Kenntnis des Autors liegt dazu lediglich die Studie von Glamser (1988) vor, der für eine relativ kleine Panelstichprobe (n = 51 Personen) keine Hinweise darauf findet, dass sich die Kirchgangshäufigkeit nach dem Übergang in den Ruhestand signifikant verändert.

Empirische Ergebnisse: Die Entwicklung der kirchlichen Religiosität im Erwerbszyklus

Inwieweit lassen sich die insgesamt vier formulierten Hypothesen zu Veränderungen der Religiosität nun durch die Analysen mit dem Sozio-oekonomischen Panel bestätigen? In Tabelle 6 sind zunächst einige deskriptive Ergebnisse dargestellt. Es finden sich hier bereits deutliche Hinweise auf einen negativen Zusammenhang zwischen der kirchlichen Religiosität auf der einen Seite und den Merkmalen Erwerbsbeteiligung sowie Bildungsniveau auf der anderen Seite. Bei Frauen sind die entsprechenden Zusammenhänge, in Übereinstimmung mit De Vaus (1984) und Gee (1991), allerdings sichtbar stärker als bei Männern. So beträgt zum Beispiel die Differenz im Anteil von Kirchenmitgliedern zwischen voll und nicht erwerbstätigen Frauen 15 Prozentpunkte, bei Männern dagegen nur etwa 5 Prozentpunkte. Mit den bildungsspezifischen Differenzen verhält es sich ähnlich.

Tabelle 6: Kirchliche Religiosität in Abhängigkeit von Erwerbsbeteiligung und Bildungsniveau (Mittelwerte mit Standardabweichungen bzw. Anteilswerte)

	Männer		Frauen	
	Jährlicher Kirchgang MW (SD)	Mit Konfession %	Jährlicher Kirchgang MW (SD)	Mit Konfession %
Erwerbsbeteiligung				
Erwerbsindex = 0	8.2 (16.1)	70.9	10.1 (17.3)	77.8
Erwerbsindex 1-6	6.3 (14.0)	65.8	8.4 (15.3)	75.6
Erwerbsindex > 6	6.3 (13.4)	65.8	5.3 (11.9)	62.8
Bildungsniveau				
Bildungsjahre 8-10	8.9 (16.4)	76.4	11.5 (18.1)	81.8
Bildungsjahre 11-13	6.9 (14.2)	57.5	8.0 (15.0)	67.0
Bildungsjahre 14-18	6.8 (14.0)	60.8	7.2 (14.3)	60.8

Quelle: SOEP (1990-2009, eigene Berechnungen)

4.3 Veränderungen der kirchlichen Religiosität im Erwerbszyklus

In Tabelle 7 sind die multivariaten Ergebnisse von RE- und FE-Logit-Modellen zur Wahrscheinlichkeit einer Kirchenmitgliedschaft dargestellt. Die Bildungshypothese scheint nach Modell 1A, das auf allen Befragten mit Angaben zur Kirchenmitgliedschaft basiert, zuzutreffen, da sich die logarithmierte Chance einer Konfessionszugehörigkeit pro Bildungsjahr um b = -.20 reduziert. Modell 1B stellt demgegenüber einen strengeren Test dar, da hier wiederum nur Personen mit Veränderungen der Kirchenmitgliedschaft berücksichtigt werden. Der Bildungsindikator weist hier in die gleiche Richtung und ist signifikant. Es lässt sich somit quasi-experimentell bestätigen, dass sich mit steigender Verweildauer im Bildungssystem für dieselbe Person die Wahrscheinlichkeit reduziert, einer Kirche anzugehören. Die ‚Bildungs-Hypothese' wird daher angenommen.

Auch die ‚Erwerbstätigkeits-Hypothese' wird in Modell 1A unterstützt. Dem konditionalen Haupteffekt zufolge (b = -.33) reduziert sich bei Männern die Wahrscheinlichkeit einer Kirchenmitgliedschaft, wenn eine Voll- oder Teilzeiterwerbstätigkeit vorliegt. Geschlechtsspezifische Unterschiede bestehen in Modell 1A, wie die insignifikante Interaktionseffekt zeigt, nicht. Die Kausalität der Effekte in den RE-Logit-Modellen ist jedoch fraglich, da es zu einer Selbstselektion kommen kann. Zusätzliche Analysen bestätigen zum Beispiel, dass weibliche Kirchenmitglieder zu einem signifikant geringeren Anteil erwerbstätig sind als konfessionslose Frauen. Dies könnte auf Unterschiede in der Geschlechtsrollenorientierung zurückzuführen sein. Infolge der divergierenden Erwerbsorientierung stellt sich die Frage nach der Kausalitätsrichtung: Sind Kirchenmitglieder in verringertem Maße erwerbstätig, oder führt die Erwerbstätigkeit zum Kirchenaustritt? Um hier eindeutige Aussagen machen zu können, wird das FE-Modell (1B) berechnet, das gegenüber einer Selbstselektion robust ist.

Tabelle 7: Veränderung der Kirchenmitgliedschaft im Erwerbszyklus (Logit-Koeffizienten mit z-Werten in Klammern)

	M1A RE-Logit	M1B	M2 Frau FE-Logit	M3 Mann
Alterseffekte				
Alter (zentriert um 17 Jahre)	-.10***	-.12***	-.11**	-.13***
	(-12.9)	(-7.0)	(-4.8)	(-5.0)
Alter (quadriert)	.002***	.002***	.002**	.002***
	(15.4)	(10.5)	(7.8)	(6.8)
Bildung und Erwerbsbeteiligung				
Bildungsjahre	-.20***	-.06*	-.06	-.08+
	(-15.2)	(-2.2)	(-1.4)	(-1.8)
Erwerbstätig (Voll- oder Teilzeit)	-.33***	-.37**	-.05	-.33*
	(-3.1)	(-2.8)	(-0.4)	(-2.3)
Erwerbstätig × Frau	.03	.38*	-	-
	(.03)	(2.3)		
Im Ruhestand	-.20+	-.16	-	-
	(-1.8)	(-1.2)		
Wichtigkeit des Glaubens	-	-	.60***	.72***
(zentriert)			(6.3)	(5.8)
Erwerbstätig × Wichtigkeit des	-	-	-.21+	-.25+
Glaubens			(-1.7)	(-1.9)
Kontrollvariablen				
Periodeneffekt (log. Jahre	-.73***	-.49***	-.46***	-.53***
seit 1990)	(-25.3)	(-7.2)	(-4.6)	(-5.2)
Wohnort: Ostdeutschland	-4.50***	-1.06***	-1.23***	-.99*
	(-97.3)	(-3.7)	(-3.0)	(-2.4)
Mann	-.98***	-	-	-
	(-8.1)			
Log likelihood	-23998	-2045	-992	-944
Varianzkomponente σ_i	4.04	-	-	-
N (Personen)	34536	2142	1023	1037
N (Personenjahre)	69686	6361	3085	3112

Quelle: SOEP (Wellen 1990, 1997, 2003 und 2007, eigene Berechnungen)
Anmerkungen:
+ p ≤ .10; * p ≤ .05, ** p ≤ .01; *** p ≤ .001
Modelle 2 und 3 ohne SOEP-Stichproben G-H

4.3 Veränderungen der kirchlichen Religiosität im Erwerbszyklus

Der signifikant negative Effekt des konditionalen Erwerbstätigkeits-Indikators in Modell 1B (b = -.37) ist wie folgt zu interpretieren: *Männer* mit Varianz auf der abhängigen Variablen werden mit sich selbst über die Zeit verglichen und sind in den Lebensphasen, in denen sie keiner Erwerbstätigkeit nachgehen, mit höherer Wahrscheinlichkeit Kirchenmitglied als zu den Messzeitpunkten mit Erwerbstätigkeit. Diese Befunde liefern einen indirekten Hinweis auf Kirchenaustritte im Zuge des Berufseinstiegs beziehungsweise auf Eintritte, die im Zusammenhang mit einer Verringerung des Erwerbsumfangs oder der Phase einer Erwerbslosigkeit stehen. Die Ergebnisse stimmen mit den Befunden von Birkelbach (1999) überein und bestätigen die ‚Erwerbstätigkeits-Hypothese'. Im Unterschied zum RE-Modell (1A) kann im FE-Modell zusätzlich ein Geschlechterunterschied nachgewiesen werden. Die Wechselwirkung „Erwerbstätig × Frau" ist signifikant positiv und die Verrechnung von Haupt- und Interaktionseffekt (-.37 + 0.38) ergibt in der Summe praktisch null. Dies bedeutet, in Widerspruch zum deskriptiven Augenschein und den Studien von De Vaus (1984) und Gee (1991), dass die *Veränderung* des Erwerbsstatus bei Frauen nicht mit der Wahrscheinlichkeit einer Kirchenmitgliedschaft zusammenhängt.

Die ‚Low-Cost-Hypothese', welche die ‚Erwerbstätigkeits-Hypothese' erweitert, bezieht sich nun speziell auf die Stärke des Zusammenhangs zwischen einer handlungsleitenden Norm, hier die subjektive Wichtigkeit der Religion, und dem Verhalten, hier verstanden als eine Kirchenmitgliedschaft. Wenn die Hypothese zutrifft, sollte dieser Zusammenhang in Phasen einer Nichterwerbstätigkeit stärker ausfallen als in Erwerbsphasen. Um diese Annahme zu testen, wird in den Modellen 2 (Frauen) und 3 (Männer) ein Interaktionseffekt „subjektive Wichtigkeit der Religion × Erwerbstätigkeit" aufgenommen, der jeweils negativ ausfallen sollte.[17] Der konditionale Haupteffekt des dichotomen Erwerbstätigkeits-Indikators in Modell 2 (b = -.05) sagt aus, dass sich die Wahrscheinlichkeit einer Kirchenmitgliedschaft bei Frauen, die der Religion eine *mittlere* subjektive Wichtigkeit zuschreiben, in Abhängigkeit des Erwerbsstatus nicht verändert. Wenig überraschend ist zudem der Befund, dass (nicht erwerbstätige) Frauen, die der Religion einen hohen Stellenwert für ihr Wohlbefinden und ihre Zufriedenheit beimessen, mit höherer Wahrscheinlichkeit Kirchenmitglied sind (b = .60). Der Interaktionseffekt, der durch Multiplikation dieser beiden Variablen gebildet wird, ist negativ (b = -.21) und zumindest tendenziell signifikant. Die ‚Low-Cost-Hypothese' wird damit bestätigt. Der positive Einfluss der subjektiven Wichtigkeit der Religion auf

---

17 Um für die subjektive Wichtigkeit der Religion, die nur unregelmäßig abgefragt wird (1994, 1998, 1999), nicht mehr als 30% der fehlenden Werte imputieren zu müssen, werden in den Modellen 2 und 3 die SOEP-Stichproben G (2002) und H (2006) ausgeschlossen.

die Wahrscheinlichkeit einer Mitgliedschaft schwächt sich ab, sobald die Frau erwerbstätig ist. Die Neigung, in den Zustand ‚Kirchenmitglied' zu wechseln, wird also in Phasen der Nichterwerbstätigkeit stärker durch die subjektive Wichtigkeit vorhergesagt als in Zeiten einer Erwerbstätigkeit. Die subjektive Norm der Befragten, der Religion einen hohen Stellenwert beizumessen, scheint folglich tatsächlich vor allem dann handlungsleitend zu sein, wenn die Kirchenmitgliedschaft nicht mit Kosten, die infolge der Kirchensteuer entstehen, verbunden ist. Für Männer (Modell 3) lassen sich ähnliche Schlussfolgerungen ziehen, wobei sowohl der Haupteffekt des Erwerbsstatus als auch der Interaktionseffekt „Erwerbstätig × Wichtigkeit des Glaubens" stärker ausfallen als bei Frauen.

Die Modelle 1A und 1B in Tabelle 7 enthalten weiterhin einen Indikator „im Ruhestand", für den ein positiver Effekt auf die Kirchenmitgliedschaft zu erwarten ist. Überraschenderweise ist die Wahrscheinlichkeit einer Kirchenmitgliedschaft jedoch bei Personen, die sich in einer nachberuflichen Lebensphase befinden, laut Modell 1A geringer (b = -.20). In Modell 1B, das nur auf Veränderungen innerhalb derselben Person basiert, ist jedoch kein Ruhestands-Effekt mehr nachweisbar. Die ‚Ruhestands-Hypothese' muss daher für die Kirchenmitgliedschaft abgelehnt werden.

In Tabelle 8 sind äquivalente Ergebnisse für die Kirchgangshäufigkeit dargestellt, wobei sich die Modelle 4 und 5 auf Personen mit einem maximalen Alter von 40 Jahren beziehen. Diese Eingrenzung lässt sich dadurch rechtfertigen, dass das ‚endgültige' Bildungsniveau in diesem Altersbereich bereits erreicht ist und die Berufseinstiegsphase hier, im Sinne der ‚Postadoleszenz-Hypothese', theoretisch besonders relevant ist. Im Unterschied zu den vorangehenden Analysen findet die ‚Bildungs-Hypothese' in Modell 4 keine Bestätigung. Dieser Befund widerspricht den Ergebnissen, die im überwiegenden Teil der bisherigen Forschung berichtet werden. Es handelt sich jedoch um einen vergleichsweise strengen Test, da nicht, wie gewöhnlich, untersucht wird, ob hoch gebildete Personen weniger religiös sind (Unterschiede zwischen Personen), sondern inwieweit sich die religiöse Praxis im Falle eines Anstiegs des Bildungsniveaus im Rahmen der Schul- und Berufsausbildung erhöht (Unterschiede innerhalb von Personen). Möglicherweise sind die bisher berichteten Bildungseffekte auf ein geringeres Ausgangsniveau der Religiosität zurückzuführen, da höher gebildete Eltern ihre Kinder weniger religiös erziehen.

Die ‚Erwerbstätigkeits-Hypothese' wird in zwei Varianten getestet. In Modell 4 findet der Erwerbsindex Berücksichtigung, der sich aus den mit 1.0 gewichteten jährlichen Vollzeitmonaten beziehungsweise den mit 0.5 gewichteten Teilzeitmonaten zusammensetzt. Der entsprechende Effekt (b = -.03) ist bei Männern

4.3 Veränderungen der kirchlichen Religiosität im Erwerbszyklus

tendenziell negativ, unterscheidet sich allerdings in seiner Stärke nicht signifikant zwischen Männern und Frauen. In Modell 5 wird als alternative Operationalisierung nur die Anzahl der jährlichen Vollzeitmonate herangezogen. Die Idee ist, dass möglicherweise nicht die Erwerbstätigkeit an sich zu einer Verringerung der religiösen Praxis führt, sondern nur ein zeitintensiver Vollzeitjob. In der Tat reduziert sich die Häufigkeit des Gottesdienstbesuchs mit jedem Vollzeitmonat bei Männern wesentlich stärker als dies beim Erwerbsindex der Fall war. Ein männlicher Befragter, der von einer Nichterwerbstätigkeit in eine Vollzeitbeschäftigung wechselt, weist einen Rückgang der religiösen Praxis auf, der etwa 0.7 Gottesdienstbesuchen jährlich entspricht ($12 \times 0.057 = 0.68$). Ein geschlechtsspezifischer Unterschied in der Effektstärke ist erneut nicht festzustellen.

Zu beachten ist, dass es sich um Nettoeffekte auf die religiöse Praxis bei Kontrolle von Veränderungen der Kirchenmitgliedschaft handelt, deren Wahrscheinlichkeit, wie gezeigt wurde, im Zuge des Erwerbseinstiegs signifikant zurückgeht. Außerdem sind infolge des FE-Designs Selbstselektionseffekte ausgeschlossen. Selbst wenn wenig religiöse Personen verstärkt zu einer Vollzeiterwerbstätigkeit neigen, schätzt das FE-Modell lediglich, welche Veränderungen, unabhängig vom Ausgangsniveau, zu beobachten sind.

Im Gegensatz zu den Analysen zur Kirchenmitgliedschaft kann im Falle der religiösen Praxis auch die ‚Ruhestands-Hypothese' empirisch bestätigt werden. Das Untersuchungsdesign in Modell 6 besteht wiederum darin, die Häufigkeit von Gottesdienstbesuchen bei Personen ab 45 Jahre in der Lebensphase nach dem Übergang in den Ruhestand mit der Zeit davor zu vergleichen, in der dieselbe Person noch einer Erwerbstätigkeit nachgegangen ist. Nach Kontrolle von Alters- und Periodeneffekten, Kirchenein- und -austritten sowie Wohnortwechseln zwischen Ost- und Westdeutschland beträgt die entsprechende Differenz durchschnittlich 0.81 Kirchgänge jährlich. Mit dem Austritt aus dem Berufsleben verstärkt sich folglich wie erwartet, und im Widerspruch zu der zitierten Studie von Glamser (1988), die religiöse Praxis. Dabei ist jedoch, wie Modell 7 zeigt, eine Differenzierung zwischen den alten und neuen Bundesländern vorzunehmen. Während der konditionale Haupteffekt für den Übergang in den Ruhestand in Westdeutschland etwa einem zusätzlichen Kirchgang jährlich entspricht ($b = .95$), ist dieser Koeffizient, wie der Interaktionseffekt bestätigt, in Ostdeutschland tendenziell schwächer ausgeprägt ($b = -.72$) und liegt damit nur bei etwa 0.2 Kirchgängen ($0.95 - 0.72 = 0.23$).

Tabelle 8: Veränderungen der Kirchgangshäufigkeit im Erwerbszyklus (Fixed-Effects Panelregression, b-Koeffizienten mit t-Werten in Klammern)

	M4	M5	M6	M7
Übergänge im Erwerbszyklus				
Bildungsjahre	-.01	-.03	-	-
	(-0.3)	(-0.5)		
Erwerbsindex	-.03+	-	-	-
	(-1.8)			
Erwerbsindex × Frau	.02	-	-	-
	(1.0)			
Jährliche Vollzeitmonate	-	-.06**	-	-
		(-2.6)		
Vollzeitmonate × Frau	-	.02	-	-
		(0.8)		
Übergang in den Ruhestand	-	-	.81*	.95*
			(2.5)	(2.5)
Übergang in den Ruhestand × Ost	-	-	-	-.72+
				(-1.7)
Alters- und Periodeneffekte				
Alter (zentriert)	.08*	.08*	.01	.01
	(2.6)	(2.4)	(0.3)	(0.3)
Alter (quadriert)	.01***	.01***	-	-
	(6.1)	(5.6)		
Zeitraum 1996-1998 (Ref.: 92-95)	-.31	-.28	-.09	-.10
	(-1.5)	(-1.3)	(-0.3)	(-0.4)
Zeitraum 1999-2003 (Ref.: 92-95)	-.92***	-.93**	-.26	-.27
	(-3.3)	(-3.2)	(-0.7)	(-0.8)
Zeitraum 2005-2009 (Ref.: 92-95)	-1.25***	-1.27***	-.68	-.68
	(-3.3)	(-3.1)	(-1.3)	(-1.4)
Kontrollvariablen				
Wohnort Ostdeutschland	-.26	-.24	-.53*	-.46+
	(-0.7)	(-0.5)	(-2.0)	(-1.7)
Konfessionslosigkeit	-1.70***	-1.52***	-.85**	-.83**
	(-6.1)	(-5.5)	(-2.9)	(-2.9)
r^2 (within)	.0041	.0044	.0013	.0014
n (Personen)	15778		6643	
n (Personenjahre)	66966		28929	

Anmerkungen:
+ $p \leq .10$; * $p \leq .05$; ** $p \leq .01$; *** $p \leq .001$
Robuste Standardfehler (Haushalts-Clusterung kontrolliert)
Modelle 4-5: Personen bis 40 Jahre
Modelle 6-7: Im Ausgangszustand erwerbstätige Personen ab 45 Jahre

4.3 Veränderungen der kirchlichen Religiosität im Erwerbszyklus

Im Rahmen der in Tabelle 24 berichteten Ergebnisse zu Veränderungen der subjektiven Wichtigkeit der Religion im Erwerbszyklus finden sich ferner insgesamt keine Hinweise auf kausale Effekte der Indikatoren Bildungsniveau, Erwerbsumfang oder Übergang in den Ruhestand (Modelle 3 und 4). Inwieweit diese Unterschiede substanziell sind oder sich auf die deutlich verringerte Teststärke in den Modellen zur subjektiven Wichtigkeit zurückführen lassen, muss an dieser Stelle offen bleiben.

Zwischenfazit

Im Zuge der vorangegangenen Auswertungen haben sich die Hinweise darauf verdichtet, dass es sich beim Erwerbseinstieg um ein Ereignis handelt, das mit Rückgängen der kirchlichen Religiosität verbunden ist. Damit wird ein Beitrag zu der Frage geleistet, warum sich die Wahrscheinlichkeit einer Kirchenmitgliedschaft und die religiöse Praxis beim Übergang vom Jugend- ins Erwachsenenalter abschwächen. Der negative Effekt des Erwerbseinstiegs auf die Wahrscheinlichkeit einer Kirchenmitgliedschaft deutet in Übereinstimmung mit Birkelbach (1999) darauf hin, dass rationale Kosten-Nutzen-Abwägungen für die Entscheidung, einer Kirche anzugehören, bedeutsam sind. Hier ist allerdings offensichtlich eine geschlechtsspezifische Differenzierung vorzunehmen, da sich die Neigung, Kirchenmitglied zu sein, bei Frauen in Abhängigkeit vom Erwerbsstatus nicht verändert.

Die geschlechtsübergreifende Reduzierung der religiösen Praxis im Zuge einer Vollzeiterwerbstätigkeit kann zudem als starkes Argument für die Wirksamkeit zeitlicher Opportunitätskosten gewertet werden. Inwieweit darüber hinaus religiöse Sinngehalte durch den rational-pragmatischen Charakter des Erwerbslebens zurückgedrängt werden und ihre Funktion als Identitätsquelle einbüßen, kann darüber hinaus, in Ermangelung elaborierter Messinstrumente, nicht beantwortet werden. Die fehlenden Zusammenhänge zwischen den Erwerbsindikatoren und der subjektiven Wichtigkeit der Religion sprechen allerdings tendenziell gegen diese Hypothese. Bildungseffekte sind darüber hinaus insofern nachweisbar, da sich die Wahrscheinlichkeit einer Kirchenmitgliedschaft für dieselbe Person mit steigender Verweildauer im Bildungssystem reduziert.

In Erweiterung der einfachen ‚Erwerbstätigkeits-Hypothese' wurde zusätzlich der Frage nachgegangen, inwieweit die Entstehung von Kosten für die Kirchenmitgliedschaft im Zuge der Kirchensteuer dazu beiträgt, dass sich der Zusammenhang zwischen der Kirchenmitgliedschaft und der subjektiven Norm, dem Glauben und der Religion einen großen Stellenwert für das eigene Wohlbefinden einzuräumen, abschwächt. Diese ‚Low-Cost-Hypothese' wird empirisch bestätigt. Der Einfluss der subjektiven Wichtigkeit geht im Zuge des Erwerbseinstiegs signifikant zurück, erhöht jedoch auch nach dem Berufseinritt substantiell die Wahrscheinlichkeit, einer Glaubensgemeinschaft anzugehören. Auf der Basis dieser Befunde lassen sich handlungstheoretische Diskussionen führen (Best und Kroneberg 2012). Die Frage lautet, ob Menschen, im Sinne des „homo sociologicus" (Dahrendorf 2010), den in der Sozialisation erworbenen Rollenerwartungen und Normen folgen oder ob sie, im Sinne des „homo oeconomicus", die Handlungsalternative wählen, die nach Abwägung aller Kosten und Gratifikationen den höchsten Nettonutzen aufweist (Lindenberg 1990). Werden die vorgestellten Analysen zugrundegelegt, lässt sich antworten: es kommt darauf an. Ist die Kirchenmitgliedschaft nicht mit Kosten verbunden, folgen Akteure verstärkt ihrer gewohnten subjektiven Norm. Sind Kosten im Zuge des Erwerbseinstiegs und der Pflicht zur Kirchensteuer nicht nur vorhanden sondern auch relativ eindeutig sichtbar, schwächt sich der Effekt dieser Norm – zumindest etwas – ab. Zu fragen ist allerdings, ob sich im Zuge des Berufseinstiegs nicht mittelfristig auch der subjektive Stellenwert der Religion an die veränderte Kosten-Nutzen-Struktur der Handlungssituation anpassen wird.

Schließlich konnte gezeigt werden, dass der Übergang in den Ruhestand ein Wachstum der religiösen Praxis anregt, das jedoch auf Befragte beschränkt ist, die in den alten Bundesländern wohnen. Damit können, im Sinne einer Methodentriangulation, die Befunde der qualitativen Studie von Ingersoll-Dayton et al. (2002) quantitativ bestätigt werden.

4.4 Veränderungen der kirchlichen Religiosität im Familienzyklus

Im nun folgenden Abschnitt ist von zentralem Interesse, inwieweit sich die in Kapitel zwei formulierten Hypothesen zu Veränderungen der kirchlichen Religiosität im Familienzyklus empirisch bestätigen lassen. Vor dem Hintergrund des von Bahr (1970) als ‚Familienzyklus-Modell' bezeichneten Verlaufsmuster geht es dabei auch um die Frage, aus welchen Gründen sich die kirchliche Religiosität, im Rahmen des bereits in Abschnitt 4.2 beobachteten u-förmigen Verlaufsmusters, nach einem vorübergehenden Rückgang wieder zu verstärken beginnt. Der Übergang zur Familiengründung hat dabei aus theoretischer Sicht eine große Bedeutung, da Ingersoll-Dayton et al. (2002) dieses Ereignis zu den Hauptfaktoren zählen, die religiöses Wachstum anregen können. Die Geburt des ersten Kindes stellt daher möglicherweise einen Wendepunkt dar, der die negative Verlaufskurve in der Entwicklung der kirchlichen Religiosität, die beim Übergang

4.4 Veränderungen der kirchlichen Religiosität im Familienzyklus

von der Adoleszenz zur Postadoleszenz und in das mittlere Erwachsenenalter zu beobachten ist, wieder umkehrt.

Wie in den vorangehenden Abschnitten werden nun zunächst die Ergebnisse der bisher vorliegenden Studien zur Thematik zusammengefasst, die insbesondere in den Vereinigten Staaten vergleichsweise zahlreich sind.

Forschungsstand: Wie verändert sich die Religiosität im Familienzyklus?

Welche reziproken Zusammenhänge zwischen der individuellen Religiosität und den partnerschaftlichen Lebensformen Nichteheliche Lebensgemeinschaft und Ehe bestehen, wird in der Referenzstudie von Thornton et al. (1992) differenziert untersucht. Die untersuchte Stichprobe beinhaltet Familien, das heißt hier Mütter und ihre bis zu vier erstgeborenen Kinder, die zwischen 1962 und 1985 wiederholt interviewt wurden. Als Religiositäts-Indikatoren stehen, wie in der vorliegenden Arbeit, die Konfession, die Kirchgangshäufigkeit und die subjektive Wichtigkeit der Religion zur Verfügung. Im Rahmen einer Cox-Regression werden die Übergangsraten der Kinder zu den konkurrierenden Ereignissen nichteheliche Kohabitation und Ehe untersucht. Die Analysen zeigen, dass konfessionslose Personen allgemein dazu neigen, Partnerschaften früh zu institutionalisieren, unabhängig davon, ob es sich um eine Ehe oder NEL handelt. Zudem weisen Personen ohne Kirchenmitgliedschaft sowie Befragte mit geringer Kirchgangshäufigkeit häufiger das heute typische Sequenzmuster auf, bei dem eine nichteheliche Kohabitation vor die Ehe tritt. Zudem ist die soziale Herkunft bedeutsam: Die Religiosität der Mutter erhöht ebenfalls die Übergangsrate des entsprechenden Kindes in eine direkte erste Ehe und senkt die Wahrscheinlichkeit, eine nichteheliche Kohabitation einzugehen. Für den vorliegenden Fall besonders interessant ist zudem das Ergebnis, dass der Zusammenhang zwischen der Religiosität und der Wahrscheinlichkeit, eine Kohabitation versus Ehe einzugehen, einen reziproken Charakter aufweist. Im Rahmen von linearen Regressionen kann gezeigt werden, dass sich die religiöse Praxis nach dem Übergang in eine nichteheliche Kohabitation reduziert, wohingegen die Eheschließung einen positiven Einfluss auf die darauf folgende Kirchgangshäufigkeit ausübt. Das Verdienst der Studie von Thornton et al. (1992) besteht somit darin, simultan beiden Kausalrichtungen (Religiosität → NEL versus Ehe; NEL versus Ehe → Religiosität) nachgegangen zu sein.

Stolzenberg et al. (1995) untersuchen sieben Panelwellen der „National Longitudinal Study oft the High School Class", die über 10.000 Befragte im Alter zwischen 17 und 32 Jahren umfasst. Die etwas eigentümliche Auswertungsstrategie besteht darin, für drei ausgewählte Befragungszeitpunkte, 1976, 1979 und 1986, zu denen die Teilnehmer im Durchschnitt 22, 25 und 32 Jahre alt sind,

Probit-Regressionen auf die Kirchenmitgliedschaft zu rechnen, die als dichotomer Indikator operationalisiert wird. Im Hinblick auf die Indikatoren zur familialen Lebensform zeigt sich, dass nichtehelich kohabitierende Befragte altersübergreifend eine geringere Wahrscheinlichkeit aufweisen, Kirchenmitglied zu sein. Zudem ist der Anteil von Kirchenmitgliedern bei Personen in allen Altersgruppen geringer, die bereits von einem Partner getrennt sind, mit dem sie kohabitiert haben. Teilnehmer, die zum Befragungszeitpunkt verheiratet sind oder der Heirat zumindest als Lebensziel eine hohe subjektive Bedeutung beimessen, sind dagegen häufiger Mitglied einer Glaubensgemeinschaft. Da Stolzenberg et al. (1995) nicht versuchen, den Effekt des Übergangs in die jeweilige Lebensform im Rahmen eines FE-Designs nachzuweisen, sondern stattdessen mehrere nach Messzeitpunkten getrennte Querschnittregressionen berechnen, wird das Potential der Paneldaten jedoch weitgehend verschenkt. So bleibt durchgängig unklar, ob die berichteten Ergebnisse auf Selektionseffekten basieren könnten. Heiraten Kirchenmitglieder häufiger, oder erhöht die Heirat die Wahrscheinlichkeit einer Kirchenmitgliedschaft?

Die Arbeit von Uecker et al. (2007) beschäftigt sich mit dem bereits diskutierten Rückgang der Religiosität beim Übergang vom Jugend- ins Erwachsenenalter („losing my religion") und berücksichtigt dabei ebenfalls Indikatoren zur partnerschaftlichen Lebensform. Bei der Datengrundlage handelt es sich um zwei Panelwellen der „National Longitudinal Study of Adolescent Health". In die Stichprobe fließen über 10.000 Schüler der High-School ein, die zum zweiten Messzeitpunkt in den Jahren 2001-2002 zwischen 18 und 25 Jahre alt sind. Die erste Welle fand in den Jahren 1994-1995 statt. Als abhängige Variablen werden drei Indikatoren ausgewertet, die jeweils einen Rückgang der Religiosität zwischen den beiden Wellen indizieren: eine Reduzierung der Kirchgangshäufigkeit, eine sinkende subjektive Wichtigkeit der Religion und der Kirchenaustritt. Die multivariaten Analysen bestätigen, dass Befragte, die zum zweiten Messzeitpunkt nichtehelich kohabitieren, häufiger Rückgänge der Kirchgangshäufigkeit aufweisen, die subjektive Bedeutung der Religion über die Zeit vermehrt zurückstufen und zudem in überdurchschnittlich vielen Fällen aus der Kirche austreten. Ähnliche Rückgänge sind bei Befragten, die in Welle zwei bereits verheiratet sind, nicht zu beobachten.

Auch in den bereits vorgestellten Studien von Sandormirsky und Wilson (1990), Wilson und Sherkat (1994) sowie Petts (2009) wird berichtet, dass eine nichteheliche Kohabitation die Wahrscheinlichkeit einer Kirchenmitgliedschaft senkt bzw. mit einem Rückgang der religiösen Partizipation und der subjektiven Wichtigkeit der Religion im jungen Erwachsenenalter verbunden ist, während sich für

4.4 Veränderungen der kirchlichen Religiosität im Familienzyklus

die Ehe positive Effekte finden. Bei Sandomirsky und Wilson (1990) äußert sich dies darin, dass Kirchenaustritte in der untersuchten Stichprobe von 15-31-jährigen Befragten signifikant seltener bei Personen beobachtet werden, die im Beobachtungszeitraum heiraten. Wilson und Sherkat (1994) finden Hinweise darauf, dass die Personen, die nach einem Austritt wieder in eine Kirche eintreten, verglichen mit dauerhaft konfessionslosen Personen häufiger bereits verheiratet sind. Im Falle der Untersuchung von Petts (2009) geht die Kirchgangshäufigkeit bei bereits verheirateten Jugendlichen später zurück als bei noch ledigen Befragten.

Als Zwischenfazit kann somit festgehalten werden, dass die ‚NEL-Hypothese', die eine negative Entwicklung der kirchlichen Religiosität nach dem Übergang in eine nichteheliche Kohabitation vorhersagt, und auch die ‚Heirats-Hypothese', die ein religiöses Wachstum postuliert, in der nordamerikanischen Forschung weitgehend bestätigt werden. Da die vorgestellten Studien jedoch, trotz der verfügbaren Paneldaten, überwiegend kein quasi-experimentelles Design realisieren, sind Selektionseffekte, wie erläutert wurde, nicht ausgeschlossen. Zudem ist die Übertragbarkeit der Befunde auf die Bundesrepublik fraglich, für die bisher keine vergleichbaren Studien vorliegen.

Die im Zusammenhang mit der familialen Lebensform zitierten Studien enthalten in der Regel auch Indikatoren zur Familiengründung und liefern entsprechend eine ganze Reihe von empirischen Beiträgen zu der Frage, inwieweit sich die kirchliche Religiosität im Zuge dieses Übergangs verändert. Sandomirsky und Wilson (1990) berichten einen negativen Effekt des Vorhandenseins von Kindern auf die Wahrscheinlichkeit eines Kirchenaustritts bis zum 31. Lebensjahr. Nach Wilson und Sherkat (1994) haben die Rückkehrer in ihre Kirchengemeinde häufiger eine Familie gegründet als Personen, die ihre Austrittsentscheidung nicht rückgängig machen. Uecker et al. (2007) finden in Übereinstimmung damit Hinweise darauf, dass die kirchliche Religiosität und die subjektive Wichtigkeit der Religion bis zur Mitte des zweiten Lebensjahrzehnts in verringertem Maße zurückgehen, wenn die Befragten in diesem Altersbereich bereits den Übergang zur Elternschaft vollzogen haben. Stolzenberg et al. (1995) können im Rahmen ihrer Probit-Regressionen auf die Kirchenmitgliedschaft ebenfalls zeigen, dass Eltern häufiger Kirchenmitglied sind. Nach diesen Ergebnissen scheint eine Differenzierung nach dem Alter des Kindes sinnvoll zu sein, das einen u-förmigen Zusammenhang mit der Kirchenmitgliedschaft der Eltern aufweist. Die höchste Wahrscheinlichkeit, einer Glaubensgemeinschaft anzugehören, ist demnach für die Eltern nachzuweisen, wenn Kinder im Altersbereich 5-7 Jahre im Haushalt leben. Bei jüngeren oder älteren Kindern schwächt sich der Zusammenhang dagegen ab.

In Bezug auf Veränderungen der subjektiven Wichtigkeit der Religion finden Argue et al. (1999) in ihrer Panelstudie zunächst in einem Random Effects Modell positive Effekte von Kindern im Altersbereich 2-10 Jahre. Ein zusätzlich berechnetes Regressionsmodell mit Fixed Effects, das gegenüber Selektionseffekten – religiöse Personen tendieren zu kinderreicheren Familien – robust ist, liefert dagegen keine Hinweise auf kausale Effekte von Kindern. Ebenfalls mit Bezug zu subjektiven Faktoren berichtet Birkelbach (2001), in seiner Analyse von ehemaligen Schülern aus Nordrhein-Westfalen, von positiven Korrelationen zwischen dem Vorhandensein von Kindern und verschiedenen Aussagen zu einer christlichen Sinndeutung wie etwa „Das Leben hat einen Sinn, weil es nach dem Tod etwas gibt."

Insgesamt kann an dieser Stelle resümiert werden, dass auch die ‚Familiengründungs-Hypothese' durchgehend unterstützt wird. Die Wahrscheinlichkeit einer Kirchenmitgliedschaft, die Häufigkeit des Kirchgangs und die subjektive Wichtigkeit der Religion scheinen sich allerdings nicht unmittelbar mit der Geburt eines Kindes zu verstärken, sondern erst dann, wenn das Kind ins Schulalter kommt. Zu denken gibt jedoch der Befund von Argue et al. (1999), wonach der ‚Kinder-Effekt' in einem gegenüber Selektionseffekten robusten Panelregressionsmodell nicht mehr replizierbar ist. Handelt es sich demnach bei den Ergebnissen der anderen Studien, die weniger strenge Tests durchführen, um Artefakte? Diese Frage wird im Rahmen der vorliegenden Arbeit zu beantworten sein.

Zum Abschluss des Forschungsüberblicks soll noch auf zwei weitere Übergänge eingegangen werden, die, falls sie überhaupt eintreten, häufig in späteren Phasen des Familienzyklus angesiedelt sind: die Scheidung vom Ehepartner und die Verwitwung. Inwieweit sich die Scheidung negativ auf die Entwicklung der Religiosität auswirkt, ist bisher nur selten untersucht worden. Nach den Ergebnissen von Stolzenberg et al. (1995) weisen lediglich geschiedene Männer (mit einem Durchschnittsalter von 32 Jahren) eine verringerte Wahrscheinlichkeit auf, Mitglied in einer Kirche zu sein, während sich bei geschiedenen Frauen die Effektrichtung umkehrt. Wilson und Sherkat (1994) finden keine Hinweise darauf, dass sich der Anteil von geschiedenen Personen zwischen dauerhaften Kirchenmitgliedern, ausgetretenen Befragten ohne Rückkehr und Rückkehren signifikant unterscheidet. Auch die subjektive Wichtigkeit der Religion scheint nach den Panelanalysen von Argue et al. (1999) nicht durch eine Scheidung tangiert zu werden. Insgesamt ist die Evidenz für die ‚Scheidungs-Hypothese' somit in der US-Forschung eher schwach.

Zum Übergang in eine Verwitwung liegen dagegen vergleichsweise belastbare Ergebnisse einer Studie von Brown et al. (2004) vor, die eindeutig auf eine

4.4 Veränderungen der kirchlichen Religiosität im Familienzyklus

Verstärkung der Religiosität im Zuge dieses Ereignisses hindeuten. In die Untersuchung, die auf einer in Detroit erhobenen Zufallsstichprobe verheirateter Befragter basiert (n = 1.532), fließen 103 verwitwete Personen und verschiedene Kontrollgruppen ein, die im Abstand von 6, 24 und 48 Monaten nach dem Verlust des Ehepartners befragt werden. Im Rahmen von Varianzanalysen mit Messwiederholung kann gezeigt werden, dass sich die Kirchgangshäufigkeit in einem Zeitraum von zwei Jahren nach der Verwitwung signifikant erhöht und anschließend wieder auf das Ausgangsniveau zurückgeht. Bei der subjektiven Wichtigkeit der Religion ist ein Anstieg in den ersten sechs Monaten nach dem Verlust des Ehepartners zu beobachten, bevor es auch hier zu einem Absinken auf das Basis-Level vor der Verwitwung kommt. Diese Befunde bestätigen die ‚Verwitwungs-Hypothese', deuten jedoch auch darauf hin, dass die Hinwendung zur Religion als Bewältigungsstrategie einen vorübergehenden Charakter zu haben scheint.

Empirische Ergebnisse: Stadien des Familienzyklus und kirchliche Religiosität
In Tabelle 9 sind zunächst einige deskriptive Ergebnisse dargestellt. Es wird deutlich, dass in den Daten vor allem Hinblick auf den Familienstand eine gewisse Varianz vorhanden ist. So sind geschiedene und ledige Personen deutlich seltener Kirchenmitglied und regelmäßige Kirchgänger als verheiratete oder verwitwete Befragte. Die Unterschiede in den Anteils- und Mittelwerten liefern jedoch insgesamt noch keine Hinweise auf Kausaleffekte der entsprechenden Übergänge, zum Beispiel in die Ehe oder in eine Verwitwung, da sowohl Alters- als auch Selektionseffekte kontrolliert werden müssen.

Tabelle 9: Kirchliche Religiosität in Abhängigkeit vom Familienstand und den Kindern im Haushalt (Mittelwerte mit Standardabweichungen bzw. Anteilswerte)

	Alte Bundesländer		Neue Bundesländer	
	Jährlicher Kirchgang MW (SD)	Mit Konfession %	Jährlicher Kirchgang MW (SD)	Mit Konfession %
Familienstand				
Ledig	5.6 (12.5)	82.7	2.5 (8.4)	25.4
Verheiratet	10.3 (16.9)	85.4	3.6 (10.3)	32.6
Geschieden, getrennt lebend	5.1 (12.1)	70.1	1.4 (5.6)	20.3
Verwitwet	14.6 (20.4)	92.6	3.8 (10.5)	46.9
Kinder im Haushalt				
Keine Kinder im Haushalt	8.8 (16.2)	80.8	2.8 (8.8)	32.5
Kind im Alter 0-1 Jahre	7.7 (14.4)	84.7	4.0 (11.7)	30.8
Kind im Alter 2-4 Jahre	8.4 (15.0)	87.0	4.8 (13.0)	29.0
Kind im Alter 5-10 Jahre	9.7 (16.2)	86.5	4.1 (11.7)	29.2
Kind im Alter ab 11 Jahre	10.0 (16.7)	88.6	3.4 (10.1)	29.7

Quelle: SOEP (1990-2009, eigene Berechnungen)

Die entsprechenden multivariaten Analysen zur Kirchenmitgliedschaft finden sich in Tabelle 10. Im Hinblick auf den Einfluss der familialen Lebensform können die ‚NEL-Hypothese' und auch die ‚Heirats-Hypothese' modellübergreifend nicht bestätigt werden. Laut Modell 1A haben nichtehelich kohabitierende Personen eine verringerte Wahrscheinlichkeit, Kirchenmitglied zu sein (b = -.56). RE-Logit-Modelle sind jedoch nicht vollständig gegenüber Selbstselektionseffekten robust. Daher ist denkbar, dass nicht der Übergang in eine NEL den Kirchenaustritt befördert, sondern vielmehr die umgekehrte Kausalrichtung zutrifft, wonach konfessionslose Personen verstärkt dazu neigen, (dauerhaft) nichtehelich mit ihrem

4.4 Veränderungen der kirchlichen Religiosität im Familienzyklus

Partner zu kohabitieren. Im FE-Modell (1B), das durch eine Selbstselektion nicht verzerrt werden kann, zeigt sich dementsprechend kein Effekt für einen *Wechsel* in eine NEL, der in der analysierten Stichprobe aus zwei Ausgangszuständen heraus erfolgen kann: aus einer Partnerschaft mit getrennten Haushalten oder aus einer vorangehenden Ehe, die durch Trennung oder Scheidung beendet wurde.

Tabelle 10: Veränderung der Kirchenmitgliedschaft im Familienzyklus (Logit-Koeffizienten mit z-Werten in Klammern)

	M1A RE-Logit	M1B FE-Logit	M2A RE-Logit	M2B FE-Logit
Alterseffekte				
Alter (zentriert um 17 Jahre)	-.06***	-.12***	-.05***	-.12***
	(-11.8)	(-7.3)	(-10.9)	(-7.3)
Alter (quadriert)	.001***	.002***	.001***	.002***
	(16.7)	(10.8)	(17.6)	(10.9)
Familienstand und Lebensform				
Nichteheliche Lebensgemeinschaft	-.56***	-.08	-.23***	.02
	(-8.3)	(-0.5)	(-3.2)	(0.2)
In erster Ehe verheiratet	.02	.22	.07	.28
	(0.2)	(1.3)	(1.0)	(1.6)
Scheidungserfahrung	-.88***	.15	-.89***	.17
	(-12.8)	(0.7)	(-12.7)	(0.8)
Verwitwet	.59***	.63*	.37***	.58*
	(5.7)	(2.5)	(3.5)	(2.2)
Religiöser Partner im Haushalt	3.42***	1.56***	3.34***	1.51***
	(38.7)	(7.9)	(37.6)	(7.7)
Anzahl der Kinder im Haushalt				
Kinder im Alter 0-1 Jahre	-	-	.27**	.02
			(3.0)	(0.1)
Kinder im Alter 2-4 Jahre	-	-	.44***	.17
			(6.3)	(1.3)
Kinder im Alter 5-10 Jahre	-	-	.31***	.20*
			(6.9)	(2.1)
Kinder im Alter ab 11 Jahre	-	-	.45***	.18**
			(16.7)	(2.7)
Kinder 2-4 Jahre × Ost	-	-	-.40**	-.57*
			(-3.2)	(-2.0)
Kinder 5-10 Jahre × Ost	-	-	-.24**	-.18
			(-3.0)	(-1.0)

	M1A	M1B	M2A	M2B
	RE-Logit	FE-Logit	RE-Logit	FE-Logit
Kinder ab 11 Jahre × Ost	-	-	-.34***	-.24*
			(-7.9)	(-2.1)
Kontrollvariablen				
Periodeneffekt	-.35***	-.50***	-.36***	-.51***
(log. Jahre seit 1990)	(-22.0)	(-7.2)	(-22.0)	(-7.3)
Aktueller Wohnort:	-4.47***	-1.05***	-4.20***	-.86**
Ostdeutschland	(-95.0)	(-3.6)	(-73.6)	(-2.9)
Mann	-.72***	-	-.72***	-
	(-18.0)		(-17.9)	
Log likelihood	-24829	-2009	-24666	-2003
Varianzkomponente σ_i	2.18	-	2.18	-
N (Personen)	34536	2142	34536	2142
N (Personenjahre)	69686	6361	69686	6361

Quelle: SOEP (Wellen 1990, 1997, 2003 und 2007, eigene Berechnungen)
Anmerkungen:
+ p ≤ .10; * p ≤ .05, ** p≤ .01; *** p ≤ .001

Einschränkend ist darauf hinzuweisen, dass die Modelle 1A und 1B bereits dafür kontrollieren, ob ein religiöser Ehe- oder Lebenspartner, der einer Konfession angehört und zumindest im Durchschnitt jeden Monat einen Gottesdienst besucht, im Haushalt lebt. Diese Variable hat sowohl im RE-Modell als auch im FE-Modell einen starken positiven Effekt. Im Falle des FE-Modells bedeutet dies, dass eine Person, die Varianz auf der abhängigen Variablen aufweist und mit sich selbst über die Zeit verglichen wird, häufiger zu den Zeitpunkten Kirchenmitglied ist, zu denen sich ein religiöser Lebenspartner im Haushalt befindet, verglichen mit Befragungszeitpunkten, zu denen dieser Kontexteinfluss nicht beobachtet werden kann. Dieser Befund bestätigt tendenziell die ‚Anpassungs-Hypothese', wonach Merkmale wie die Kirchenmitgliedschaft oder die religiöse Praxis in Partnerschaften über die Zeit konvergieren. Vertiefende Analysen hierzu finden sich in Abschnitt 4.7.

Infolge der Berücksichtigung von Partnermerkmalen schwächen sich die Effekte der familialen Lebensformen multivariat ab. Werden die entsprechenden Variablen aus den Modellen 1A und 1B entfernt, zeigt sich zumindest im RE-Modell ein hoch signifikanter positiver Zusammenhang zwischen der Ehe und der Wahrscheinlichkeit, Kirchenmitglied zu sein. Im FE-Modell (1B) bleibt dieser Effekt jedoch insignifikant (t = 1.5). Insgesamt scheinen somit religiöse

4.4 Veränderungen der kirchlichen Religiosität im Familienzyklus

Paare häufiger zur Eheschließung zu neigen (Selektion), wohingegen eine Erhöhung der Wahrscheinlichkeit einer Kirchenmitgliedschaft durch einen Wechsel in die Ehe nicht nachzuweisen ist. Es bleibt somit dabei, dass die ‚Heirats-Hypothese', im Widerspruch zu den Befunden von Sandormirky und Wilson (1990), Wilson und Sherkat (1994), Stolzenberg et al. (1995) und Uecker et al. (2007), nicht bestätigt werden kann. Allerdings ist die für den vorliegenden Fall zentrale Unterscheidung zwischen kirchlichen und nicht-kirchlichen Heiraten im SOEP nicht möglich.

Der Übergang zur Familiengründung, der häufig eng an die Eheschließung gekoppelt ist, wird durch die Aufnahme von kontinuierlichen Variablen abgebildet, welche die Anzahl der im Haushalt lebenden Kinder in vier Alterskategorien für den jeweiligen Befragungszeitpunkt differenziert erfassen (siehe Modell 2A und 2B). Im RE-Modell (2A) sind alle entsprechenden Effekte der Zählvariablen positiv und signifikant. Im Falle der Alterskategorien 2-4, 5-10 und 11 oder mehr Jahre beziehen sich die konditionalen Haupteffekte auf Westdeutschland und die signifikant-negativen Interaktionseffekte zeigen, dass die Koeffizienten der entsprechenden Kinder-Indikatoren in Ostdeutschland signifikant schwächer sind.

Bis hierhin lässt sich festhalten, dass vorwiegend in Westdeutschland ein positiver Zusammenhang zwischen Kindern im Haushalt, gleich welchen Alters, und der Wahrscheinlichkeit, einer Kirche anzugehören, besteht. Erneut ist jedoch die Selektionsthematik anzusprechen. Es besteht die Möglichkeit, dass Kirchenmitglieder mehr Kinder haben, ohne dass sich das Vorhandensein von Kindern gleichzeitig auf die Ein- oder Austrittswahrscheinlichkeiten auswirkt. Im FE-Modell (2B) ergeben sich dementsprechend auch etwas abweichende Ergebnisse. Wenn Kinder geboren werden oder in ein Alter von bis zu vier Jahren kommen, sind keine Veränderungen der Kirchenmitgliedschaft zu beobachten, die damit systematisch korrespondieren. Personen sind jedoch, verglichen mit sich selbst über die Zeit, häufiger dann Kirchenmitglied, wenn die Kinder ein Alter von fünf und mehr Jahren erreichen. Die entsprechenden Effekte im FE-Modell beziehen sich zudem wiederum nur auf die alten Bundesländer und sind so zu interpretieren, dass sich die bedingte logarithmierte Chance einer Kirchenmitgliedschaft pro Kind des entsprechenden Alters um den Faktor 0.20 (5-10 Jahre) beziehungsweise 0.18 (ab 11 Jahre) erhöht. Die Interaktionseffekte zeigen, dass diese Einflüsse in den neuen Bundesländern signifikant schwächer sind. Insgesamt übersteht die ‚Familiengründungs-Hypothese' für Westdeutschland somit, im Gegensatz zu der Studie von Argue at al. (1999), auch eine strengere Testprozedur, in der Verzerrungen durch eine Selbstselektion ausgeschlossen sind. Die berichteten Befunde aus der nordamerikanischen Forschung werden bestätigt; dies gilt insbesondere für das von Stolzenberg et al. (1995) berichtete Ergebnis, dass der positive Einfluss von Kindern auf die Kirchenmitgliedschaft steigt, wenn die Kinder das Schulalter erreichen. In den neuen Bundesländern sind dagegen keine überzufälligen Veränderungen der Kirchenmitgliedschaft im Zuge der Familiengründung und der daran anschließenden Lebensphase mit Kindern zu beobachten.

In tabellarisch nicht ausgewiesenen Zusatzanalysen wurde zudem überprüft, inwieweit Wechselwirkungen zwischen der konfessionellen Konstellation im Elternhaus und den Effekten der Kinder-Variablen auf die Kirchenmitgliedschaft nachweisbar sind. In das entsprechende FE-Logit-Modell fließen 808 Personen mit Angaben zu den Eltern und Varianz auf der abhängigen Variablen ein. Es zeigt sich, dass der positive Einfluss von Kindern ab 11 Jahren für Befragte stärker ist, deren Eltern konfessionell homogam sind ($p < .01$). Die Referenzkategorie stellen dabei Personen mit konfessionslosen Eltern dar. Dieses Ergebnis ist sehr interessant, da es eine plausible Erklärung für den ‚Kinder-Effekt' nahelegt: Religiös erzogene Befragte, die sich beim Übergang vom Jugend- ins Erwachsenenalter von der Kirche distanziert haben, kehren vor allem dann wieder zurück, wenn sie ihre eigenen Kinder an den Bereich der Kirche und der Religion heranführen wollen.

Im Hinblick auf die Übergänge Scheidung und Verwitwung sind entgegengesetzte Entwicklungshypothesen formuliert worden. Die Annahme, dass geschiedene Personen möglicherweise häufiger aus der Kirche austreten, lässt sich nicht bestätigen. Im RE-Modell (1A) ist die Wahrscheinlichkeit, einer Glaubensgemeinschaft anzugehören, für Personen mit Scheidungserfahrung geringer. Auch hier besteht eine plausible Alternativerklärung jedoch in einer Selektion: Befragte, die jemals eine Scheidung erleben, sind grundsätzlich seltener konfessionell gebunden als Personen in dauerhaft stabilen Ehen (siehe den Forschungsüberblick in Abschnitt 4.7). In Übereinstimmung mit dieser Annahme findet sich im FE-Modell (1B) kein Scheidungseffekt, womit die ‚Scheidungs-Hypothese', die bereits in der US-Forschung kaum unterstützt wird, im Falle der Kirchenmitgliedschaft nicht bestätigt werden kann. Die Evidenz spricht dagegen eindeutig für die ‚Verwitwungs-Hypothese', da von diesem Übergang modellübergreifend ein positiver Effekt ausgeht. Bezogen auf die FE-Spezifikation bedeutet dies, dass Befragte nach dem Verlust ihres Ehepartners häufiger einer Kirche angehören als in der Zeit davor.

Wie sich die Häufigkeit des Kirchgangs im Familienzyklus verändert, ist in Tabelle 11 dargestellt. In Modell 3 wird die ‚Heirats-Hypothese' getestet. Das Untersuchungsdesign besteht darin, die mittlere Häufigkeit von Gottesdienst-

4.4 Veränderungen der kirchlichen Religiosität im Familienzyklus

besuchen vor der Heirat mit dem Zeitraum danach zu vergleichen. Kontrolliert werden dabei Alters- und Periodeneffekte, Veränderungen der Kirchenmitgliedschaft, Wohnortwechsel, die Anzahl von im Haushalt lebenden Kindern sowie alle zeitkonstanten Merkmale, die sich nicht verändern. Mit der Eingrenzung der Analyse auf Personen bis 40 Jahre wird das Ziel verfolgt, den (u-förmigen) Einfluss des Lebensalters für den Altersbereich angemessen abzubilden, in dem der Übergang zur ersten Ehe typischerweise erfolgt. Der Haupteffekt der Heirat ist in Modell 3 positiv und signifikant (b = 1.64). Wird die Häufigkeit des Kirchgangs innerhalb derselben (idealtypischen) Person zwischen der Zeit vor und nach der Heirat verglichen, geht diese Person nach der Eheschließung im Durchschnitt 1.6 mal häufiger in die Kirche. Der Interaktionseffekt „Heirat × Ostdeutschland" (b = -1.08) zeigt, dass der positive Einfluss der ersten Ehe in Ostdeutschland signifikant schwächer ausfällt und nur einem Anstieg von etwa 0.6 Kirchgängen entspricht, der zudem nicht signifikant ist (1.64 – 1.08 = 0.56). Die ‚Heirats-Hypothese' wird somit, in Korrespondenz mit den Studien von Thornton et al. (1992) sowie Uecker et al. (2007) und Petts (2009), für die religiöse Praxis und die alten Bundesländer angenommen.

In tabellarisch nicht dargestellten Zusatzanalysen wurde darüber hinaus der Hypothese nachgegangen, dass sich die Kirchgangshäufigkeit nach dem Übergang in die NEL reduziert. Diese Annahme kann erneut nicht unterstützt werden, da sich die religiöse Praxis nach dem Zusammenzug westdeutscher Paare sogar tendenziell verstärkt (pro Kohabitationsjahr um den Faktor 0.4, t = 1.7), während in Ostdeutschland kein monotoner zeitlicher Trend feststellbar ist. Diese Differenzen sind möglicherweise auf den unterschiedlichen Charakter zurückzuführen, den die nichteheliche Kohabitation in Ost- und Westdeutschland hat. Während westdeutsche Paare diese Lebensform in der Regel als Vorstufe zur Ehe wählen und insofern wohlmöglich bereits auf einem religiösen ‚Wachstumspfad' sind, handelt es sich bei der NEL in Ostdeutschland, aufgrund der geringeren Heiratsneigung, häufig um eine dauerhaftere Alternative zur Ehe (Arránz Becker und Lois 2010a).

Tabelle 11: Veränderungen der Kirchgangshäufigkeit im Familienzyklus (Fixed-Effects Panelregression, b-Koeffizienten mit t-Werten in Klammern)

	M3	M4	M5	M6
Übergänge im Familienzyklus				
Erstehe	1.64* (2.4)	-	-	-
Erstehe × Ost	-1.08* (-2.1)	-	-	-
Anzahl Kinder 0-1 Jahre im Haushalt	-.20 (-0.9)	-.51** (-2.6)	-	-
Anzahl Kinder 2-4 Jahre im Haushalt	.21 (0.9)	-.20 (-1.3)	-	-
Anzahl Kinder 5-10 Jahre im Haushalt	.42+ (1.7)	1.27*** (4.3)	-	-
Anzahl Kinder > 10 Jahre im Haushalt	.05 (0.4)	.36*** (4.4)	-	-
Anzahl Kinder 5-10 Jahre × Ost	-	-.54** (-2.8)	-	-
Erste Scheidung	-	-	-.61* (-2.0)	-
Erste Scheidung × Ost	-	-	1.03* (2.4)	-
Verwitwung	-	-	-	1.58** (2.7)
Verwitwung × Ost	-	-	-	-1.39* (-2.1)
Alters- und Periodeneffekte				
Alter	-.41** (-2.8)	.13*** (3.6)	.08* (2.5)	.01 (0.2)
Alter (quadriert)	.01** (3.1)	-.001*** (-3.3)	-	-
Zeitraum 1996-1998 (Ref.: 92-95)	-.45+ (-1.8)	-.35** (-2.8)	-.03 (-.01)	-.32 (-1.6)
Zeitraum 1999-2003 (Ref.: 92-95)	-.97** (-3.0)	-.64*** (-3.8)	-.54+ (-1.9)	-.46+ (-1.7)

4.4 Veränderungen der kirchlichen Religiosität im Familienzyklus

	M3	M4	M5	M6
Zeitraum 2005-2009	-1.46***	-.89***	-.57	-.79*
(Ref.: 92-95)	(-3.4)	(-3.8)	(-1.4)	(-2.0)
Kontrollvariablen				
Wohnort Ostdeutschland	-.24	-.33	-.38	-1.69
(Ref.: West)	(-0.5)	(-1.0)	(-0.5)	(-1.2)
Konfessionslosigkeit	-1.19***	-1.06***	-1.54**	-.53*
	(-3.5)	(-6.9)	(-5.3)	(-2.3)
r^2 (within)	.0069	.0035	.0018	.0013
n (Personen)	8360	26329	10401	10653
n (Personenjahre)	29787	159939	52703	59301

Quelle: SOEP (Wellen 1992, 1994-1999, 2001, 2003, 2005 und 2007-2009, eigene Berechnungen)
Anmerkungen:
+ p ≤ .10; * p ≤ .05, ** p≤ .01; *** p ≤ .001
Robuste Standardfehler (Haushalts-Clusterung kontrolliert)
Modell 3: Im Ausgangszustand ledige Personen bis 40 Jahre
Modell 5: Personen, die im Ausgangszustand in erster Ehe verheiratet sind
Modell 6: Im Ausgangszustand verheiratete Personen ab 45 Jahre

Die ‚Familiengründungs-Hypothese', die sich bereits im Zusammenhang mit der Kirchenmitgliedschaft bestätigt hat, wird weiterhin auch für die religiöse Praxis eindeutig unterstützt, wobei das Alter des Kindes erneut in Rechnung zu stellen ist. In der unmittelbaren Zeit nach der Geburt eines Kindes geht die Häufigkeit von Gottesdienstbesuchen laut Modell 4 zunächst zurück (b = -.51 für die Anzahl von Kindern im Alter zwischen 0-1 Jahre im Haushalt).[18] Hierfür sind höchstwahrscheinlich die zeitlichen Opportunitätskosten verantwortlich, die im Zusammenhang mit der Betreuung eines Neugeborenen entstehen und die offenbar möglichen positiven Effekten, die von der Taufe ausgehen, entgegenlaufen. Mit jedem Kind im Alter von 5-10 Jahren beziehungsweise 11 Jahren und älter steigt die Kirchgangshäufigkeit der Eltern dagegen deutlich an (um 1.27 Kirchgänge pro Kind im Alter von 5-10 Jahren und 0.36 Kirchgänge pro Kind im Alter von 11 Jahren und mehr).[19] Der Altersbereich bis 10 Jahre umfasst, im Hinblick

---

18 Bei Kontrolle der im Haushalt lebenden Kinder wird auch der quadrierte Altersterm für die Gesamtstichprobe signifikant. Da das lineare Alter einen positiven Effekt hat, deutet dieses Ergebnis auf die bereits grafisch sichtbaren Rückgänge des Kirchgangs im hohen Alter hin (siehe Abschnitt 4.1).
19 Bei der Interpretation dieser Effekte ist zu beachten, dass es sich nicht um standardisierte Koeffizienten handelt. Wird eine Z-Standardisierung vorgenommen, zeigt sich, dass die Effekte

auf die *rites de passage*, die Erstkommunion (in der Regel dritte Schulklasse, 9. Lebensjahr) und in den nach oben offenen Altersbereich fallen zum Beispiel die Konfirmation (ab 14 Jahre) bzw. Firmung (in der Regel 12-16 Jahre). Ein Ost-West-Unterschied besteht darin, dass der positive Effekt von 5-10jährigen Kindern auf die religiöse Praxis in den neuen Bundesländern schwächer ist. Der entsprechende konditionale Haupteffekt in Modell 4 (b = 1.27) bezieht sich auf Westdeutschland und ist in den neuen Bundesländern, wie der Interaktionseffekt zeigt, um den Faktor 0.54 schwächer.

Im Gegensatz zur Kirchenmitgliedschaft wird zudem, für die religiöse Praxis, auch die ‚Scheidungs-Hypothese' empirisch unterstützt (Modell 5). Der entsprechende Haupteffekt in Westdeutschland (b = -0.61) ist allerdings vergleichsweise schwach. Das Vorzeichen kehrt sich zudem, gemäß des Interaktionseffektes, in Ostdeutschland um (b = -0.61 + 1.03 = 0.42); der geringe Anstieg der Kirchgangshäufigkeit nach einer Scheidung in den neuen Bundesländern ist jedoch nicht signifikant. Schließlich wird die ‚Verwitwungs-Hypothese', in Übereinstimmung mit den Befunden von Brown et al. (2004), erneut eindeutig bestätigt. Westdeutsche Personen, die den Verlust des Ehepartners erleiden müssen, gehen im Zeitraum nach der Verwitwung durchschnittlich etwa 1.6-mal häufiger in die Kirche als zuvor. In den neuen Bundesländern ist dieser Anstieg dagegen nur sehr gering (1.58 – 1.39 = 0.19) und zudem nicht signifikant.

Im Rahmen der in Tabelle 25 dargestellten Analysen zur subjektiven Wichtigkeit der Religion wird das Bild zu Veränderungen der kirchlichen Religiosität im Familienzyklus zudem um einen nicht verhaltensbezogenen Indikator erweitert. Kurz gesagt werden hier die Familiengründungs-, Scheidungs- und Verwitwungshypothese zumindest tendenziell unterstützt, wohingegen für die ‚Heirats-Hypothese' keine Evidenz vorliegt. Im Zusammenhang mit den Effekten der im Haushalt lebenden Kinder ist interessant, dass der positive Einfluss auf die subjektive Wichtigkeit bereits ab dem Altersbereich 0-1 Jahre festzustellen ist. Dieser Befund unterstützt das Argument, dass Anstiege der Kirchgangshäufigkeit in diesem Kindesalter allein aufgrund von zeitlichen Opportunitätskosten ausbleiben. Auf subjektiver Ebene scheint die Familiengründung dagegen unmittelbar zu religiösem Wachstum beizutragen.

Zwischenfazit

Zu Beginn dieses Abschnittes war in Anlehnung an Ingersoll-Dayton et al. (2002) die Annahme formuliert worden, dass die Familiengründung zu den Kernfak-

---

von Kindern im Alter von 5-10 Jahren (b = .36) und über 11 Jahren (b = .38) in Westdeutschland etwa vergleichbar stark sind.

4.4 Veränderungen der kirchlichen Religiosität im Familienzyklus 161

toren zählt, die religiöses Wachstum im Lebensverlauf anregen können. Diese Hypothese wird durch die Analysen eindeutig unterstützt, wobei Differenzierungen nach dem Alter des Kindes und zwischen Ost- und Westdeutschland vorzunehmen sind. In den alten Bundesländern weisen Eltern mit Kindern im Alter von fünf Jahren, verglichen mit kinderlosen Personen oder Eltern jüngerer Kinder, sowohl eine erhöhte Wahrscheinlichkeit einer Kirchenmitgliedschaft auf als auch eine größere Häufigkeit von Gottesdienstbesuchen. Dieser Zusammenhang zwischen Kindern und der kirchlichen Religiosität ihrer Eltern kann durch die institutionalisierten Übergangsriten wie Kommunion und Firmung beziehungsweise Konfirmation begründet werden, welche die christlichen Kirchen, zusammen mit Familiengottesdiensten, anbieten. Bemerkenswert ist zudem das Ergebnis, dass sich bereits im Zuge der Geburt eines Kindes der subjektive Stellenwert des Glaubens und der Religion für die Zufriedenheit des Akteurs erhöht. Dieser Befund korrespondiert mit der Annahme von Birkelbach (2001), dass die Familiengründung zu einer Verstärkung bereits vorhandener religiöser Einstellungen beitragen kann, zum Beispiel, da die Eltern in der Geburt des Kindes ein Zeichen göttlichen Wirkens erkennen. Mit diesem ‚Verstärkungs-Argument' korrespondiert auch der Befund, dass vor allem diejenigen Eltern, die im Rahmen einer konfessionell homogamen Elternehe religiös erzogen wurden, offenbar häufig in die Kirche zurückkehren, wenn Kinder in ihrem Haushalt leben.

Aus theoretischer Perspektive ist auch der Übergang in die Ehe mit einer Verstärkung der Religiosität verbunden. Die entsprechenden Ergebnisse fallen für dieses Ereignis jedoch weniger einheitlich aus. Während sich für Westdeutschland in der Zeit nach der Eheschließung ein Anstieg in der Häufigkeit von Gottesdienstbesuchen zeigt, scheinen sowohl Veränderungen der Kirchenmitgliedschaft als auch der subjektiven Zentralität der Religion nicht von diesem Übergang tangiert zu werden. Hierin unterscheiden sich die vorgestellten Analysen von weiten Teilen der entsprechenden US-Forschung, in der jedoch Analyseverfahren eingesetzt werden, die gegenüber Selbstselektion – religiöse Menschen heiraten häufiger – nicht robust sind. Ebenso nicht bestätigt werden kann die Annahme, dass sich die kirchliche Religiosität bei Paaren, die in Nichtehelichen Lebensgemeinschaften zusammenwohnen, abschwächt.

Die Ergebnisse zum Einfluss einer Scheidung auf die Religiosität fallen uneinheitlich aus. Für die Kirchgangshäufigkeit und die subjektive Wichtigkeit der Religion können in Westdeutschland signifikante Rückgänge im Zuge dieses Ereignisses festgestellt werden. Argumente, die auf moralische Konflikte und negative religiöse Bewältigungsstrategien im Falle eines Scheiterns der Ehe abstellen

(Krumrei et al. 2009), werden hierdurch tendenziell bestätigt. Eine Veränderung der Kirchenmitgliedschaft im Zuge der Scheidung ist dagegen nicht zu beobachten. Ein weiterer Wachstumsfaktor, der sich eindeutig, das heißt unabhängig von der Modellspezifikation und dem betrachteten Religiositäts-Indikator, nachweisen lässt, ist die Verwitwung. Dieser Befund unterstreicht im Sinne des Coping-Ansatzes, dass eine Hauptfunktion der Religion in der emotionalen und sozialen Bewältigung von Krisensituationen besteht. Auch hier ist allerdings ein Ost-West-Unterschied feststellbar, da zumindest der Anstieg der Kirchgangshäufigkeit nach dem Verlust des Ehepartners auf die alten Bundesländer beschränkt bleibt.

4.5 Exkurs: Wie nachhaltig sind Veränderungen der religiösen Praxis? Ein Blick auf die mittelfristigen Verläufe

Im nun folgenden Exkurs wird die Grundsatzfrage behandelt, inwieweit biografische Übergänge langfristig stabile Wachstumskurven beziehungsweise dauerhafte Rückgänge der Religiosität indizieren oder nur zu kurzen ‚Fluktuationen' beitragen, die sich mittelfristig wieder nivellieren. Berücksichtigt werden dabei mit den Ereignissen Heirat, Scheidung, Verwitwung und Eintritt in den Ruhestand Übergänge, die sich dem Erwerbs- und Familienzyklus zuordnen lassen. Andere Statuspassagen wie die der Auszug aus dem Elternhaus und die Familiengründung werden in dieser Analyse nicht berücksichtigt, da die vorangehenden Untersuchungen hier bereits explizit oder implizit der Frage nach den mittelfristigen Trends nachgegangen sind. Dies trifft zum Beispiel für die Analysen zu den Effekten von Kindern auf die Kirchgangshäufigkeit zu, die nach dem Alter des Kindes differenziert wurden.

Die Ergebnisse der Wachstumskurvenmodelle sind in Abbildung 9 dargestellt. In die zugrundeliegenden FE-Schätzung fließt, zusätzlich zu einem Ereignisindikator (verheiratet versus ledig) eine Variable ein, die monotone Veränderungen der Kirchgangshäufigkeit in den fünf Jahren vor dem Ereignis erfasst. Darüber hinaus wird die Entwicklung in der Zeit nach dem Ereignis, die einen Zeitraum von bis zu zehn Jahren umfassen kann, durch die Berücksichtigung eines linearen und quadrierten Terms modelliert (Zeit nach der Heirat und Zeit nach der Heirat quadriert). Diese Spezifikation macht es möglich, nicht-lineare Entwicklungen, zum Beispiel einen Anstieg, auf den ein erneuter Rückgang folgt, zu modellieren. Alle Modelle, die den Verläufen zugrunde liegen, kontrollieren zudem für Alters- und Periodeneffekte.

Wachstumskurvenmodelle sind aus theoretischer Perspektive interessant, da es möglicherweise einen über den Lebensverlauf stabilen „set point" der Religi-

4.5 Exkurs: Wie nachhaltig sind Veränderungen der religiösen Praxis?

osität gibt, der durch Persönlichkeitsmerkmale oder Sozialisationseinflüsse bestimmt wird. Dies ist die Idee der sogenannten „set point theory" (Headey 2008), die unterstellt, dass jeder Mensch ein typisches Niveau des subjektiven Wohlbefindens und der Lebenszufriedenheit aufweist, zu dem er, auch wenn biografische Ereignisse kurzfristige Auf- und Abwärtsbewegungen auslösen, zurückkehrt. Die „set point theory" ist speziell auf die Entwicklung der Lebenszufriedenheit zugeschnitten. Die einzelnen theoretischen Annahmen sind daher nicht auf die Religiosität übertragbar. Die Idee eines „set point" kann dennoch auch im vorliegenden Kontext als heuristisches Konzept herangezogen werden.

Auch aus methodischer Sicht ist die Betrachtung der mittelfristigen Wachstumskurven fruchtbar. Wie im dritten Kapitel bereits dargestellt wurde, ist die Möglichkeit nicht auszuschließen, dass Personen, die bestimmte Übergänge wie eine Heirat erleben, grundsätzlich auf einem religiösen Wachstumspfad sind, der sich zwar von der Quasi-Kontrollgruppe ohne Heirat unterscheidet, durch das Heiratsereignis selbst jedoch nicht verändert wird. Die Analyse der Entwicklungsverläufe vor und nach dem jeweiligen Übergang kann daher Aufschluss darüber geben, inwiefern der Effekt des jeweils untersuchten Ereignisses tatsächlich kausal ist.

Im Hinblick auf den Übergang zur ersten Ehe zeigt sich, dass sich westdeutsche Personen, die im Beobachtungszeitraum heiraten (codiert mit 0 auf der x-Achse in Abbildung 9), in der Zeit vor der Heirat nicht auf einem Wachstumspfad befinden. Der Koeffizient für den entsprechenden Trendterm „Zeit vor der Heirat" ist nicht signifikant (b = 0.02, t = 0.2). Das Heiratsereignis selbst führt zu einem unmittelbaren Anstieg von 0.68 Kirchgängen (t = 2.3) und in den zehn Jahren nach der Eheschließung kommt es zu einem weiteren Wachstum in Höhe von 0.105 Kirchgängen pro Jahr (t = 2.3).

Abbildung 9: Mittelfristige Entwicklung der Kirchgangshäufigkeit vor und nach dem Eintritt verschiedener biografischer Übergänge (vorhergesagte Werte durch FE-Modelle)

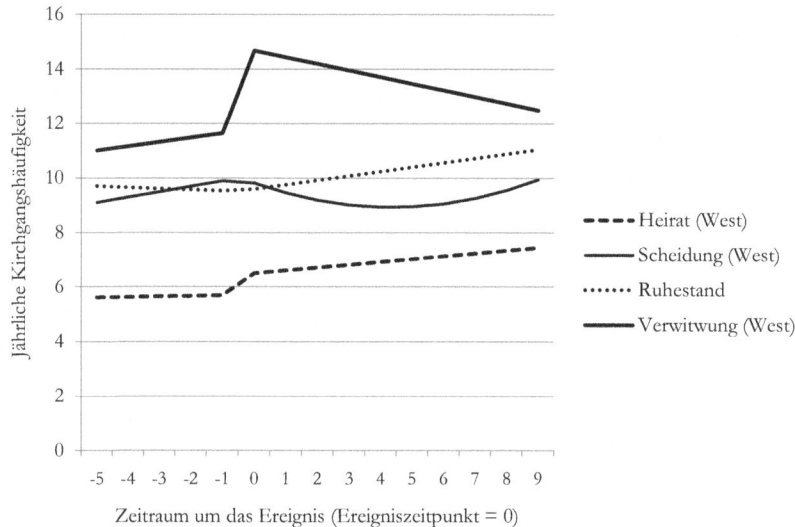

© Daniel Lois; eigene Berechnungen mit SOEP-Daten

Im Falle der Scheidung wäre es plausibel anzunehmen, dass Personen mit instabilen Ehen bereits vor dem Scheidungsereignis auf einem negativen Wachstumspfad sind. Der in Abbildung 9 dargestellte Verlauf für westdeutsche Befragte deutet jedoch im Gegenteil darauf hin, dass sich die Kirchgangshäufigkeit im Vorfeld der Scheidung erhöht. Der entsprechende Anstieg ist allerdings nicht signifikant (b = .20, t = 1.3). Auch das Scheidungsereignis selbst führt in der erweiterten Modellierung nicht zu einer unmittelbaren Veränderung der religiösen Praxis (b = .29, t = 0.5). Im Anschluss an das Jahr, in dem sich die Scheidung ereignet (Nullpunkt der x-Achse), kommt es zu einer nicht-linearen Entwicklung: Die Häufigkeit von Gottesdienstbesuchen geht zunächst zurück und steigt anschließend wieder an, bis etwa neun Jahre nach der Scheidung das Ausgangsniveau wieder erreicht wird. Sowohl der lineare Term für die Variable „Zeit nach der Scheidung" (b = -.48, t = -2.5) als auch der quadrierte Term (b = .05, t = 2.4) sind signifikant. Der u-förmige Verlauf korrespondiert somit mit der Idee eines „set point".

4.5 Exkurs: Wie nachhaltig sind Veränderungen der religiösen Praxis?

Im Falle der Verwitwung ist im Vorfeld dieses Ereignisses ein Anstieg der religiösen Praxis westdeutscher Befragter zu beobachten, der jedoch ebenfalls nicht signifikant ist (b = .16, t = 1.4). Personen, die den Verlust ihres Ehepartners zu erleiden haben, besuchen im Jahr der Verwitwung im Durchschnitt genau dreimal häufiger einen Gottesdienst als zuvor. Dieser unmittelbare und vergleichsweise starke Ereignis-Effekt ist hoch signifikant (t = 3.0). In Übereinstimmung mit den Befunden von Brown et al. (2004) kommt es in den Jahren nach der Verwitwung zu einem monotonen Rückgang der Kirchgangshäufigkeit (b = -.24 und t = -2.2 für den linearen Trendterm). Dieser Verlauf bestätigt die Annahme, dass die Hinwendung zur Religion als Bewältigungsstrategie besonders in der unmittelbaren Zeit nach der Verwitwung bedeutsam ist und lässt sich erneut mit der Idee eines „set point" vereinbaren.

Im Vorfeld des Übergangs in den Ruhestand ist eine horizontale Entwicklung der religiösen Praxis zu beobachten. Im Jahr des Erwerbsausstiegs verändert sich die Kirchgangshäufigkeit zunächst nicht (b = -0.06, t = -0.1 für den Ereignisindikator), bevor es jedoch in der Zeit nach dem Übergang zu einem sukzessiven, monotonen Anstieg kommt, der 0.16 Kirchgängen pro Jahr entspricht (t = 2.2).[20]

Insgesamt führt die Analyse der mittelfristigen Verläufe somit zu dem Ergebnis, dass es sich bei den in den vorangehenden Abschnitten gefundenen Effekten, die von einer Eheschließung, Scheidung, Verwitwung beziehungsweise vom Übergang in den Ruhestand ausgehen, nicht um Artefakte handelt, die darauf zurückzuführen sind, dass die Personengruppen, die das jeweilige Ereignis erleben, bereits vor dem Übergang positive oder negative Wachstumskurven aufweisen. Insbesondere im Hinblick auf die Verwitwung und die erste Eheschließung zeigen sich unmittelbare positive Effekte im Jahr des Ereignisses, während die Übergänge in eine Scheidung und in den Ruhestand eine u-förmige bzw. monoton-positive Verlaufskurve in der Entwicklung der religiösen Praxis initiieren. Die Befunde verstärken somit insgesamt den Eindruck, dass die Einflüsse der hier untersuchten Übergänge auf die Kirchgangshäufigkeit kausal sind.

Aus theoretischer Perspektive erweist sich zudem die Heuristik des „set points" insofern als fruchtbar, da die Effekte einer Scheidung und Verwitwung auf die religiöse Praxis von vorübergehender Natur sind und die entsprechenden Personengruppen mittelfristig wieder auf ihr Ausgangsniveau zurückkehren. Die Diversität der untersuchten Verläufe – unmittelbarer Anstieg im Zuge des Er-

---

20 Ferner dokumentiert Abbildung 9 einige Niveauunterschiede zwischen den Personengruppen, die den jeweiligen Übergang erleben. Ursachen hierfür sind in Alters- und Kohorteneffekten zu suchen. Die Ergebnisse entsprechen den Erwartungen; etwas überraschend ist allenfalls das vergleichsweise hohe Niveau der religiösen Praxis von westdeutschen Personen, die sich scheiden lassen.

eignisses mit anschließendem Rückgang (Verwitwung), u-förmige Entwicklung (Scheidung), Ereigniseffekt mit anschließendem Wachstum (Heirat) oder sukzessives Wachstum ohne unmittelbaren Ereigniseffekt (Ruhestand) – deutet jedoch auf Lücken in den bisher vorliegenden theoretischen Ansätzen hin, welche nicht in jedem Fall dazu geeignet sind, die jeweiligen Verlaufsformen vorherzusagen. Die dargestellten Analysen können somit, wenn man an dieser Stelle einen gewissen ‚Empirismus' akzeptiert, als explorativer Ausgangspunkt für eine weitere Verfeinerung der empirischen und theoretischen Modelle dienen.

4.6 Veränderungen der kirchlichen Religiosität im Zuge einer Ost-West-Binnenmigration

Die Übergänge, die in den zurückliegenden Abschnitten des vierten Kapitels behandelt wurden, folgen tendenziell der zeitlichen Ordnung ihres Auftretens in der Biografie. Nach den Einflüssen der religiösen Erziehung kamen Ereignisse wie der Auszug aus dem Elternhaus, der Erwerbseinstieg oder die Familiengründung zur Sprache. Bei diesen Übergängen handelt es sich um *life course markers*, das heißt um typische Statuspassagen, welche die Lebensläufe der meisten Menschen prägen. Binnenmigrationen zwischen Ost- und Westdeutschland können diesen Status nicht beanspruchen. Obwohl es insbesondere zu Beginn der 1990er Jahre (1. Welle) und zwischen 1997-2005 (2. Welle) zu einer erheblichen Abwanderung von den neuen in die alten Bundesländer gekommen ist (Fuchs-Schündeln und Schündeln 2009), handelt es sich bei der Ost-West-Binnenmigration um ein Ereignis, das nur in einer Minderheit der individuellen Biografien eintritt.

Trotz ihrer relativ geringen Frequenz sind Migrationsbewegungen zwischen kulturell unterschiedlich geprägten sozialen Kontexten besonders gut zu einem kritischen Theorietest geeignet. Im zweiten Kapitel wurden entsprechend konkurrierende Hypothesen formuliert, die den Gegensatz zwischen dauerhaft stabilen Sozialisationseinflüssen und einer dynamischen Lebensverlaufsperspektive besonders pointiert zum Ausdruck bringen. Die ‚Sozialisations-Hypothese' unterstellt, dass sich im Zuge eines Wohnortwechsels von Ost- nach Westdeutschland, auf den sich im Folgenden eine verstärkte Aufmerksamkeit richtet, keine Veränderung der kirchlichen Religiosität beobachten lässt. Die Binnenmigranten folgen hiernach, trotz des Kontextwechsels, den Prägungen ihrer (Primär-)sozialisation. Die ‚Ost-West-Adaptions-Hypothese' postuliert im Gegensatz dazu, dass sich die kirchliche Religiosität im Zuge des Wohnortwechsels von den neuen in die alten Bundesländern verstärkt. Zusätzlich ist zu beachten, dass es sich bei Binnenmigranten möglicherweise um eine Bevölkerungsgruppe mit speziellen Merkmalen

4.6 Veränderungen der kirchlichen Religiosität – Ost-West-Binnenmigration

wie ein hohes Bildungsniveau oder ein relativ geringes Alter handelt, die mit einer verringerten Religiosität einhergehen (Fuchs-Schündeln und Schündeln 2009). Diese Annahme ist Gegenstand der ‚Selektions-Hypothese'. Schließlich kann erwartet werden, dass der durch den Wohnortwechsel selbst verursachte Stress zu einem Rückgang der religiösen Praxis beiträgt, der jedoch von vorübergehender Natur ist (‚Disruption-Hypothese').

Bevor auf die eigenen empirischen Analysen zu diesen Hypothesen eingegangen wird, erfolgt nun wiederum ein Überblick über die Befundlage, die allerdings vergleichsweise dünn ausfällt. Nach Kenntnis des Autors wurde die spezielle Frage, inwieweit sich die Religiosität im Zuge von Wohnortwechseln zwischen Ost- und Westdeutschland verändert, bisher nicht untersucht. Nichtsdestotrotz liegen allgemein Studien zu religiösen Akkulturationsprozessen im Migrationskontext vor. Hier sind Arbeiten zu nennen, die sich mit der internationalen, länderübergreifenden Migration beschäftigen. Die entsprechenden Studien, im Falle der Religiosität und bezogen auf die Bundesrepublik ist hier vor allem auf die Arbeit von Diehl und Koenig (2009) hinzuweisen, sind jedoch für den vorliegenden Fall einer Ost-West-Binnenmigration zu unspezifisch, als dass eine ausführliche Beschäftigung mit den entsprechenden Ergebnissen zielführend erscheinen würde. Dies liegt im Wesentlichen darin begründet, dass in diesen Studien verschiedene Migrantengenerationen miteinander verglichen werden, das heißt im Fall der Studie von Diehl und Koenig (1999) die erste Generation der Zugewanderten mit der zweiten Generation der im Aufnahmeland geborenen oder schon als Kind zugewanderten türkischen Migranten. Diese Vorgehensweise kann jedoch nicht mit einem quasi-experimentellen Design gleichgesetzt werden, bei dem die Religiosität vor der Migration mit der Situation danach verglichen wird. Selektions-, Adaptions- und Transmissionsmechanismen sind dadurch kaum noch voneinander zu trennen. Zwei ältere Studien (De Vaus 1982; Welch und Baltzell 1984), die sich mit Binnenmigrationen innerhalb der Vereinigten Staaten beschäftigen, sind dagegen relativ nah an der vorliegenden Thematik angesiedelt, tragen signifikant zu der Debatte bei, inwieweit Sozialisations- oder Adaptionsprozesse überwiegen und werden daher nun kurz vorgestellt.

Welch und Baltzell (1984) untersuchen die Auswirkungen geografischer Mobilität auf die Kirchgangshäufigkeit. Die zugrunde liegende Querschnittstichprobe enthält 1.993 Befragte aus den nordamerikanischen Bundesstaaten Iowa, New Jersey und Oregon. Ein Pfadmodell zeigt, dass die Anzahl der Wohnortwechsel in den letzten zehn Jahren negativ mit der aktuellen Kirchgangshäufigkeit zusammenhängt. Über diesen direkten Effekt hinaus scheint sich geografische Mobilität indirekt über den Mechanismus einer sozialen Desintegration hemmend auf die religiöse Partizipation auszuwirken (Mediation), da die Anzahl der Wohnortwechsel negativ mit der Anzahl der Personen in der unmittelbaren Nachbarschaft zusammenhängt, die der Befragte persönlich kennt. Die so gemessene soziale Integration korreliert wiederum positiv mit der Häufigkeit des Kirchgangs, womit insgesamt ein relativ starker indirekter Effekt nachgewiesen werden kann. Die Befunde von Welch und Baltzell (1984) korrespondieren mit der ‚Disruption-Hypothese'. Kritisch ist allerdings einzuwenden, dass die Kausalität der skizzierten Zusammenhänge aufgrund der Querschnittdaten fraglich ist. Eine plausible Alternativerklärung könnte in einem Selektionseffekte bestehen, da die Gruppe der mobilen Personen möglicherweise weniger religiös und gleichzeitig weniger sozial integriert ist als die Gruppe der nicht mobilen Befragten, ohne dass ein kausaler Effekt der Mobilität auf die Kirchgangshäufigkeit existiert.

Auch in der Studie von De Vaus (1982) steht die Frage im Mittelpunkt, wie sich geografische Mobilität auf verschiedene Dimensionen der Religiosität auswirkt. Gegenstand der Untersuchung ist eine Panelstichprobe von 375 australischen Schülern, die in der ersten Welle zwischen 16 und 18 Jahre alt sind. Die zweite Befragungswelle fand in einem zeitlichen Abstand von 14 Monaten zur Erstbefragung statt. Etwa ein Drittel der befragten Schüler (115 Personen) war in diesem Zeitraum geografisch mobil, operationalisiert über einen Wechsel des Hauptwohnsitzes an einen Ort, der mindestens zehn Meilen vom Ursprungswohnort entfernt ist. Als abhängige Variable wird auf ein multidimensionales Modell der Religiosität zurückgegriffen, das nicht nur die Kirchgangshäufigkeit als öffentliche und praxisbezogene Dimension umfasst, sondern auch die Gebetshäufigkeit (private religiöse Praxis) und eine Skala zur Gläubigkeit. Es zeigt sich, dass die geografisch mobilen Schüler, verglichen mit den nicht Mobilen, keine signifikanten Veränderungen in den Dimensionen des Glaubens und der Gebetshäufigkeit aufweisen. Im Falle der Kirchgangshäufigkeit wird jedoch deutlich, dass 28% der mobilen Jugendlichen einen wesentlichen[21] Rückgang berichten und zudem nur 4% einen Anstieg, während Rückgänge in der Vergleichsgruppe ohne Mobilität nur von 17% der Befragten berichtet werden und Anstiege von 9%.

Im nächsten Schritt wird untersucht, inwieweit sich, im Sinne einer Adaptionsperspektive, Referenzgruppen im Zuge von geografischer Mobilität verändern, wobei unter einer Referenzgruppe diejenigen Personen verstanden werden, deren Meinungen für den Befragten sehr wichtig sind. Zudem liegen Informationen dazu vor, wie religiös die jeweilige Referenzgruppe insgesamt gesehen ist

---

21 Ein wesentlicher Anstieg bzw. Rückgang bei einer Religiositätsdimension liegt dann vor, wenn sich die entsprechende Skala mindestens um 10% der theoretisch möglichen Bandbreite verändert hat.

4.6 Veränderungen der kirchlichen Religiosität – Ost-West-Binnenmigration

und wie sich diese Religiosität im Vergleich der beiden Befragungswellen verändert. Die Ergebnisse unterstützen die Hypothese, dass eine Veränderung der individuellen Religiosität mit einem Wechsel der sozialen Referenzgruppen einhergeht. Zum Beispiel berichten 43% derjenigen Jugendlichen, die für sich selbst eine Verstärkung des Glaubens berichten, dass sich auch die Gläubigkeit in der Referenzgruppe verstärkt hat, wogegen kein Jugendlicher beobachtet werden kann, der selbst gläubiger geworden ist, gleichzeitig jedoch eine Abschwächung des Glaubens für seine Referenzgruppe berichtet. Da die Kausalrichtung des Zusammenhangs unklar bleibt – suchen sich Menschen, die religiöser werden, andere Referenzgruppen oder werden Personen durch veränderte Referenzgruppen religiöser? – werden zusätzlich Antworten der Befragten auf offene Fragen zitiert, die dafür sprechen, dass der Referenzgruppenwechsel als Ursache betrachtet werden kann (z.B. „I have met different people who have influenced my views on religion. I've become more religious"). Der weitere Fortgang der Analysen zeigt allerdings, dass mobile Befragte keine höhere Wahrscheinlichkeit als nicht mobile Befragte aufweisen, ihren am Niveau der Religiosität festgemachten Referenzgruppen*typ* zu wechseln. Dieser Befund spricht für den Sozialisationsansatz und gegen die von Welch und Baltzell (1984) betonte These, dass Mobilität mit sozialer Desintegration und Anomie einhergeht. Der Autor erklärt den unerwarteten Befund über soziale Pluralität im sozialen Kontext. Die Jugendlichen seien in der Lage gewesen, auch im neuen Wohnkontext Kontakte zu knüpfen, die ihren (sozialisierten) religiösen Präferenzen entsprechen.

Schließlich bleibt die Frage zu klären, warum sich die Kirchgangshäufigkeit im Zuge von Mobilität als einzige Religiositätsdimension verändert. Die Erklärung über Referenzgruppenwechsel scheidet, wie dargestellt wurde, aus. De Vaus (1982) postuliert daher eine weitere Hypothese, wonach der Kirchgang als äußerlich sichtbare religiöse Praxis in verstärktem Maße Ausdruck eines sozialen Drucks auf die Jugendlichen ist, der zum Beispiel von Eltern oder Lehrern konfessionell gebundener Schulen ausgeht. Derartige Verhaltenserwartungen sollten, so die weitere Annahme, häufig wegfallen, wenn im Zuge der Mobilität das Elternhaus verlassen oder die Schule gewechselt wird. Zum Test der Hypothese wird die Veränderung der Kirchgangshäufigkeit getrennt für Schüler betrachtet, die katholische Schulen bzw. öffentliche Schulen ohne religiösen Träger besuchen. Ein signifikanter Rückgang des Kirchgangs im Zuge von Mobilität ist hiernach erwartungsgemäß nur in der Gruppe der Schüler zu beobachten, die auf katholischen Schulen waren, wodurch die Argumentation über den sozialen Druck bestätigt wird.

Die Studie von De Vaus (1982) führt insgesamt zu sehr differenzierten Befunden zu den mobilitätsbedingten Veränderungen der Religiosität. Positiv ins Gewicht fallen, insbesondere im direkten Vergleich mit der Studie Welch und Baltzell (1984), die Umsetzung eines quasi-experimentellen Designs mit Paneldaten und die Berücksichtigung mehrerer Religiositätsdimensionen, die offenbar in unterschiedlicher Weise vom Mobilitätsverhalten beeinflusst werden. Eine interessante Frage wird darin bestehen, ob sich die fehlende Erklärungskraft eines Referenzgruppenwechsels auch für den Fall einer Ost-West-Migration bestätigen lässt, bei der Individuen soziale Kontexte wechseln, die nicht in vergleichbarem Maße ‚plural' sind, sondern sich im Hinblick auf die Verbreitung der Religion sehr stark unterscheiden.

Im Zusammenhang mit der ‚Selektions-Hypothese' ergeben sich in der bisherigen Forschung zudem Hinweise darauf, dass Binnenmigranten in der Bundesrepublik eher ein geringes Niveau kirchlicher Religiosität aufweisen. Vatterrott (2011) untersucht auf der Basis von SOEP-Daten die Frage, inwieweit sich das Fertilitätsverhalten im Zuge von Binnenmigrationen von den neuen in die alten Bundesländer verändert. Dabei geht die Autorin auch der Frage nach, inwieweit die konfessionelle Zugehörigkeit des Befragten einen Wohnortwechsel vorhersagt. Die Chance eines Ost-West-Umzugs liegt demnach bei Angehörigen der evangelischen und katholischen Kirche signifikant niedriger als bei konfessionslosen Befragten. Mitglieder anderer christlicher oder nicht-christlicher Konfessionen unterscheiden sich dagegen nicht von dieser Referenzkategorie.

Empirische Ergebnisse zu den Einflüssen der Ost-West-Binnenmigration auf die religiöse Entwicklung

Zu Beginn der empirischen Auswertungen soll ein Blick auf einige deskriptive Ergebnisse geworfen werden, die in Tabelle 12 dargestellt sind. Hiernach sind die Personen, die von West- nach Ostdeutschland umziehen, vor allem Frauen, deutlich seltener Kirchenmitglied und weisen zudem eine geringere Kirchgangshäufigkeit auf als westdeutsche Befragte ohne Mobilität. Für die Binnenmigranten, die ihren Wohnort von Ost- nach Westdeutschland verlegen, ergeben sich ähnliche Ergebnisse. Selbst gegenüber dem ohnehin schon geringen Niveau der kirchlichen Religiosität bei den ostdeutschen Personen ohne Mobilität liegen die Werte der mobilen Personen noch einmal niedriger.

4.6 Veränderungen der kirchlichen Religiosität – Ost-West-Binnenmigration

Tabelle 12: Kirchenmitgliedschaft und Kirchgangshäufigkeit im Vergleich zwischen Binnenmigranten und nicht mobilen Personen (Mittelwerte mit Standardabweichungen bzw. Anteilswerte)

	Männer		Frauen	
	Jährlicher Kirchgang MW (SD)	Mit Konfession %	Jährlicher Kirchgang MW (SD)	Mit Konfession %
Wohnort Westdeutschland, ohne Binnenmigration	8.7 (15.8)	82.4	10.4 (17.0)	87.8
Westdeutschland, Migration West → Ost	3.4 (9.9)	33.8	5.0 (12.3)	48.5
Wohnort Ostdeutschland, ohne Binnenmigration	2.9 (9.3)	27.0	3.5 (10.0)	33.8
Ostdeutschland, Migration Ost → West	1.8 (6.9)	17.5	2.6 (7.9)	27.1

Quelle: SOEP (1990-2009, eigene Berechnungen)
Anmerkung:
Zahlen für Binnenmigranten gemittelt über den gesamten Beobachtungszeitraum (vor und nach der Migration)

Diese Befunde stellen das soziologische ‚Rätsel' dar, das es in diesem Abschnitt zu lösen gilt. Hat sich die kirchliche Religiosität der West-Ost-Migranten im Zuge einer Anpassung an den ‚säkularisierten' ostdeutschen Kontext reduziert (Adaption)? Oder handelt es sich bei den West-Ost-Migranten um eine Gruppe, die allgemein weniger religiös ist als die westdeutschen Personen ohne Mobilität (Selektion)? Ist die, gegenüber den nicht mobilen Befragten in den neuen Bundesländern, geringere kirchliche Religiosität der Ost-West-Migranten eine Folge von (vorübergehender) sozialer Desintegration im Zuge der Mobilität?

Um diesen Fragen auf den Grund zu gehen, wird nun in einem ersten Schritt die ‚Selektions-Hypothese' untersucht, wonach es sich bei den Binnenmigranten um eine spezielle Bevölkerungsgruppe mit geringer Religiosität handelt. Diese Annahme war im zweiten Kapitel aus Forschungsbefunden abgeleitet worden, wonach religiöse Menschen häufig über vergleichsweise viel Sozialkapital und starke Bindungen an ihre örtliche Kirchengemeinde verfügen, die im Zuge eines Wohnortwechsels teilweise verloren gehen könnten und somit die Migrationskosten erhöhen.

In Tabelle 13 sind RE-Logit-Modelle dargestellt, die zwei verschiedene Mobilitätsrichtungen voneinander unterscheiden. In den Modellen 1 und 2 wird untersucht, welche Merkmale die bedingte Wahrscheinlichkeit eines Wohnortwechsels von Ost- nach Westdeutschland beeinflussen. Die abhängige Variable ist mit null codiert, solange die beobachtete Person ihren Hauptwohnsitz in den neuen Bundesländern hat und mit eins, sobald ein Wohnortwechsel in die alten Bundesländer erfolgt. Die Modelle 3 und 4 sind äquivalent spezifiziert, berücksichtigen jedoch die umgekehrte Mobilitätsrichtung von West- nach Ostdeutschland. Mehrfache Wohnortwechsel pro Person werden berücksichtigt. Zieht zum Beispiel eine Person, die ihren Wohnort zuvor von den alten in die neuen Bundesländer verlegt hat, wieder zurück nach Westdeutschland, fließt sie mit dem Code null wieder in die Schätzung von Modell 3 und 4 ein. Insgesamt handelt es sich somit um eine zeitdiskrete Ereignisdatenanalyse für wiederkehrende Ereignisse.

Die in den Modellen 1 und 2 ausgewiesenen Effekte der Kontrollvariablen, die alle um ein Jahr zeitverzögert aufgenommen werden, um eine Umkehrung der Kausalrichtung zu vermeiden, entsprechen weitgehend der einschlägigen Forschung (Fuchs-Schündeln und Schündeln 2009). Die bedingte Wahrscheinlichkeit einer Binnenmigration von Ost- nach Westdeutschland, die in 886 Fällen eintritt, erhöht sich beim Vorliegen der folgenden Eigenschaften: Eher geringes Alters, weibliches Geschlecht, höheres Bildungsniveau, Partnerlosigkeit oder Partnerschaft mit getrennten Haushalten und niedrige Lebenszufriedenheit. Erwartungsgemäß kehren zudem häufig diejenigen Personen nach Westdeutschland zurück, die dort bereits vor 1990 aufgewachsen sind. Darüber hinaus hat sich die Neigung zu Ost-West-Binnenmigrationen innerhalb des Beobachtungszeitraums signifikant abgeschwächt (Periodeneffekt). Die Effekte der erwerbsbezogenen Indikatoren sind nicht ganz einheitlich: Während eine Arbeitslosigkeit die Übergangsrate tendenziell erhöht, ist der Einfluss des Erwerbsumfangs, gemessen über die auf das Jahr hochgerechneten Voll- und Teilzeitmonate, u-förmig. Die höchste Neigung zur Ost-West-Binnenmigration weisen folglich Personen auf, die eine mittlere Ausprägung auf dem Erwerbsindex aufweisen. Im Falle der umgekehrten Mobilitätsrichtung (West nach Ost; Modelle 3 und 4) zeigen sich, mit einigen Ausnahmen (Geschlechtseffekt, Arbeitslosigkeit, Kinderlosigkeit), ähnliche Ergebnisse.

Im Mittelpunkt des Interesses steht hier jedoch die Frage, inwieweit die kirchliche Religiosität mit der Wahrscheinlichkeit einer Binnenmigration zusammenhängt. Die Ergebnisse fallen eindeutig aus: Kirchenmitglieder und regelmäßige Kirchgänger neigen, unabhängig von der Mobilitätsrichtung, in verringertem Maße zu einem Wohnortwechsel. Die entsprechenden Effekte sind allerdings im Falle der West-Ost-Migrationen stärker.

4.6 Veränderungen der kirchlichen Religiosität – Ost-West-Binnenmigration

Tabelle 13: Determinanten einer Binnenmigration zwischen West- und Ostdeutschland (RE-Logit-Modelle, Logit-Koeffizienten mit z-Werten in Klammern)

	Ost → West		West → Ost	
	M1	M2	M3	M4
Religiöse Mitgliedschaft und Praxis				
Konfessionslos	.13 (1.5)	.34** (3.0)	1.84*** (17.8)	.65*** (5.2)
Kirchgangshäufigkeit (> 0)	-.18* (-2.0)	-.23* (-2.0)	-.52*** (-4.9)	-.19+ (-1.7)
Kontrollvariablen				
Alter (zentriert auf 20 Jahre)	-.06*** (-15.8)	-.06*** (-10.5)	-.04*** (-11.4)	-.02*** (-6.0)
Geschlecht: männlich	-.38** (-3.8)	-.32* (-2.5)	-.03 (-0.3)	.29** (2.8)
Alter × Mann	.01* (2.4)	.01 (1.2)	-	-
Periodeneffekt (Jahre seit 1990)	-.03** (-3.3)	-.04*** (-3.7)	-.06*** (-5.3)	-.05*** (-4.4)
Bildungsjahre	-	.08*** (4.1)	-	.12*** (5.7)
Erwerbsindex (zentriert)	-	.03** (2.9)	-	-.04*** (-4.0)
Erwerbsindex (quadriert)	-	-.02*** (-7.0)	-	-.001 (-0.5)
Arbeitslosigkeit (> 0 Monate)	-	.15+ (1.7)	-	-.06 (-0.6)
Kinderlos	-	.02 (0.1)	-	.44** (3.0)
Lebensform: NEL (Ref.: Ehe)	-	.00 (0.0)	-	.71*** (5.2)
Lebensform: LAT (Ref.: Ehe)	-	1.13*** (8.7)	-	.95*** (7.0)
Lebensform: Partnerlos (Ref.: Ehe)	-	.59*** (4.8)	-	.49*** (3.9)
Allgemeine Lebenszufriedenheit (1 = niedrig, 10 = hoch)	-	-.06* (-2.3)	-	-.12*** (-4.4)
Aufgewachsen in Westdeutschland (vor der Wiedervereinigung)	-	2.31*** (15.0)	-	-
Aufgewachsen in Ostdeutschland (vor der Wiedervereinigung)	-	-	-	2.94*** (24.1)

	Ost → West		West → Ost	
	M1	M2	M3	M4
Log likelihood	-4025	-2624	-2995	-2631
Varianzkomponente σ	.48	.49	.43	.46
N (Personen)	10933		35377	
N (Personenjahre)	93701		285366	
N (Umzüge)	886		438	

Quelle: SOEP (Wellen 1990-1992, 1994-1999, 2001, 2003, 2005 und 2007-2009, eigene Berechnungen)
Anmerkungen:
+ $p \leq .10$; * $p \leq .05$, ** $p \leq .01$; *** $p \leq .001$
Alle unabhängigen Variablen sind gemessen zum Zeitpunkt t-1
Modelle enthalten Flag-Variablen zu fehlenden Werten beim Wohnort vor 1990 (nicht dargestellt)

Bei der Einführung von Kontrollvariablen in Modell 2 zeigt sich zudem, im Vergleich zu Modell 1, dass der Effekt der Kirchenmitgliedschaft auf die bedingte Wahrscheinlichkeit eines Umzugs von den neuen in die alten Bundesländer deutlich stärker wird. Diese Suppression ist darauf zurückzuführen, dass ostdeutsche Personen ohne konfessionelle Bindung seltener vor der Wiedervereinigung in den alten Bundesländern aufgewachsen sind, derartige Sozialisationserfahrungen die Wahrscheinlichkeit einer Rückkehr jedoch signifikant erhöhen. Bei Kontrolle des Wohnortes vor 1990 in Modell 2 ist der Einfluss der Kirchenmitgliedschaft multivariat entsprechend stärker als in Modell 1. Im Falle der West-Ost-Migrationen wird bei einem Vergleich der Modelle 3 und 4 deutlich, dass die Indikatoren zur kirchlichen Religiosität bei Einführung der Kontrollvariablen an Bedeutung verlieren. Die geringere Religiosität der Personen, die von den alten in die neuen Bundesländer umziehen, lässt sich somit teilweise über Merkmale wie Alter, Bildungsniveau, Erwerbsintegration oder Partnerschaftsstatus erklären. Dennoch senken sowohl eine Kirchenmitgliedschaft als auch die Kirchgangshäufigkeit auch im voll spezifizierten Modell 4 die bedingte Wahrscheinlichkeit eines Umzugs. Die ‚Selektions-Hypothese' wird somit für beide Mobilitätsrichtungen angenommen.

Im nächsten Schritt wird die wohl zentralste Frage im vorliegenden Abschnitt untersucht: Passen sich Personen im Zuge ihrer Migration an die veränderten sozialen Kontexte an? Hier wurde im Rahmen der ‚West-Ost-Adaptionshypothese' erwartet, dass sich die kirchliche Religiosität im Zuge eines Umzugs von den alten in die neuen Bundesländer abschwächt, während die ‚Ost-West-Adaptionshypothese' die gegenteilige Entwicklung unterstellt, wonach es nach dem Wohnortwechsel zu einem Ansteigen der Religiosität kommt.

4.6 Veränderungen der kirchlichen Religiosität – Ost-West-Binnenmigration

Bevor die Ergebnisse entsprechender Regressionsmodelle vorgestellt werden, bietet sich eine grafische Betrachtung der Verläufe an. In Abbildung 10 ist dargestellt, wie sich die Kirchgangshäufigkeit im Zeitraum vor und nach dem Wohnortwechsel zwischen den alten und neuen Bundesländern verändert. Der Wert null auf der x-Achse entspricht dem Umzugsjahr, die fünf Jahre vor und nach dem Umzug werden einzeln ausgewiesen und die Zeiträume, die jeweils mehr als fünf Jahre vor und nach dem Umzug umfassen, in einer Sammelkategorie zusammengefasst. Bereits eine grafische Betrachtung deutet darauf hin, dass sich wenig Evidenz für die ‚West-Ost-Adaptionshypothese' finden lässt. Personen, die von West- nach Ostdeutschland umziehen, weisen grundsätzlich, gegenüber der stationären westdeutschen Bevölkerung, eine vergleichsweise geringe kirchliche Religiosität auf. Dies wurde bereits weiter oben dokumentiert. Zusätzlich ist nun sichtbar, dass sich keine Hinweise darauf ergeben, dass sich die ohnehin niedrige Kirchgangshäufigkeit nach dem Wechsel in einen weitgehend säkularisierten sozialen Kontext weiter abschwächt. Die gestrichelte Linie folgt in Abbildung 10, abgesehen von fallzahlbedingten Schwankungen, keinem erkennbaren Trend und in tabellarisch nicht dargestellten Regressionsmodellen finden sich ebenfalls keine Hinweise auf einen Effekt des Umzugsereignisses. Auch der vorübergehende Rückgang der Häufigkeit von Gottesdienstbesuchen im Jahr nach dem Umzug, der mit der ‚Disruption-Hypothese' in Verbindung gebracht werden könnten, ist nicht signifikant. Die ‚West-Ost-Adaptionshypothese' wird somit bereits an dieser Stelle abgelehnt und auch nachfolgend nicht mehr vertiefend untersucht.

Wie verhält es sich nun mit der umgekehrten Mobilitätsrichtung, das heißt mit Umzügen von den neuen in die alten Bundesländer? In Vorwegnahme der später berichteten Regressionsergebnisse wird hier in Abbildung 10 eine Differenzierung zwischen Männern (gepunktete Linie) und Frauen (durchgezogene Linie) vorgenommen. Zunächst zeigen sich Unterschiede im Ausgangsniveau, da Frauen mit Ost-West-Mobilität bereits in der Zeit vor dem Umzug etwas häufiger in die Kirche gehen als die entsprechende Vergleichsgruppe der Männer. Darüber hinaus unterscheiden sich auch die Verläufe geschlechtsspezifisch. Bei Frauen ist über den gesamten Beobachtungszeitraum eine leichte Abwärtsbewegung erkennbar. Bei Männern deutet der Verlauf recht eindeutig darauf hin, dass der Umzug von den neuen in die alten Bundesländer als Wendepunkt eine positive Entwicklung initiiert. Der Wohnortwechsel selbst ist zwar nicht mit einem unmittelbaren Anstieg verbunden, in den Jahren nach der Binnenmigration weist die Verlaufskurve jedoch eine positive Steigung auf. Da in die zugrunde liegenden Beobachtungswerte auch Periodeneffekte einfließen ist klar, dass sich die positive Entwicklung, die durch den Wohnortwechsel ausgelöst wird, gegen den allgemeinen Säkularisierungstrend durchsetzt. Vor dem Umzug verändert sich Kirchgangshäufigkeit bei Männern mit Ost-West-Mobilität zudem kaum, wodurch die Alternativerklärung ausscheidet, dass die entsprechende Personengruppe schon vor der Migration auf einem Wachstumspfad ist (Selektion). Somit sprechen die Ergebnisse eindeutig dafür, dass die ‚Ost-West-Adaptionshypothese' für Männer anzunehmen und die ‚Sozialisations-Hypothese' abzulehnen ist.

Abbildung 10: Veränderungen der Kirchgangshäufigkeit im Zeitraum vor und nach einer Binnenmigration zwischen Ost- und Westdeutschland

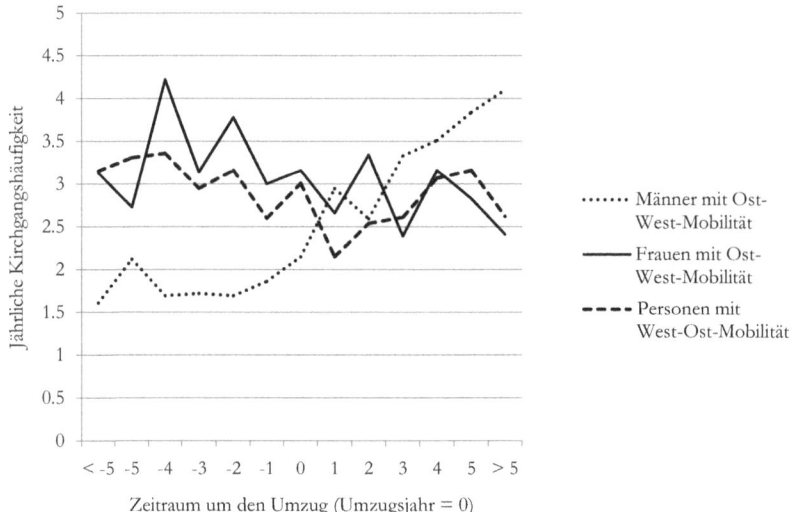

© Daniel Lois; eigene Berechnungen mit SOEP-Daten

4.6 Veränderungen der kirchlichen Religiosität – Ost-West-Binnenmigration   177

Abbildung 11: Veränderungen verschiedener erklärender Indikatoren im Zuge einer Binnenmigration von Ost- nach Westdeutschland

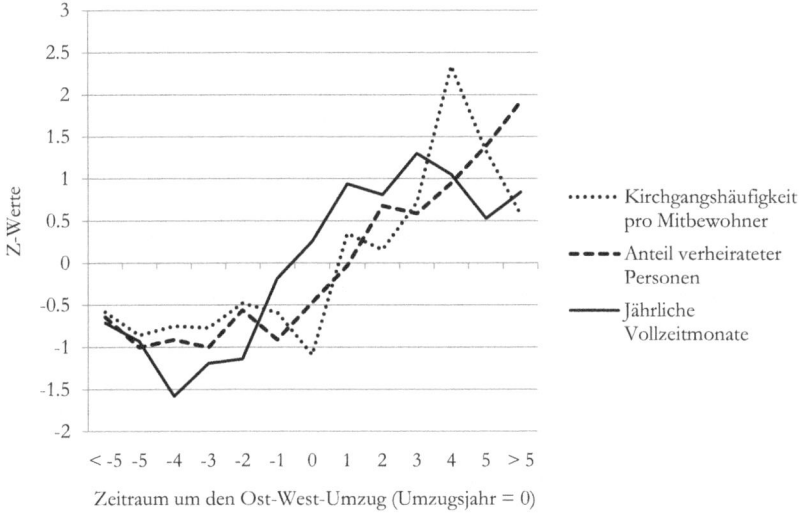

© Daniel Lois; eigene Berechnungen mit SOEP-Daten

Auch wenn die Ausgangseffekte von Binnenmigrationen auf die kirchliche Religiosität bereits für sich genommen interessant sind, stellt sich die Anschlussfrage, warum Männer, die von den neuen in die alten Bundesländer umziehen, nach dem Wohnortwechsel häufiger in die Kirche gehen. Im zweiten Kapitel war hier die Annahme formuliert worden, dass der Wechsel des sozialen Kontextes mit einer erhöhten Chance verbunden sein wird, religiöse Interaktionspartner zu treffen. Unterstellt man ferner eine Tendenz zur religiösen Anpassung in Freundschaften und Partnerschaften, sollte sich die kirchliche Religiosität hierdurch im Zuge der Binnenmigration verstärken. Ein darauf aufbauender Erklärungsmechanismus stellt auf Unterschiede im Heiratsverhalten ab. Da die Neigung zur Eheschließung in den alten Bundesländern stärker ist und die Heirat, wie gezeigt wurde, zudem ein religiöses Wachstum initiieren kann, könnte auch hierin eine Ursache für die Adaption der ostdeutschen Männer an den westdeutschen Kontext zu suchen sein. Schließlich sind aber auch gegenläufige vermittelnde Mechanismen zu beachten. Viele Ost-West-Umzüge sind durch die vergleichsweise bessere Arbeitsmarktsituation in den alten Bundesländern motiviert. Wer jedoch nach einem Umzug nach Westdeutschland in den Arbeitsmarkt integriert wird, muss Kirchensteuer zahlen und neigt, wie ebenfalls bereits gezeigt wurde, verstärkt zum Austritt aus der Kirche.

In Abbildung 11 ist dargestellt, wie sich die drei besprochenen Merkmale – die Anzahl von religiösen Interaktionspartnern, hier operationalisiert über Haushaltsmitglieder, der Anteil verheirateter Personen und die Anzahl jährlicher Vollzeitmonate – in der Zeit vor und nach einem Umzug von Ost- nach Westdeutschland entwickeln. Es ist deutlich zu erkennen, dass alle drei Indikatoren ansteigen. Im Falle des Anteils verheirateter Personen und der Vollzeitmonate ist diese Entwicklung einfach über Alterseffekte zu erklären. Um hier die Auswirkungen des Kontextwechsels von den Einflüssen des Lebensalters zu trennen, sind multivariate Regressionsmodelle notwendig. Im Hinblick auf die mittlere Kirchgangshäufigkeit der Haushaltsmitbewohner, bei denen es sich überwiegend um Ehe- und Lebenspartner handelt, ist jedoch nicht zwangsläufig von einem altersspezifischen Anstieg auszugehen, zumal sich der in Abbildung 11 eingezeichnete Verlauf lediglich auf Personen bezieht, die überhaupt mindestens einen Mitbewohner haben. Folglich scheint der Erklärungsansatz, wonach Ost-West-Binnenmigranten vermehrt auf vergleichsweise religiöse Interaktionspartner treffen, an die sie sich möglicherweise anpassen, durchaus vielversprechend zu sein.

Im Zuge der weiteren Analysen werden nun sowohl die Ausgangseffekte von Binnenmigrationen auf Veränderungen der kirchlichen Religiosität getestet als auch die vermittelnden Mechanismen. In Tabelle 14 sind zunächst die Ergebnisse für die Kirchenmitgliedschaft dargestellt. In die entsprechenden FE-Logit-Modelle fließen wiederum nur diejenigen 2.142 Personen ein, die im Beobachtungszeitraum Veränderungen der abhängigen Variablen aufweisen. Nach der Maßgabe von Modell 1 sind Personen, die mit sich selbst über die Zeit verglichen werden, häufiger dann Kirchenmitglied, nachdem sie von Ost- nach Westdeutschland umgezogen sind (b = .67). Für die umgekehrte Mobilitätsrichtung, einen Wohnortwechsel von den alten in die neuen Bundesländer, findet sich dagegen kein Effekt (b = .15). Wie schon im Falle der Kirchgangshäufigkeit lässt sich somit die Anpassung ‚nach oben', die durch die ‚Ost-West-Adaptionshypothese' unterstellt wird, empirisch belegen, wogegen sich für eine Anpassung ‚nach unten', die durch die ‚West-Ost-Adaptionshypothese' vorhergesagt wird, keine Evidenz findet.

4.6 Veränderungen der kirchlichen Religiosität – Ost-West-Binnenmigration

Tabelle 14: Veränderung der Kirchenmitgliedschaft im Zuge einer Binnenmigration zwischen West- und Ostdeutschland (FE-Logit-Modelle, Logit-Koeffizienten mit z-Werten in Klammern)

	M1	M2	M3	M4
Richtung der Binnenmigration				
West → Ost	.15	.15	.13	-.15
	(0.3)	(0.3)	(0.3)	(-0.3)
Ost → West	.67*	.66*	.66*	.49
	(2.2)	(2.1)	(2.2)	(1.5)
Intervenierende Variablen				
Erwerbstätig	-	-.40*	-.40*	-.38*
		(-2.4)	(-2.4)	(-2.1)
Allgemeine Lebenszufriedenheit	-	.02	.02	.01
		(1.0)	(1.0)	(0.3)
Lebensform: Ehe (Ref.: NEL)	-	-	.01	.12
			(0.1)	(0.9)
Lebensform: LAT (Ref.: NEL)	-	-	-.09	-.01
			(-0.6)	(-0.1)
Lebensform: Partnerlos (Ref.: NEL)	-	-	.00	.07
			(0.0)	(0.6)
Mittlere Kirchgangshäufigkeit der Haushaltsmitglieder	-	-	-	.09***
				(11.0)
Kontrollvariablen				
Alter (zentriert um 17 Jahre)	-.12***	-.12***	-.12***	-.12***
	(-7.7)	(-7.3)	(-7.2)	(-7.0)
Alter (quadriert)	.002***	.002***	.002***	.002***
	(11.8)	(10.7)	(10.3)	(9.7)
Periodeneffekt (log. Jahre seit 1990)	-.48***	-.46***	-.45***	-.46***
	(-7.7)	(-6.8)	(-6.6)	(-6.4)
Log likelihood	-2057	-2053	-2052	-1947
N (Personen)		2142		
N (Personenjahre)		6361		

Quelle: SOEP (Wellen 1990, 1997, 2003 und 2007, eigene Berechnungen)
Anmerkungen:
+ p ≤ .10; * p ≤ .05, ** p ≤ .01; *** p ≤ .001

In den Modellen 2-4 werden nun mit einem dichotomen Indikator zur Erwerbstätigkeit (Voll- und Teilzeit), der partnerschaftlichen Lebensform sowie der mittleren Kirchgangshäufigkeit der Mitbewohner Indikatoren in das Modell aufgenommen, durch die sich die besprochenen vermittelnden Mechanismen abbilden lassen. Außerdem fließt die allgemeine Lebenszufriedenheit ein, um ‚Migrationsgewinne' auf verschiedenen Ebenen abbilden zu können. Die Ergebnisse in Modell 2 und 3 verdeutlichen, dass sich der Ausgangseffekt einer Ost-West-Binnenmigration (b = .67), bei Einführung der Indikatoren Lebenszufriedenheit, Erwerbstätigkeit und Lebensform, nicht verändert. Bei Kontrolle der mittleren Kirchgangshäufigkeit der weiteren Haushaltsmitglieder wird der Ausgangseffekt jedoch insignifikant. Dies ist ein deutlicher Hinweis darauf, dass die erhöhte Wahrscheinlichkeit von Kircheneintritten im Zuge von Ost-West-Umzügen auf eine Anpassung an neu gewonnene und religiös stärker geprägte Interaktionspartner zurückzuführen ist.

Die in Tabelle 15 dargestellten Analysen wenden sich den Einflüssen von Binnenmigrationen auf die religiöse Praxis zu. Da die ‚West-Ost-Adaptionshypothese' nicht bestätigt werden kann, konzentriert sich die Analyse auf die Gruppe von insgesamt 864 Personen, die im Beobachtungszeitraum von den neuen Bundesländern nach Westdeutschland umgezogen sind. Es handelt sich um ein Zeitreihen-Quasi-Experiment ohne Kontrollgruppe, bei dem die Binnenmigranten über die Zeit wiederholt mit sich selbst verglichen werden (Diekmann 2010: 356ff). Diese Stichprobeneingrenzung lässt sich dadurch begründen, dass es sich bei den Ost-West-Binnenmigranten, wie bereits dargestellt wurde, um eine selektive Gruppe handelt, die im Hinblick auf die Richtung und Stärke der Alters- und Periodeneffekte möglicherweise nicht mit der Allgemeinbevölkerung vergleichbar ist. [22]

Modell 5 enthält zur Modellierung des Ausgangseffektes einer Ost-West-Migration Indikatoren zu den Zeiträumen vor- und nach dem Umzugsereignis, die äquivalent skaliert sind wie die x-Achse von Abbildung 10. Das Jahr vor dem Wohnortwechsel ist also zum Beispiel bei der Variablen „Zeit vor dem Umzug" mit minus eins codiert und das Jahr nach dem Umzug mit dem Wert eins bei der Variablen „Zeit nach dem Umzug". Wie sich schon bei der grafischen Analyse angedeutet hatte, verändert sich die Häufigkeit des Kirchgangs, auch nach Kontrolle von Alters- und Periodeneffekten, in der Zeit vor dem Umzug nicht (b = .09). Nach der Verlegung des Hauptwohnsitzes von den neuen in die alten Bundesländer steigt dagegen, bei Männern, die Kirchgangshäufigkeit um den Faktor 1.08 an, also um gut einen Kirchgang pro Jahr, in dem der ehemals in Ostdeutschland lebende Befragte in Westdeutschland wohnt. Das religiöse Wachstum ist somit im multivariaten Regressionsmodell, das für Alters- und Periodeneffekte kontrolliert, stärker ausgeprägt, als dies durch den beobachteten Verlauf in Abbildung 10 zum Ausdruck kommt. Bei Frauen ist dagegen, wie der signifikante Interak-

---

22   Ein ähnliches Design wäre grundsätzlich auch im Falle der Kirchenmitgliedschaft anzustreben, ist hier jedoch fallzahlbedingt nicht umsetzbar.

4.6 Veränderungen der kirchlichen Religiosität – Ost-West-Binnenmigration

tionseffekt zeigt (b = -1.14), keine Veränderung im Zuge der Binnenmigration zu beobachten. Die ‚Ost-West-Adaptions-Hypothese' wird somit für Männer angenommen und für Frauen verworfen.

Tabelle 15: Veränderung der jährlichen Kirchgangshäufigkeit im Zuge einer Binnenmigration von Ost- nach Westdeutschland (Fixed-Effects-Panelregressionen, b-Koeffizienten mit t-Werten in Klammern)

	M5	M6	M7	M8
Binnenmigration (Ost → West)				
Zeit vor dem Umzug	.09	.08	-.01	-.49*
(Ref.: Umzugsjahr)	(0.3)	(0.3)	(-0.0)	(-2.0)
Zeit nach dem Umzug	1.08*	1.12*	1.09*	.59
(Ref.: Umzugsjahr)	(2.2)	(2.3)	(2.3)	(1.4)
Zeit nach dem Umzug × Frau	-1.14*	-1.21*	-1.23*	-.65
	(-2.1)	(-2.2)	(-2.2)	(-1.4)
Intervenierende Variablen				
Jährliche Vollzeitmonate	-	-.04+	-.04	-.02
		(-1.7)	(-1.3)	(-0.8)
Allgemeine Lebenszufriedenheit	-	.07	.08	.08
		(1.3)	(1.4)	(1.3)
Lebensform: Ehe (Ref.: NEL)	-	-	.80*	.38
			(2.2)	(1.1)
Lebensform: LAT (Ref.: NEL)	-	-	.36	.22
			(1.3)	(0.9)
Lebensform: Partnerlos (Ref.: NEL)	-	-	.65*	.49+
			(2.4)	(1.9)
Mittlere Kirchgangshäufigkeit der Haushaltsmitglieder	-	-	-	.40***
				(4.8)
Kontrollvariablen				
Alter	.01	.02	.01	.02
	(0.4)	(0.5)	(0.2)	(0.5)
Periodeneffekt (log. Jahre seit 1990)	-.24*	-.23+	-.21+	-.27*
	(-2.0)	(-1.9)	(-1.7)	(-2.2)
r^2 (within)	.004	.005	.008	.093
n (Personenjahre)		6260		
n (Personen mit Ost-West-Mobilität)		864		

Quelle: SOEP (Wellen 1990, 1992, 1994-1999, 2001, 2003, 2005 und 2007-2009, eigene Berechnungen)
Anmerkungen:
+ p ≤ .10; * p ≤ .05; ** p≤ .01; *** p ≤ .001
Robuste Standardfehler (Haushaltsclusterung kontrolliert)

Nun stellt sich erneut die Frage nach den Ursachen für die Anpassung an den neuen Kontext. In den Modellen 6-8 werden dazu wiederum Indikatoren zum Erwerbsumfang, der allgemeinen Lebenszufriedenheit, der partnerschaftlichen Lebensform und der mittleren Kirchgangshäufigkeit der Haushaltsmitbewohner aufgenommen. Bei Kontrolle der Vollzeitmonate in Modell 6 zeigt sich der theoretisch erwartete Suppressionseffekt: Männer mit Ost-West-Mobilität gehen nach dem Umzug häufiger in die Kirche, *obwohl* gleichzeitig ihr Erwerbsumfang steigt, der sich tendenziell negativ auf die religiöse Praxis auswirkt. Der multivariat bereinigte Migrationseffekt verstärkt sich somit leicht, im Vergleich der Modelle 5 und 6, von b = 1.08 auf b = 1.12. Nach Aufnahme der Lebensform-Variablen in Modell 7, die erneut einen Anstieg des Kirchgangs im Zuge des Wechsels in eine Ehe dokumentieren, ist dagegen ein leichter Rückgang des Einflusses zu beobachten, der von Ost-West-Migrationen auf die Kirchgangshäufigkeit des Mannes ausgeht (von b = 1.12 auf b = 1.09). Dieser Befund korrespondiert mit der Annahme, dass die höhere Heiratsneigung in den alten Bundesländern die Ost-West-Migranten sozial ‚ansteckt' (Kalmijn und Vermunt 2007). Als am tragfähigsten erweist sich jedoch erneut der vermittelnde Mechanismus, der sich auf die religiöse Praxis der Haushaltsmitglieder bezieht (Modell 8). Offensichtlich führt der Anstieg der mittleren Kirchgangshäufigkeit der Mitbewohner, der bereits in Abbildung 11 dokumentiert wurde, im Sinne einer Anpassung dazu, dass die Häufigkeit von Gottesdienstbesuchen auch für den Befragten steigt. Verglichen mit sich selbst über die Zeit neigen Personen also vor allem dann zu häufigeren Kirchgängen, je stärker sich die religiöse Praxis der weiteren Haushaltsmitglieder erhöht (b = .40). Wird der soziale Haushaltskontext berücksichtigt, reduziert sich der Migrationseffekt für Männer deutlich (von b = 1.09 auf b = .59) und ist nicht mehr signifikant. Dieses Ergebnis bleibt nach vertiefenden Analysen auch dann stabil, wenn zusätzlich kontrolliert wird, ob überhaupt Mitbewohner im Haushalt vorhanden sind.

Zwischenfazit

Die wesentlichen Resultate des zurückliegenden Abschnitts lassen sich wie folgt zusammenzufassen: Ostdeutsche Personen, die eher jung und häufiger weiblich sind, ein vergleichsweise hohes Bildungsniveau aufweisen, partnerschaftlich eher ungebunden sind und denen die berufliche Etablierung häufig noch nicht gelungen ist, weisen eine erhöhte Wahrscheinlichkeit auf, ihren Wohnsitz in die alten Bundesländer zu verlegen. Zusätzlich neigen Kirchenmitglieder und häufige Gottesdienstbesucher, auch bei Kontrolle der genannten Merkmale, in verringertem Ausmaß dazu, ihren Wohnort zu wechseln. Eine Erklärungsmöglichkeit für diesen

4.6 Veränderungen der kirchlichen Religiosität – Ost-West-Binnenmigration 183

Befund besteht darin, dass religiöse Menschen verstärkt sozial in ihre örtliche Gemeinschaft integriert sind und diese Bindungen hemmend auf die Migration wirken.

Vor dem Hintergrund des sehr geringen Religiositätsniveaus der Ost-West-Migranten stellte sich die Frage, ob sich diese Personen durch den Kontextwechsel verändern. Die Analysen führen hier zu dem Ergebnis, dass sich im Zuge eines Wohnortwechsels von Ost- nach Westdeutschland die Wahrscheinlichkeit einer Kirchenmitgliedschaft signifikant erhöht. Bei Männern, die ursprünglich in den neuen Bundesländern wohnen und nach Westdeutschland ziehen, initiiert die Binnenmigration zudem als Wendepunkt eine positive Verlaufskurve in der Entwicklung der religiösen Praxis. Diese Befunde sprechen eindeutig dafür, dass Sozialisationseinflüsse biografisch überformbar sind und bestätigen, dass die Verknüpfung der Lebensverlaufsperspektive mit dem migrationssoziologischen Ansatz fruchtbar ist.

Einschränkend ist jedoch auf das geringe Basisniveau der kirchlichen Religiosität hinzuweisen, von dem das religiöse Wachstum bei den Ost-West-Migranten ausgeht. Ostdeutsche Männer, die in die alten Bundesländer ziehen, besuchen vor dem Wohnortwechsel fast nie einen Gottesdienst und gehen auch nach mehr als fünf Jahren Wohndauer in Westdeutschland durchschnittlich nur selten in die Kirche. Theoretisch und empirisch offen geblieben ist zudem, warum der Anstieg der Kirchgangshäufigkeit im Zuge von Ost-West-Migrationen in überraschender Deutlichkeit nur auf Männer beschränkt ist. Erklärungen, die auf geschlechtsspezifische Unterschiede im Erwerbsverhalten abstellen, sind nicht zielführend, da die berechneten Modelle für den Erwerbsumfang kontrollieren. An dieser Stelle ist weitere Forschung notwendig. Darüber hinaus ist bemerkenswert, dass im Zusammenhang mit einer Mobilität von den alten in die neuen Bundesländer keine Abschwächung der kirchlichen Religiosität, die gewissermaßen als Anpassung ‚nach unten' zu interpretieren wäre, beobachtet werden kann. Dieser Befund spricht für eine fortwährende Wirkung der religiösen Sozialisation.

Über die Bestimmung von Bruttoeffekten der Migrationsbewegungen innerhalb Deutschlands hinaus wurden ansatzweise auch verschiedene erklärende Mechanismen getestet. Das Hauptergebnis dieser Analysen besteht darin, dass die Adaption der ursprünglich in Ostdeutschland wohnenden Personen an den westdeutschen Kontext in erster Linie auf der Mikroebene enger Sozialbeziehungen zu erklären ist. Die mittlere Kirchgangshäufigkeit der Haushaltsmitglieder steigt, verglichen mit dem Zeitraum vor der Ost-West-Migration, deutlich an. Die Veränderung der sozialen Gelegenheitsstrukturen erhöht demnach offenbar die Chance, religiös geprägte Menschen zu treffen und Sozialbeziehungen mit ihnen einzugehen. In diesem Zusammenhang gibt es starke Hinweise auf Anpassungseffekte. Sobald der Akteur mit religiös aktiven Haushaltsmitgliedern, bei denen es sich vorwiegend um Ehe- oder Lebenspartner handelt, zusammenlebt, besucht er auch selbst häufiger die Kirche. Dieser Befund bestätigt eine zentrale Annahme, die aus der Theorie sozialer Produktionsfunktionen abgeleitet werden kann: Innerhalb eines religiösen sozialen Umfeldes ist die kirchliche Religiosität als ‚Zwischengut' verstärkt dazu geeignet, um soziale Anerkennung zu erzielen und verstärkt sich offensichtlich aus diesem Grund infolge des Kontextwechsels.

4.7 Determinanten und Konsequenzen religiöser Anpassung in Paarbeziehungen

Im Verlaufe der zurückliegenden empirischen Analysen haben sich bereits an verschiedenen Stellen Hinweise darauf gegeben, dass Veränderungen der Religiosität im Lebensverlauf häufig eine Folge der Anpassung an neue oder sich verändernde Interaktionspartner ist. Erinnert sei an den Befund, dass sich die Wahrscheinlichkeit einer Kirchenmitgliedschaft innerhalb derselben Person erhöht, wenn ein religiöser Ehe- oder Lebenspartner im Haushalt lebt (Abschnitt 4.4). In die gleiche Richtung weisen die Befunde zur Adaption im Zuge von Ost-West-Migrationen, die im vorangehenden Abschnitt besprochen wurden. Vor diesem Hintergrund erscheint es durchaus lohnenswert zu sein, dem Phänomen der religiösen Anpassung etwas tiefgreifender auf den Grund zu gehen. Der nun folgende Abschnitt verfolgt diese Zielsetzung und testet die verschiedenen Hypothesen, die zu den Ursachen und Bedingungen von Anpassungsprozessen im zweiten Kapitel formuliert wurden. Um die empirischen Ergebnisse besser im Kontext einordnen zu können, erfolgt jedoch zunächst ein Überblick über die Befunde bereits vorliegender Studien.

Forschungsstand: Selektion oder Anpassung? Zu den Ursachen religiöser Homogamie

Der Überblick über den Forschungsstand gliedert sich nach den drei Haupthypothesen, die im zweiten Kapitel im Hinblick auf die Entstehung religiöser Ähnlichkeit formuliert wurden: die Assortative Meeting-, Assortative Mating- und die Anpassungs-Hypothese.

    Klein und Wunder (1996) untersuchen, im Sinne der ‚Assortative-Meeting-Hypothese', die Fragestellung, inwiefern religiöse Homogamie in Partnerschaften ein Ausdruck unterschiedlicher konfessioneller Werte und Normen ist, oder auf regionale Ungleichgewichte in der konfessionellen Zusammensetzung der Bevölkerung sowie Konfessionswechsel zurückzuführen ist. Zugrundegelegt werden Daten des Familiensurveys, des „International Social Survey Program" (ISSP) sowie

4.7 Determinanten und Konsequenzen religiöser Anpassung in Paarbeziehungen 185

amtliche Statistiken. Ein erster Hinweis auf die Bedeutung der Gelegenheitsstrukturen ergibt sich daraus, dass sich Länder mit einem sehr hohen Anteil homogamer Ehen an allen Ehen (zum Beispiel Polen, Italien, Israel) gleichzeitig dadurch auszeichnen, dass eine Konfession beziehungsweise Religion stark dominiert. Diese hohen Homogamiequoten werden jedoch überwiegend über Randverteilungen erklärt und lassen nicht zwingend auf eine Homogamiepräferenz schließen. So zeigt sich, dass insbesondere Konfessionsgruppen, die sich in einer Minderheitensituation befinden, zum Beispiel Protestanten in der ehemaligen DDR, verstärkt zu einer homogamen Partnerwahl neigen, die über das Ausmaß der Ähnlichkeit hinausgeht, die allein aufgrund der Randverteilungen zu erwarten wäre. Dies deutet auf eine hohe Gruppenkohäsion bei Minderheiten hin. Auch für Westdeutschland zeigt sich, dass die Gebiete mit relativ einheitlicher Konfessionszugehörigkeit, etwa das katholisch geprägte Bayern, gleichzeitig einen hohen Anteil konfessionell homogamer Ehen aufweisen, der jedoch besonders dann zu einem großen Teil über Randverteilungen erklärt werden kann, wenn diese Gelegenheitsstrukturen kleinräumig, das heißt auf der Ebene von Regierungsbezirken oder Kreisen, bestimmt werden. Als ein weiterer Beleg gegen eine präferenzgesteuerte Partnerwahl wird angeführt, dass der Einfluss von Konfessionswechseln auf die Homogamie in der Bundesrepublik, im internationalen Vergleich, eher gering sei. Klein und Wunder (1996, S. 96) stellen zusammenfassend fest:

> „Entgegen der in der Literatur weit verbreiteten Behauptung, daß Konfessionszugehörigkeiten heute bei der Partnerwahl nach wie vor von erstaunlicher Relevanz sind, bleibt nach den Ergebnissen der vorliegenden Studie kaum Spielraum, die Dominanz gleichkonfessioneller Eheschließungen als Ausdruck von Endogamieregeln oder von individuellen Präferenzen zu interpretieren. Die Konfessionszugehörigkeit ist heute in Deutschland für die Partnerwahl quasi irrelevant (geworden)."

Kritisch ist anzumerken, dass die Analysen stellenweise unter Datenproblemen leiden, da unter anderem nicht bekannt ist, welche Konfession der Ehepartner des Befragten aufweist. Konvertierungen im Zusammenhang mit einer Eheschließung, das heißt Anpassungsprozesse, lassen sich daher nicht explizit untersuchen. Zudem beschränkt sich die Untersuchung nur auf realisierte Eheschließungen, wodurch Selektionsmechanismen, etwa infolge einer Nichtheirat oder einer Trennung vom Partner, unberücksichtigt bleiben. Die Forschung zeigt, dass es nicht gerechtfertigt ist, religiöse Ähnlichkeit allein auf den ‚Assortative-Meeting'-Mechanismus zurückzuführen. Selbst wenn die anfängliche Ähnlichkeit beim Kennenlernen weitgehend durch Gelegenheitsstrukturen bedingt sein sollte, münden nicht alle Partnerschaften in die Ehe und einige Ehen enden durch eine Scheidung. Eine Vielzahl von Studien dokumentiert in diesem Zusammenhang, dass religiöse Personen nicht nur seltener überhaupt eine Trennung oder Scheidung vom Partner erleben, sondern dass darüber hinaus – im Sinne der ‚Assortative Mating-Hypothese' – eine religiöse Ähnlichkeit die Zufriedenheit und Stabilität von Partnerschaften erhöht (Call und Heaton 1997; Chinitz und Brown 2001; Goodman und Dollahite 2006; Heaton 1984; Heaton und Pratt 1990; Larson und Goltz 1989; Lehrer und Chiswick 1993; Lois 2009, 213; Mahoney et al. 1999; Myers 2006; Williams und Lawler 2003; Wilson und Musick 1996). In dieser Aufzählung sind Studien noch nicht berücksichtigt, die keinen Schwerpunkt auf den Bereich der Religion legen, sondern Variablen wie die konfessionelle Homogamie oder die Kirchgangshäufigkeit lediglich ‚nebenbei' als Erklärungsfaktoren betrachten. Die hier vorzufindende Befundlage kann für Deutschland unter Rückgriff auf die Meta-Analyse von Wagner und Weiß (2003) resümiert werden, die auf 42 Studien im Publikationszeitraum 1987 und 2001 basiert. Die Ergebnisse zeigen, dass sich die Wahrscheinlichkeit einer Auflösung der Ehe reduziert, wenn die befragte Person katholisch ist, häufig in die Kirche geht und kirchlich getraut wurde. Eine konfessionelle Homogamie in dem Sinne, dass beide Partner zum Befragungszeitpunkt katholisch sind, beeinflusst das Trennungsrisiko jedoch überraschender Weise nicht. Im Folgenden werden nun einige Studien etwas detaillierter vorgestellt, die sich im Hinblick auf ihr Forschungsdesign unterscheiden, neue Elemente in die Diskussion einbringen und die Befundlage zur ‚Assortative-Mating-Hypothese' damit signifikant erweitern.

Zunächst sind hier zwei Untersuchungen zu nennen, welche die stabilisierende Funktion der Religiosität für Ehen aus einer sozialpsychologischen Perspektive untersuchen (Mahoney et al. 1999; Williams und Lawler 2003). Dies äußert sich darin, dass als abhängige Variable die Partnerschaftsqualität (und nicht die -stabilität) betrachtet wird und zudem elaboriertere Messinstrumente zur religiösen Homogamie zur Verfügung stehen. Mahoney et al. (1999) kritisieren, dass bisherige Studien zu sehr auf Indikatoren wie die konfessionelle Homogamie zurückgegriffen haben, die keinen engen Bezug zur Paarinteraktion haben. Neben den klassischen Variablen greifen die Autoren daher zum einen auf einen Index zu gemeinsamen religiösen Aktivitäten der Partner zurück (zum Beispiel gemeinsam beten, über Gott diskutieren, in die Kirche gehen oder andere religiöse Veranstaltungen besuchen). Dieser Indikator unterscheidet sich von in anderen Studien verwendeten Variablen, die eine ähnliche Kirchgangshäufigkeit der Partner erfassen, in einem wichtigen Aspekt: Es ist sichergestellt, dass die Partner tatsächlich gemeinsam und nicht nur in gleicher Frequenz aktiv sind. Darüber hinaus wird erfasst, inwieweit die Befragten ihrer Ehe einen sakralen Charakter zuschreiben, indem sie den ehelichen Bund als „himmlisch, spirituell, heilig oder

4.7 Determinanten und Konsequenzen religiöser Anpassung in Paarbeziehungen

gesegnet" beschreiben. Zudem wird eine Skala zur Manifestation Gottes in der Ehe gebildet, die Items wie „God is present in my marriage" oder „My marriage is symbolic of God and what I believe about God" enthält.

Die Ergebnisse von Querschnittsanalysen – zugrunde liegt eine Stichprobe von 97 Ehepaare aus dem mittleren Westen der USA – zeigen, dass gemeinsame religiöse Aktivitäten, der sakrale Charakter der Ehe und die Skala zur Manifestation Gottes in der Ehe mit einer Reihe von Konstrukten korrelieren, die eine hohe Ehequalität zum Ausdruck bringen. Positive Korrelationen können zum Beispiel für den subjektiv wahrgenommenen Ehenutzen und ein Instrument zur Ehezufriedenheit nachgewiesen werden, während negative Zusammenhänge für eine Konfliktskala und negative Kommunikationsstile wie verbale Aggression und Vermeidung feststellbar sind. Ähnlich starke Zusammenhänge finden sich für die konventionellen Religiositäts-Indikatoren nicht. Dazu zählen die konfessionelle Homogamie der Partner und eine Skala zur individuellen Religiosität, gebildet aus Kirchgangs- und Gebetshäufigkeit sowie Selbsteinstufungen zu der persönlichen Gläubigkeit und Spiritualität. Die stärker auf die Paarinteraktion und den religiösen Charakter der Ehe bezogenen Indikatoren führen zudem zu signifikanten Verbesserungen der Varianzaufklärung von multivariaten Regressionsmodellen, welche die konventionellen Indikatoren bereits enthalten. Zusammengenommen sprechen diese Befunde gegen die These, dass die größere Ehestabilität bei religiösen Menschen allein darin begründet liegt, dass sie sich stärker an Normen der Treue und Beständigkeit orientieren und nur deshalb bereit sind, selbst eine als unglücklich erlebte Ehe nicht zu beenden. Im Gegenteil scheint sich eine sakrale Interpretation des ehelichen Bundes positiv auf die Partnerschaftsqualität auszuwirken.

Williams und Lawler (2003) stützten ihre Analysen auf eine Querschnittstichprobe von 1285 verheirateten Befragten aus den USA, in der nicht nur Informationen zur Ehezufriedenheit zur Verfügung stehen, sondern auch detaillierte Messinstrumente zur Ehequalität. Diese umfassen sowohl Variablen zur allgemeinen Partnerschaftsqualität (zum Beispiel zur ehelichen Kommunikation oder gemeinsamen Aktivitäten) als auch zu spezifisch religiösen Aspekten der Paarkommunikation und -interaktion. Dazu zählen, ähnlich wie bei Mahoney et al. (1999), eine Skala zu gemeinsamen religiösen Aktivitäten und ein Instrument zu wahrgenommenen religiösen Differenzen zum Partner (etwa bei der Wichtigkeit von Aspekten wie Kirchgang und Beten oder im Hinblick auf Glaubensinhalte).

In den empirischen Analysen werden Paare verglichen, die seit Partnerschaftsbeginn derselben Konfession angehören (1.), durch Konvertierung eines Partners erst während der Ehe homogam geworden sind (2.) bzw. unterschiedliche Konfessionen haben (3.). Ausgeschlossen sind dabei konfessionslose Personen sowie

Befragte, die einer nicht-christlichen Konfession angehören. Ein erstes Hauptergebnis besteht darin, dass sich die drei genannten Gruppen im Hinblick auf die allgemeine Ehezufriedenheit und anderer Aspekte der Partnerschaftsqualität wie den Kommunikationsstil nicht signifikant voneinander unterscheiden. Interessanter Weise zeigt sich jedoch eine soziodemografische Differenz: Die Kinderzahl liegt in konfessionell heterogamen Ehen signifikant niedriger als in homogamen Ehen. Die weiteren Analysen bestätigen, dass sich die Ehezufriedenheit durch direkte Messungen zur religiösen Kommunikation und Interaktion besser vorhersagen lässt als durch die konfessionelle Heterogamie. Paare sind umso zufriedener, je mehr religiöse Aktivitäten die Partner gemeinsam unternehmen, je weniger Differenzen zum Partner in religiösen Fragen subjektiv wahrgenommen werden und je besser die Partner in der Lage sind, konstruktiv über religiöse Fragen zu reden und Konflikte zu lösen. Williams und Lawler (2003) können damit mit einer wesentlich größeren Stichprobe Befunde aus der Untersuchung von Mahoney et al. (1999) replizieren. Werden direkte Messinstrumente zur Paarkommunikation und -interaktion im religiösen Bereich herangezogen, anstatt sich lediglich auf den Indikator der konfessionellen Heterogamie zu verlassen, zeigen sich positive Zusammenhänge zwischen gemeinsamen religiösen Aktivitäten, ähnlichen Glaubensauffassungen und der Partnerschaftsqualität.

Das spezielle Merkmal der Studie von Call und Heaton (1997) ist, dass den empirischen Analysen Paneldaten des National Survey of Family and Households (NSFH) zugrundeliegen, wogegen die meisten anderen Arbeiten auf Querschnitt- oder Retrospektivdaten basieren. Die Autoren begründen die Wahl ihrer Datengrundlage mit der Schwierigkeit, auf der Basis von Querschnittdaten Aussagen über die kausalen Effekte der Religiosität auf die Partnerschaftsstabilität machen zu können. Wenn sich zum Beispiel die religiöse Praxis nach einer Scheidung verändert, kann eine im Querschnitt feststellbare negative Korrelation zwischen Religiosität und Scheidungserfahrungen nicht mehr kausal interpretiert werden, da zwei Einflussrichtungen vorliegen können: Geschiedene sind weniger religiös bzw. religiöse Menschen lassen sich seltener scheiden. Die Stichprobe setzt sich aus 4587 Ehepaaren zusammen, die an zwei Befragungswellen (1987-1988 und 1992-1994) teilgenommen haben. Als abhängige Variable werden Trennungen bzw. Scheidungen untersucht. Bei den unabhängigen Variablen handelt es sich um eine Dummy-Variable zu konfessioneller Heterogamie und absoluten Partnerdifferenzen bei der Kirchgangshäufigkeit und der Wichtigkeit des Glaubens.

Ereignisdatenanalysen, in denen die unabhängigen Variablen vor Eintritt des Scheidungs- bzw. Trennungsereignisses gemessen sind, führen zu folgenden Hauptergebnissen: Paare, in denen beide Partner keine Konfession oder verschiedene

4.7 Determinanten und Konsequenzen religiöser Anpassung in Paarbeziehungen

Konfessionen haben, trennen sich signifikant häufiger als Paare mit homogamer Konfession. Zudem sind Partnerschaften stabiler, wenn die Partner häufig in die Kirche gehen (Niveaueffekt) und sich zusätzlich die Kirchgangshäufigkeit nicht zwischen den Partnern unterscheidet (Ähnlichkeitseffekt). Im Falle der Wichtigkeit des religiösen Glaubens kann dagegen kein Effekt der absoluten Partnerdifferenz nachgewiesen werden. Neu ist darüber hinaus der Befund, dass sich der destabilisierende Effekt einer konfessionellen Heterogamie und einer Konfessionslosigkeit beider Partner durch Drittvariablen erklären lässt, bei denen es sich unter anderem um Ehedauer und Heiratsalter, die ethnische Herkunft, eine Scheidung der Eltern, die Erwerbskonstellation, das Vorhandensein von Kindern und traditionelle Einstellungen handelt. Paare ohne bzw. mit unterschiedlichen Konfessionen scheinen sich folglich sozialstrukturell von konfessionell homogamen Paaren zu unterscheiden. Der destabilisierende Effekt von Differenzen in der Kirchgangshäufigkeit ist im Unterschied zur konfessionellen Heterogamie auch multivariat stabil und daher möglicherweise kausal.

Wilson und Musick (1996) wählen insofern eine andere Herangehensweise, als sie die abhängigen Variablen kritisieren, die in der bisherigen Forschung zum Einfluss der Religion auf Partnerschaften verwendet wurden. Während die Partnerschaftszufriedenheit typischerweise (rechtssteil) verteilt sei und daher wenig Varianz aufweise, handle es sich bei der Stabilität um eine „stumpfe" Messung, die wenig über die Bedingungen in der Partnerschaft aussage. Die Autoren schlagen vor, stattdessen die Abhängigkeit von der Ehe in den Mittelpunkt zu rücken. Theoretisch wird dies durch das bereits ausgeführte Argument begründet, dass auch als unglücklich erlebte Ehen stabil bleiben können, wenn interne bzw. externe Trennungsbarrieren vorhanden sind, wie zum Beispiel eine Identifikation mit religiösen Normen der Treue, Verpflichtung und Beständigkeit oder eine Opposition gegen eine Trennung aus dem sozialen Netzwerk. Die Abhängigkeit von der Ehe wird über folgende Frage operationalisiert:

> „Even though it might be very unlikely, think for a moment about how various areas of your life might be different if you seperated. For each of the following areas, how do you think things would change: standard of living, social life, career opportunities, overal hapiness, sex life and being a parent?"

Die Befragten schätzen für jeden Bereich ein, ob sie eine Verbesserung oder Verschlechterung erwarten.

Die empirische Analyse basiert, wie bei Call und Heaton (1997), auf dem National Survey of Family and Households (NSFH) der Jahre 1987-1988; untersucht wird eine Stichprobe von 5648 Personen, die zum Befragungszeitpunkt verheiratet sind und für die Partnerangaben zur Verfügung stehen. Die Ergebnisse linearer Regressionsanalysen verdeutlichen, dass sich das Ausmaß der ehelichen Abhängigkeit nicht bedeutsam zwischen verschiedenen Konfessionen unterscheidet. Bedeutsame Effekte gehen dagegen von der Kirchgangshäufigkeit, der konfessionellen Homogamie und dem religiösen Fundamentalismus aus. Befragte, deren Ehepartner die gleiche Konfession hat, die häufig in die Kirche gehen und die sich selbst als fundamentalistisch in religiösen Fragen einschätzen, fühlen sich gleichzeitig in verstärktem Maße abhängig von der Ehe, das heißt erwarten eine Verschlechterung in verschiedenen Lebensbereichen im Falle einer Scheidung. Zudem wird der Interaktionseffekt „Homogamie × Fundamentalist" signifikant: Unter der Bedingung einer konfessionellen Homogamie wirkt sich ein Fundamentalismus besonders stark auf die eheliche Abhängigkeit aus. Insgesamt setzt die Studie von Wilson und Musick (1996) damit ein Gegengewicht zu den Arbeiten von Mahoney et al. (1999) sowie Williams und Lawler (2003). Letztere führen den stabilisierenden Effekt religiöser Homogamie auf eine erhöhte Partnerschaftsqualität zurück. Wilson und Musick (1996) betonen dagegen, dass religiös aktive und ähnliche Paare – unabhängig von der Ehezufriedenheit – verstärkt von der Ehe abhängig sind, da sie sich, wie vermutet, aber nicht direkt getestet wird, vermehrt Trennungsbarrieren gegenübersehen.

Schließlich besteht die Möglichkeit, dass Paare, unabhängig von Selektionseffekten und der Wirksamkeit von Gelegenheitsstrukturen, Ähnlichkeit aktiv durch Anpassung *herstellen*. Diese dynamische Sichtweise schließt auch die Möglichkeit ein, dass sich Partner im Lebensverlauf verändern können, wodurch fortlaufend ein Anpassungsbedarf entsteht. Im Hinblick auf diese ‚Anpassungs-Hypothese' fällt die Befundlage eher dünn aus. So finden sich zwar unter dem Stichwort „religious conversion" zahlreiche Datenbankeinträge zu Studien, die sich mit den Determinanten beschäftigen, die der Konvertierung in eine andere Religion zugrunde liegen und auch die Eigenschaften von konfessionell gemischten Ehen, im Vergleich zur Homogamie, sind im Querschnitt schon häufig beschrieben worden (z.B. Kalmijn 1991; Landis 1949; Lazerwitz 1981; Salisbury 1969). Untersuchungen, in denen im Längsschnitt der Frage nachgegangen wird, unter welchen Bedingungen eine Konvertierung in die Religion des Partners wahrscheinlicher wird beziehungsweise wovon es abhängt, dass sich die religiösen Gewohnheiten und Präferenzen anpassen, liegen nach Kenntnis des Autors jedoch bisher nicht vor. Yinger (1968) hat zudem bereits vor mehr als vierzig Jahren kritisiert, dass sich die Forschung zu stark auf die konfessionelle Homogamie konzentriert und eine Ähnlichkeit bei anderen Dimensionen, wie etwa religiösen Überzeugungen und Gewohnheiten, ausgeblendet bleibt.

Den stärksten Bezug zur ‚Anpassungs-Hypothese' hat die Studie von Musick und Wilson (1995). Die Autoren greifen auf die NSFH-Befragung der Jahre

4.7 Determinanten und Konsequenzen religiöser Anpassung in Paarbeziehungen

1987-1988 zurück und grenzen ihre Stichprobe auf 8.027 Personen ein, die bereits Eheerfahrung haben, gleichzeitig jedoch nicht in einer Ehe höherer Ordnung leben. Die empirischen Auswertungen basieren auf der Frage, aus welchem Grund eine Person zwischen verschiedenen Konfessionen gewechselt ist. Die beiden Antwortkategorien unterscheiden zwischen Konvertierungen, die im Zusammenhang mit der ersten Eheschließung stehen und konfessionellen Wechseln aus anderen Gründen. Die Ergebnisse deuten zumindest tendenziell darauf hin, dass Konvertierungen, die im Heiratskontext stehen, stärker von den konventionellen ‚Mobilitätszirkeln', die bei konfessionellen Wechseln aus anderen Gründen zu beobachten sind, abweichen. Ist der Grund für die Konvertierung nicht die Ehe, neigen Personen eher dazu, zwischen kulturell ähnlichen Glaubensgemeinschaften zu wechseln. Bei Konvertierungen im Zusammenhang mit einer Heirat kommen dagegen auch Wechsel zwischen Religionen mit größerer kultureller Distanz, die sich auf dem Kontinuum ‚liberal-konservativ' an unterschiedlichen Enden befinden, häufiger vor. Ein möglicher Grund für diese Unterschiede sind die strengen Endogamienormen in einigen Religionsgemeinschaften, die ‚Heiratswillige' quasi zur Herstellung von Homogamie zwingen.

Lehrer und Chiswick (1993) beschäftigen sich zudem auch mit den Konsequenzen einer religiösen Anpassung für die Partnerschaftsstabilität und leisten damit einen Beitrag zum Test der ‚Resilienz-Hypothese', wonach sich eine aktive Herstellung religiöser Ähnlichkeit durch Anpassung förderlich auf den Partnerschaftserfolg auswirkt. Gegenstand der Untersuchungen ist eine Stichprobe von etwa 3.000 Erstehen ab dem Eheschließungsjahr 1960, die im Rahmen des NSFH erhoben wurde. Bei den zentralen erklärenden Variablen handelt es sich um die Zugehörigkeit zu mehr als 60 religiösen Konfessionen, die in sieben Kategorien eingeteilt werden: Protestantische Konfessionen (verschiedene eher ökumenische und stärker exklusivistische Gruppierungen), Mormonen, Katholiken, Juden, andere Konfessionen (zum Beispiel Buddhismus, Islam, Hinduismus) und Konfessionslose. Die konfessionellen Angaben stehen für beide Ehepartner für den Zeitpunkt vor und nach der Eheschließung zur Verfügung und zusätzlich werden Wechsel der Glaubensgemeinschaft während der Ehe retrospektiv erfasst. Homogamie im Paar wird auf der Basis der detaillierten Einteilung mit 60 Ausprägungen operationalisiert und ist dadurch definiert, dass beide Partner die gleiche Kodierung aufweisen. Eine Konvertierung liegt dann vor, wenn ein Partner seine Konfession in der Weise gewechselt hat, dass Homogamie im Paar entsteht. Diese Information wird nur für die am stärksten besetzten Kategorien (evangelische Konfessionen und römisch-katholische Kirche) erfasst. Zusätzlich fließen insgesamt 11 Kategorien in die Analyse ein, die eine Heterogamie abbilden. Dabei wird danach unterschieden, ob Heterogamie innerhalb der gleichen Glaubensrichtung vorliegt (zum Beispiel gehören beide Partner ökumenischen evangelischen Kirchen an, jedoch verschiedenen) oder ob mutmaßlich stärker „inkompatible" Konstellationen vorliegen, wie etwa eine Ehe zwischen einem Mormonen und einem Protestanten. Auch die Konstellation, dass ein Partner einer Konfession angehört und der andere konfessionslos ist, wird berücksichtigt. Informationen zur Kirchgangshäufigkeit stehen im Rahmen der Retrospektivdaten nicht in ausreichender Zeitgenauigkeit zur Verfügung und fließen daher nicht in die Berechnungen ein.

Eine erste Analyse von konfessionell homogamen Paaren führt zu dem Ergebnis, dass sich die Trennungsrate zwischen den meisten Konfessionen – vorausgesetzt beide Partner gehören der gleichen Religionsgemeinschaft an – nicht voneinander unterscheiden. Ausnahmen bilden allerdings homogam mormonische bzw. homogam konfessionslose Paare. Erstere sind stabiler als die homogamen Paare aller anderen Konfessionen und letztere sind instabiler. Ähnlichkeit auf ‚säkularem' Niveau, das heißt eine Konfessionslosigkeit beider Partner, kann Ehen folglich nicht in vergleichbarem Maße stabilisieren wie eine Übereinstimmung der Glaubensgemeinschaften im Paar. Die ausgeprägte Stabilität mormonischer Ehen wird auf die zentrale Rolle der Familie in dieser Religion zurückgeführt.

Erwartungsgemäß zeigt sich darüber hinaus, dass konfessionell heterogene Ehen grundsätzlich signifikant instabiler sind als homogame Paare. Vertiefende Analysen bestätigen jedoch, dass die Kompatibilität verschiedener Glaubensgemeinschaften zu berücksichtigen ist bzw. der Stellenwert, den Gruppengrenzen und Distinktion in den einzelnen Konfessionen haben. Wenn die Partner zum Beispiel verschiedenen protestantischen Konfessionen mit ökumenischer Ausrichtung angehören, ist die Trennungsrate nur tendenziell erhöht. Die Wahrscheinlichkeit der Auflösung der Ehe steigt dagegen vergleichsweise stark an, wenn Katholiken mit Protestanten verheiratet sind oder wenn eine heterogame Konstellation unter Beteiligung eines Mormonen vorliegt.

Die Studie von Lehrer und Chiswick (1993) ist nach Kenntnis des Autors zudem bisher die einzige, die den Effekt einer Konvertierung auf die Ehestabilität getestet hat. Die Analysen führen zu dem Ergebnis, dass homogame Ehen von ökumenischen Protestanten, die durch Konvertierung eines Partners während der Ehe homogam geworden sind, stabiler sind als protestantische Ehen, die schon vor der Ehe homogam waren. In diesem Fall scheinen die positiven Einflüsse der Konvertierung die Schwierigkeiten, die möglicherweise beim Transfer religiöser Glaubensinhalte oder Praktiken entstehen, zu überwiegen. Für die anderen untersuchten Konstellationen, zum Beispiel bei katholischen Ehen, finden sich dagegen keine Unterschiede zwischen Paaren, die schon vor der Heirat den

4.7 Determinanten und Konsequenzen religiöser Anpassung in Paarbeziehungen

gleichen Glauben hatten beziehungsweise durch einen Konfessionswechsel homogam geworden sind. In diesen Fällen ist die Frage, ob aktuell Ähnlichkeit vorliegt, folglich wichtiger als die Frage, wie diese Ähnlichkeit zustande gekommen ist. Lehrer und Chiswick (1993) können insgesamt den Forschungsstand durch eine ausgefeilte Analyse verschiedener konfessioneller Konstellationen, die auch Konvertierungen mit einschließen, signifikant bereichern. Die detaillierte Berücksichtigung von über 60 Glaubensgemeinschaften ist allerdings vor dem Hintergrund des sehr pluralen religiösen ‚Marktes' in Nordamerika zu sehen und auf mitteleuropäische Verhältnisse nicht ohne weiteres übertragbar. Unbeantwortet bleibt zum einen die Frage, welche Bedeutung – über die konfessionelle Homogamie hinaus – ähnliche Glaubensauffassungen und übereinstimmende Gewohnheiten in der religiösen Praxis der Partner für die Partnerschaftsstabilität haben. Zum anderen gehen Lehrer und Chiswick (1993) nicht auf die Frage ein, unter welchen Bedingungen Konvertierungen mehr oder weniger wahrscheinlich sind.

Als Zwischenfazit zum Forschungsstand lässt sich Folgendes feststellen: Konfessionelle Homogamie in Partnerschaften wird nach den Befunden von Kleiner und Wunder (1996), im Sinne der ‚Assortative-Meeting-Hypothese', zumindest teilweise durch die Gelegenheitsstrukturen regionaler Heiratsmärkte verursacht. Die Forschung zeigt zudem, dass religiöse Personen sich nicht nur grundsätzlich seltener von ihrem Partner trennen, sondern dass darüber hinaus eine religiöse Ähnlichkeit in der Partnerschaft, die über die konfessionelle Homogamie oder über stärker verfeinerte Indikatoren wie gemeinsame religiöse Aktivitäten mit dem Partner gemessen werden kann, zu einer erhöhten Partnerschaftszufriedenheit, Bindung an die Ehe und Ehestabilität beiträgt. Diese Befunde unterstützten die ‚Assortative-Mating-Hypothese', wonach religiöse Ähnlichkeit in Partnerschaften darauf zurückzuführen ist, dass es sich um eine Positivselektion stabiler – jedoch nicht unbedingt glücklicher – Paare handelt. Im Hinblick auf die dritte Ursache für Ähnlichkeit, eine religiöse Anpassung, deuten die Ergebnisse von Musick und Wilson (1995) darauf hin, dass eine Heirat häufig den Anlass für eine Konvertierung in die Religion des Partners darstellt. Dies gilt offenbar selbst dann, wenn durch den Konfessionswechsel größere kulturelle Distanzen überwunden werden müssen. Es finden sich jedoch keine Befunde zu den Bedingungen, unter denen religiöse Anpassung mehr oder weniger wahrscheinlich ist. Diese Forschungslücke gilt es weiter unten zu schließen. Bezogen auf die Konsequenzen der religiösen Anpassung zeigen schließlich Lehrer und Chiswick (1993), dass Paare, die erst durch Konvertierung konfessionell homogam werden, mindestens genauso stabil sind wie Paare, in denen von Anfang beide Partner derselben Glaubensgemeinschaft angehören. Dieses Ergebnis spricht für die ‚Resilienz-Hypothese'.

Empirische Ergebnisse zu den Determinanten und Konsequenzen religiöser Anpassung

In Tabelle 16 sind die Ergebnisse dyadischer FE-Regressionsmodelle dargestellt. Zugrunde liegt eine Stichprobe von 8929 Paaren, die entweder nichtehelich kohabitieren (6.5%) oder verheiratet sind (93.5%). Der Altersmittelwert der Paare liegt, gemittelt über den Beobachtungszeitraum, bei 50.8 Jahren. Die Daten sind im Long-Long-Format aufbereitet, so dass jedes Paar pro Messzeitpunkt doppelt in den Datensatz einfließt – die Kirchgangshäufigkeit des Mannes und der Frau ist demzufolge jeweils einmal abhängige und unabhängige Variable – und zusätzlich mehrere Messzeitpunkte pro Paar berücksichtigt werden. Innerhalb dieser Modellierung liegt eine Anpassung dann vor, wenn sich die jährliche Kirchgangshäufigkeit des Akteurs (Mann oder Frau) im Vergleich von zwei Befragungswellen verändert, das heißt steigt oder sinkt, und sich gleichzeitig der Partner in die gleiche Richtung verändert wie der Akteur. Mit der Berücksichtigung gleich- oder gegensinniger Veränderungen wird, wie bereits im dritten Kapitel diskutiert wurde, nur ein Teil tatsächlich vorhandener Anpassungsprozesse abgedeckt; die Modellierung hat jedoch den Vorteil, dass zeitkonstante Unterschiede zwischen Paaren nicht in die Schätzung einfließen und somit nicht davon auszugehen ist, dass Anpassungseffekte durch unbeobachtete Heterogenität verzerrt werden.

Tabelle 16: Anpassung der Kirchgangshäufigkeit und der Vergnügungsfreizeit in Partnerschaften (Dyadische Fixed-Effects Panelregressionsmodelle, b-Koeffizienten mit t-Werten in Klammern)

	M1	M2	M3	M4
	AV: Kirchgangshäufigkeit Akteur			Freizeit
(Bedingte) Partnereinflüsse				
Kirchgangshäufigkeit Partner (z-Wert)	.06* (2.4)	.12*** (4.5)	.15*** (5.0)	-
Kirchgangshäufigkeit Partner × Beide konfessionslos	-	.07 (0.7)	-	-
Kirchgangshäufigkeit Partner × Nur ein Partner konfessionslos	-	-.05*** (-3.7)	-	-
Kirchgangshäufigkeit Partner × Heterogamie, nur einer christlich	-	-.25+ (-1.7)	-	-
Kirchgangshäufigkeit Partner × Heterogamie, beide christlich	-	-.33*** (-5.7)	-	-
Kirchgangshäufigkeit Partner × Konfessionelle Heterogamie	-	-	-.27*** (6.8)	-

4.7 Determinanten und Konsequenzen religiöser Anpassung in Paarbeziehungen

	M1	M2	M3	M4
	AV: Kirchgangshäufigkeit Akteur			Freizeit
Kirchgangshäufigkeit Partner x Paarmittelwert Wichtigkeit Religion	-	-	.03 (1.1)	-
Kirchgangshäufigkeit Partner x Absolutdifferenz Wichtigkeit Religion	-	-	-.15*** (-7.2)	-
Vergnügungsfreizeit Partner (z-Wert)	-	-	-	.29*** (21.0)
Kontrollvariablen				
Altersmittelwert Paar (zentriert)	-.001+ (-1.8)	-.001 (-1.3)	-.001 (-1.5)	-.003* (-2.3)
Altersmittelwert Paar (quadriert)	-.0001** (-2.9)	-.0001** (-2.7)	-.0001* (-2.3)	-.00004 (-0.9)
Ehedauer (logarithmiert)	.001 (0.3)	.002 (0.5)	-.002 (-0.6)	-.02** (-2.8)
Konfessionelle Heterogamie (Ref.: konfessionelle Homogamie)	-	-.05*** (-3.2)	-.06*** (-3.6)	-
Beide konfessionslos (Ref.: konfessionelle Homogamie)	-	-.05*** (-3.7)	.01 (0.7)	-
Paarmittelwert Wichtigkeit Religion (zentriert)	-	-	.08*** (6.2)	-
Absolutdifferenz Wichtigkeit Religion (zentriert)	-	-	-.02+ (-1.7)	-
r² (within)	.004	.024	.041	.080
n (Beobachtungen, Long-Long-Format)		104330	72332	104330
n (Paare)		8929	4653	8929

Quelle: SOEP (Wellen 1992, 1994-1999, 2001, 2003, 2005 und 2007-2009, eigene Berechnungen)
Anmerkungen:
+ p ≤ .10; * p ≤ .05, ** p ≤ .01; *** p ≤ .001
Robuste Standardfehler (Dyaden-Clusterung kontrolliert)
Referenz für die Konfessions-Konstellation in Modell 2: Konfessionelle Homogamie

Zunächst ist festzustellen, dass die Kirchgangshäufigkeit der Partner, im Long-Format, im Durchschnitt mit .71 korreliert. Die Frage lautet nun, wodurch diese starke Ähnlichkeit zustande kommt: durch Gelegenheitsstrukturen, Selektionseffekte oder Anpassungsprozesse? In einem ersten Schritt wird überprüft, ob Partner in Nichtehelichen Lebensgemeinschaften und Ehen überhaupt dazu neigen, sich im Hinblick auf die Häufigkeit von Gottesdienstbesuchen anzugleichen, wie die ‚Anpassungs-Hypothese' unterstellt. Vorwegzuschicken ist, dass die jährliche Kirchgangshäufigkeit von Akteur und Partner in den Anpassungsanalysen als Z-Werte einfließen, sodass alle Koeffizienten als standardisierte Werte interpretierbar sind. In Modell 1 von Tabelle 16 zeigt sich, dass sich die jährliche Kirchgangshäufigkeit des Akteurs um den Faktor 0.06 erhöht, wenn der Kirchgang des Partners um eine Einheit steigt. Veränderungen der religiösen Praxis über die Zeit sind in Partnerschaften folglich häufiger gleich- als gegensinnig. Besucht der Akteur häufiger oder seltener einen Gottesdienst, ist beim Partner in der Regel eine ähnliche Entwicklung zu beobachten. Die ‚Anpassungs-Hypothese' wird damit grundsätzlich bestätigt, auch wenn der entsprechende standardisierte Effekt (b = 0.06) relativ schwach ist.

Anpassungseffekte bei der Kirchgangshäufigkeit in Partnerschaften sind jedoch wahrscheinlich deutlich stärker, und möglicherweise auch erst sinnvoll interpretierbar, wenn die Partner der gleichen Glaubensgemeinschaft angehören und sich insofern innerhalb der gleichen religiösen Kultur anpassen können (‚Homogamie-Moderations-Hypothese'). Diese Annahme wird in Modell 2 differenziert untersucht, indem Interaktionseffekte zwischen fünf konfessionellen Konstellationen und der Kirchgangshäufigkeit des Partners aufgenommen werden: (1.) beide Partner sind konfessionslos, (2.) ein Partner gehört einer Glaubensgemeinschaft an und der andere nicht, (3.) die Partner gehören unterschiedlichen Religionen an, wobei eine davon christlich ist und die andere nicht und (4.) die Partner sind Mitglied in unterschiedlichen christlichen Konfessionen. Die Referenzkategorie stellt (5.) eine konfessionelle Homogamie dar.[23] Der konditionale Haupteffekt der Kirchgangshäufigkeit des Partners in Modell 2 (b = .12), der gegenüber Modell 1 (b = 0.06) deutlich stärker ist, bezieht sich nun auf Paare, die der gleichen Glaubensgemeinschaft angehören. Wie erwartet wurde, sind gleichsinnige Veränderungen der religiösen Praxis im Falle einer konfessionellen Homogamie wesentlich wahrscheinlicher und die ‚Homogamie-Moderations-Hypothese' wird bestätigt.

Gegenüber der Referenzkategorie von Paaren, die der gleichen Konfession angehören, ist die Anpassung bei homogam konfessionslosen Paaren nicht signifikant unterschiedlich (b = 0.07). Die ‚Kulturelle-Distanz-Hypothese' unterstellt, dass die Anpassung im Falle einer konfessionellen Heterogamie dann größer sein sollte, wenn beide Partner zumindest einer christlichen Religion angehören, der Mann zum Beispiel der katholischen und die Frau der evangelischen Kirche. Im Ergebnis zeigt sich in Modell 2, dass die Partnereffekte für eine christliche Heterogamie und die Konstellation ‚nicht-christlich × christlich' jeweils signifikant schwächer sind als im Falle einer Homogamie (b = -.33 und b = -.25). Gleichzeitig

---

23 Gemittelt über den Beobachtungszeitraum sind 25% der untersuchten Paare homogam konfessionslos und 51% konfessionell homogam. In 11.2% der Fälle ist ein Partner konfessionslos und der andere nicht. Nur 0.9% entfallen auf die Konstellation ‚christlich × nicht-christlich' und 12.1% auf eine christliche Heterogamie.

4.7 Determinanten und Konsequenzen religiöser Anpassung in Paarbeziehungen 197

unterscheiden sich beide Fälle, im Widerspruch zur ‚Kulturelle-Distanz-Hypothese', untereinander kaum. Die Kombination ‚nicht-christlich × christlich' umfasst dabei lediglich 81 Paare. Besteht eine Ehe oder NEL aus einem konfessionell gebundenen und einem konfessionslosen Partner, ist der Partnereffekt ebenfalls signifikant schwächer (b = -.05); diese Konstellation liegt jedoch im Hinblick auf die Stärke der Anpassung näher an den homogamen Paaren.

Im Rahmen der ‚Salienz-Hypothese' wurde postuliert, dass sich das Ausmaß der religiösen Anpassung reduziert, wenn der Glaube und die Religion im Leben eines Paares sehr zentral sind. In diesem Fall sollten divergierende Gewohnheiten bei der religiösen Praxis als besonders unangenehm empfunden werden. Die Schätzergebnisse in Modell 3[24] weisen darauf hin, dass gleichsinnige Veränderungen der Kirchgangshäufigkeit im Paar vor allem dann wahrscheinlicher sind, wenn sich die Einschätzungen zur subjektiven Wichtigkeit der Religion innerhalb des Paares nicht unterscheiden. Je weiter die Partner dagegen auseinander liegen, unabhängig davon, welcher Partner die Religion für zentraler hält, desto geringer ist die Anpassung (b = -.15).[25] Das Niveau der subjektiven Wichtigkeit, operationalisiert über den Paarmittelwert, hat dagegen keinen eigenständigen Effekt. Die ‚Salienz-Hypothese' wird damit nur bedingt unterstützt.

Die Frage, ob das Ausmaß der dokumentierten Anpassung der religiösen Praxis in Ehen und Nichtehelichen Lebensgemeinschaften stark oder schwach ist, kann ohne geeignete Vergleichskategorien nur schwer beantwortet werden. Daher wird in Modell 4 überprüft, inwieweit die Veränderungen der sogenannten Vergnügungsfreizeit innerhalb von Partnerschaften miteinander zusammenhängen. Dabei handelt es sich vorwiegend um außerhäusliche Aktivitäten wie den Besuch von Kino-, Tanz- und Sportveranstaltungen, die auf der gleichen Skala gemessen sind wie die Kirchgangshäufigkeit. Der entsprechende Partnereffekt (b = .29) ist, verglichen mit den Analysen zur religiösen Praxis (Modelle 1-3), wesentlich stärker. Dies gilt selbst dann, wenn man als Vergleichsmaßstab nicht den Bruttopartnereffekt aus Modell 1 heranzieht, sondern den konditionalen Effekt für den Fall einer konfessionellen Homogamie (b = .12, Modell 2). Somit kann die vorsichtige Schlussfolgerung gezogen werden, dass das Ausmaß der Anpassung im Falle der Kirchgangshäufigkeit offenbar schwächer ausfällt als bei anderen Freizeitaktivitäten ohne religiösen Bezug. Dieses Ergebnis deutet darauf hin, dass die individuelle Haltung zur Religion einen – vergleichsweise – distinktiven und beharrlichen Charakter hat.

---

24 Das Modell basiert lediglich auf der Stichprobe der im Jahr 1997 bestehenden Paare, da die subjektive Wichtigkeit der Religion nach 1999 nicht mehr erhoben wurde.
25 Der konditionale Haupteffekt in Modell 3 (b = .15) bezieht sich auf eine mittlere Wichtigkeit und eine mittlere Differenz.

In diesem Zusammenhang wurde ferner auch überprüft, inwieweit Veränderungen der subjektiven Wichtigkeit von Glaube und Religion innerhalb von Partnerschaften gleichsinnig sind. Obwohl die Einschätzung zur subjektiven Wichtigkeit zwischen den Partnern mit .62 korreliert, sind die Veränderungen über die Zeit innerhalb des Paares häufiger gegen- als gleichsinnig. Erhöht sich die Einstufung des Partners, schwächt sich die subjektive Zentralität gleichzeitig für den Akteur signifikant ab. Es ist allerdings zu bedenken, dass diese Analysen nur auf drei Messzeitpunkten (1994, 1998 und 1999) basieren, womit eine Vergleichbarkeit mit den Ergebnissen zum Kirchgang nur bedingt gegeben ist.

Ein weiterer Faktor, der das Ausmaß religiöser Anpassung moderieren sollte, ist der Grad der Verfestigung der Partnerschaft. Je enger die Partner aneinander gebunden sind, desto kostenintensiver ist – vorausgesetzt es gibt Divergenzen – der ‚Exit' aus der Partnerschaft gegenüber alternativen Strategien wie der Anpassung. Dies ist die Idee der ‚Commitment-Hypothese', die in Tabelle 17, Modell 5 und 6, getestet wird. Eine enge Bindung der Partner wird näherungsweise über eine Ehe, im Vergleich zur Nichtehelichen Lebensgemeinschaft, operationalisiert (Modell 5) und zusätzlich durch die Dauer der Ehe (Modell 6), die für NEL dem Wert null entspricht. Für NEL wird darüber hinaus zwischen Paaren mit und ohne Eheerfahrung unterschieden. Bei einer NEL mit Eheerfahrung war zumindest ein Partner bereits verheiratet. Die entsprechenden Interaktionseffekte mit der Kirchgangshäufigkeit des Partners bestätigen, dass das Ausmaß religiöser Anpassung, verglichen mit Ehen, insbesondere dann signifikant schwächer ausfällt, wenn es sich um eine NEL mit Eheerfahrung handelt (b = -.19). Möglicherweise ist die Fähigkeit oder Bereitschaft, sich an den Partner anzupassen, in der selektiven Gruppe von Personen, die bereits eine Scheidung erlebt haben, allgemein geringer ausgeprägt. Modell 6 zeigt zudem, dass gleichsinnige Veränderungen der Kirchgangshäufigkeit im Paar mit steigender Ehedauer häufiger werden (b = .02). Zusammengenommen sprechen die Befunde der Modelle 5 und 6 somit für die ‚Commitment-Hypothese'.

Tabelle 17: Anpassung der Kirchgangshäufigkeit in Partnerschaften (Dyadische Fixed-Effects Panelregressionsmodelle, b-Koeffizienten mit t-Werten in Klammern)

	M5	M6	M7	M8
	\multicolumn{4}{c}{AV: Kirchgangshäufigkeit Akteur}			
(Bedingte) Partnereinflüsse				
Kirchgangshäufigkeit Partner	.10***	.05	.09***	-.09
(z-Wert)	(4.2)	(1.5)	(3.7)	(-1.4)

4.7 Determinanten und Konsequenzen religiöser Anpassung in Paarbeziehungen

	M5	M6	M7	M8
		AV: Kirchgangshäufigkeit Akteur		
Kirchgangshäufigkeit Partner × Konfessionelle Heterogamie	-.28*** (-8.3)	-.28*** (-8.3)	-.28*** (-8.4)	-
Kirchgangshäufigkeit Partner × NEL mit Eheerfahrung	-.19* (-2.5)	-	-	-
Kirchgangshäufigkeit Partner × NEL ohne Eheerfahrung	-.11 (-1.3)	-	-	-
Kirchgangshäufigkeit Partner × Altersmittelwert Paar	-	-.002 (-1.3)	-	-
Kirchgangshäufigkeit Partner × Ehedauer (logarithmiert)	-	.02* (2.1)	-	-
Kirchgangshäufigkeit Partner × Anzahl Kinder 5-10 Jahre	-	-	.03* (2.0)	-
Kirchgangshäufigkeit Partner × Ethnische Homogamie	-	-	-	.11+ (1.7)
Kontrollvariablen				
Altersmittelwert Paar (zentriert)	-.002* (-2.2)	-.002* (-2.1)	-.001 (-1.4)	-.001+ (-1.7)
Altersmittelwert Paar (quadriert)	-.0001** (-2.9)	-.0001** (-2.7)	-.0001** (-3.0)	-.0001** (-2.8)
Ehedauer (logarithmiert)	.002 (0.4)	.004 (1.1)	-.0002 (-0.1)	.0004 (0.2)
Konfessionelle Heterogamie (Ref.: konfessionelle Homogamie)	-.07*** (-4.8)	-.07*** (-4.8)	-.07*** (-4.7)	-
Beide konfessionslos (Ref.: konfessionelle Homogamie)	-.01 (-0.6)	-.01 (-0.6)	-.01 (-0.5)	-
NEL mit Eheerfahrung (Ref.: Ehen)	-.08+ (-1.8)	-	-	-
NEL ohne Eheerfahrung (Ref.: Ehen)	-.01 (-0.3)	-	-	-
Anzahl Kinder 5-10 Jahre im Haushalt	-	-	.02** (2.8)	-
Ethnische Homogamie	-	-	-	.13* (2.5)
r^2 (within)	.021	.021	.021	.002
n (Beobachtungen, Long-Long)		104330		
n (Paare)		8929		

Quelle: SOEP (Wellen 1992, 1994-1999, 2001, 2003, 2005 und 2007-2009, eigene Berechnungen)
Anmerkungen:
+ $p \leq .10$; * $p \leq .05$, ** $p \leq .01$; *** $p \leq .001$
Dyaden-Clusterung kontrolliert (robuste Standardfehler)

In Modell 7 wird die These überprüft, dass Kinder im Schulalter nicht nur dazu führen, dass Individuen häufiger eine Kirche besuchen, wie in Abschnitt 4.3 bereits untersucht wurde, sondern die Familie als Ganzes vermehrt (Familien-)Gottesdienste besucht. In der Tat dokumentiert der signifikante Interaktionseffekt „Kirchgangshäufigkeit Partner × Anzahl der Kinder zwischen 5 und 10 Jahren im Haushalt" (b = .03), dass Veränderungen der Kirchgangshäufigkeit innerhalb von Ehen und Nichtehelichen Lebensgemeinschaften mit 5-10-jährigen Kindern häufiger gleichsinnig verlaufen als in der Referenzgruppe ohne Kinder dieses Alters. Für andere Alterskategorien sind, wie vertiefende Analysen zeigen, keine entsprechenden Wechselwirkungen nachweisbar.

Im Rahmen der ‚Parallele-Homogamie-Hypothese' wurde ferner vermutet, dass ein ‚Matching' der Partner im Hinblick auf Merkmale wie Alter, Bildung und ethnische Herkunft religiöse Anpassungsprozesse begünstigt. Während sich für – absolute und gerichtete – Alters- und Bildungsdifferenzen im Paar keine Effekte zeigen (Modelle nicht dargestellt), dokumentiert Modell 8 in Tabelle 17, dass Veränderungen der Kirchgangshäufigkeit in ethnisch homogamen Paaren stärker gleichsinnig sind als in ethnisch heterogamen Paaren. Haben die Partner unterschiedliche Staatsangehörigkeiten, was in 638 Fällen zutrifft, ist der Partnereffekt negativ (b = -.09), aber nicht signifikant. Gegenüber diesem konditionalen Haupteffekt ist die Anpassung in ethnisch homogamen Paaren, wie der Interaktionseffekt zeigt, um den Faktor 0.11 stärker. Ein Indikator zur konfessionellen Homogamie ist in Modell 8 jedoch nicht enthalten. Wird dieser, wie in den Modellen 2-7, berücksichtigt, ist die Wechselwirkung mit der ethnischen Homogamie nicht mehr signifikant. Dies deutet darauf hin, dass die ungünstigen Bedingungen für eine religiöse Anpassung in ethnisch gemischten Partnerschaften auf die Unterschiede in der religiösen Kultur zurückzuführen sind, die durch die Zugehörigkeit zu verschiedenen Glaubensgemeinschaften zum Ausdruck kommen.

Auf der Basis eines reduzierten Beobachtungszeitraums, der nur die Wellen 1992, 1997, 2003 und 2007 umfasst, wird weiterhin der Frage nachgegangen, unter welchen Bedingungen konfessionell heterogame Paare durch Konvertierung homogam werden. Die abhängige Variable der in Tabelle 18 dargestellten Logit-Modelle nimmt den Wert null an, solange die Partner unterschiedlichen Glaubensgemeinschaften angehören[26] und den Wert eins, wenn konfessionelle Homogamie vorliegt. In Modell 9 (RE-Logit) werden alle 7.506 Paare berücksichtigt, die auf diese beiden Konstellationen entfallen. Zur Verteilung sei angemerkt, dass der Fall einer konfessionellen Homogamie in dieser Gruppe mit 67.9% deutlich häufiger vorkommt

---

26 Der Fall, dass ein Partner konfessionslos ist, während der andere einer Glaubensgemeinschaft angehört, wird hier ebenfalls berücksichtigt.

Tabelle 18: Anpassung der Konfessionszugehörigkeit in Partnerschaften

	M9 RE-Logit	M10	M11 FE-Logit
	AV: konfessionelle Heterogamie (0) versus konfessionelle Homogamie (1)		
Periodeneffekt (log. Jahre seit 1990)	-.10* (-2.2)	-.69** (-2.9)	-.71** (-3.0)
Paarmittelwert Alter (zentriert)	.03*** (8.0)	.09* (2.5)	.09* (2.6)
Paarmittelwert Alter (quadriert)	.001*** (6.0)	.001* (2.0)	.001* (2.3)
Ehe mit Eheerfahrung (Ref.: NEL)	.10 (0.5)	-.002 (-0.0)	.04 (0.1)
Ehe ohne Eheerfahrung (Ref.: NEL)	1.62*** (8.5)	.92* (2.0)	.86+ (1.7)
Ehe ohne Eheerfahrung × Paarmittelwert Kirchgangshäufigkeit	.03** (2.8)	.04+ (1.8)	.04+ (1.7)
Paarmittelwert Kirchgangshäufigkeit (zentriert auf 12 jährliche Kirchgänge)	.06*** (6.4)	-.02 (-0.9)	-.01 (-0.4)
Absolutdifferenz Kirchgangshäufigkeit	-.03*** (-8.6)	-	-.02** (-2.8)
Anzahl Kinder 0-1 Jahr im Haushalt	.08 (0.4)	-	.36 (1.0)
Anzahl Kinder 2-4 Jahre im Haushalt	-.06 (-0.6)	-	-.02 (-0.1)
Anzahl Kinder 5-10 Jahre im Haushalt	.19** (2.9)	-	.21 (1.3)
Anzahl Kinder > 10 Jahre im Haushalt	.25*** (5.5)	-	.21+ (1.7)
Paarmittelwert Bildungsniveau	-.24*** (-14.9)	-	-.05 (-0.5)
Ethnische Homogamie	.45** (2.9)	-	-
Log likelihood	-6721	-	-431
Varianzkomponente σ_i	2.30	-	-
n (Beobachtungen)	14724	1250	
n (Paare)	7506	510	

Quelle: SOEP (Wellen 1992, 1997, 2003 und 2007, eigene Berechnungen)
Anmerkungen:
+ $p \leq .10$; * $p \leq .05$, ** $p \leq .01$; *** $p \leq .001$

als konfessionell gemischte Partnerschaften mit 32.1%. In die Modelle 10 und 11 (FE-Logit) fließen nur diejenigen 510 Paare ein, die eine Veränderung auf der abhängigen Variablen aufweisen, das heißt zunächst unterschiedlichen Glaubensgemeinschaften angehören und anschließend homogam werden oder umgekehrt.

Die Ergebnisse in Modell 9 geben in erster Linie Auskunft über die Unterschiede zwischen verschiedenen Paaren, die entweder konfessionell homogam oder heterogam sind. Die Wahrscheinlichkeit, dass Mann und Frau die gleiche Konfession haben, sinkt hiernach im Laufe der historischen Zeit (b = -10.). Der langfristige historische Trend, wonach der Anteil konfessioneller Mischehen zunimmt (Klein und Wunder 1996), setzt sich somit auch innerhalb des hier untersuchten Beobachtungszeitraums fort. Zudem ergeben sich Hinweise darauf, dass eine konfessionelle Homogamie bei Paaren mittleren Alters stärker ausgeprägt ist als bei jüngeren und älteren Paaren (u-förmiger Alterseffekt, dokumentiert durch den signifikant positiven quadrierten Altersterm).

In der Gruppe der homogamen Paare sind in erster Ehe verheiratete Paare – gegenüber Nichtehelichen Lebensgemeinschaften – überrepräsentiert (b = 1.62), wohingegen sich Ehen höherer Ordnung von dieser Referenzgruppe nicht signifikant unterscheiden (b = .10). Aufgrund des im Modell enthaltenen Interaktionseffektes „Ehe ohne Eheerfahrung × Paarmittelwert Kirchgangshäufigkeit" und der Zentrierung der mittleren Kirchgangshäufigkeit im Paar auf den Wert 12, bezieht sich der Effekt von Erstehen (b = 1.62) auf den Fall, dass ein Paar monatlich den Gottesdienst besucht. Der signifikante Interaktionseffekt (b = .03) zeigt, dass vor allem religiös aktive Ehepaare konfessionell homogam sind. Weiterhin wird deutlich, dass sich in den Fällen, wo die Partner unterschiedlichen Religionsgemeinschaften angehören, auch die Kirchgangshäufigkeit im Paar häufig unterscheidet (negativer Effekt des Differenzterms, b = -.03). In den Haushalten konfessionell homogamer Paare leben zudem signifikant mehr Kinder im Alter von mindestens 5 Jahren (b = .19 und b = .25). Eine ethnisch gemischte Konstellation, bei der die Partner entweder unterschiedliche nicht-deutsche Staatsangehörigkeiten haben oder nur ein Partner deutsch ist, gehören – wahrscheinlich aufgrund der kulturellen Unterschiede zwischen den jeweiligen Herkunftskontexten – häufiger verschiedenen Konfessionen an.

Als Zwischenresümee lässt sich feststellen, dass die Ergebnisse in Modell 9 den Forschungsstand bestätigen, den Klein und Wunder (1996) zusammenfassen. Dennoch ist mit diesen Befunden im vorliegenden Fall nicht viel gewonnen, da es ja nicht um die Frage geht, welche Paare konfessionell homogam oder heterogam *sind*, sondern unter welchen Bedingungen sich Paare anpassen, also durch Konvertierung homogam *werden*. Beide Aspekte hängen natürlich zusammen;

die Ergebnisse aus Modell 9 sind aber möglicherweise allein durch Gelegenheitsstrukturen erklärbar, das heißt durch eine schon zu Partnerschaftsbeginn bestehende Ähnlichkeit, die über die Zeit konstant bleibt. Daher richtet sich der Blick nun allein auf die 510 Paare, die sich im Beobachtungszeitraum verändern, das heißt anpassen oder auseinander entwickeln.

Die Ergebnisse in den Modellen 10 und 11 können nun als kausale Anpassungseffekte interpretiert werden. Hiernach hat sich die Neigung desselben Paares, der gleichen Konfession anzugehören, im Laufe des Beobachtungszeitraums reduziert (b = -.69). Wird ein Paar mit sich selbst über die Zeit verglichen, ist es zudem im mittleren Altersbereich häufiger konfessionell homogam als im jüngeren oder höheren Alter. Weiterhin bestätigt sich, dass die (kirchliche) Heirat – im Sinne der ‚Commitment-Hypothese' – ein Anreiz zur Herstellung von Homogamie darstellt. Paare, die durchschnittlich einmal monatlich in die Kirche gehen, sind nach der Eheschließung häufiger konfessionell homogam als in der vorangehenden Nichtehelichen Lebensgemeinschaft (b = .92). Dieser Effekt ist bei Ehen höherer Ordnung nicht vorhanden (b = -.002) und nimmt umso mehr ab, desto geringer die mittlere Kirchgangshäufigkeit der Partner ist (Interaktionseffekt „Kirchgang × Erstehe", b = .04). Für den zuletzt genannten Befund gibt es eine einfache Erklärung: Paare, die nicht in die Kirche gehen, werden wahrscheinlich selten kirchlich heiraten und haben daher auch keinen Anreiz zur Konvertierung. Ferner lässt sich bestätigen, dass Konvertierungen zur Herstellung von Homogamie wahrscheinlicher werden, wenn sich die religiöse Praxis der Partner nicht unterscheidet (b = -.02 für den Differenzterm des Kirchgangs) und wenn Kinder im Alter von mindestens zehn Jahren im Haushalt leben (b = .21). Veränderungen des mittleren Bildungsniveaus im Paar hängen, im Unterschied zum RE-Modell, dagegen nicht mit Veränderungen der abhängigen Variablen zusammen. Der Effekt der ethnischen Homogamie ist im FE-Modell nicht schätzbar, da sich diese Variable bei den beobachteten Paaren nicht verändert.

Religiöse Anpassung und Partnerschaftsstabilität

In einem abschließenden Analyseschritt wird nun überprüft, welche Konsequenzen eine religiöse Anpassung, im Hinblick auf die untersuchten Dimensionen religiöse Praxis und Konfession, für die darauffolgende Partnerschaftsstabilität hat. Im Rahmen der ‚Resilienz-Hypothese' wurde hier vermutet, dass eine Adaption an den Partner als Investition in die Partnerschaft aufzufassen ist, die im Falle einer Trennung verloren gehen würde. Dementsprechend sollten Paare, die sich anpassen, stabiler sein, als Paare mit dauerhafter Unähnlichkeit. In Tabelle 19 sind die Ergebnisse einer zeitdiskreten Ereignisdatenanalyse zur Partnerschaftsstabilität dargestellt. In die Analysen fließen dieselben 8929 Ehen und Nichtehelichen Lebensgemeinschaften ein, die bereits Gegenstand der vorangehenden Anpassungsanalysen waren. Der Beobachtungszeitraum endet mit der Trennung (679 Fälle) oder einer Rechtszensierung, die im Zuge von Panelmortalität beziehungsweise dem Ende des Beobachtungszeitraums im Jahr 2009 eintritt.

Neben den Prozesszeitindikatoren (Ehedauer sowie Alter) und einigen Kontrollvariablen (familiale Lebensform, alte und neue Bundesländer) fließen verschiedene Indikatoren zum Niveau der Religiosität im Paar, zur religiösen Ähnlichkeit und zur Anpassung ein. Das Niveau wird durch den Paarmittelwert der Kirchgangshäufigkeit abgebildet und zudem über Dummy-Variablen, die zwischen den Konstellationen unterscheiden, in denen beide Partner die gleiche Konfession haben oder beide konfessionslos sind. Religiöse Differenzen im Paar werden zudem über den Indikator „konfessionelle Heterogamie" und die Absolutdifferenz der Kirchgangshäufigkeiten berücksichtigt, die im Falle eines Unterschiedes nicht danach differenziert, ob der Mann oder die Frau häufiger in die Kirche geht.

Um (zeitkonstante) Ähnlichkeit von Anpassung unterscheiden zu können, werden zudem alle genannten Indikatoren in Differenzen zwischen Paaren (between-Komponente) und innerhalb von Paaren (within-Komponente) zerlegt. Die between-Komponente entspricht dem zeitkonstanten Mittelwert über alle Panelwellen und die within-Komponente der Abweichung jeder einzelnen Panelwelle von diesem Mittelwert. Eine Anpassung liegt dann vor, wenn sich die within-Komponente „konfessionelle Homogamie" von null auf eins verändert (Konvertierung) oder wenn sich die ungerichtete Partnerdifferenz der Kirchgangshäufigkeit über die Zeit reduziert. Es sei nochmals darauf hingewiesen, dass diese Konzeption von Anpassung, die auf Differenzen basiert, nicht vollständig mit der weiter oben gewählten Spezifikation äquivalent ist, die auf gleich- oder gegensinnige Veränderungen im Paar aufbaut. Gleichsinnige Veränderungen werden in der Regel damit verbunden sein, dass auch die Differenz entweder kleiner wird oder sich zumindest nicht vergrößert. Es ist jedoch auch im Falle einer gleichsinnigen Entwicklung denkbar, dass sich die Differenz vergrößert.

Die Prozesszeitindikatoren und Kontrollvariablen haben erwartungsgemäße Effekte (vgl. die Meta-Analyse von M. Wagner und Weiß 2003). Der Zusammenhang zwischen der bedingten Wahrscheinlichkeit einer Trennung und der Ehedauer ist, wie der negative Effekt der quadrierten Ehedauer zeigt, glockenförmig. Außerdem sinkt das Trennungsrisiko mit steigendem Alter, ist in Nichtehelichen Lebensgemeinschaften größer als in Ehen und ist zudem in den alten Bundesländern geringfügig höher als in den neuen.

4.7 Determinanten und Konsequenzen religiöser Anpassung in Paarbeziehungen

Tabelle 19: Religiöse Ähnlichkeit, religiöse Anpassung und Partnerschaftsstabilität (zeitdiskrete Ereignisdatenanalyse, Logit-Koeffizienten mit z-Werten in Klammern)

	M1	M2	M3
Religiöse Ähnlichkeit			
Konfessionelle Homogamie (Ref.: konfessionelle Heterogamie)	-.58*** (-5.9)	-.45** (-4.7)	-.43*** (-4.0)
Beide Partner konfessionslos (Ref.: konfessionelle Heterogamie)	.01 (0.1)	-.06 (-0.6)	-.15 (-1.1)
Paarmittelwert Kirchgangshäufigkeit	-	-.05*** (-4.8)	-.05*** (-4.8)
Absolute Partnerdifferenz Kirchgang	-	.03*** (4.3)	.02* (2.4)
Religiöse Anpassung			
Konfessionelle Homogamie (within-Komponente)	-	-	-.47* (-2.4)
Beide Partner konfessionslos (within-Komponente)	-	-	.12 (0.5)
Paarmittelwert Kirchgangshäufigkeit (within-Komponente)	-	-	-.03* (-2.2)
Absolute Partnerdifferenz Kirchgang (within-Komponente)	-	-	.03*** (3.7)
Prozesszeit und Kontrollvariablen			
Ehedauer (zentriert)	-.05*** (-5.9)	-.05*** (-5.9)	-.05*** (-5.9)
Ehedauer (quadriert)	-.001* (-2.0)	-.001* (-2.1)	-.001* (-2.1)
Paarmittelwert Alter	-.05*** (-8.2)	-.05*** (-8.1)	-.05*** (-8.1)
NEL ohne Eheerfahrung (Ref.: Ehe ohne Eheerfahrung)	.53** (3.4)	.49** (3.1)	.48** (3.1)
NEL mit Eheerfahrung (Ref.: Ehe ohne Eheerfahrung)	.81*** (3.9)	.77*** (3.8)	.76*** (3.7)
Ehe mit Eheerfahrung (Ref.: Ehe ohne Eheerfahrung)	.26+ (1.9)	.22 (1.6)	.22 (1.6)
Wohnort: Westdeutschland	.21* (2.0)	.20* (2.0)	.18 (1.6)
Pseudo-r² (McFadden)	.117	.122	.123
n (Beobachtungen)		65388	
n (Paare)		8929	
n (Trennungsereignisse)		679	

Quelle: SOEP (Wellen 1992, 1994-1999, 2001, 2003, 2005 und 2007-2009, eigene Berechnungen)
Anmerkungen:
+ p ≤ .10; * p ≤ .05, ** p≤ .01; *** p ≤ .001
Variablen im Block „religiöse Ähnlichkeit" entsprechen in Modell 2 und 3 den between-Komponenten

Hinsichtlich der Religiositäts-Indikatoren ergeben sich in Modell 1 Hinweise darauf, dass konfessionell heterogame Paare instabiler sind als Ehen und NEL, bei denen beide Partner der gleichen Glaubensgemeinschaft angehören (b = -58). Ein Niveaueffekt zeigt sich zunächst nicht, da sich das Trennungsrisiko zwischen konfessionslosen und heterogamen Paaren nicht unterscheidet. Im zweiten Modell wird zusätzlich die Kirchgangshäufigkeit auf Paarebene berücksichtigt. Die Ergebnisse deuten, in Übereinstimmung mit der bisherigen Forschung, auf die Existenz eines Niveau- und Ähnlichkeitseffektes hin. Das Trennungsrisiko sinkt zum einen in Abhängigkeit von der mittleren Kirchgangshäufigkeit im Paar und erhöht sich zum anderen mit steigenden absoluten Partnerdifferenzen in der Häufigkeit von Gottesdienstbesuchen.

In Modell 3 wird der Versuch unternommen, die Forschung zum Effekt der Religiosität auf die Partnerschaftsstabilität um die Unterscheidung zwischen zwei Aspekten zu erweitern: Ähnlichkeit und Anpassung. Die Indikatoren im Block „religiöse Ähnlichkeit" entsprechen in Modell 3 nun den between-Komponenten, also den Unterschieden zwischen Paaren. Die Interpretation lautet, dass Paare, die im Beobachtungszeitraum *im Mittel* konfessionell homogam sind, häufig einen Gottesdienst besuchen und sich in ihrer religiösen Praxis nicht unterscheiden, stabiler sind. Im vorliegenden Zusammenhang interessanter sind jedoch die within-Komponenten. Der negative Effekt der konfessionellen Homogamie im Block „religiöse Anpassung" (b = -.47) bedeutet nun, dass Paare, die im Beobachtungszeitraum durch Konvertierung homogam *geworden* sind, ein signifikant niedrigeres Trennungsrisiko aufweisen als Paare, die sich nicht angepasst haben. Dieser Befund entspricht den Ergebnissen von Lehrer und Chiswick (1993) und bestätigt die ‚Resilienz-Hypothese'. Der ebenfalls negative Einfluss der within-komponente für den Paarmittelwert des Kirchgangs ist im Sinne eines Niveaueffektes so zu interpretieren, dass die Paare, die im Laufe der Zeit häufiger in die Kirche gehen, gleichzeitig stabiler sind. Darüber hinaus bestätigt sich auch für den Kirchgang, dass eine Anpassung an den Partner das Risiko einer Trennung senkt beziehungsweise eine divergierende Entwicklung negative Konsequenzen für den Partnerschaftserfolg hat. Je stärker sich die ungerichtete Partnerdifferenz in der Häufigkeit von Gottesdienstbesuchen über die Zeit erhöht, desto größer ist die bedingte Wahrscheinlichkeit, dass sich die jeweilige Ehe oder Nichteheliche Lebensgemeinschaft auflöst (b = .03). Auch dieses Ergebnis ist ein klarer Hinweis für die Gültigkeit der ‚Resilienz-Hypothese'.

In Abbildung 12 ist grafisch dargestellt, wie die verschiedenen Konstellationen religiöser Ähnlichkeit und religiöser Anpassung mit der Partnerschaftsstabilität zusammenhängen. Es handelt sich um Überlebensfunktionen, die den

4.7 Determinanten und Konsequenzen religiöser Anpassung in Paarbeziehungen 207

Anteil noch bestehender Partnerschaften in Abhängigkeit von der Ehedauer abbilden. Die Berechnung der Funktionswerte stützt sich auf die Vorhersagewerte des Regressionsmodells; es handelt sich somit um theoretische Konstellationen, die jedoch in jedem Fall auch tatsächlich im Datensatz beobachtet werden können.[27] Wie deutlich zu erkennen ist, sind die Ehen, in denen die Partner der gleichen Konfession angehören, keine Differenzen in der Häufigkeit von Gottesdienstbesuchen aufweisen und zudem eine Standardabweichung über der mittleren Kirchgangshäufigkeit liegen, am stabilsten (durchgezogene Linie). Nach zehn Jahren sind hier nur etwa 6% der Ehen durch eine Trennung beendet worden. Die instabilste Konfiguration ist dagegen bei den konfessionell gemischten Paaren zu beobachten, bei denen die Partner zusätzlich auch unterschiedlich häufig in die Kirche gehen (gepunktete Linie). Der Anteil getrennter Ehen liegt hier nach zehn Jahren bei fast 30%.

Abbildung 12: Anteil stabiler Ehen in den ersten 10 Ehejahren nach Religiosität des Paares und religiöser Ähnlichkeit

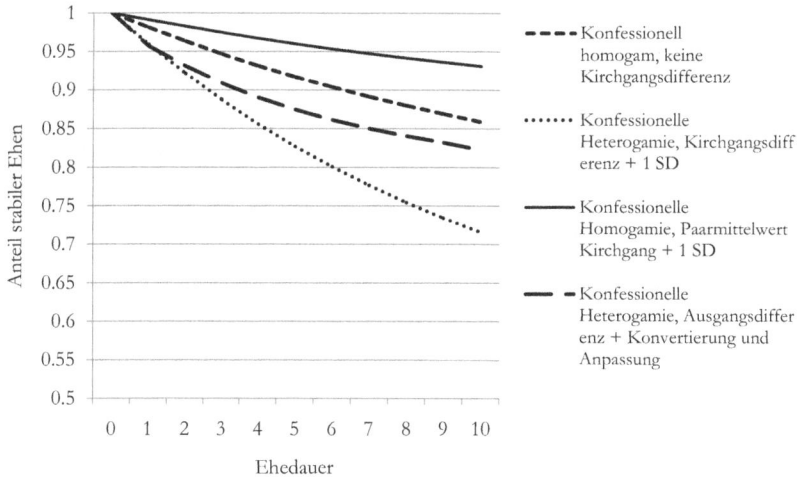

© Daniel Lois; eigene Berechnungen mit SOEP-Daten

---

27 In die Schätzung fließen zudem sowohl Ehen als auch Nichteheliche Lebensgemeinschaften ein, wodurch sich das relativ hohe Niveau im Trennungsrisiko, das in Abbildung 12 ersichtlich wird, erklärt. Die grafische Abbildung ist jedoch nur für Ehepaare sinnvoll interpretierbar, da die Ehedauer in NEL mit null codiert wurde. Informationen zur Partnerschafts- oder Kohabitationsdauer sind im SOEP nicht verfügbar.

Zwischen den ‚Extremen' liegen zum einen Paare, die zwar konfessionell homogam sind und zudem auch keine Differenzen im Kirchgang aufweisen, gleichzeitig jedoch nur durchschnittlich häufig in die Kirche gehen (kurz gestrichelte Linie). Das höhere Trennungsrisiko dieser Konstellation gegenüber der durchgezogenen Linie verweist auf die Bedeutsamkeit des Niveaueffektes: Unabhängig von Partnerdifferenzen sind zusätzlich Paare mit einem hohen Niveau des Kirchgangs stabiler. Schließlich wurde in der Form der lang gestrichelten Linie der Versuch unternommen, den Effekt der Anpassung auf das Trennungsrisiko zu simulieren. Es handelt sich um ein idealtypisches Paar, das zu Beginn der Ehe konfessionell heterogam ist und zudem eine durchschnittliche Partnerdifferenz in der Kirchgangshäufigkeit aufweist. Die Modellierung bildet nun ab, dass dieses Paar im zweiten Ehejahr durch Konvertierung homogam wird und sich zudem über die Ehedauer auch im Hinblick auf die religiöse Praxis anpasst, indem sich die Partnerdifferenz der Kirchgangshäufigkeit sukzessive verkleinert. Der Effekt, der durch die ‚Resilienz-Hypothese' vorhergesagt wird, dokumentiert sich nun darin, dass sich der Abfall der Überlebensfunktion über die Ehedauer, der anfangs steil ist, im Laufe der Zeit abschwächt. Die entsprechenden Paare überwinden also ihre ungünstigen Ausgangsbedingungen durch Anpassung.

Zwischenfazit

Die Ausgangsfrage des vorliegenden Unterkapitels bestand darin, durch welche Mechanismen die religiöse Ähnlichkeit in Partnerschaften zustande kommt. Gelegenheiten des Kennenlernens kommen hier theoretisch genauso in Frage wie Selektionseffekte und Anpassungsprozesse. Zunächst kann als Ergebnis festgehalten werden, dass die unterstellte Ähnlichkeit der kirchlichen Religiosität in Partnerschaften empirisch untermauert werden kann. Ehe- und Lebenspartner gehören überwiegend der gleichen Glaubensgemeinschaft an. Zudem korreliert die Kirchgangshäufigkeit innerhalb von Paaren mit .71 und die Einschätzung zur subjektiven Wichtigkeit der Religion mit .62. Zumindest im Hinblick auf die Kirchenmitgliedschaft ist allerdings festzustellen, dass die starke Homogamie-Tendenz im Beobachtungszeitraum abgenommen hat. Der Fall, dass Partnerschaften über konfessionelle Grenzen hinweg eingegangen werden, wird also häufiger.

Inwieweit die religiöse Homogamie innerhalb von Partnerschaften durch Gelegenheitsstrukturen bedingt ist (‚Assortative Meeting'), lässt sich auf der Basis der hier vorgestellten Analysen nicht beantworten, da keine Partnermarktindikatoren verfügbar sind und es zudem nicht möglich war, das Ausmaß der religiösen Ähnlichkeit zu Partnerschaftsbeginn für jedes Paar festzustellen. Welche Funktion Selektions- und Anpassungsprozesse haben, konnte dagegen empirisch beantwor-

4.7 Determinanten und Konsequenzen religiöser Anpassung in Paarbeziehungen

tet werden. Hier ist festzustellen, dass Veränderungen der religiösen Praxis über die Zeit innerhalb von Partnerschaften häufiger gleich- als gegensinnig verlaufen. Verändert sich der Partner, passt sich der Akteur diesen Veränderungen folglich überzufällig häufig an. Dabei ist es unerheblich, welches Ausgangsniveau religiöser Ähnlichkeit zugrunde liegt. Der Anpassungsmechanismus ist daher unabhängig von Einflüssen wirksam, die von den Gelegenheitsstrukturen des Kennenlernens ausgehen und trägt somit eigenständig zur Herstellung von Homogamie bei.

Gleichzeitig ist jedoch deutlich geworden, dass Anpassungsprozesse im Falle der religiösen Praxis, verglichen mit anderen Merkmalen wie der Vergnügungsfreizeit, deutlich schwächer ausfallen. Dies spricht dafür, dass die Adaptionsfähigkeit des Akteurs an seinen Ehe- oder Lebenspartner im Falle der (kirchlichen) Religiosität an ihre Grenzen stößt und es sich insofern um ein vergleichsweise distinktives und identitätsstiftendes Merkmal handelt, das eine Tendenz zur Beharrlichkeit aufweist. Dies gilt umso mehr, da sich im Falle der subjektiven Wichtigkeit der Religion keine Hinweise auf Anpassungsprozesse finden lassen. Dies deutet darauf hin, dass es dem Akteur zwar möglich ist, dem Partner zuliebe häufiger oder weniger häufig in die Kirche zu gehen, dass jedoch eine Änderung der inneren Haltung, die über derartige soziale Verhaltensanpassungen hinausgeht, unwahrscheinlicher ist.

Zudem ist das Ausmaß der Anpassung, das für die Merkmale Kirchenmitgliedschaft und Kirchgangshäufigkeit beobachtet werden kann, nicht invariant gegenüber der Lebensphase und der jeweils betrachteten Bevölkerungsgruppe. Gleichsinnige Veränderungen der religiösen Praxis sind zum Beispiel wahrscheinlicher, wenn sie innerhalb der gleichen religiösen Kultur stattfinden und die Partner in ihrer Einschätzung übereinstimmen, welche subjektive Wichtigkeit der Lebensbereich Glaube und Religion für sie hat. Auch die im Familienzyklus angesiedelten Übergänge erweisen sich als erklärungskräftig, da die (kirchliche) Heirat einen Anreiz zur Konvertierung in die Religion des Partners darstellt und darüber hinaus Kinder, die im Schulalter sind, die Anpassung der kirchlichen Religiosität begünstigen. Diese Befunde machen sehr deutlich, dass nicht nur das individuelle Ausmaß der Religiosität im Lebensverlauf veränderbar ist sondern auch die religiöse Ähnlichkeit in Partnerschaften. Betrachtungen der religiösen Homogamie im Querschnitt verdecken somit die dynamischen Prozesse, die erst in der Längsschnittanalyse sichtbar werden.

Schließlich führen die Auswertungen zu dem Ergebnis, dass die Anpassung an den Partner durch Konvertierung oder eine Harmonisierung der religiösen Praxis als eine Investition in die Partnerschaft betrachtet werden kann, die das Trennungsrisiko senkt. Es konnten zunächst Befunde aus der vorliegenden Forschung repliziert werden, wonach Kirchenmitglieder und regelmäßige Kirchgänger grundsätzlich in stabileren Partnerschaften leben (Niveaueffekt) und zudem eine konfessionelle Heterogamie sowie Partnerdifferenzen in der religiösen Praxis das Trennungsrisiko erhöhen (Ähnlichkeitseffekt, ‚Assortative Mating'). Ferner erhöht jedoch auch eine Herstellung von Ähnlichkeit durch Anpassung die Partnerschaftsstabilität. Dies gilt sowohl – in Übereinstimmung mit Lehrer und Chiswick (1993) – für die Konfession als auch, wie erstmals gezeigt werden konnte, für die Kirchgangshäufigkeit. Paare, die sich anpassen, ‚immunisieren' sich demnach offenbar gegen eine Trennung (‚Resilienz-Hypothese').

4.8 Kritische Lebensereignisse, Gesundheitssituation und religiöse Praxis

Der letzte Abschnitt des vierten Kapitels wendet sich noch einmal der zentralen Funktion der Religion zu, die in der Bereitstellung von Bewältigungsstrategien in Krisensituationen besteht. Das Ergebnis aus Abschnitt 4.4, dass Menschen, die den Verlust ihres Ehe- und Lebenspartners zu erleiden haben, im Anschluss an dieses kritische Lebensereignis zumindest vorübergehend häufiger den Gottesdienst besuchen und der Religion auch subjektiv einen größeren Stellenwert beimessen, unterstützt diese Sichtweise. Im Folgenden wird etwas allgemeiner darauf eingegangen, inwiefern Befragte, die Rückgänge in ihrer Lebenszufriedenheit oder Verschlechterungen ihrer Gesundheitssituation zu verkraften haben, verstärkt Halt und Trost in der Religion suchen und infolgedessen eine Verstärkung der individuellen Religiosität zu beobachten ist. Da die Wahrscheinlichkeit von gesundheitlichen Problemen mit dem Alter steigt, bezieht sich dieses Themenfeld in starkem Maße auf das höhere Alter und wirft damit auch die Frage auf, ob religiöse Menschen dem Ende ihres Lebens optimistischer entgegensehen, da sie an Gratifikationen im Jenseits, wie zum Beispiel an ein fernes Seelenheil, die Unsterblichkeit der Seele oder den Zugang zum Paradies, glauben. Der nun folgende Überblick über den Forschungsstand geht zunächst den Fragen nach, inwieweit sich empirische Evidenz dafür finden lässt, dass religiöse Menschen weniger Angst vor dem Tod haben und inwieweit kritische Lebensereignisse, Gesundheitsprobleme sowie ein verstärktes Nachdenken über die Endlichkeit der Existenz im höheren Lebensalter für religiöses Wachstum verantwortlich gemacht werden können.

Forschungsstand: Gesundheitssituation, kritische Lebensereignisse,
Todesfurcht und Religiosität

Die Frage, ob religiöse Überzeugungen dabei helfen können, um existentielle Ängste zu bewältigen, wurde in einer Vielzahl von (nordamerikanischen) Studien untersucht (siehe für einen Überblick: Fortner und Neimeyer 1999; Neimey-

4.8 Kritische Lebensereignisse, Gesundheitssituation und religiöse Praxis

er et al. 2004). Die Korrelation zwischen Todesfurcht und Religiosität stellt sich dabei als außerordentlich komplex heraus. Kontraintuitiv erscheint zunächst das Ergebnis einiger Studien, die einen positiven Zusammenhang finden (z.b. Florian und Kravetz 1983; Hoelter und Epley 1979). Dies kann jedoch möglicherweise auf die Mehrdimensionalität des Konstrukts ‚Todesfurcht' zurückgeführt werden. Gläubige Menschen befürchten hiernach verstärkt, im Jenseits bestraft zu werden, für andere Teildimensionen wie die Auflösung des Körpers oder den Verlust der sozialen Identität finden sich dagegen keine oder negative Zusammenhänge (Florian und Kravetz 1983; Hoelter und Epley 1979).

Während positive Korrelationen eher die Ausnahme darstellen, berichtet die Mehrzahl der Studien entweder eine linear negative Beziehung zwischen Religiosität und Todesfurcht (Thorson und Powell 1990), oder einen u-förmigen Trend, wonach sehr wenig und sehr stark gläubige Menschen weniger Angst vor dem Tod haben als die schwach Gläubigen (Nelson und Cantrell 1980; Wink und Scott 2005). Diese Zusammenhänge scheinen für eine intrinsische Religiosität, die sich auf die Stärke und Tiefe des Glaubens bezieht („My faith involves all of my life", „In my life I experience the presence of the Divine"), stärker ausgeprägt zu sein als für die extrinsische Religiosität (Thorson und Powell 1990). Außerdem zeigt sich, dass eine Konsistenz zwischen dem Glauben an ein Jenseits und anderen Religiositätsdimensionen mit weniger Todesfurcht verbunden ist als ein inkonsistentes Muster (Wink 2006; Wink und Scott 2005). Ein Beispiel für letzteres wäre ein nichtreligiöser Mensch, der jedoch ein Leben nach dem Tod für wahrscheinlich hält.

Die Frage, ob eine zunehmende Todesangst eine positive Verlaufskurve in der Entwicklung der Religiosität initiieren kann, wurde nur selten untersucht. Wink und Scott (2005) vermuten bei der Erklärung der Zusammenhänge zwischen Todesfurcht und Religiosität einen komplizierten Selektionsmechanismus. Sie zitieren Forschungsergebnisse, wonach (1.) die Todesfurcht mit zunehmendem Alter sinkt (Rasmussen und Brems 1996; Thorson und Powell 1990) und (2.) das Erleben kritischer Lebensereignisse wie Krankheit zu einer Verstärkung der Religiosität führen kann (Ferraro und Kelley-Moore 2000). Eine negative Korrelation zwischen Religiosität und Todesfurcht könne daher zwei Ursachen haben: Entweder reduziert Religiosität als Bewältigungsstrategie die Todesfurcht im höheren Alter oder sie ist ein kennzeichnendes Merkmal einer selektiven Gruppe von Personen, die Leidenserfahrungen gemacht haben und daher gegen die Todesfurcht ‚geimpft' („inoculated") sind. Nach Längsschnittanalysen von Wink und Scott (2005) ist die u-förmige Beziehung zwischen Religiosität und Todesfurcht sowohl für eine Religiositäts-Messung im höheren Erwachsenenalter (> 60 Jahre) nachweisbar, als auch für eine Messung, die etwa 25 Jahre zuvor erhoben wurde. Die Autoren deuten dies als Hinweis auf die Stabilität der Religiosität im Lebensverlauf und als Evidenz gegen den geschilderten Selektionsmechanismus.

In der Studie von Ferraro und Kelley-Moore (2000) wird untersucht, inwieweit sich der Gesundheitszustand als unabhängige Variable darauf auswirkt, dass Menschen Trost in der Religion suchen. Die Frageformulierung zu der abhängigen Variablen lautet: „When you have problems or difficulties in your work, family or personal life, how often do you seek spiritual comfort and support?" Längsschnittanalysen auf der Basis einer in Nordamerika erhobenen Panelstudie mit zwei Messzeitpunkten im Abstand von etwa zwei Jahren (n = 2942) zeigen, dass eine zu t_1 gemessene chronische, aber nicht lebensbedrohliche Krankheitssituation (beispielsweise Arthritis, Inkontinenz, Lungen- und Magenprobleme, Knochenbrüche) dazu beiträgt, dass sich die Suche nach spirituellem Trost zu t_2 verstärkt. In einer geschlechtsspezifischen Analyse zeigt sich ein ähnlicher Trend im Falle einer Verschlechterung ernster Gesundheitsprobleme (unter anderem Diabetes, Herzprobleme, Krebserkrankung) bei Männern. Ferraro und Kelley-Moore (2000) bestätigen damit, dass bedrohliche Lebenssituationen wie Krankheiten, von denen ältere Menschen stärker betroffen sind, einen religiösen Wachstumsprozess anregen können. Die Längsschnittbetrachtung unterscheidet diese Studie zudem von Querschnittuntersuchungen (z.B. Pargament et al. 1990), die ebenfalls Zusammenhänge zwischen einer schlechten Gesundheitssituation und religiösen Bewältigungsstrategien finden, die verschiedenen möglichen Kausalrichtungen (Religiosität → Gesundheit, Gesundheit → Religiosität) aber nicht trennen können.

Während sich Ferraro und Kelley-Moore (2000) auf die Gesundheit beschränken, legen andere Studien einen etwas allgemeineren Fokus auf kritische Lebensereignisse in verschiedenen Bereichen. Albrecht und Cornwall (1989) untersuchen eine Stichprobe von n = 1874 volljährigen Angehörigen der mormonischen Kirche in den USA. Die abhängige Variable misst, ob sich die Bedeutung der Kirche für das eigene Leben und die Wichtigkeit persönlicher religiöser Überzeugungen nach retrospektiver Einschätzung der Befragten im letzten Jahr verstärkt hat, gleichgeblieben ist oder an Bedeutung verloren hat. Für den gleichen Zeitraum wird zudem abgefragt, ob Ereignisse eingetreten sind, die nach verschiedenen Kriterien klassifiziert werden. Es zeigt sich, dass Personen, die eine Verbesserung des Verhältnisses zum Partner oder zu ihren Kindern, Verwandten oder Freunden erlebt haben, gleichzeitig einen Anstieg in der selbst eingeschätzten Religiosität berichten. Die vermutete Bewältigungsfunktion der Religion in schwierigen Lebensphasen lässt sich dagegen nicht bestätigen, da Befragte, die persönlich oder im Familienkontext kritische Lebensereignisse wie Krankheit, Tod eines Angehörigen, Arbeitslosigkeit oder Scheidung erlebt haben, gleichzei-

4.8 Kritische Lebensereignisse, Gesundheitssituation und religiöse Praxis

tig keine signifikanten Veränderungen in der Religiosität aufweisen. Dies könnte jedoch in einer Zusammenfassung zu heterogener Ereignisse unter einen Oberbegriff, negatives Lebensereignis, begründet liegen.

In der bereits zitierten Studie von Wink und Dillon (2005) zur Entwicklung der Spiritualität im Lebensverlauf findet sich wiederum Evidenz, die den Coping-Ansatz unterstützt. Hiernach verstärkt sich die Spiritualität besonders dann, wenn negative Lebensereignisse – dazu zählen der Tod eines nahestehenden Menschen, Krankheit, Konflikte in der Familie oder Phasen ökonomischer Not – eintreten. Die Autoren interpretieren dies dahingehend, dass die Befragten durch ihre spirituellen Aktivitäten persönliches Leid in ein tieferes Verständnis der Lebensmysterien transformieren können. Dies gelingt nach vertiefenden Moderationsanalysen allerdings vor allem Personen, deren Persönlichkeit verstärkt durch Introspektion, ein breites Interessenspektrum und unkonventionelles Denken gekennzeichnet ist.

Empirische Ergebnisse: Lebenszufriedenheit, Gesundheit und Religiosität

In Tabelle 20 wird der Frage nachgegangen, inwieweit sich Zusammenhänge zwischen der Kirchgangshäufigkeit beziehungsweise der subjektiven Wichtigkeit der Religion auf der einen Seite und der Gesundheitssituation auf der anderen Seite nachweisen lassen. Es handelt sich dabei um den subjektiv eingeschätzten Gesundheitszustand, der fünf Ausprägungen zwischen „sehr gut (=1)" und „sehr schlecht (=5)" annehmen kann. Dieser Indikator wird zudem, ähnlich wie bei Ferraro und Kelley-Moore (2000), zeitverzögert (t-1) aufgenommen.

Nach Modell 1 steigt die jährliche Häufigkeit von Gottesdienstbesuchen, wenn sich die subjektive Gesundheit verschlechtert (b = .24). Dieser Effekt ist jedoch konditional, da eine Wechselwirkung im Modell enthalten und das Alter zudem um das 25. Lebensjahr zentriert ist. Personen im Alter von 25 Jahren gehen folglich häufiger in die Kirche, wenn sie erkranken. Wie der Interaktionseffekt „Alter × Gesundheit" (b = -.01) zeigt, kehrt sich dieser Zusammenhang mit steigendem Lebensalter um; die Häufigkeit von Gottesdienstbesuchen sinkt folglich bei älteren Menschen, wenn sie gesundheitlich beeinträchtigt sind. Eine Erklärungsmöglichkeit für dieses Effektmuster, das der ‚Gesundheits-Hypothese' entspricht, lautet wie folgt: Jüngere Menschen, die ernsthaft krank werden, suchen zur Bewältigung dieser kritischen Lebensphase, im Sinne des Coping-Ansatzes, Trost in der Hinwendung zur Religion. Bei älteren Menschen wird der negative Zusammenhang mit dem Kirchgang dagegen wahrscheinlich durch die häufig vorkommenden chronischen Einschränkungen der Bewegungsfähigkeit verursacht, die positive Effekte im Sinne des Coping-Ansatzes überkompensieren.

Tabelle 20: Veränderungen der Kirchgangshäufigkeit sowie der subjektiven Wichtigkeit der Religion in Abhängigkeit vom Gesundheitszustand (Fixed-Effects Panelregression, b-Koeffizienten mit t-Werten in Klammern)

	Kirchgang M1	Subjektive Wichtigkeit Religion M2	M3, Alter < 50	M4, Alter > 49
Veränderung Gesundheitszustand				
Gesundheitszustand (t-1)	.24** (3.4)	.004 (0.7)	-.01 (-0.3)	.12* (2.0)
Gesundheitszustand (t-1) quadriert	-	-	.002 (0.3)	-.02+ (-1.7)
Gesundheitszustand (t-1) × Alter	-.01*** (4.4)	-	-	-
Gesundheitszustand (t-1) × Mann	-	-	-.01 (-0.2)	-.18* (-2.2)
Gesundheitszustand (t-1) quadriert × Mann	-	-	.005 (0.5)	.02+ (1.9)
Kontrollvariablen				
Alter (zentriert um 25 Jahre)	.04* (2.0)	.02 (1.2)	-.01 (-0.5)	.10** (2.9)
Periodeneffekt (log. Jahre seit 1994)	-	-.09 (-1.4)	.02 (0.2)	-.31** (-2.9)
Zeitraum 1996-1998 (Ref.: 92-95)	-.34** (-2.6)	-	-	-
Zeitraum 1999-2003 (Ref.: 92-95)	-.68*** (-3.7)	-	-	-
Zeitraum 2005-2009 (Ref.: 92-95)	-1.02*** (-4.0)	-	-	-
Wohnort Ostdeutschland	-.31 (-0.9)	-.08 (-1.3)	-.07 (-1.0)	-.42 (-1.3)
Konfessionslosigkeit	-1.08*** (-6.6)	-	-	-
r^2 (within)	.002	.001	.002	.002
n (Personen)	26770	16554	10701	5853
n (Personenjahre)	156322	37094	24380	12714

Quelle: SOEP (Wellen 1992, 1994-1999, 2001, 2003, 2005 und 2007-2009 in Modell 1, Wellen 1994, 1998-1999 in Modell 2-4, eigene Berechnungen)
Anmerkungen:
+ p ≤ .10; * p ≤ .05; ** p ≤ .01; *** p ≤ .001
Robuste Standardfehler (Haushalts-Clusterung kontrolliert)

4.8 Kritische Lebensereignisse, Gesundheitssituation und religiöse Praxis

Auch wenn es Menschen im hohen Alter häufig körperlich nicht mehr möglich ist, den Gottesdienst zu besuchen, schließt das nicht aus, dass sie bei gesundheitlichen Problemen Halt und Trost in der Religion finden. Bei der subjektiven Wichtigkeit des Glaubens und der Religion für die Zufriedenheit handelt es sich um eine abhängige Variable, welche den Test dieser Annahme erlaubt. Die Ergebnisse in Modell 2, die sich auf alle Befragte ab 17 Jahre beziehen, deuten zunächst nicht darauf hin, dass Veränderungen der Gesundheitssituation mit Veränderungen der subjektiven Wichtigkeit korrespondieren (b = .004). Wird dagegen in den Modellen 3 und 4 eine Differenzierung nach Alter und Geschlecht vorgenommen, zeigen sich die folgenden Zusammenhänge: Bei Befragten unter 50 Jahren hat die subjektiv eingeschätzte Gesundheit keinen Effekt auf die subjektive Wichtigkeit der Religion. Im Fall von Frauen im Alter von mindestens 50 Jahren ist jedoch ein umgekehrt u-förmiges Muster zu erkennen, wonach Verschlechterungen der Gesundheit auf niedrigem Niveau, zum Beispiel von einer sehr guten zu einer nur noch guten Situation, zu einer steigenden Zentralität von Glauben und Religion führen (b = .12). Verschlechtert sich die gesundheitliche Lage dagegen soweit, dass der Befragte die Situation als schlecht oder sehr schlecht einstuft, schwächt sich die subjektive Bedeutungszunahme der Religion, die damit einhergeht, wieder ab. Dies wird durch den negativen Effekt des quadratischen Terms (b = -.02) deutlich. Wie die signifikanten Interaktionseffekte zeigen, hängen gesundheitliche Veränderungen bei Männern ab 50 Jahre nicht mit der subjektiven Wichtigkeit der Religion zusammen.

In tabellarisch nicht dargestellten Analysen wurde zudem überprüft, ob sich ähnliche Effekte wie für die Gesundheit auch bei Veränderungen der allgemeinen Lebenszufriedenheit beobachten lassen. Dabei sind jedoch, alters- und geschlechtsübergreifend, keine Zusammenhänge mit der religiösen Praxis oder der subjektiven Zentralität der Religion feststellbar. Dies gilt sowohl für den Fall, dass die Lebenszufriedenheit als metrische Kovariate mit einem Wertebereich zwischen eins und zehn aufgenommen wird als auch für eine alternative Operationalisierung, bei der überprüft wird, inwieweit eine deutliche Verschlechterung des subjektiven Wohlbefindens zwischen zwei Messzeitpunkten, die mehr als zwei Einheiten auf der Skala beträgt, mit Veränderungen der Religiosität einhergeht. Die ‚Kritische-Lebensphasen-Hypothese' wird damit abgelehnt.

Zwischenfazit

Die Analysen des vorliegenden Abschnittes führen zu einem differenzierten Bild über die Zusammenhänge zwischen der individuellen Gesundheitssituation und Indikatoren wie Kirchgangshäufigkeit und subjektive Wichtigkeit der Religion.

Für die religiöse Praxis zeigt sich, dass Verschlechterungen der Gesundheit bei jüngeren Menschen, im Sinne des Coping-Ansatzes, zu einer erhöhten Kirchgangshäufigkeit beitragen, während sich dieser Zusammenhang bei älteren Personen, wahrscheinlich aufgrund von zunehmenden Einschränkungen der körperlichen Mobilität, umkehrt. Gleichzeitig verdeutlichen die Ergebnisse, dass die abnehmende Häufigkeit von Gottesdienstbesuchen bei älteren Menschen nicht bedeutet, dass die Religion im Leben allgemein an Bedeutung verliert. Das Gegenteil ist der Fall, da zunehmende gesundheitliche Probleme dazu führen, dass dem Lebensbereich Glaube und Religion eine erhöhte subjektive Zentralität beigemessen wird. Dies deutet, in Übereinstimmung mit Ferraro und Kelley-Moore (2000), darauf hin, dass die Religion in kritischen Lebensphasen dazu beiträgt, Halt zu geben und Trost zu spenden. Warum der entsprechende Zusammenhang auf über 50jährige Frauen beschränkt bleibt und sich zudem abschwächt, wenn die gesundheitlichen Probleme bedrohlicher werden, bedarf weiterer Forschung. Es bleibt ebenfalls offen, warum Veränderungen der allgemeinen Lebenszufriedenheit nicht mit der religiösen Lebensverlaufsdynamik korrespondieren. Möglicherweise besteht hier, ähnlich wie in der Studie von Albrecht und Cornwall (1989), das Problem, dass der Zufriedenheits-Indikator insofern zu unspezifisch ist, da sich die Entwicklungsrichtung der Religiosität bei verschiedenen kritischen Lebensereignissen unterscheidet. Ein Beispiel dafür sind die gegenläufigen Trends, die im Falle einer Scheidung bzw. Verwitwung beobachtet werden können (siehe Abschnitt 4.4).

5. Zusammenfassung und Diskussion

Im letzten Kapitel der Arbeit sollen die verschiedenen ‚Fäden', die in den zurückliegenden Abschnitten gesponnen wurden, wieder zusammengeführt werden. Die Zusammenfassung und Diskussion der Ergebnisse orientiert sich dabei an verschiedenen Fragestellungen: Wie verändert sich die Religiosität in den einzelnen Teilabschnitten des Lebensverlaufs? Findet sich empirische Evidenz für die These, dass erst das Leben religiös machen kann?[28] Wie ist die altersspezifische Entwicklung der Religiosität in die Säkularisierungsdebatte einzuordnen? Welche Fragen sind schließlich offen geblieben? Inwieweit sich die einzelnen formulierten Hypothesen empirisch bestätigen lassen, ist zudem den Tabellen 21-23 zu entnehmen, die entsprechende Übersichten enthalten und zur Auflockerung des Textes eingestreut werden. Zudem sei hier auf die Zwischenresümees verwiesen, die am Ende jedes thematischen Abschnitts im vierten Kapitel zu finden sind.

Wie verändert sich die Religiosität im Lebensverlauf?

Ein wesentlicher Beitrag der vorliegenden Arbeit besteht in der Klärung der Frage, wie sich Akteure, die quasi-experimentell vor und nach verschiedenen biografischen Übergängen beobachtet werden, im Hinblick auf ihre Religiosität verändern. Im Folgenden wird zusammengefasst, welche Effekte von Statuspassagen ausgehen, die, im Sinne von „life course markers", den Lebenszyklus der meisten Menschen mit vorhersagbarer Regelmäßigkeit prägen. Die Darstellung konzentriert sich zunächst auf den Fall einer westdeutschen Person, die bereits im Jugendalter ein relativ hohes Ausgangsniveau der kirchlichen Religiosität aufweist, das auf eine entsprechende Primärsozialisation zurückzuführen ist. Ost-West-Unterschiede werden in den nachfolgenden Abschnitten thematisiert.

In Übereinstimmung mit zahlreichen nordamerikanischen Studien konnte empirisch gezeigt werden, dass es beim Übergang vom Jugend- ins Erwachse-

---

28 Wenn hier und an anderen Stellen dieser Arbeit alltagssprachlich allgemein von ‚dem Leben' gesprochen wird, so handelt es sich um eine Vereinfachung, die dem Ziel einer besseren Lesbarkeit dient. Selbstverständlich setzt sich der Lebenslauf, wie in den zurückliegenden Kapiteln diskutiert wurde, aus verschiedenen Phasen zusammen, die zum Beispiel die Adoleszenz und Postadoleszenz, die frühe und späte Lebensmitte oder das höhere Alter umfassen.

nenalter zu einem Rückgang des Anteils von Kirchenmitgliedern und zu einer Abschwächung der Kirchgangshäufigkeit kommt. Diese Entwicklung ist teilweise auf einen Bedeutungsverlust elterlicher Sozialisationseinflüsse zurückzuführen, da Kirchenbesuche nach dem Auszug aus dem Elternhaus seltener werden. Wird der Jugendliche folglich aus den zwischenmenschlichen Beziehungen ein Stück weit herausgelöst, die seine Identität geformt, aufrechterhalten und eingeschränkt haben und reflektiert er im Zuge der Abnabelung vom Elternhaus bisherige Einstellungen und Lebensstile (Fowler 1991, S. 197), so führt dies häufig zu einer Abschwächung der kirchlichen Religiosität.

Eine weitere Ursache für die häufigen Kirchenaustritte junger Erwachsener basiert auf einer schlichten Rational-Choice-Überlegung: Da im Zuge des Erwerbseinstiegs eine Kirchensteuer zu entrichten ist, steigen die Kosten der Kirchenmitgliedschaft, ohne dass es gleichzeitig – in den meisten Fällen – zu einem Zugewinn auf der Nutzenseite kommt. Dementsprechend bestätigen die empirischen Ergebnisse, dass sich der Erwerbseinstieg negativ auf die Wahrscheinlichkeit auswirkt, Mitglied in einer Glaubensgemeinschaft zu sein. Theoretisch interessant ist in diesem Zusammenhang, dass sich auch der positive Effekt, den eine starke subjektive Zentralität der Religion auf die Kirchenmitgliedschaft hat, im Zuge des Berufseinstiegs leicht abschwächt. Dieser Befund bestätigt eine – auf den vorliegenden Kontext übertragene – ‚Low-Cost-Hypothese', wonach Akteure ihren subjektiven Normen vor allem dann folgen, wenn das normenkonforme Verhalten keine hohen Kosten mit sich bringt.

Im frühen bis mittleren Erwachsenenalter beginnt sich die negative Entwicklungsdynamik jedoch abzuschwächen und es kommt häufig zu einer Rückkehr in die Kirchengemeinde durch Wiedereintritt beziehungsweise zu einem Wiederanstieg der religiösen Praxis. Die zentralen *transition points*, die für diese Umkehrung der biografischen Verlaufskurve verantwortlich gemacht werden können, sind vorwiegend im Familienzyklus angesiedelt, in dem verstärkt auf die ‚Dienstleistungen' der Kirche zurückgegriffen wird, die für den Befragten nutzenstiftend sind (Birkelbach 1999). Im Hinblick auf die erste Eheschließung fallen die Ergebnisse noch etwas uneinheitlich aus. Während sich die Wahrscheinlichkeit einer Kirchenmitgliedschaft im Zuge der Heirat nicht verändert, kommt es in den Jahren nach diesem Ereignis zu einer sukzessiven Erhöhung der Kirchgangshäufigkeit. Dieses Ergebnis bestätigt die These von Fowler (1991, S.196), dass der Übergang in die Ehe für viele Paare mit einer Wiederbelebung eines synthetisch-konventionellen Glaubens verbunden ist, der sich an der traditionellen Kirchlichkeit orientiert.

Weiterhin kann das Ergebnis der qualitativen Studie von Ingersoll-Dayton et al. (2002), wonach die Familiengründung zu den zentralen religiösen Wachs-

5. Zusammenfassung und Diskussion

tumsfaktoren zählt, in den quantitativen Analysen dieser Arbeit bestätigt werden. Die Geburt des ersten Kindes ist zunächst noch mit Rückgängen der religiösen Praxis verbunden, die sich über die Opportunitätskosten, die bei der Betreuung eines Neugeborenen bestehen, begründen lassen. Erreicht das Kind jedoch das Schulalter, kommt es zu Verstärkungen der Religiosität auf mehreren Ebenen. Werden Befragte über die Zeit mit sich selbst verglichen, sind sie häufiger in den Phasen Kirchenmitglied, in denen Kinder ab einem Alter von fünf Jahren in ihren Haushalten leben. Bemerkenswert ist in diesem Zusammenhang, dass vor allem diejenigen Befragten, die religiös erzogen wurden, in ihre Glaubensgemeinschaft zurückkehren, wenn sie eine Familie gegründet haben. Die kirchlich institutionalisierten Übergangsriten wie Erstkommunion, Firmung beziehungsweise Konfirmation tragen, zusammen mit speziellen Angeboten wie dem Familiengottesdienst, zusätzlich dazu bei, dass auch Gottesdienstbesuche bei Befragten mit Kindern häufiger werden. Interessant ist zudem, dass sich die subjektive Wichtigkeit des Glaubens und der Religion bereits unmittelbar mit der Geburt des Kindes verstärkt. Dieses Ergebnis deutet darauf hin, dass die Familiengründung religiöse Einstellungen verstärken kann, indem die Eltern hierin ein Zeichen für das göttliche Wirken – das Wunder des Lebens – erkennen (Birkelbach 2001).

In der späten Lebensmitte setzt sich das religiöse Wachstum weiter fort. Ein biografischer Übergang, der hiermit in Verbindung gebracht werden kann, ist der Übergang in den Ruhestand. Unerwartet ist zunächst, dass sich die Wahrscheinlichkeit einer Kirchenmitgliedschaft im Zuge dieser Statuspassage, trotz des Wegfalls der Kirchensteuer, nicht erhöht. Die Häufigkeit von Gottesdienstbesuchen steigt jedoch in den Jahren nach dem Berufsaustritt sukzessive an. Auch an dieser Stelle stimmen die quantitativen Ergebnisse somit mit den qualitativen Befunden von Ingersoll-Dayton et al. (2002) überein. Hiernach führt der Übergang in den Ruhestand aus der subjektiven Perspektive der Befragten dazu, dass mehr zeitliche und kognitive Gelegenheiten vorhanden sind, um über religiöse Sinnfragen nachzudenken, die während der ‚Rush-Hour' des Lebens unreflektiert geblieben sind.

Eine zentrale Funktion der Religion im höheren Alter besteht ferner darin, dem Menschen dabei zu helfen, kritische Lebensphasen zu bewältigen, indem sie existentiellen Unsicherheiten einen Sinn verleiht, individuelles Leiden in rituelle Handlungen und Leitlinien einbettet und Hoffnung auf eine Besserung in der Zukunft beziehungsweise im Jenseits gibt (Pargament 1990). Diese Bewältigungsfunktion der Religion konnte durch mehrere Ergebnisse der vorliegenden Arbeit unterstützt werden. So weisen ältere Menschen, die den Verlust ihres Ehepartners zu erleiden haben, eine erhöhte Wahrscheinlichkeit auf, in die Kirche einzutreten, besuchen vor allem im unmittelbaren Anschluss an diese Verlusterfahrung deutlich häufiger den Gottesdienst und messen der Religion auch subjektiv einen größeren Stellenwert bei. Die Hinwendung zu Gott kann die verloren gegangene Bindung an den Lebenspartner offenbar emotional teilweise ersetzen (Brown et al. 2004) und eine verstärkte Beteiligung am Gemeindeleben hilft dabei, die Einsamkeit durch das Knüpfen neuer sozialer Kontakte zu überwinden.

Tabelle 21: Welche Hypothesen werden bestätigt? Übersicht zu den Themen Alterseffekte, Sozialisation und Erwerbszyklus

Thema	Hypothese	Ergebnis
Alterseffekt	Die Kirchgangshäufigkeit erhöht sich mit steigendem Alter (,Afterlife-Investment-Hypothese')	Bestätigt für Westdeutschland
	Die Wahrscheinlichkeit einer Kirchenmitgliedschaft und die Kirchgangshäufigkeit reduzieren sich beim Übergang von der Adoleszenz in die Postadoleszenz (,Postadoleszenz-Hypothese')	Bestätigt bei hohem Aus-gangsniveau (in Westdeutschland bzw. bei konfessionell homogamen Eltern)
Sozialisation	Die Religiosität transmittiert sich von der Eltern- auf die Kindergeneration (,Transmissions-Hypothese')	Bestätigt
	Die Transmission der Religiosität der Eltern auf ihre Kinder ist in Westdeutschland stärker ausgeprägt als in Ostdeutschland (,West-Sozialisations-Hypothese')	Abgelehnt
	Die Kirchgangshäufigkeit reduziert sich beim Auszug aus dem Elternhaus (,Auszugs-Hypothese')	Bestätigt für geringes Auszugsalter und konfessionell homogame Eltern
Erwerbszyklus	Die Wahrscheinlichkeit einer Kirchenmitgliedschaft und die Kirchgangshäufigkeit reduzieren sich im Zuge des Erwerbseinstiegs (,Erwerbstätigkeits-Hypothese')	Bestätigt
	Der Effekt der subjektiven Wichtigkeit der Religion (,Norm') auf die Wahrscheinlichkeit einer Kirchenmitgliedschaft (,Handlung') reduziert sich im Zuge des Erwerbseinstiegs (,Low-Cost-Hypothese')	Bestätigt
	Die Wahrscheinlichkeit einer Kirchenmitgliedschaft und die Kirchgangshäufigkeit reduzieren sich mit steigendem Bildungsniveau (,Bildungs-Hypothese')	Bestätigt für die Kirchenmitgliedschaft
	Die Kirchgangshäufigkeit erhöht sich im Zuge des Übergangs in den Ruhestand (,Ruhestand-Hypothese')	Bestätigt für Westdeutschland

5. Zusammenfassung und Diskussion

Um den Eindruck zu vermeiden, dass sich die kirchliche Religiosität im Familienzyklus zwangsläufig positiv entwickelt, sei jedoch auch auf die Effekte verwiesen, die von einer Scheidung ausgehen. Eine Trennung vom Ehepartner verändert zwar nicht die Neigung, Mitglied in einer Glaubensgemeinschaft zu sein, führt jedoch zu einem vorübergehenden Rückgang der Kirchgangshäufigkeit. Es finden sich also Hinweise darauf, dass auch negative religiöse Bewältigungsstrategien möglich sind, die sich zum Beispiel darin äußern können, dass sich der Akteur von Gott allein gelassen und bestraft fühlt oder es zu Schuldgefühlen und moralischen Konflikten kommt (Krumrei et al. 2009).

Religiöses Wachstum im höheren Alter scheint auch darauf zurückzuführen sein, dass Menschen, deren Gesundheitssituation sich verschlechtert, verstärkt Trost in der Religion suchen. Um diesen Zusammenhang empirisch identifizieren zu können, ist es jedoch notwendig, zwischen den verschiedenen Religiositäts-Dimensionen zu unterscheiden. So führen die chronischen Einschränkungen der Bewegungsfähigkeit bei älteren Menschen zu einem Rückgang der Kirchgangshäufigkeit. Daraus kann jedoch nicht geschlossen werden, dass der Lebensbereich Religion bei gesundheitlichen Problemen allgemein an Bedeutung verliert. Das Gegenteil ist der Fall. Gerade bei älteren Frauen, die erkranken, verstärkt sich die subjektive Zentralität der Religion, die in dieser Situation möglicherweise Halt und Hoffnung spenden kann. Ob zudem das Argument aus der ökonomischen Theorie der Religion, wonach der rationale Akteur in der zweiten Lebenshälfte bewusst in religiöses ‚Kapital' investiert, um dafür im Jenseits eine ‚Rendite' zu erhalten, tragfähig ist, muss hier offen bleiben. Es standen keine geeigneten empirischen Indikatoren, wie zum Beispiel eine Frage nach dem Glauben an das Leben nach dem Tod, zur Verfügung, mit deren Hilfe sich diese Annahme explizit testen ließe.

Die hier zusammengefassten Ergebnisse lassen sich vorsichtig dahin gehend deuten, dass es sich bei der (kirchlichen) Religiosität um ein Merkmal handelt, das gegenüber den Statuspassagen, die den Lebenszyklus prägen, nicht invariant ist. Wesentliche Triebkräfte dieser Entwicklung scheinen zum einen die ‚Krisen' des Lebens (Fowler 1991) zu sein, deren Einfluss auf die religiöse Entwicklung jedoch nicht einheitlich ist. Während die ‚Identitätskrise' des Jugendlichen mehrheitlich zu einer Abwendung von der kirchlichen Religion führt, sind die Krisen des höheren Lebensalters, die zum Beispiel im Verlust nahestehender Menschen und einer Verschlechterung der eigenen Gesundheit bestehen, eher mit einer Hinwendung zur Religion verbunden. Aus einer Rational-Choice-Perspektive lässt sich zudem resümieren, dass sich die Kosten-Nutzen-Bilanz der kirchlichen Religiosität an verschiedenen Stellen des Lebensverlaufs verändert (Birkelbach 1999) und sich dies in entsprechenden Entscheidungen des Akteurs niederzuschlagen scheint.

So ist der Erwerbseinstieg häufig mit einer einseitigen Kostensteigerung verbunden, wogegen sich innerhalb des Familienzyklus die ‚Nützlichkeit' einer Kirchenmitgliedschaft erhöht, sobald deren Dienstleistungen, im Rahmen der Eheschließung und der religiösen Sozialisation der Kinder, verstärkt nachgefragt werden.

Tabelle 22: Welche Hypothesen werden bestätigt? Übersicht zu den Themen Familienzyklus und Ost-West-Migration

Thema	Hypothese	Ergebnis
Familienzyklus	Die Wahrscheinlichkeit einer Kirchenmitgliedschaft und die Kirchgangshäufigkeit reduzieren sich im Zuge des Übergangs in eine nichteheliche Kohabitation (‚NEL-Hypothese')	Abgelehnt
	Die Wahrscheinlichkeit einer Kirchenmitgliedschaft und die Kirchgangshäufigkeit erhöhen sich nach dem Übergang in die erste Ehe (‚Heirats-Hypothese')	Bestätigt für die Kirchgangshäufigkeit in Westdeutschland
	Die Wahrscheinlichkeit einer Kirchenmitgliedschaft und die Kirchgangshäufigkeit erhöhen sich im Zuge der Familiengründung (‚Familiengründungs-Hypothese')	Bestätigt für Westdeutschland und Kinder ab 5 Jahre
	Die Wahrscheinlichkeit einer Kirchenmitgliedschaft und die Kirchgangshäufigkeit erhöhen sich nach dem Übergang in die Verwitwung (‚Verwitwungs-Hypothese')	Bestätigt für Westdeutschland
	Die Wahrscheinlichkeit einer Kirchenmitgliedschaft und die Kirchgangshäufigkeit reduzieren sich im Zuge einer Scheidung (‚Scheidungs-Hypothese')	Bestätigt für die Kirchgangshäufigkeit in Westdeutschland
Ost-West-Migration	Im Zuge einer Binnenmigration zwischen den alten und neuen Bundesländern zeigen sich keine Veränderungen der kirchlichen Religiosität (‚Sozialisations-Hypothese')	Bestätigt für die Migration von West- nach Ostdeutschland
	Die kirchliche Religiosität reduziert sich im Zuge einer Binnenmigration von den alten in die neuen Bundesländer (‚West-Ost-Adaptions-Hypothese')	Abgelehnt
	Die kirchliche Religiosität verstärkt sich im Zuge einer Binnenmigration von den neuen in die alten Bundesländer (‚Ost-West-Adaptions-Hypothese')	Bestätigt für die Kirchenmitgliedschaft; für den Kirchgang nur bei Männern bestätigt
	Binnenmigranten sind seltener Kirchenmitglied und weisen eine geringere Kirchgangshäufigkeit auf als nicht mobile Personen (‚Selektions-Hypothese')	Bestätigt
	Im unmittelbaren Zeitraum nach einem Ost-West-Umzug verringert sich die Kirchgangshäufigkeit, bevor sie anschließend wieder ansteigt (‚Disruption-Hypothese')	Abgelehnt

5. Zusammenfassung und Diskussion

Kann (erst) ‚das Leben' religiös machen?

Im nächsten Schritt gilt es nun resümierend einzuschätzen, inwieweit die zuvor geschilderten Übergänge und Statuspassagen in Summe dazu beitragen, dass es im Lebensverlauf zu einem religiösen Wachstum kommt. Die plakative Frage, ob das Leben religiös machen kann, lässt sich dabei, wie im Folgenden noch an verschiedenen Stellen zu diskutieren ist, nicht mit einem einfachen ‚ja' oder ‚nein' beantworten. Stattdessen sind einige differenzierte Betrachtungen notwendig.

Von grundlegender Bedeutung ist zunächst das Ergebnis, dass es sich bei der kirchlichen Religiosität – trotz der beschriebenen Veränderungen, die im Zuge einzelner biografischer Übergänge zu beobachten sind – um ein Merkmal handelt, das zeitlich relativ stabil ist. Etwa zwei Drittel der Varianz in der Kirchenmitgliedschaft und knapp drei Viertel der Unterschiede in der Kirchgangshäufigkeit, die in den Paneldaten beobachtet werden können, sind auf Differenzen zwischen Personen und nicht auf Veränderungen innerhalb derselben Person über die Zeit zurückzuführen. Diese Werte werden vor allem dann aussagekräftig, wenn sie zu anderen Merkmalen in Beziehung gesetzt werden. So erweist sich zum Beispiel die Vergnügungsfreizeit, die im Vergleich zur religiösen Praxis weit weniger ideologisch ‚aufgeladen' ist, als zeitlich wesentlich dynamischer, da hier fast 60% der Varianz auf Veränderungen innerhalb von Personen entfallen.

Vor dem Hintergrund der zeitlichen Beharrlichkeit der kirchlichen Religiosität ist somit eindeutig festzustellen, dass der religiösen Sozialisation eine vergleichsweise große Bedeutung zukommt. In diesem Zusammenhang konnte empirisch belegt werden, dass sich Merkmale wie die Kirchenmitgliedschaft oder die religiöse Praxis von der Eltern- auf die Kindergeneration transmittieren. Dies äußert sich in den untersuchten Daten darin, dass sich das Ausgangsniveau bei den Personen, die im 17. Lebensjahr erstmals befragt werden, in Abhängigkeit von der konfessionellen Konstellation im Elternhaus deutlich unterscheidet. Diejenigen Befragten, deren Eltern beide einer Religionsgemeinschaft angehören und zudem der gleichen, sind wesentlich häufiger Kirchenmitglieder und Kirchgänger als Personen mit konfessionell heterogamen oder konfessionslosen Eltern. Wird nun die biografische ‚Trägheit' (Abbott 1997) der kirchlich-rituellen Dimension der Religiosität in Rechnung gestellt, ist die Schlussfolgerung klar: Wer religiös erzogen wurde, wird diese Prägung häufig in seinem Lebensverlauf beibehalten und wem eine religiöse Sozialisation fehlt, der wird in den meisten Fällen auch in späteren Abschnitten der Biografie keinen Zugang zur (kirchlichen) Religion finden.

Auch wenn Veränderungen der Religiosität im Lebensverlauf vergleichsweise selten sind, stellt sich dennoch die Anschlussfrage, ob in Summe ein gerichteter Alterseffekt nachweisbar ist. Werden also diejenigen Personen, die sich überhaupt verändern, mit zunehmendem Alter religiöser? Ist folglich die Tatsache, dass die Kirchen überwiegend von älteren Menschen besucht werden, zum Teil doch auf einen eigenständigen positiven Alterseffekt zurückzuführen und eben nicht nur auf Kohorteneffekte und die religiöse Sozialisation? Diese Frage kann, zumindest für Westdeutschland, mit ‚ja' beantwortet werden. Die Häufigkeit von Gottesdienstbesuchen steigt hier, auch bei vollständiger Kontrolle von Niveauunterschieden zwischen Geburtskohorten, mit dem Alter an. Im Hinblick auf die Kirchenmitgliedschaft zeigt sich zumindest ein u-förmiger Trend, da sich an den Rückgang des Anteils von Kirchenmitgliedern, der beim Übergang ins Erwachsenenalter beobachtet werden kann, ein erneuter Anstieg anschließt. Die Nachhaltigkeit des altersspezifischen religiösen Wachstums kommt zusätzlich dadurch zum Ausdruck, dass sich auch die subjektive Zentralität des Glaubens und der Religion mit steigendem Lebensalter verstärkt.

Es ist zudem aufschlussreich, die Alterseffekte nach der Konfession der Eltern aufzuschlüsseln. Befragte mit konfessionell homogamen Eltern und hohem Ausgangsniveau weisen den beschriebenen u-förmigen Alterstrend auf. Interessant ist darüber hinaus die Entwicklung in der Gruppe mit konfessionslosen Eltern. Hier kann eine altersspezifische Verstärkung der kirchlichen Religiosität von einem geringen Ausgangsniveau nachgewiesen werden, die sich in einem leicht ansteigenden Anteil von Kirchenmitgliedern und in einer Erhöhung der Häufigkeit von Gottesdienstbesuchen äußert. Diese Ergebnisse deuten darauf hin, dass die dem Lebensverlauf innewohnenden religiösen ‚Wachstumskräfte' durchaus dazu führen können, eine fehlende religiöse Primärsozialisation ein Stück weit zu kompensieren, auch wenn dieser altersspezifische Anstieg durch negative Periodeneffekte konterkariert wird und zudem bei weitem zu schwach ist, um eine Angleichung an Personen zu bewirken, die bereits im Kindes- und Jugendalter religiös erzogen wurden.

Bei den Binnenmigranten, die ihren Wohnort von Ost- nach Westdeutschland verlegen, handelt es sich vielleicht um das beste Beispiel für eine biografische Konstellation, bei der – gegen den allgemeinen Säkularisierungstrend – erst ‚das Leben' mit einer gewissen Hinwendung zur kirchlichen Religiosität verbunden ist. Die Gruppe der Ost-West-Migranten ist selektiv, da sie sich durch ein außerordentlich geringes Ausgangsniveau der kirchlichen Religiosität auszeichnet. Werden diese Personen jedoch in einem quasi-experimentellen Design mit sich selbst über die Zeit verglichen, steigt die Wahrscheinlichkeit einer Kirchenmitgliedschaft nach dem Umzug in die alten Bundesländer, verglichen mit der Zeit davor, signifikant an. Zudem ist für Männer, die ihren Wohnort von den neuen in die alten Bundesländer verlegen, eine sukzessive Erhöhung der Häufigkeit von

5. Zusammenfassung und Diskussion

Gottesdienstbesuchen in den Jahren nach dem Umzug zu beobachten. Räumlich mobile Akteure passen sich folglich, trotz einer weitgehend fehlenden religiösen Primärsozialisation, an neue soziale Umgebungen an, die kulturell anders geprägt sind als ihr ‚Herkunftskontext'. Auf theoretischer Ebene deutet dies darauf hin, dass Akteure *situationsspezifisch* einschätzen, inwieweit eine Kirchenmitgliedschaft oder der Besuch von Gottesdiensten zur Befriedigung von Grundbedürfnissen, wie soziale Anerkennung, instrumentell sind und sich auf der Basis dieser Abwägung flexibel für eine Handlungsoption entscheiden. In dieser Hinsicht erweist sich die Verknüpfung der Migrationssoziologie mit der Lebensverlaufsforschung als fruchtbar.

Wie Anpassungsprozesse an veränderte Kontexte auf der Mikroebene enger Sozialbeziehungen ablaufen, konnte im Rahmen dieser Arbeit aufgezeigt werden. So lässt sich die Verstärkung der kirchlichen Religiosität im Zuge eines Ost-West-Umzuges dadurch erklären, dass die veränderten Gelegenheitsstrukturen des Kennenlernens in den alten Bundesländern dazu führen, dass die Binnenmigranten vermehrt soziale Beziehungen mit Interaktionspartnern eingehen, die religiöser sind als sie selbst. Die Analysen haben in diesem Zusammenhang bestätigt, dass es in intimen Paarbeziehungen eine Grundtendenz dazu gibt, sich an die religiösen Gewohnheiten des Ehe- oder Lebenspartners anzupassen. Veränderungen der Kirchgangshäufigkeit verlaufen in Partnerschaften häufiger gleich- als gegensinnig.

In diesem Zusammenhang wurde erstmals differenziert untersucht, von welchen Bedingungen es abhängt, dass Homogamie durch eine Konvertierung zur Religion des Partners beziehungsweise durch eine Anpassung der Kirchgangshäufigkeit hergestellt wird. Diese Ergebnisse sind dazu geeignet, dem heuristischen Konzept der „linked lives" aus der Lebensverlaufsforschung einen größeren empirischen Gehalt zu verleihen. So ist eine Harmonisierung der religiösen Praxis innerhalb der gleichen religiösen Kultur wesentlich wahrscheinlicher als bei konfessionell heterogamen Paaren. Zudem erweisen sich die verschiedenen Stadien des Familienzyklus auch im Zusammenhang mit religiösen Anpassungsprozessen als erklärungskräftig, da die Heirat bei religiös aktiven Paaren einen wesentlichen Konvertierungsanreiz darstellt und die Harmonisierung der Kirchgangshäufigkeit ausgeprägter ist, wenn es sich um verheiratete Paare beziehungsweise Befragte mit Kindern im Schulalter handelt. Die moderierende Funktion von Kindern weist darauf hin, dass die Familiengründung mittelfristig nicht nur die kirchliche Religiosität des Individuums verstärkt. Zusätzlich nivellieren sich häufig auch religiöse Divergenzen innerhalb der Partnerschaft, wenn Kinder im Haushalt leben. Die Ursache für diese sozialintegrative Funktion von Kindern könnte darin liegen, dass die Eltern es vermeiden wollen, ihrem Nachwuchs ein inkonsistentes (religiöses) Vorbild zu sein.

Tabelle 23: Welche Hypothesen werden bestätigt? Übersicht zu den Themen Anpassung in Partnerschaften und kritische Lebensphasen

Thema	Hypothese	Ergebnis
Anpassung in Partnerschaften	Personen in intimen Paarbeziehungen neigen dazu, sich in ihrer konfessionellen Zugehörigkeit und Kirchgangshäufigkeit anzupassen (,Anpassungs-Hypothese')	Bestätigt für die Kirchgangshäufigkeit; für Konfession nicht getestet
	Das Ausmaß der religiösen Anpassung erhöht sich in Abhängigkeit der Bedeutung, die dem Lebensbereich Religion durch die Partner zugeschrieben wird (,Salienz-Hypothese')	Bestätigt für Anpassung des Kirchgangs; für Konfession nicht getestet
	Das Ausmaß der religiösen Anpassung erhöht sich mit steigender Beziehungsdauer und ist in Ehen stärker als in Nichtehelichen Lebensgemeinschaften (,Commitment-Hypothese')	Bestätigt
	Das Ausmaß der religiösen Anpassung erhöht sich, wenn sich die Partner auch im Hinblick auf Alter, ethnische Herkunft und Bildung ähnlich sind (,Parallele-Homogamie-Hypothese')	Bestätigt für ethnische Homogamie
	Eine Anpassung der Kirchgangshäufigkeit in Partnerschaften ist lediglich bei einer konfessionellen Homogamie zu beobachten (,Homogamie-Moderations-Hypothese')	Bestätigt
	Die Anpassung der Kirchgangshäufigkeit in Partnerschaften ist im Falle konfessioneller Heterogamie stärker ausgeprägt, wenn beide Partner christlich sind (,Kulturelle-Distanz-Hypothese')	Abgelehnt
	Paare, die sich im Hinblick auf ihre Konfessionszugehörigkeit und Kirchgangshäufigkeit unterscheiden, sind instabiler als homogame Paare (,Assortative-Mating-Hypothese')	Bestätigt
	Paare, die sich im Hinblick auf ihre Konfession und Kirchgangshäufigkeit angepasst haben, sind stabiler als dauerhaft heterogame Paare (,Resilienz-Hypothese')	Bestätigt

5. Zusammenfassung und Diskussion

Thema	Hypothese	Ergebnis
Kritische Lebensphasen	Die Kirchgangshäufigkeit verstärkt sich im Falle einer Absenkung der allgemeinen Lebenszufriedenheit (‚Kritische-Lebensphasen-Hypothese')	Abgelehnt
	Während sich die subjektive Religiosität im Zuge einer Verschlechterung des Gesundheitszustands verstärkt, kommt es bei der Kirchgangshäufigkeit zu einem Rückgang (‚Gesundheits-Hypothese')	Bestätigt für Rückgang des Kirchgangs; Anstieg der subjektiven Wichtigkeit bestätigt für Frauen ab 50 Jahre

Auch wenn sich somit an verschiedenen Stellen Hinweise für eine dynamische Entwicklung ergeben, sollen gegenteilige Befunde, die eher für die Trägheit religiöser Lebensverläufe sprechen, nicht verschwiegen werden. So haben die empirischen Analysen auch gezeigt, dass die Anpassung der religiösen Praxis in Partnerschaften deutlich schwächer ausfällt als Adaptionsprozesse, die bei Vergleichsmerkmalen wie der Vergnügungsfreizeit zu beobachten sind. Dieses Ergebnis spricht eher dafür, dass es sich bei der individuellen Religiosität um ein tief verankertes, identitätsstiftendes Merkmal handelt, das nur begrenzt an wechselnde situative Umstände anpassbar ist. Darüber hinaus sind Binnenmigrationen von West- nach Ostdeutschland nicht mit darauffolgenden (negativen) Veränderungen der kirchlichen Religiosität verbunden. Eine Anpassung in Richtung einer stärkeren Religiosität scheint, wie am Beispiel der Ost-West-Migranten deutlich wurde, somit eher möglich zu sein als eine Distanzierung von einer bestehenden religiösen Prägung. Bei Personen, die von West- nach Ostdeutschland migrieren, finden sich keine Hinweise auf eine Akkulturation in einen Kontext, in dem Religion und Kirche eine weitgehend abseitige Stellung einnehmen.

Auch die fehlende Lebensverlaufsdynamik in der Gruppe der ostdeutschen Personen ohne Mobilität deutet auf die Bedeutsamkeit der religiösen Sozialisation hin. Pollack (2000: 22f) gibt zwar zu bedenken, dass die gering ausgeprägte Kirchlichkeit in der DDR-Zeit nicht zwangsläufig durch Glaubenszweifel motiviert gewesen sein muss, sondern eher durch die Absicht, Auseinandersetzungen mit dem politischen System zu vermeiden. Aus dieser Perspektive wäre zu erwarten gewesen, dass es nach dem Systemumbruch zumindest für die Menschen, die noch Kirchenmitglied sind, wieder attraktiver geworden ist, sich aktiv am kirchlichen Leben zu beteiligen oder die Kinder taufen zu lassen. Die empirischen Ergebnisse zeigen aber, dass in den neuen Bundesländern kein positiver Alterseffekt auf die kirchliche Religiosität nachweisbar ist. Zudem kommt es bei ostdeutschen Befragten überwiegend nicht zu Veränderungen der religiösen Praxis oder der Kirchenmitgliedschaft, wenn biografische Ereignisse wie Heirat, Familiengründung oder Verwitwung eintreten. Die kulturellen Unterschiede zwischen West- und Ostdeutschland, die langfristige Ursachen haben, durch die DDR-Zeit jedoch sicherlich noch verstärkt wurden, wirken sich folglich bis in die Nachwendezeit aus. Offensichtlich werden die Anreize zur Verstärkung der kirchlichen Religiosität, die von verschiedenen biografischen Ereignissen ausgehen, in den neuen Bundesländern in verringertem Maße wahrgenommen. Worin sich dies auf der Mikroebene genau äußert, bedarf weiterer Forschung. Haben ostdeutsch sozialisierte Personen zum Beispiel andere „Values of Marriage" (Schneider und Rüger 2007), da sie seltener an den sakralen Charakter der Ehe als Bund auf Lebenszeit glauben?

Zusammenfassend lässt sich die Frage „Kann das Leben religiös machen?" an dieser Stelle nur vorläufig beantworten. Wichtig ist festzuhalten, dass sich die (kirchliche) Religiosität, zumindest in den alten Bundesländern, in Abhängigkeit des *Lebensalters* nicht nur verändert sondern dass diese Veränderungen in Summe auch positiv sind. Gleichzeitig finden sich jedoch deutliche Hinweise darauf, dass die religiöse Lebensverlaufsdynamik vergleichsweise schwach ausgeprägt ist und die Prägungen der Primärsozialisation infolgedessen eine gewisse Beharrungskraft haben.

Religiöse Lebensverlaufsdynamik und Säkularisierung

Im vorangehenden Abschnitt wurde die Frage diskutiert, inwiefern es sich bei der Religiosität um ein dynamisches, veränderbares Merkmal handelt. Dabei ist ein zentraler Aspekt noch nicht besprochen worden. Die in dieser Arbeit untersuchten Veränderungen innerhalb von Personen setzen sich nicht nur aus den überwiegend positiven Alterseffekten zusammen, sondern auch aus einem negativen Einfluss der historischen Zeit. Wenn also bisher von religiösen Wachstumsprozessen gesprochen wurde, dann geschah dies mit einem Fokus auf das Lebensalter und gewissermaßen losgelöst vom zeithistorischen Kontext.

Diese Trennung von Alters- und Periodeneffekten ist durchaus fruchtbar, da erst durch eine differenzierte Perspektive die volle Komplexität zeitlicher Veränderungen der kirchlichen Religiosität sichtbar wird. Die in Teilen der deutschsprachigen Literatur zu findende Tendenz, Alterseffekte auszublenden, ist, wie die empirischen Analysen gezeigt haben, eine nicht zulässige Vereinfachung. Es muss berücksichtigt werden, dass es altersabhängige Wachstumskräfte gibt, die dem zeithistorischen Säkularisierungsprozess entgegenlaufen. Außerdem ist es auch theoretisch sinnvoll, zwischen den verschiedenen Dimensionen zu unterschei-

5. Zusammenfassung und Diskussion

den. Verändert sich eher der allgemeine ‚Zeitgeist' oder bezieht sich das jeweilige Argument vielmehr darauf, dass sich die individuellen Biografien wandeln? Wird allerdings eine mehrdimensionale Sichtweise des Lebensverlaufs zugrunde gelegt, in der individuelle Biografien sowohl durch Alterungsprozesse geprägt werden als auch durch zeithistorische Einflüsse, ergeben sich andere Schlussfolgerungen. Positive Alterseffekte auf die Wahrscheinlichkeit einer Kirchenmitgliedschaft und die Kirchgangshäufigkeit können durch die negativen Periodeneffekte *aufgewogen* und *überkompensiert* werden. Der zeithistorische Säkularisierungsprozess ist somit zwar theoretisch, und mit den Mitteln der multivariaten Datenanalyse, von Alterungsprozessen zu trennen. Individuelle Biografien sind jedoch, im Beobachtungszeitraum zwischen den Jahren 1990 und 2009, ebenso dadurch gekennzeichnet, dass sich zunehmend mehr Menschen dafür entschieden haben, aus der Kirche auszutreten, den Gottesdienst seltener zu besuchen beziehungsweise dem Lebensbereich Glaube und Religion eine verringerte subjektive Wichtigkeit zuzuschreiben. Ob eine Person in ihrem maximal 19 Jahre umfassenden Lebensabschnitt, der innerhalb des Beobachtungszeitraums liegt, religiöser geworden ist, muss daher differenziert für verschiedene Konstellationen beantwortet werden. Für die Befragten, die zu Beginn des Beobachtungszeitraums in der Adoleszenz sind ist zum Beispiel zu erwarten, dass sowohl der Perioden- als auch der Alterseffekt auf die kirchliche Religiosität in den darauffolgenden Panelwellen gleichsinnig negativ verlaufen werden. Bei den Personen, die zu Beginn des untersuchten Zeitabschnittes etwa 40 Jahre und älter sind, läuft der negative Periodeneffekt dagegen dem positiven Alterseffekt entgegen. Die Einflüsse des Lebensalters und der historischen Zeit sind daher immer in ihrem Zusammenwirken einzuschätzen.

Eine ausschließlich getrennte Betrachtung von Alters- und Periodeneffekten ist auch deshalb problematisch, da beide Zeitdimensionen in einer Wechselbeziehung stehen. Zumindest für die Kirchgangshäufigkeit westdeutscher Befragter konnte nachgewiesen werden, dass sich der altersspezifische Anstieg mit fortlaufender Kalenderzeit abschwächt. Dieses Ergebnis eröffnet einen neuen Blick auf den Säkularisierungsprozess. Offensichtlich haben sich die individuellen Biografien dahingehend verändert, dass Übergänge, die zu einem religiösen Wachstum beitragen, seltener geworden sind und gleichzeitig Ereignisse, die negative Verlaufskurven initiieren, an Bedeutung gewonnen haben. Für den untersuchten Beobachtungszeitraum ab 1990 ist hier zum Beispiel auf die weiter abnehmende Heiratsneigung und die sich fortsetzende Zunahme der Frauenerwerbstätigkeit zu verweisen (Peuckert 2008, S. 32-37, 169, 244-246), die mit für die Abschwächung des Alterseffektes verantwortlich sein könnten. Es ist also möglich, den Säkularisierungsprozess zumindest teilweise auf der Mikroebene individueller Lebensverläufe zu erklären, das heißt durch Veränderungen des Timings und der relativen Häufigkeit biografischer Übergänge über die historische Zeit. Als Zwischenfazit lässt sich sagen, dass bei der Einordnung der Alterseffekte in die Säkularisierungsdebatte bisher schon zwei Argumente dafür angeführt werden können, warum ein religiöses Wachstum im Lebensverlauf den Bedeutungsverlust der Religion über die historische Zeit nicht ‚aufhalten' kann. Zum einen ist mit Blick auf Veränderungen innerhalb von Personen darauf zu verweisen, dass der positive Alterseffekt von einem negativen Periodeneffekt aufgewogen werden kann. Zum anderen schwächt sich der Alterseffekt mit fortlaufender historischer Zeit ab. Zusätzlich kann jedoch noch ein dritter Mechanismus angeführt werden, der in der nordamerikanischen Literatur als *cohort replacement* bezeichnet wird. Aus dieser Perspektive kommt es deshalb zu einer Säkularisierung, da jüngere Geburtsjahrgänge in zunehmend geringerem Maße religiös erzogen werden (Wolf 1995) und die noch stärker religiös geprägten älteren Kohorten langsam aussterben. Ein Bedeutungsverlust der kirchlichen Religiosität ist in diesem Fall auch dann zu erwarten, wenn sowohl in den älteren als auch in den jüngeren Geburtsjahrgängen ein positiver und jeweils gleich starker Alterseffekt existiert. Mit anderen Worten sind nicht nur die altersspezifischen Verläufe zu beachten, sondern auch die Ausgangsniveaus im Kindes- und Jugendalter. Selbst wenn die Verläufe mit fortschreitender historischer Zeit gleich bleiben, jede neue Kohorte also das lebenszyklische Verlaufsmuster der vorangegangen Geburtsjahrgänge wiederholt, tragen die abnehmenden Ausgangsniveaus dennoch zu einer Säkularisierung bei. Dieser Mechanismus ist umso bedeutsamer, da Veränderungen der Religiosität im Lebensverlauf, wie besprochen wurde, vergleichsweise selten sind und dem Ausgangsniveau damit eine große Bedeutung zukommt. Einschränkend ist hier allerdings darauf hinzuweisen, dass die Vorstellung, dass sich das Niveau der kirchlichen Religiosität mit jeder nachfolgenden Kohorte weiter reduziert, auf die Entwicklung in der Bundesrepublik nicht vollständig zutrifft. So findet Lois (2011b) einen tendenziell u-förmigen Zusammenhang zwischen der kirchlichen Religiosität und den untersuchten Geburtskohorten der Jahrgänge 1895-1990.

Restriktionen und offene Fragen

Abschließend wird darauf eingegangen, welchen Einschränkungen die vorliegende Arbeit unterliegt und welche Fragen daher offen bleiben müssen. Ein wichtiger Aspekt schließt unmittelbar an die Diskussion an, die im vorangehenden Abschnitt geführt wurde. Vollständige Lebensverläufe, die sich vom Jugendalter bis

5. Zusammenfassung und Diskussion

ins hohe Alter erstrecken, konnten auf der Basis der SOEP-Daten nicht beobachtet werden. Diese Einschränkung hat zunächst Konsequenzen für die Schätzung von Alterseffekten. Da jede Geburtskohorte, in der etwa zwanzig Jahre umfassenden Beobachtungszeit, jeweils nur in einem begrenzten Altersbereich weiterverfolgt wird, setzt sich der Gesamteffekt des Lebensalters aus einer Aneinanderreihung *kohortenspezifischer* Teilalterseffekte zusammen. Infolge des verwendeten Fixed-Effects Ansatz werden die Schätzergebnisse nicht durch Niveauunterschiede zwischen den einzelnen Geburtskohorten verzerrt. Es ist aber denkbar, dass die Kohorten als *Moderatoren* wirken. So könnten die Richtung und Stärke des Alterseffektes davon abhängen, ob eine Person die Studentenproteste der 1960er Jahre, die von einer Emanzipation gegenüber äußeren Pflicht- und Akzeptanzwerten gekennzeichnet waren, in der Jugendphase miterlebt hat oder, um ein weiteres Beispiel zu nennen, während der Nachkriegszeit sozialisiert wurde, deren materielle Not mit einer Hinwendung zur Religion in Verbindung gebracht werden kann. Es handelt sich an dieser Stelle jedoch um eine Einschränkung ‚auf hohem Niveau', da die auf der Basis von Paneldaten geschätzten Alterseffekte, wie im dritten Kapitel ausführlich dargelegt wurde, wesentlich zuverlässiger sind als Ergebnisse, die auf Querschnitt- oder Trenddaten beruhen.

Legt man darüber hinaus die besprochene Mehrdimensionalität des Lebensverlaufs zugrunde, der nicht nur von Sozialisationserfahrungen und Alterungsprozessen sondern auch von Periodeneinflüssen geprägt wird, so kann für die hier untersuchten Personen immer nur für einzelne Lebens*abschnitte* beantwortet werden, ob ‚das Leben' religiös gemacht hat. Informationen zu den zeithistorischen Einflüssen sind nur für den Zeitraum zwischen 1990 und 2009 verfügbar. Vor diesem Hintergrund stellt sich die Frage, ob nicht alternative Forschungsdesigns besser dazu geeignet wären, die Ausgangsfrage dieser Arbeit zu klären. So würde etwa eine Retrospektivbefragung von Personen im hohen Alter eine Differenzierung zwischen dem Basisniveau der Religiosität im Jugendalter und dem weiteren biografischen Verlauf bis zum Befragungszeitpunkt erlauben, wobei gleichzeitig der Geburtsjahrgang konstant gehalten werden könnte (vgl. das Design bei Ingersoll-Dayton et al. 2002). Auch diese Vorgehensweise hätte aber nicht zu unterschätzende Nachteile, die von einer starken Eingrenzung der Stichprobe auf die älteren Kohorten über Erinnerungslücken bis zu nachträglichen Uminterpretationen des Lebensverlaufs reichen (Teitler et al. 2006).

Eine weitere Restriktion der verwendeten Daten besteht in der begrenzten Anzahl der Religiositäts-Indikatoren. Insbesondere die Unterscheidung zwischen subjektiven und verhaltensbezogenen Merkmalen ist hier zentral. So ist denkbar, dass eine Person zwar durch den Kirchenaustritt Steuern sparen will oder aufgrund von zeitlichen Beschränkungen nur selten Gottesdienste besucht, gleichzeitig jedoch gläubig ist und sich in ihrer weiteren Lebensführung eng an den ethischen Richtlinien der jeweiligen Glaubensgemeinschaft orientiert. Auf der anderen Seite muss ein äußeres Anpassungsverhalten, das sich in Kircheneintritten oder Gottesdienstbesuchen äußert und dadurch motiviert ist, dass man es ‚dem Partner oder den Kindern zuliebe tut', nicht mit einer signifikanten Veränderung anderer Religiositätsdimension einhergehen, die stärker die innere Haltung berühren. Diese Problematik wird zwar teilweise durch die ergänzenden Analysen zur subjektiven Wichtigkeit der Religion abgefangen. Der entsprechende Indikator ist jedoch vergleichsweise selten gemessen worden und fällt auch im Hinblick auf die psychometrische Messqualität hinter Multi-Item-Skalen zurück, die etwa bei Huber (2003) diskutiert werden. Eine interessante Frage für die zukünftige Forschung besteht daher darin zu überprüfen, inwieweit Verhaltensanpassungen der kirchlichen Religiosität im Lebensverlauf auf Merkmale wie das religiöse Wissen, die religiöse Erfahrung oder den religiösen Glauben übertragen werden können.

Schließlich hat insbesondere der Exkurs zu den mittelfristigen religiösen Verlaufskurven, die durch biografische Übergänge wie Heirat, Familiengründung oder Scheidung initiiert werden, auf die Diversität der Lebensverlaufsdynamik im Bereich der religiösen Praxis hingewiesen. Während sich Ereignisse wie die Verwitwung unmittelbar positiv auswirken, kommt es nach Übergängen wie Heirat und Familiengründung eher zu einem sukzessiven, prozesshaften Wachstum und wieder andere Statuspassagen wie die Scheidung setzen nicht-lineare Verläufe in Gang. Verglichen mit dieser Vielfältigkeit sind die theoretischen Ansätze, mit denen Veränderungen der Religiosität im Lebensverlauf vorhergesagt werden, teilweise noch unterentwickelt. Für den speziellen Fall der vorliegenden Arbeit sind zudem Datenrestriktionen dafür verantwortlich, dass der ‚Abstand' zwischen den beobachteten Verläufen und den Motivstrukturen der Akteure häufig groß ist. Brückenhypothesen zu der Frage, welche subjektiven Intentionen dem Verhalten in der jeweiligen Lebensphase zugrunde liegen, konnten, mit einigen Ausnahmen wie den Untersuchungen zur ‚Low-Cost-Hypothese', häufig nicht direkt getestet werden. Aus diesem Grund wäre es notwendig, informationsreichere Längsschnittdaten zur Entwicklung der Religiosität zu erheben. Im Vorfeld eines solchen Vorhabens bieten sich weitere qualitative Studien an, die in ähnlich effizienter und inspirierender Weise, wie dies bei Fowler (1991) oder Ingersoll-Dayton et al. (2002) zu beobachten ist, Theorie generieren und weiter in die ‚Tiefen' der Mikroebene vordringen.

Tabellenanhang

Tabelle 24: Veränderungen der subjektiven Wichtigkeit der Religion (Fixed-Effects-Panelregression, b-Koeffizienten mit t-Werten in Klammern)

	M1	M2	M3	M4
Alters- und Periodeneffekte				
Alter	.04*	.04*	-.004	.11*
	(2.3)	(2.2)	(-0.1)	(2.4)
Jahre seit 1994 (logarithmiert)	-.15**	-.15**	-.01	-.31*
	(-2.6)	(-2.5)	(-0.1)	(-2.2)
Kirchliche Religiosität				
Kirchgangshäufigkeit	-	.01***	-	-
		(24.0)		
Konfessionslosigkeit	-	-.04+	-	-
		(-1.7)		
Erwerbszyklus				
Bildungsjahre	-	-	-.003	-
			(-0.4)	
Jährliche Vollzeit-Monate	-	-	-.001	-
			(-0.8)	
Übergang in den Ruhestand	-	-	-	.11
				(0.8)
Ruhestand × Ostdeutschland	-	-	-	-.14
				(-1.3)
Kontrollvariablen				
Wohnort Ostdeutschland	-.05	-.08	-.08	-.14
(Ref.: West)	(-0.6)	(-1.4)	(-1.1)	(-0.7)
r^2 (within)	.0012	.03	.002	.0033
n (Personen)		17953	8697	3229
n (Personenjahre)		41908	18050	6551

Quelle: SOEP (Wellen 1994, 1998-1999, eigene Berechnungen)
Anmerkungen:
+ $p \leq .10$; * $p \leq .05$, ** $p \leq .01$; *** $p \leq .001$
Robuste Standardfehler (Haushalts-Clusterung kontrolliert)
Modell 3: Personen bis 40 Jahre
Modell 4: Im Ausgangszustand erwerbstätige Personen ab 45 Jahre

Tabelle 25: Veränderungen der subjektiven Wichtigkeit der Religion im Familienzyklus (Fixed-Effects Panelregression, b-Koeffizienten mit t-Werten in Klammern)

	M5	M6	M7	M8
Übergänge im Familienzyklus				
Erstehe	.03 (0.9)	-	-	-
Anzahl Kinder 0-1 Jahre im Haushalt	-	.05* (2.6)	-	-
Anzahl Kinder 2-4 Jahre	-	.07 (1.5)	-	-
Anzahl Kinder 5-10 Jahre	-	.07* (2.0)	-	-
Anzahl Kinder > 10 Jahre	-	.05* (2.1)	-	-
Anzahl Kinder 2-4 Jahre × Ost	-	-.05 (-1.5)	-	-
Anzahl Kinder 5-10 Jahre × Ost	-	-.06* (-2.2)	-	-
Anzahl Kinder > 10 Jahre × Ost	-	-.03+ (-1.9)	-	-
Erste Scheidung	-	-	-.26** (-2.8)	-
Erste Scheidung × Ost	-	-	.22** (3.1)	-
Verwitwung	-	-	-	.07+ (1.8)
Alters- und Periodeneffekte				
Alter	.02 (0.6)	.04* (2.4)	.03 (1.2)	.03 (1.2)
Jahre seit 1994 (logarithmiert)	-.09 (-0.8)	-.15** (-2.7)	-.09 (-1.3)	-.09 (-1.4)
Kontrollvariablen				
Wohnort Ostdeutschland (Ref.: West)	-.03 (-0.4)	-.05 (-0.8)	-.25** (-2.8)	-.18+ (-1.9)
r^2 (within)	.0005	.0018	.0016	.0008
n (Personen)	5691	17953	10510	11045
n (Personenjahre)	10903	41908	23943	24917

Quelle: SOEP (Wellen 1994, 1998-1999, eigene Berechnungen)
Anmerkungen:
+ $p \leq .10$; * $p \leq .05$, ** $p \leq .01$; *** $p \leq .001$
Robuste Standardfehler (Haushalts-Clusterung kontrolliert)
Modell 5: Im Ausgangszustand ledige Personen bis 40 Jahre
Modell 7: Im Ausgangszustand in erster Ehe verheiratete Personen
Modell 8: Im Ausgangszustand verheiratete Personen ab 45 Jahre

Verzeichnis der Tabellen und Abbildungen

Tabellen

Tabelle 1: Beispiel zur Datenstruktur im Long-Long-Format 82

Tabelle 2: Altersspezifische Veränderung der Kirchenmitgliedschaft (Logit-Koeffizienten mit z-Werten in Klammern) 105

Tabelle 3: Altersspezifische Veränderungen der Kirchgangshäufigkeit (Fixed-Effects Panelregression, b-Koeffizienten mit t-Werten in Klammern) 114

Tabelle 4: Kirchliche Religiosität in Abhängigkeit von der Konfession der Eltern (Mittelwerte und Standardabweichungen bzw. Anteilswerte) 126

Tabelle 5: Veränderungen der Kirchgangshäufigkeit im Zuge des Auszugs aus dem Elternhaus (Fixed-Effects Panelregression, b-Koeffizienten mit t-Werten in Klammern) 132

Tabelle 6: Kirchliche Religiosität in Abhängigkeit von Erwerbsbeteiligung und Bildungsniveau (Mittelwerte mit Standardabweichungen bzw. Anteilswerte) 138

Tabelle 7: Veränderung der Kirchenmitgliedschaft im Erwerbszyklus (Logit-Koeffizienten mit z-Werten in Klammern) 140

Tabelle 8: Veränderungen der Kirchgangshäufigkeit im Erwerbszyklus (Fixed-Effects Panelregression, b-Koeffizienten mit t-Werten in Klammern) 144

Tabelle 9: Kirchliche Religiosität in Abhängigkeit vom Familienstand und den Kindern im Haushalt (Mittelwerte mit Standardabweichungen bzw. Anteilswerte) 152

Tabelle 10: Veränderung der Kirchenmitgliedschaft im Familienzyklus (Logit-Koeffizienten mit z-Werten in Klammern) 153

Tabelle 11: Veränderungen der Kirchgangshäufigkeit im Familienzyklus (Fixed-Effects Panelregression, b-Koeffizienten mit t-Werten in Klammern) 158

Tabelle 12: Kirchenmitgliedschaft und Kirchgangshäufigkeit im Vergleich zwischen Binnenmigranten und nicht mobilen Personen (Mittelwerte mit Standardabweichungen bzw. Anteilswerte) 171

Tabelle 13: Determinanten einer Binnenmigration zwischen West- und Ostdeutschland (RE-Logit-Modelle, Logit-Koeffizienten mit z-Werten in Klammern) 173

Tabelle 14: Veränderung der Kirchenmitgliedschaft im Zuge einer Binnenmigration zwischen West- und Ostdeutschland (FE-Logit-Modelle, Logit-Koeffizienten mit z-Werten in Klammern) 179

Tabelle 15: Veränderung der jährlichen Kirchgangshäufigkeit im Zuge einer Binnenmigration von Ost- nach Westdeutschland (Fixed-Effects-Panelregressionen, b-Koeffizienten mit t-Werten in Klammern) 181

Tabelle 16: Anpassung der Kirchgangshäufigkeit und der Vergnügungsfreizeit in Partnerschaften (Dyadische Fixed-Effects Panelregressionsmodelle, b-Koeffizienten mit t-Werten in Klammern) 194

Tabelle 17: Anpassung der Kirchgangshäufigkeit in Partnerschaften (Dyadische Fixed-Effects Panelregressionsmodelle, b-Koeffizienten mit t-Werten in Klammern) 198

Tabelle 18: Anpassung der Konfessionszugehörigkeit in Partnerschaften 201

Tabelle 19: Religiöse Ähnlichkeit, religiöse Anpassung und Partnerschaftsstabilität (zeitdiskrete Ereignisdatenanalyse, Logit-Koeffizienten mit z-Werten in Klammern) 205

Tabelle 20: Veränderungen der Kirchgangshäufigkeit sowie der subjektiven Wichtigkeit der Religion in Abhängigkeit vom Gesundheitszustand (Fixed-Effects Panelregression, b-Koeffizienten mit t-Werten in Klammern) 214

Tabelle 21: Welche Hypothesen werden bestätigt? Übersicht zu den Themen Alterseffekte, Sozialisation und Erwerbszyklus 220

Tabelle 22: Welche Hypothesen werden bestätigt? Übersicht zu den Themen Familienzyklus und Ost-West-Migration 222

Tabelle 23: Welche Hypothesen werden bestätigt? Übersicht zu den Themen Anpassung in Partnerschaften und kritische Lebensphasen 226

Tabelle 24: Veränderungen der subjektiven Wichtigkeit der Religion (Fixed-Effects-Panelregression, b-Koeffizienten mit t-Werten in Klammern) 233

Tabelle 25: Veränderungen der subjektiven Wichtigkeit der Religion im Familienzyklus (Fixed-Effects Panelregression, b-Koeffizienten mit t-Werten in Klammern) 234

Abbildungen

Abbildung 1: Theoretisches Rahmenmodell zur Erklärung der Religiosität 25

Abbildung 2: Zwei Typen unterbrochener Zeitreihen 76

Abbildung 3: Beobachtete und vorhergesagte Alterseffekte auf die Wahrscheinlichkeit einer Kirchenmitgliedschaft in Westdeutschland 109

Abbildung 4: Beobachtete und vorhergesagte Alterseffekte auf die Wahrscheinlichkeit einer Kirchenmitgliedschaft in Ostdeutschland 111

Abbildung 5: Beobachtete und vorhergesagte Alterseffekte auf die Kirchgangshäufigkeit in Westdeutschland 116

Abbildung 6: Beobachtete und vorhergesagte Alterseffekte auf die Kirchgangshäufigkeit in Ostdeutschland 117

Abbildung 7: Altersspezifische Entwicklung der Kirchenmitgliedschaft in Abhängigkeit von der Konfession der Eltern (vorhergesagte Werte durch RE-Logit-Modelle) 128

Abbildung 8: Altersspezifische Entwicklung der Kirchgangshäufigkeit in Abhängigkeit von der Konfession der Eltern (vorhergesagte Werte durch FE-Modelle) 130

Abbildung 9: Mittelfristige Entwicklung der Kirchgangshäufigkeit vor und nach dem Eintritt verschiedener biografischer Übergänge (vorhergesagte Werte durch FE-Modelle) 164

Abbildung 10: Veränderungen der Kirchgangshäufigkeit im Zeitraum vor und nach einer Binnenmigration zwischen Ost- und Westdeutschland 176

Abbildung 11: Veränderungen verschiedener erklärender Indikatoren im Zuge einer Binnenmigration von Ost- nach Westdeutschland 177

Abbildung 12: Anteil stabiler Ehen in den ersten 10 Ehejahren nach Religiosität des Paares und religiöser Ähnlichkeit 207

Literaturverzeichnis

Abbott, Andrew (1997). On the concept of turning point. *Comparative Social Research 16*, 85-105.
Acock, Alan C. (2005). Working with missing values. *Journal of Marriage and Family 67*, 1012-1028.
Ahrens, Peter A. (1997). Über Gleichheit, Differenz und Kirchenmitgliedschaft – Sind Frauen christlicher? *Sozialwissenschaften und Berufspraxis 20*, 107-127.
Ajzen, Icek und Martin Fishbein (1980). *Understanding attitudes and predicting behavior.* Englewood Cliffs, NJ: Prentice Hall.
Albrecht, Stan L. und Tim B. Heaton (1984). Secularization, higher education, and religiosity. *Review of Religious Research 26*, 43-58.
Albrecht, Stan L. und Marie Cornwall (1989). Life events and religious change. *Review of Religious Research 31*, 23-38.
Allison, Paul D. (1994). Using panel data to estimate the effects of events. *Sociological Methods & Research 23*, 174-199.
Allison, Paul D. (2001). *Missing data. Quantitative applications in the social sciences; 136.* Thousand Oaks: Sage.
Allison, Paul D. (2009). *Fixed effects regression models. Quantitative Applications in the Social Sciences; 160.* Thousand Oaks: Sage.
Allport, Gordon W. (1950). *The individual and his religion: A psychological interpretation.* New York: Macmillan.
Argue, Amy, David R. Johnson und Lynn K. White (1999). Age and religiosity: Evidence from a three-wave panel analysis. *Journal of the Scientific Study of Religion 38*, 423-435.
Arránz Becker, Oliver und Daniel Lois (2010a). Unterschiede im Heiratsverhalten westdeutscher, ostdeutscher und mobiler Frauen. Zur Bedeutung von Transformationsfolgen und soziokulturellen Orientierungen. *Soziale Welt 61*, 5-27.
Arránz Becker, Oliver und Daniel Lois (2010b). Selection, alignment, and their interplay: Origins of lifestyle homogamy in couple relationships. *Journal of Marriage and Family 72*, 1234-1248.
Azzi, Corry und Ronald Ehrenburg (1975). Household allocation of time and church attendance. *Journal of Political Economy 83*, 27-56.
Bahr, Howard (1970). Aging and religious disaffiliation. *Social Forces 49*, 60-71.
Bandura, Albert (1977). *Social learning theory.* Englewood Cliffs, NJ: Prentice Hall.
Beck, Ulrich und Elisabeth Beck-Gernsheim (1993). Nicht Autonomie, sondern Bastelbiographie. Anmerkungen zur Individualisierungsdiskussion am Beispiel des Aufsatzes von Günter Burkhart. *Zeitschrift für Soziologie 22*, 178-187.
Becker, Gary S. (1993). *Der ökonomische Ansatz zur Erklärung menschlichen Verhaltens.* Tübingen: Mohr.
Berger, Peter L. (1973). *Zur Dialektik von Religion und Gesellschaft. Elemente einer soziologischen Theorie.* Frankfurt/M.: Fischer.

Best, Henning und Clemens Kroneberg (2012). Die Low-Cost-Hypothese: Theoretische Grundlagen und empirische Implikationen. *Kölner Zeitschrift für Soziologie und Sozialpsychologie 64*, 531-564.

Birkelbach, Klaus (1999). Die Entscheidung zum Kirchenaustritt zwischen Kirchenbindung und Kirchensteuer. *Zeitschrift für Soziologie 28*, 136-153.

Birkelbach, Klaus (2001). Religiöse Einstellungen zwischen Jugend und Lebensmitte. *Soziale Welt 52*, 93-118.

Birkelbach, Klaus (2011). Ausfälle im Kölner Gymnasiastenpanel 1969-2010: Ursachen und mögliche Folgen für die Datenqualität. *Arbeitspapier; PID http://nbn-resolving.de/urn:nbn:de:0168-ssoar-330984.*

Brauns, Hildegard und Susanne Steinmann (1999). Educational reform in France, West-Germany and the United Kingdom: Updating the CASMIN educational classification. *ZUMA-Nachrichten 44*, 7-44.

Brose, Nicole (2006). Gegen der Strom der Zeit? Vom Einfluss der religiösen Zugehörigkeit und Religiosität auf die Geburt von Kindern und die Wahrnehmung des Kindernutzens. *Zeitschrift für Bevölkerungswissenschaft 31*, 257-282.

Brown, Stephanie L., Randolph M. Nesse, James S. House und Rebecca L. Utz (2004). Religion and emotional compensation: Results from a prospective study of widowhood. *Personality and Social Psychology Bulletin 30*, 1165-1174.

Bruce, Steve (2002). *God is dead: Secularization in the West.* Oxford: Blackwell.

Brüderl, Josef (2010). Kausalanalyse mit Paneldaten In Best, Henning und Christoph Wolf (Hg.), *Handbuch sozialwissenschaftliche Datenanalyse* (S. 963-994). Wiesbaden: VS-Verlag.

Burleson, Brant R. und Wayne H. Denton (1992). A new look at similarity and attraction in marriage: Similarities in social-cognitive and communication skills as predictors of attraction and satisfaction. *Communication Monographs 59*, 268-287.

Byrne, Donn und Barbara Blaylock (1963). Similarity and assumed similarity of attitudes between husbands and wifes. *Journal of Abnormal and Social Psychology 67*, 636-640.

Call, Vaughn R.A. und Tim B. Heaton (1997). Religious influence on marital stability. *Journal for the Scientific Study of Religion 36*, 382-392.

Campich, Roland J. und Claude Bovay (1993). Religion und Kultur. In Dubach, Alfred und Roland J. Campich (Hg.), *Jede(r) ein Sonderfall? Religion in der Schweiz: Ergebnisse einer Repräsentativbefragung* (S. 253-294). Basel: F. Reinhardt.

Chaves, Mark (1989). Secularization *and* religious revival: Evidence from U.S. church attendance rates, 1972-1986. *Journal for the Scientific Study of Religion 28*, 464-477.

Chaves, Mark (1990). Holding the cohort: Reply to Hout and Greeley. *Journal for the Scientific Study of Religion 29*, 525-530.

Chaves, Mark (1991). Family structure and Protestant church attendance: The sociological basis of cohort and age effects. *Journal for the Scientific Study of Religion 30*, 501-514.

Chinitz, Joshua G. und Robert A. Brown (2001). Religious homogamy, marital conflict, and stability in same-faith and interfaith Jewish marriages. *Journal for the Scientific Study of Religion 40*, 723-733.

Coleman, James S. (1990). *Foundations of the social theory.* Cambridge: Harvard University Press.

Collett, Jessica L. und Omar Lizardo (2009). A power-control theory of gender and religiosity. *Journal for the Scientific Study of Religion 48*, 213-231.

Cumming, Elaine und William H. Henry (1961). *Growing old – the process of disengagement*. New York: Basic Books.

Dahrendorf, Ralf (2010). *Homo sociologicus: Ein Versuch zur Geschichte, Bedeutung und Kritik der sozialen Rolle*. Wiesbaden: VS-Verlag.

Davis, Jody L. und Caryl E. Rusbult (2001). Attitude alignment in close relationships. *Journal of Personality and Social Psychology 81*, 65-84.

De Vaus, David (1982). The impact of geographical mobility on adolescent religious orientation: A panel study. *Review of Religious Research 23*, 391-403.

De Vaus, David (1984). Workforce participation and sex differences in church attendance. *Review of Religious Research 25*, 247-256.

Diehl, Claudia und Matthias Koenig (2009). Religiosität türkischer Migranten im Generationenverlauf: Ein Befund und einige Erklärungsversuche. *Zeitschrift für Soziologie 38*, 300-319.

Diekmann, Andreas (2010). *Empirische Sozialforschung. Grundlagen, Methoden, Anwendungen*. Reinbek: Rowohlt.

Diekmann, Andreas und Peter Preisendörfer (1998). Umweltbewußtsein und Umweltverhalten in Low- und High-Cost-Situationen. Eine empirische Überprüfung der Low-Cost-Hypothese. *Zeitschrift für Soziologie 27*, 438-453.

Dobbelaere, Karel (2002). *Secularization: An analysis at three levels* Brussels: Peter Lang.

Doyle, Thomas P. (1985). The Roman Catholic church and mixed marriages. *Ecumenical Trends 14*, 81-84.

Durkheim, Emile (2005). *Die elementaren Formen des religiösen Lebens*. Frankfurt/M.: Suhrkamp.

Eicken, Joachim und Ansgar Schmitz-Veltin (2010). Die Entwicklung der Kirchenmitglieder in Deutschland. Statistische Anmerkungen zu Umfang und Ursachen des Mitgliederrückgangs in den beiden christlichen Volkskirchen. *Wirtschaft und Statistik 6*, 576-589.

Elder, Glen H. (Hg.), 1985: *Life course dynamics. Trajectories and transitions, 1968-1980*. Ithaca – London: Cornell University Press.

Elder, Glen H. (2009). Perspectives on the life course. In Heinz, Walter R.,Johannes Huinink und Ansgar Weymann (Hg.), *The life course reader. Individuals and societies across time* (S. 91-112). Frankfurt, New York: Campus.

Elder, Glen H. und Avsholm Caspi (1990). Persönliche Entwicklung und sozialer Wandel. Die Entstehung der Lebensverlaufsforschung. In Mayer, Karl Ulrich (Hg.), *Lebensverläufe und sozialer Wandel (Sonderheft der Kölner Zeitschrift für Soziologie und Sozialpsychologie, Bd. 1)* (S. 22-57). Opladen: Westdeutscher Verlag.

Elder, Glenn H. (1974). *Children of the great depression*. Chicago: University Press.

Elder, Glenn H. (1995). The life course paradigm: Social change and individual development. In Moen, Phyllis,Glenn H. Elder und Kurt Lüscher (Hg.), *Examining lives in context: Perspectives on the ecology of human development* (S. 101-140). Washington, DC: APA Press.

Engelhardt, Klaus, Hermann Von Löwenisch und Peter Steinacker (1997). *Fremde Heimat Kirche. Die dritte EKD-Erhebung über Kirchenmitgliedschaft*. Gütersloh: Gütersloher Verlagshaus.

Erikson, Erik H. (1968). *Identity, Youth and Crisis*. New York: W.W. Norton.

Erikson, Erik H. (1988). *Der vollständige Lebenszyklus*. Frankfurt: Suhrkamp.

Esser, Hartmut (1990). "Habits", "Frames" und "Rational Choice": Die Reichweite von Theorien der rationalen Wahl. *Zeitschrift für Soziologie 19*, 231-247.

Esser, Hartmut (1996). Die Definition der Situation. *Kölner Zeitschrift für Soziologie und Sozialpsychologie 48*, 1-34.

Esser, Hartmut (1999). *Soziologie. Spezielle Grundlagen. Band 1: Situationslogik und Handeln.* Frankfurt a.M., New York: Campus.

Esser, Hartmut (2000a). *Soziologie. Spezielle Grundlagen, Band 6: Sinn und Kultur.* Frankfurt: Campus.

Esser, Hartmut (2000b). *Soziologie. Spezielle Grundlagen. Band 4: Opportunitäten und Restriktionen.* Frankfurt, M., New York: Campus.

Fazio, Russell H. (1990). Multiple processes by which attitudes guide behavior. The MODE model as an integrative framework. In Zanna, Mark P. (Hg.), *Advances in experimental psychology* (S. 75-109). New York: Academic Press.

Feld, Scott L. (1981). The focused organisation of social ties. *American Journal of Sociology 86*, 1015-1035.

Ferraro, Kenneth F. und Jessica Kelley-Moore (2000). Religious consolation among men and woman: Do health problems spur seeking? *Journal for the Scientific Study of Religion 39*, 220-234.

Firebaugh, Glenn und Brian Harley (1991). Trends in U.S. church attendance: The sociological basis of cohort and age effects. *Journal for the Scientific Study of Religion 30*, 487-500.

Flavell, John H. (1963). *The developmental psychology of Jean Piaget.* New York: Van Nostrand.

Florian, Victor und Shlomo Kravetz (1983). Fear of personal death: Attribution, structure, and relation to religious belief. *Journal of Personality and Social Psychology 44*, 600-607.

Fortner, Barry V. und Robert A. Neimeyer (1999). Death anxiety in older adults: A quantitative review. *Death Studies 23*, 387-411.

Fowler, James W. (1981). *Stages of faith. The psychology of human development and the quest for meaning.* San Francisco: Harper & Row.

Fowler, James W. (1991). *Stufen des Glaubens. Die Psychologie der menschlichen Entwicklung und die Suche nach Sinn.* Gütersloh: Verlagshaus Gerd Mohn.

Fuchs-Schündeln, Nicola und Matthias Schündeln (2009). Who stays, who goes, who returns? East-West migration within Germany since reunification. *Economics of Transition 17*, 703-738.

Gee, Ellen M. (1991). Gender differences in church attendance in Canada: The role of labor force participation. *Review of Religious Research 32*, 267-273.

George, Linda K. (1993). Sociological perspectives on life transitions. *Annual Review of Sociology 19*, 353-373.

Glamser, Francis D. (1988). The impact of retirement upon religiosity. *Journal of Religion & Aging 4*, 27-37.

Glenn, Norval D. (2005). *Cohort analysis. Quantitative Applications in the Social Sciences; 5.* Thousand Oaks: Sage.

Glick, Paul C. (1947). The family cycle. *American Sociological Review 12*, 164-174.

Glock, Charles Y. (1954). *Toward a typology of religious orientation.* New York: University Press.

Glock, Charles Y. (1962). On the study of religious commitment. *Religious Education (research supplement) 57*, 98-110.

Göbel, Jan, Peter Krause, Rainer Pischner, Ingo Sieber und Gert G. Wagner (2008). Daten- und Datenbankstruktur der Längsschnittstudie Sozio-oekonomisches Panel (SOEP). *SOEP Papers 89*, 1-42.

Goodman, Michael A. und David C. Dollahite (2006). How religious couples perceive the influence of god in their marriage. *Review of Religious Research 2006*, 141-155.

Gordon, Milton M. (1964). *Assimilation in American life: The role of race, religion, and national origins.* Oxford: Oxford University Press.

Griffin, Dale, Sandra Murray und Richard Gonzalez (1999). Difference score correlations in relationship research: A conceptual primer. *Personal Relationships 6*, 505-518.

Gruber, H.G. (1995). *Familie und christliche Ethik*. Darmstadt: Wissenschaftliche Buchgesellschaft.

Guo, Guang (1993). Event-history analysis for left-truncated data. In Marsden, Peter V. (Hg.), *Sociological Methodology* (S. 217-243) 23.

Guo, Guang und Hongxin Zhao (2000). Multilevel modeling for binary data. *Annual Review of Sociology 26*, 441-462.

Halaby, C. (2004). Panel models in sociological research. *Annual Review of Sociology 30*, 507-544.

Headey, Bruce (2008). The set-point theory of well-being: Negative results and consequent revisions. *Social Indicator Research 85*, 389-403.

Heaton, Tim B. (1984). Religious homogamy and marital satisfaction reconsidered. *Journal of Marriage and the Family 46*, 729-733.

Heaton, Tim B. und Edith L. Pratt (1990). The effects of religious homogamy on marital satisfaction and stability. *Journal of Family Issues 11*, 191-207.

Hedström, Peter (2005). *Dissecting the social. On the principles of analytical sociology*. Cambridge: Cambridge University Press.

Heider, Fritz (1958). *The Psychology of Interpersonal Relations*. New York: Wiley.

Heinz, Walter R. (2009). Status passages as micro-macro linkages in life course research. In Heinz, Walter R.,Johannes Huinink und Ansgar Weymann (Hg.), *The life course reader. Individuals and societies across time* (S. 421-429). Frankfurt, New York: Campus.

Heinz, Walter R., Johannes Huinink, Christopher S. Swader und Ansgar Weymann (2009). General introduction. In Heinz, Walter R.,Johannes Huinink und Ansgar Weymann (Hg.), *The life course reader. Individuals and societies across time* (S. 15-30). Frankfurt, New York: Campus.

Hendrickx, John, Osmund Schreuder und Ultee Wouter (1994). Die konfessionelle Mischehe in Deutschland (1901-1986) und den Niederlanden (1914-1986). *Kölner Zeitschrift für Soziologie und Sozialpsychologie 46*, 619-645.

Hirschle, Jochen (2012). Religiöser Wandel in der Konsumgesellschaft. *Soziale Welt 63*, 141-162.

Hoelter, Jon W. und Rita J. Epley (1979). Religious correlates of the fear of death. *Journal for the Scientific Study of Religion 18*, 404-411.

Hoffsümmer, Willi und Hilda Kellermann-Rietl (2006). *Das große Buch der Kinder- und Familiengottesdienste*. Freiburg: Herder.

Hout, Michael und Andrew M. Greeley (1987). The center doesn't hold: Church attendance in the United States, 1940-1984. *American Sociological Review 52*, 325-345.

Hout, Michael und Andrew M. Greeley (1990). The cohort doesn't hold: Comment on Chaves (1989). *Journal for the Scientific Study of Religion 29*, 519-524.

Huber, Stefan (2003). *Zentralität und Inhalt: Ein neues multidimensionales Messmodell der Religiosität*. Opladen: Leske + Budrich.

Huinink, Johannes (2005). Räumliche Mobilität und Familienentwicklung. Ein lebenslauftheoretischer Systematisierungsversuch. In Steinbach, Anja (Hg.), *Generatives Verhalten und Generationenbeziehungen. Festschrift für Bernhard Nauck zum 60. Geburtstag* (S. 61-84). Wiesbaden: VS Verlag.

Huinink, Johannes und Dirk Konietzka (2003). Lebensformen und Familiengründung. Nichteheliche Elternschaft in Ost- und Westdeutschland in den 1990er Jahren. In Bien, Walter und Jan H. Marbach (Hg.), *Partnerschaft und Familiengründung. Ergebnisse der dritten Welle des Familien-Survey* (S. 65-93). Opladen: Leske + Budrich.

Huinink, Johannes, Josef Brüderl, Bernhard Nauck, Sabine Walper, Laura Castiglioni und Michael Feldhaus (2011). Panel analysis of intimate relationships and family dynamics (pairfam): Conceptual framework and design. *Zeitschrift für Familienforschung 23*, 77-101.

Ingersoll-Dayton, Berit, Neal Krause und David Morgan (2002). Religious trajectories and transitions over the life course. *International Journal of Aging and Human Development 55*, 51-70.

Jagodzinski, Wolfgang und Karel Dobbelaere (1993). Der Wandel kirchlicher Religiosität in Westeuropa. In Bergmann, Jörg, Alois Hahn und Thomas Luckmann (Hg.), *Religion und Kultur. Sonderheft 33 der Kölner Zeitschrift für Soziologie und Sozialpsychologie* (S. 68-91). Opladen: Westdeutscher Verlag.

Kalmijn, Matthijs (1991). Shifting boundaries: Trends in religious and educational homogamy. *American Sociological Review 56*, 786-800.

Kalmijn, Matthijs (1994). Assortative mating by cultural and economic occupational status. *American Journal of Sociology 100*, 422-452.

Kalmijn, Matthijs (2005). Attitude alignment in marriage and cohabitation: the case of sex-role attitudes. *Personal Relationships 12*, 521-535.

Kalmijn, Matthijs und Henk Flap (2001). Assortative meeting and mating: Unintended consequences of organized settings for partner choices. *Social Forces 79*, 1289-1312.

Kalmijn, Matthijs und V. K. Vermunt (2007). Homogeneity of social networks by age and marital status: A multilevel analysis of ego-centered networks. *Social Networks 29*, 25-43.

Kecskes, Robert und Christoph Wolf (1993). Christliche Religiosität: Konzepte, Indikatoren, Messinstrumente. *Kölner Zeitschrift für Soziologie und Sozialpsychologie 45*, 270-287.

Kelle, Udo und Christian Lüdemann (1995). „Grau, teurer Freund, ist alle Theorie...". Rational Choice und das Problem der Brückenannahmen. *Kölner Zeitschrift für Soziologie und Sozialpsychologie 47*, 249-268.

Kelley, Jonathan und Nan D. De Graaf (1997). National context, parental socialisation, and religious belief: Results from 15 nations. *American Sociological Review 62*, 639-659.

Kenny, David A., Deborah A. Kashy und William Cook (2006). *Dyadic data analysis*. New York: The Guilford Press.

Klein, Markus und Manuela Pötschke (2004). Die intra-individuelle Stabilität gesellschaftlicher Wertorientierungen. *Kölner Zeitschrift für Soziologie und Sozialpsychologie 56*, 432-456.

Klein, Thomas und Edgar Wunder (1996). Regionale Disparitäten und Konfessionswechsel als Ursache konfessioneller Homogamie. *Kölner Zeitschrift für Soziologie und Sozialpsychologie 48*, 96-125.

Kohlberg, Lawrence (1996). *Die Psychologie der Moralentwicklung*. Frankfurt: Suhrkamp.

Kohli, Martin (1985). Die Institutionalisierung des Lebenslaufs. *Kölner Zeitschrift für Soziologie und Sozialpsychologie 37*, 1-29.

Kohli, Martin (2006). Lebensverlauf. In Schäfers, Bernhard und Johannes Kopp (Hg.), *Grundbegriffe der Soziologie* (S. 157-160). Wiesbaden: VS-Verlag.

Kopp, Johannes, Daniel Lois, Christina Kunz und Oliver Arránz Becker (2010). *"Verliebt, verlobt, verheiratet." Institutionalisierungsprozesse in Partnerschaften*. Wiesbaden: VS-Verlag.

Kroneberg, Clemens (2005). Die Definition der Situation und die variable Rationalität der Akteure. Ein allgemeines Modell des Handelns. *Zeitschrift für Soziologie 34*, 344-363.

Kroneberg, Clemens (2007). Wertrationalität und das Modell der Frame-Selektion. *Kölner Zeitschrift für Soziologie und Sozialpsychologie 59*, 215-239.

Krumrei, Elizabeth J., Annette Mahoney und Kenneth I. Pargament (2009). Divorce and the divine: The role of spirituality in adjustment to divorce. *Journal of Marriage and the Family 71*, 373-383.

Kulu, Hill und Nadja Milewski (2007). Family change and migration in the life course: An introduction. *Demographic Research 17*, 567-590.

Landis, Judson T. (1949). Marriages of mixed and non-mixed religious faith. *American Sociological Review 14*, 401-407.

Larson, Lyle E. und Walter J. Goltz (1989). Religious participation and marital commitment. *Review of Religious Research 30*, 388-400.

Lazerwitz, Bernard (1981). Jewish-Christian marriages and conversions. *Jewish Social Studies 43*, 31-46.

Legewie, Joscha (2012). Die Schätzung von kausalen Effekten: Überlegungen zu Methoden der Kausalanalyse anhand von Kontexteffekten in der Schule. *Kölner Zeitschrift für Soziologie und Sozialpsychologie 64*, 123-153.

Lehrer, Evelyn L. (1996). Religion as a determinant of marital fertility. *Journal of Population Economics 9*, 173-196.

Lehrer, Evelyn L. und Carmel U. Chiswick (1993). Religion as a determinant of marital instability. *Demography 30*, 385-399.

Lindenberg, Siegwart (1990). Homo socio-oeconomicus: The emergence of a general model of man in the social sciences. *Journal of Institutional and Theoretical Economics 146*, 727-748.

Lindenberg, Siegwart (1996). Continuities in the theory of social production functions. In Ganzeboom, Harry und Siegwart Lindenberg (Hg.), *Verklarende Sociologie. Opstellen voor Reinhard Wippler* (S. 169-184). Amsterdam: Thesis.

Lois, Daniel (2009). *Lebensstile und Entwicklungspfade nichtehelicher Lebensgemeinschaften. Eine empirische Analyse mit dem Sozioökonomischen Panel*. Wiesbaden: VS-Verlag.

Lois, Daniel (2011a). Wie verändert sich die Religiosität im Lebensverlauf? Eine Panelanalyse unter Berücksichtigung von Ost-West-Unterschieden. *Kölner Zeitschrift für Soziologie und Sozialpsychologie 63*, 83-110.

Lois, Daniel (2011b). Church membership and church attendance across time – A trend analysis considering differences between East and West Germany. *Comparative Population Studies – Zeitschrift für Bevölkerungswissenschaft 36*, 161-192.

Lois, Daniel und Johannes Kopp (2011). Elternschaftskonstellationen bei Alleinerziehenden. In Schwab, Dieter und Laszlo A. Vaskovics (Hg.), *Pluralisierung von Elternschaft und Kindschaft: Familienrecht, -soziologie und -psychologie im Dialog. Sonderheft 8 der Zeitschrift für Familienforschung* (S. 59-76). Opladen: Barbara Budrich.

Lucas, Richard E., Andrew E. Clark, Yannis Georgellis und Ed Diener (2004). Unemployment alters the set point for life satisfaction. *Psychological Science 15*, 8-13.

Luckmann, Thomas (1963). *Das Problem der Religion in der modernen Gesellschaft: Institution, Person und Weltanschauung*. Freiburg: Rombach.

Mahoney, Annette, Kenneth I. Pargament, Tracey Jewell, Aaron B. Swank, Eric Scott, Erin Emery und Mark Rye (1999). Marriage and the spiritual realm: The role of proximal and distal religious constructs in marital functioning. *Journal of Family Psychology 13*, 321-338.

Mannheim, Karl (1928). Das Problem der Generationen. *Kölner Vierteljahreshefte für Soziologie 7*, 157-185; 309-330.

Marbach, Jan (2003). Das Familiensurvey des DJI. *Diskurs 13*, 60-62.

Maurer, Andrea und Michael Schmid (2010). *Erklärende Soziologie. Grundlagen, Vertreter und Anwendungsfelder eines soziologischen Forschungsprogramms.* Wiesbaden: VS-Verlag.

Mayrl, Damon und Freeden Ouer (2009). Religion and higher education: Current knowledge and directions for future research. *Journal for the Scientific Study of Religion 48*, 260-275.

Meulemann, Heiner (2003). Erzwungene Säkularisierung in der DDR – Wiederaufleben des Glaubens in Ostdeutschland? Religiöser Glaube in ost- und westdeutschen Alterskohorten zwischen 1991 und 1998. In Gärtner, Christel,Detlef Pollack und Monika Wohlrab-Sahr (Hg.), *Atheismus und religiöse Indifferenz* (S. 271-288). Opladen: Leske + Budrich.

Meulemann, Heiner (2004). Enforced secularization – spontaneous revival? Religious belief, unbelief, uncertainty and indifference in East and West European countries 1991-1998. *European Sociological Review 20*, 47-61.

Miebach, Bernhard (2006). *Soziologische Handlungstheorien. Eine Einführung.* Wiesbaden: VS-Verlag.

Milewski, Nadja (2009). *Fertility of immigrants: A two-generational approach in Germany.* Demographic Research Monographs 6. Berlin, Heildelberg: Springer.

Miller, Alan S. und Takashi Nakamura (1996). On the stability of church attendance patterns during a time of demographic change: 1965-1988. *Journal for the Scientific Study of Religion 35*, 275-284.

Murstein, Bernard I. (1986). *Paths to Marriage.* Beverly Hills: Sage.

Musick, Marc und John Wilson (1995). Religious switching for marriage reasons. *Sociology of Religion 56*, 257-270.

Myers, Scott M. (2006). Religious homogamy and marital quality: Historical and generational patterns, 1980-1997. *Journal of Marriage and the Family 68*, 292-304.

Neimeyer, Robert A., Joachim Wittkowski und Richard P. Moser (2004). Psychological research on death attitudes: An overview and evaluation. *Death Studies 28*, 309-340.

Nelson, L.D. und C.H. Cantrell (1980). Religiosity and death anxiety: A multi-dimensional analysis. *Review of Religious Research 21*, 148-157.

Newcomb, Theodore M. (1953). An approach to the study of commicative acts. *Psychological Review 60*, 393-404.

Norris, Pippa und Ronald Inglehart (2004). *Sacred and secular: Religion and politics worldwide.* Camebridge: Camebridge University Press.

Oser, Fritz und Paul Gmünder (1992). *Der Mensch – Stufen seiner religiösen Entwicklung: Ein strukturgenetischer Ansatz.* Köln: Benzinger.

Pargament, Kenneth I. (1990). God help me. Toward a theoretical framework of coping for the psychology of religion. *Research in the Social Scientific Study of Religion 2*, 195-224.

Pargament, Kenneth I., David S. Ensing, Kathryn Falgout, Hannah Olsen, Barbara Reilly, Kimberly Van Haitsma und Richard Warren (1990). God help me: Religious coping efforts as predictors of the outcomes to significant negative life events. *American Journal of Community Psychology 18*, 793-824.

Parker, Stephen (2010). Research in Fowler's faith development theory: A review article. *Review of Religious Research 51*, 233-252.

Petersen, Larry R. (1996). Interfaith marriage and religious commitment among Catholics. *Journal of Marriage and Family 48*, 725-735.

Petts, Richard J. (2009). Trajectories of religious participation from adolescence to young adulthood. *Journal for the Scientific Study of Religion 48*, 552-571.

Peuckert, Rüdiger (2008). *Familienformen im sozialen Wandel.* Wiesbaden: VS-Verlag.

Pickel, Gert (1995). Dimensionen religiöser Überzeugungen für junge Erwachsene in den neuen und in den alten Bundesländern der Bundesrepublik Deutschland. *Kölner Zeitschrift für Soziologie und Sozialpsychologie 47*, 513-534.

Pickel, Gert (2003). Areligiosität, Antireligiosität, Religiosität – Ostdeutschland als Sonderfall niedriger Religiosität im osteuropäischem Rahmen? In Wohlrab-Sahr, Monika und Detlef Pollack (Hg.), *Atheismus und religiöse Differenz* (S. 247-270). Opladen: Leske + Budrich.

Pickel, Gert (2011). *Religionssoziologie. Eine Einführung in zentrale Themenbereiche.* Wiesbaden: VS-Verlag.

Pollack, Detlef (2000). Der Wandel der religiös-kirchlichen Lage in Ostdeutschland nach 1989. *Textarchiv der Forschungsgruppe Weltanschauungen in Deutschland TA-2000-6.*

Pollack, Detlef (2003). *Säkularisierung – ein moderner Mythos?* Tübingen: Mohr.

Pollack, Detlef (2009). *Rückkehr des Religiösen? Studien zum religiösen Wandel in Deutschland und Europa II.* Tübingen: Mohr Siebeck.

Pollack, Detlef und Gert Pickel (1999). Individualisierung und religiöser Wandel in der Bundesrepublik Deutschland. *Zeitschrift für Soziologie 28*, 465-483.

Pollack, Detlef und Gert Pickel (2003). Deinstitutionalisierung des Religiösen und religiöse Individualisierung in Ost- und Westdeutschland. *Kölner Zeitschrift für Soziologie und Sozialpsychologie 55*, 447-474.

Pyne, Derek (2008). A model of religion and death. *Unpublished working paper; University of Waterloo, Canada.*

Rasmussen, Christina A. und Christine Brems (1996). The relationship of death anxiety with age and psychosocial maturity. *The Journal of Psychology 130*, 141-144.

Rodríguez, Germán und Irma Elo (2003). Intra-class correlation in random-effects models for binary data. *The Stata Journal 3*, 32-46.

Rogers, William (1993). Regression standard errors in clustered samples. *Stata Technical Bulletin 13*, 19-23.

Rost, Harald, Marina Rupp, Florian Schulz und Laszlo A. Vaskovics (2003). *Bamberger-Ehepaar-Panel. ifb-Materialien 6/2003.* Bamberg: ifb.

Ruiter, Stijn und Nan D. De Graaf (2006). National context, religiosity, and volunteering: Results from 53 countries. *American Sociological Review 71*, 191-210.

Rüssmann, Kirsten (2006). *Sozialstruktur und Konflikte in Partnerschaften. Eine empirische Studie zur Auswirkung von sozial- und familienstrukturellen Merkmalen auf partnerschaftliche Konflikte.* Hamburg: Verlag Dr. Kovac.

Ryder, Norman B. (1965). The cohort as a concept in the study of social change. *American Sociological Review 30*, 843-861.

Sackmann, Reinhold (2007). *Lebenslaufsanalyse und Biografieforschung. Eine Einführung.* Wiesbaden: VS-Verlag.

Salisbury, Seward W. (1969). Religious identification, mixed marriage and conversion. *Journal for the Scientific Study of Religion 8*, 125-129.

Sandomirsky, Sharon und John Wilson (1990). Processes of disaffiliation: Religious mobility among men and women. *Social Forces 68*, 1211-1229.

Scherr, Albert (2009). *Jugendsoziologie. Einführung in Grundlagen und Theorien.* Wiesbaden: VS-Verlag.

Schimpl-Neimanns, Bernhard (2006). Auszug aus dem Elternhaus: Ergebnisse des Mikrozensuspanels 1996-1999. *ZUMA-Arbeitsbericht 2006/04.*

Schneider, Norbert F. und Heiko Rüger (2007). Value of marriage. Der subjektive Sinn der Ehe und die Entscheidung zur Heirat. *Zeitschrift für Soziologie 36*, 131-152.

Schnell, Rainer, Paul B. Hill und Elke Esser (2011). *Methoden der empirischen Sozialforschung. 9. Auflage*. München: Oldenbourg.

Schütze, Fritz (1981). Prozessstrukturen des Lebenslaufs. In Matthes, Joachim,Arno Pfeifenberger und Manfred Stosberg (Hg.), *Biographie in handlungswissenschaftlicher Perspektive* (S. 67-156). Nürnberg: Verlag der Nürnberger Forschungsvereinigung.

Schwadel, Philip (2010). Period and cohort effects on religious nonaffiliation and religious disaffiliation: A research note. *Journal for the Scientific Study of Religion 49*, 311-319.

Sherkat, Darren E. (1998). Counterculture or continuity? Competing influences on baby boomers' religious orientation and participation. *Social Forces 76*, 1087-1115.

Sherkat, Darren E. (2004). Religious intermarriage in the United States: Trends, patterns, and predictors. *Social Science Research 33*, 606-625.

Simon, Herbert A. (1983). *Reason in human affairs*. Stanford, CA: Stanford University Press.

Singer, Judith D. und John B. Willett (2003). *Applied longitudinal data analysis. Modeling change and event occurrence*. Oxford: University Press.

Stark, Rodney (1999). Secularization RIP. *Sociology of Religion 60*, 249-273.

Stark, Rodney und William S. Bainbridge (1987). *A theory of religion*. New York, Bern, Frankfurt/M., Paris: Peter Lang.

Stark, Rodney und Laurence R. Iannaccone (1994). A supply-side reinterpretation of the "secularization" of Europe. *Journal for the Scientific Study of Religion 33*, 230-252.

Stolz, Jörg (2009). Explaining religiosity: towards a unified theoretical model. *The Bristish Journal of Sociology 60*, 345-376.

Stolzenberg, Ross M., Mary Blair-Loy und Linda J. Waite (1995). Religious participation in early adulthood: Age and family life cycle effects on church membership. *American Sociological Review 60*, 84-103.

Storch, Kersten (2003). Konfessionslosigkeit in Ostdeutschland. In Gärtner, Christel,Detlef Pollack und Monika Wohlrab-Sahr (Hg.), *Atheismus und religiöse Indifferenz* (S. 231-245). Opladen: Leske + Budrich.

Teitler, Julien O., Nancy E. Reichman und Heather Koball (2006). Contemporaneous versus retrospective reports of cohabitation in the Fragile Families Survey. *Journal of Marriage and the Family 68*, 469-477.

Thornton, Arland, William G. Axinn und Daniel H. Hill (1992). Reciprocal effects of religiosity, cohabitation, and marriage. *American Journal of Sociology 98*, 628-651.

Thorson, James A. und F.C. Powell (1990). Meanings of death and intrinsic religiosity. *Journal of Clinical Psychology 46*, 379-391.

Traunmüller, Richard (2008). Religion als Ressource sozialen Zusammenhalts? Eine empirische Analyse der religiösen Grundlagen sozialen Kapitals in Deutschland. *SOEP Papers 144*.

Uecker, Jeremy E., Mark D. Regnerus und Margaret L. Vaaler (2007). Losing my religion: The social sources of religious decline in early adulthood. *Social Forces 85*, 1667-1692.

Ulbrich, Holley und Myles Wallace (1983). Church attendance, age, and belief in the afterlife: Some additional evidence. *Antlantic Economic Journal 11*, 44-51.

Vaskovics, Laszlo A. (1970). *Familie und religiöse Sozialisation*. Wien: Notring.

Vaskovics, Laszlo A., Marina Rupp und Barbara Hofmann (1997). *Nichteheliche Lebensgemeinschaften. Eine soziologische Längsschnittstudie*. Opladen: Leske und Budrich.

Vatterrott, Anja (2011). The fertility behaviour of East to West German migrants. *MPIDR Working Paper 2011-13*.

Voas, David (2003). Intermarriage and the demography of secularization. *The Bristish Journal of Sociology 54*, 83-108.

Voas, David (2008). The continuing secular transition. In Pollack, Detlef und Daniel V.A. Olson (Hg.), *The role of religion in modern societies* (S. 25-48). New York, London: Routledge.

Voges, Wolfgang (2008). *Soziologie des höheren Lebensalters: Ein Studienbuch zur Gerontologie* Augsburg: Maro-Verlag.

Wagner, Gert G., Jürgen R. Frick und Jürgen Schupp (2007). The German Socio-Economic Panel Study (SOEP) – Scope, Evolution and Enhancements. *Schmollers Jahrbuch 127*, 161-191.

Wagner, Michael (2001). *Kohortenstudien in Deutschland. Expertise für die Kommission zur Verbesserung der informationellen Infrastruktur zwischen Wissenschaft und Statistik*. Köln: Forschungsinstitut für Soziologie.

Wagner, Michael und Bernd Weiß (2003). Bilanz der deutschen Scheidungsforschung: Versuch einer Meta-Analyse. *Zeitschrift für Soziologie 32*, 29-49.

Weber, Max (1904). Die Protestantische Ethik und der Geist des Kapitalismus. *Archiv für Sozialwissenschaften und Sozialpolitik 20*, 1-54.

Weber, Max (1905). Die protestantische Ethik und der Geist des Kapitalismus. *Archiv für Sozialwissenschaften und Sozialpolitik 21*, 1-110.

Welch, Michael R. und John Baltzell (1984). Geographic mobility, social integration, and church attendance. *Journal for the Scientific Study of Religion 23*, 75-91.

Williams, Lee M. und Michael G. Lawler (2003). Marital satisfaction and religious heterogamy. *Journal of Family Issues 24*, 1070-1092.

Willits, Fern K. und Donald M. Crider (1989). Church attendance and traditional religious beliefs in adolescence and young adulthood: A panel study. *Review of Religious Research 31*, 68-81.

Wilson, Bryan R. (1982). *Religion in sociological perspective*. Oxford: Oxford University Press.

Wilson, John und Darren E. Sherkat (1994). Returning to the fold. *Journal for the Scientific Study of Religion 33*, 148-161.

Wilson, John und Marc Musick (1996). Religion and marital dependency. *Journal for the Scientific Study of Religion 35*, 30-40.

Windzio, Michael (2007). Regionale Arbeitslosigkeit und Distanz zur Grenze: Individual- und Kontexteffekte auf die Abwanderung von Arbeitskräften von Ost- nach Westdeutschland. *Schmollers Jahrbuch 127*, 553-583.

Wingens, Matthias und Herwig Reiter (2011). The life course approach – it's about time! *BIOS – Zeitschrift für Biographieforschung, Oral History und Lebensverlaufsanalysen 24*, 187-203.

Wink, Paul (2006). Who is afraid of death? Religiousness, spirituality, and death anxiety in late adulthood. *Journal of Religion, Spirituality and Aging 18*, 93-110.

Wink, Paul und Julia Scott (2005). Does religiousness buffer against the fear of death and dying in late adulthood? Findings from a longitudinal study. *Journal of Gerontology 60*, 207-214.

Wink, Paul und Michele Dillon (2002). Spiritual development across the adult life course: Findings from a longitudinal study. *Journal of Adult Development 9*, 79-94.

Wolf, Christoph (1995). Religiöse Sozialisation, konfessionelle Milieus und Generation. *Zeitschrift für Soziologie 24*, 345-357.

Wolf, Christoph (2007). Kein Anzeichen für ein Wiedererstarken der Religion. Analysen zum Wandel von Konfessionszugehörigkeit und Kirchenbindung. *Informationsdienst Soziale Indikatoren 37*, 7-11.

Woodhead, Linda (2008). Gender secularization theory. *Social Compass 55*, 187-193.

Yang, Yang und Kenneth C. Land (2006). A mixed models approach to age-period-cohort analysis of repeated cross-section surveys: Trends in verbal test scores. *Sociological Methodology 36*, 75-97.

Yang, Yang und Kenneth C. Land (2008). Age-period-cohort analysis of repeated cross-section surveys: Fixed or random effects? *Sociological Methods & Research 36*, 297-326.

Yinger, Milton J. (1968). On the definition of interfaith marriage. *Journal for the Scientific Study of Religion 7*, 104-107.

Zapf, Wolfgang (1984). Individuelle Wohlfahrt: Lebensbedingungen und wahrgenommene Lebensqualität. In Glatzer, Wolfgang und Wolfgang Zapf (Hg.), *Lebensqualität in der Bundesrepublik Deutschland. Objektive Lebensbedingungen und subjektives Wohlbefinden* (S. 13-26). Frankfurt a.M./New York: Campus.

Das Grundlagenwerk für alle Soziologie-Interessierten

> in überarbeiteter Neuauflage

Das *Lexikon zur Soziologie* ist das umfassendste Nachschlagewerk für die sozialwissenschaftliche Fachsprache. Für die 5. Auflage wurde das Werk neu bearbeitet und durch Aufnahme neuer Stichwortartikel erweitert.

Das *Lexikon zur Soziologie* bietet aktuelle, zuverlässige Erklärungen von Begriffen aus der Soziologie sowie aus Sozialphilosophie, Politikwissenschaft und Politischer Ökonomie, Sozialpsychologie, Psychoanalyse und allgemeiner Psychologie, Anthropologie und Verhaltensforschung, Wissenschaftstheorie und Statistik.

„[...] das schnelle Nachschlagen prägnanter Fachbegriffe hilft dem erfahrenen Sozialwissenschaftler ebenso weiter wie dem Neuling, der hier eine Kurzbeschreibung eines Begriffs findet, für den er sich sonst mühsam in Primär- und Sekundärliteratur einlesen müsste."
www.radioq.de, 13.12.2007

Werner Fuchs-Heinritz /
Daniela Klimke /
Rüdiger Lautmann /
Otthein Rammstedt /
Urs Stäheli / Christoph Weischer /
Hanns Wienold (Hrsg.)
Lexikon zur Soziologie
5., grundl. überarb. Aufl. 2010.
776 S. Geb. EUR 49,95
ISBN 978-3-531-16602-5

Erhältlich im Buchhandel oder beim Verlag.
Änderungen vorbehalten. Stand: Januar 2012.

Einfach bestellen:
SpringerDE-service@springer.com
tel +49(0)6221/345–4301
springer-vs.de

The manufacturer's authorised representative in the EU is Springer Nature Customer Service Centre GmbH, Europaplatz 3, 69115 Heidelberg, Germany. If you have any concerns regarding our products, please contact ProductSafety@springernature.com

Printed and bound by CPI Group (UK) Ltd, Croydon, CR0 4YY

23/03/2026

02076680-0005